말씀과 함께하는 **365**일

행복공감 가정예배서

옥성석 이진우 김병삼 목사

한국문서선교회

머리말

사람이 한평생을 행복하게 살고 소원하는 것을 모두 이루며 잘 살아갈 수 있는 길이 있을까요? 그러한 꿈 같은 삶을 모두가 바라지만 어떻게 그러한 삶을 누릴 수 있는지 아는 사람은 적은 것 같습니다. 예수 믿는 사람들도 그러한 풍성한 삶을 기대합니다. 그러나 우리가 꿈꾸고 기대하는 복된 삶이란 단지 세상적인 성공과 행복만으로 만족하는 삶이 아닙니다. 우리는 더 높은 꿈과 이상을 바라보며 사는 사람들입니다.

우리는 세상의 복으로 만족하지 않습니다. 하늘의 복을 소망하며 사는 사람들입니다. 그러기에 우리는 육신도 잘되어야 하지만 영혼이 잘되고 범사가 잘되는 복을 누려야 합니다. 그 복된 삶을 이루는 방법은 무엇일까요? 말씀을 따라 사는 것입니다.

"이 율법책을 네 입에서 떠나지 말게 하며 주야로 그것을 묵상하여 그 안에 기록된 대로 다 지켜 행하라 그리하면 네 길이 평탄하게 될 것이며 네가 형통하리라"(수 1:8).

이 말씀은 여호수아뿐만 아니라 하나님을 믿고 살아가는 모든 백성들에게 해당되는 진리입니다.

여행을 떠나는 사람에게 지도가 필요하듯이 오늘 인생의 여정을 제대로 떠나려면 그리고 바라는 목적지에 올바르게 다다르려면 말씀을 가져야 합니다. 말씀을 주야로 묵상하고 말씀을 마음에 새겨야 합니다. 그러면 반드시 하나님의 약속대로 축복된 삶을 살게 될 것입니다.

행복공감 가정예배서와 함께 매일 한 걸음 한 걸음 더 가까이 하나님과 동행할 수 있을 것입니다. 그렇게 매일매일 말씀을 따라 인생의 길을 걸어간다면 놀라운 축복이 임할 것입니다.

1년 365일 말씀의 사람이 되십시오. 축복의 사람이 되십시오.

집필자를 대표하여 **옥 성 석** 목사

차 례

1월 (옥성석 목사)

1. 하나님이 이르시되 / 13
2. 안식 / 14
3. 인생! 그것은 무엇인가? / 15
4. 양 치는 자의 제사 / 16
5. 족보 속에 담겨진 뜻 / 17
6. 새로운 세상을 만들 사람 / 18
7. 세상을 새롭게 하라! / 19
8. 예배자가 다스리는 세상 / 20
9. 누구를 높이며 살 것인가? / 21
10. 복이 될지라 / 22
11. 네가 좌하면 나는 우하고 / 23
12. 아브람을 승리케 하신 하나님 / 24
13. 아브람이 여호와를 믿으니 / 25
14. 감찰하시는 하나님 / 26
15. 하나님 말씀으로 누리는 참된 웃음 / 27
16. 인생 역전 / 28
17. 예배란? / 29
18. 하나님께 맡기는 삶 / 30
19. 하나님이 원하시는 사람 / 31
20. 고난당할 때 / 32
21. 재물과 가정 / 33
22. 반드시 은혜를 받자! / 34
23. 회개 속에 축복 / 35
24. 순종의 제단을 쌓자 / 36
25. 하나님의 자녀답게 / 37
26. 바로의 꿈, 하나님의 때 / 38
27. 준비된 지혜의 사람 요셉 / 39
28. 죄수복에서 세마포 옷으로 갈아입다 / 40
29. 하나님이 하셨습니다 / 41
30. 손자들을 축복한 야곱 / 42
31. 그가 이루시리라 / 43

2월 (이진우 목사)

1. 성취되는 약속 / 44
2. 모세를 준비하심 / 45
3. 광야의 소명 / 46
4. 소명과 망설임 / 47
5. 내 백성을 보내라 / 48
6. 하나님의 열심 / 49
7. 바로에게 신이 되게 / 50
8. 자연만물을 다스리시는 한분 하나님 / 51
9. 스스로 굳어지는 바로 / 52
10. 버티는 바로 / 53
11. 마지막 재앙 / 54
12. 유월절 / 55
13. 다 내 것이라 / 56
14. 뒤따르는 애굽 군대 / 57
15. 감사의 찬양 / 58
16. 굶주림과 양식 공급 / 59
17. 바위에서 물이 솟음 / 60
18. 모세를 방문한 장인 이드로 / 61
19. 시내 광야의 이스라엘 / 62
20. 십계명 수여 / 63
21. 이스라엘의 노예 관계법 / 64
22. 재산피해 보상에 관한 율례 / 65
23. 사회정의에 관한 율례 / 66
24. 언약 체결 / 67
25. 성막 제작을 위한 예물 / 68
26. 성막의 휘장 규정 / 69
27. 성막 뜰과 등불 규정 / 70
28. 아론의 가족과 에봇 규정 / 71

3월 (이진우 목사)

1. 성막 건축을 맡은 자 / 72
2. 금송아지 우상숭배 / 73
3. 백성들의 단장품 제거 / 74
4. 새 돌판 / 75
5. 성막 제작 헌물 명령 / 76
6. 성막 건립의 착수 / 77
7. 법궤와 속죄소 진설병 상 / 78
8. 성막의 뜰 / 79
9. 에봇 견대 제작법 / 80
10. 성막 봉헌 규정 / 81
11. 유다와 시므온의 승리 / 82
12. 여호와 사자의 책망 / 83
13. 시험의 의미 / 84
14. 여 사사 드보라와 바락 / 85
15. 여호와를 찬양하라 / 86
16. 부르짖는 이스라엘 / 87
17. 하나님의 삼백 용사 / 88
18. 기드온의 다른 행적 / 89
19. 아! 아비멜렉 / 90
20. 사사 돌라와 야일 / 91
21. 분쟁 / 92
22. 동족 상잔 / 93
23. 나실인이 지켜야 할 규례 / 94
24. 나실인의 법을 어긴 삼손 / 95
25. 바쁜, 그러나 주요치 않은 일들 / 96
26. 가사의 삼손 / 97
27. 미가의 신상 설립 / 98
28. 단 지파의 문제 / 99
29. 레위인의 부패 / 100
30. 무분별한 결의 / 101
31. 미봉책 / 102

4월 (이진우 목사)

1. 거룩한 왕의 백성들 / 103
2. 귀환자들의 숫자 / 104
3. 성전 기초 작업 / 105
4. 그들의 방해 / 106
5. 다시 시작하다 / 107
6. 다리오왕의 허락 / 108
7. 에스라의 귀환 / 109
8. 에스라와 동행한 자들 / 110
9. 백성들의 죄 / 111
10. 죄를 깨우친 백성들 / 112
11. 느헤미야의 기도 / 113
12. 응답되는 기도 / 114
13. 예루살렘 성벽 건축 / 115
14. 느헤미야의 믿음 / 116
15. 부자들을 향한 책망 / 117
16. 믿음과 헌신 / 118
17. 새로운 준비 / 119
18. 하나님을 기뻐하는 사람 / 120
19. 하나님을 찬양함 / 121
20. 언약에 인친 자들 / 122
21. 채워진 예루살렘 / 123
22. 제사장과 레위인 / 124
23. 도비야 / 125
24. 왕궁의 잔치 / 126
25. 구원을 위한 준비 / 127
26. 하만과 모르드개 / 128
27. 폭로된 악한 계획 / 129
28. 에스더의 용기와 지혜 / 130
29. 보은과 착각 / 131
30. 하만의 최후 / 132

5월 (이진우 목사)

1. 왕의 섭리 / 133
2. 심판과 구원의 기쁨 / 134
3. 하나님의 백성들 / 135
4. 복 있는 사람 / 136
5. 그 아들에게 입 맞추기 / 137
6. 하루 중 가장 어두운 시간 / 138
7. 곤란 중에 드리는 기도 / 139
8. 사랑의 고백 / 140
9. 눈물의 탄식 / 141
10. 심판자를 기다림 / 142
11. 주의 이름 / 143
12. 여호와를 찬양하자 / 144
13. 숨으시나이까 / 145
14. 여호와게 피함 / 146
15. 믿을 수 없는 세대 / 147
16. 어느 때까지니이까 / 148
17. 어리석은 무신론자들 / 149
18. 주의 장막에 유할 자 / 150
19. 지식의 근본 / 151
20. 지혜의 가치 / 152
21. 여호와를 의뢰하라 / 153
22. 지혜를 얻으라 / 154
23. 정절을 지킴 / 155
24. 부지런함 / 156
25. 음행의 함정 / 157
26. 지혜의 우월성 / 158
27. 두 가지 초청 / 159
28. 의인과 악인의 삶 / 160
29. 정직한 자, 사특한 자 / 161
30. 의인과 악인 / 162
31. 입을 지킴 / 163

6월 (이진우 목사)

1. 가난한 자는 / 164
2. 유순한 대답은 / 165
3. 마음의 경영은 / 166
4. 마른 떡 한 조각 / 167
5. 스스로 나뉘는 자 / 168
6. 나라와 가정의 복 / 169
7. 의인의 행실 / 170
8. 악인의 특징 / 171
9. 왕의 친구 / 172
10. 네 목에 칼을 / 173
11. 지혜자의 책임 / 174
12. 왕 앞에서의 인정 / 175
13. 미련한 자에 대한 경계 / 176
14. 충고의 유익 / 177
15. 율법을 지키는 자 / 178
16. 참된 번영 / 179
17. 겸허한 자의 모습 / 180
18. 어머니의 교훈 / 181
19. 헛되도다 / 182
20. 바쁜 일상 / 183
21. 시간이란 / 184
22. 억압당하는 정의 / 185
23. 예배와 서원 / 186
24. 인생 / 187
25. 생의 역설 / 188
26. 하나님의 섭리 / 189
27. 하나님의 주권과 인생 / 190
28. 지혜자와 우매자 / 191
29. 어떻게 살 것인가 / 192
30. 인생이란 / 193

7월 (옥성석 목사)

1. 사랑의 아픔 / 194
2. 잘못된 사랑의 결과 / 195
3. 주께서 베푸신 사랑 / 196
4. 진실도 인애도 하나님을 아는 지식도 없고 / 197
5. 내 얼굴을 구하기까지 / 198
6. 여호와께로 돌아가자 / 199
7. 뒤집지 않은 전병 / 200
8. 율법을 이상한 것으로 여겼도다 / 201
9. 광야의 포도 같은 이스라엘 / 202
10. 묵은 땅을 기경하라 / 203
11. 불붙는 하나님의 사랑 / 204
12. 너의 하나님을 바랄지니라 / 205
13. 나 외에 구원자가 없음이니라 / 206
14. 이슬과 같은 은혜 / 207
15. 내가 내 신을 만민에게 부어 주리니 / 208
16. 에돔의 네 가지 죄 / 209
17. 이스라엘아! 들으라 / 210
18. 말씀이 없는 예배는 범죄 행위 / 211
19. 잘 사는 나라 / 212
20. 남은 자의 축복 / 213
21. 의인은 그 믿음으로 말미암아 살리라 / 214
22. 환경을 초월하는 감사 / 215
23. 내가 너희와 함께하노라 / 216
24. 나중 영광이 이전 영광보다 크리라 / 217
25. 너희는 내게로 돌아오라 / 218
26. 모든 육체는 여호와 앞에서 잠잠할지라 / 219
27. 더러운 옷을 입은 대제사장 / 220
28. 오직 나의 영으로만 / 221
29. 참 목자가 그에게서 나올 때에 / 222
30. 열납되지 않는 제사 / 223
31. 만군의 여호와가 이르노라 / 224

8월 (옥성석 목사)

1. 우리의 참주인은 누구인가 / 225
2. 선한 사람과 악한 사람 / 226
3. 그 날을 기다리며 / 227
4. 예수님을 바라보자 / 228
5. 먼저 영혼에 관심을 두라 / 229
6. 누룩을 조심하라 / 230
7. 참된 복음은 십자가 예수입니다 / 231
8. 전능하신 하나님을 신뢰하라 / 232
9. 한 영혼을 귀히 여기시는 하나님 / 233
10. 한없는 용서 / 234
11. 예수님의 초대를 거절한 청년 / 235
12. 나중 된 자, 먼저 된 자 / 236
13. 저주받은 무화과나무 / 237
14. 아버지의 뜻대로 사는 삶 / 238
15. 말씀대로 사는 자 / 239
16. 충성되고 지혜 있는 종 / 240
17. 사람을 낚는 어부 / 241
18. 죄사함의 권세 / 242
19. 주무시는 예수님처럼 / 243
20. 달리다굼 / 244
21. 무엇을 대물림하겠는가 / 245
22. 외식하는 자 / 246
23. 끝없는 신뢰 / 247
24. 너희 속에 소금을 두라 / 248
25. 어리석은 발걸음 / 249
26. 기도응답의 열쇠 / 250
27. 하나님의 크신 사랑 / 251
28. 유일한 소망 되신 예수 / 252
29. 스승을 버리고 도망가는 제자들 / 253
30. 하늘의 것을 소망하는 자 / 254
31. 만민에게 복음을 전파하라 / 255

9월 (옥성석 목사)

1. 비천한 자를 돌보시는 하나님 / 256
2. 성전을 향한 사랑 / 257
3. 빛의 사명을 감당하라 / 258
4. 마귀를 대적하십시오 / 259
5. 모든 것을 버려두고 / 260
6. 원수를 사랑하라 / 261
7. 믿기만 하라 / 262
8. 너희는 나를 누구라 하느냐 / 263
9. 하나님나라의 일꾼 / 264
10. 외식하지 말라 / 265
11. 좁은 문 / 266
12. 잃은 양 / 267
13. 참된 변화를 원한다면 / 268
14. 오늘이 마지막인 것처럼 / 269
15. 길동무 / 270
16. 진리의 빛 / 271
17. 내가 망해도 좋은 이유 / 272
18. 영원한 샘물 / 273
19. 예수님을 따르는 이유 / 274
20. 용서의 확신 / 275
21. 나는 주님의 양 / 276
22. 선한 목자 / 277
23. 나사로야 나오라 / 278
24. 서로 섬기라 / 279
25. 영생에 이르는 길 / 280
26. 평안을 너희에게 / 281
27. 열매 맺는 가지가 되라 / 282
28. 우리의 영원한 동반자 / 283
29. 세상을 이기신 주님 / 284
30. 네가 날 사랑한다면 / 285

10월 (김병삼 목사)

1. 아버지께서 약속하신 것을 기다리라 / 286
2. 때와 시기는 아버지께 / 287
3. 제비뽑기 / 288
4. 성령이 이끄시는 대로 / 289
5. 베드로의 설교 / 290
6. 성령이 함께하는 교회의 모습 / 291
7. 나는 무엇을 줄 수 있는가 / 292
8. 왜 우리를 주목하느냐 / 293
9. 회개하고 돌이켜 죄 사함을 받으라 / 294
10. 기쁨으로 감당할 수 있는 이유 / 295
11. 유일한 길 / 296
12. 누구의 말을 듣는 것이 옳은가 / 297
13. 하나님이 응답하시는 기도 / 298
14. 성령충만의 결과 / 299
15. 성령을 속인 아나니아와 삽비라 / 300
16. 믿음으로 이끌린 자가 되라 / 301
17. 우리에게 주신 기회 / 302
18. 예수의 이름을 기쁘게 여기라 / 303
19. 하나님의 부르심에 따라 / 304
20. 스데반의 사역 / 305
21. 스데반의 변론 / 306
22. 스데반의 죽음 / 307
23. 사마리아에 전해진 복음 / 308
24. 성령의 도우심을 구하라 / 309
25. 성령님의 인도 / 310
26. 예수를 만난 사울 / 311
27. 예수님이 택하신 사울 / 312
28. 사울이 전하는 그리스도 / 313
29. 사울을 인도하시는 주님 / 314
30. 예수의 이름으로 / 315
31. 제한이 없는 하나님의 사랑 / 316

11월 (김병삼 목사)

1. 하나님의 뜻을 온전히 받아들이라 / 317
2. 베드로와 고넬료의 만남 / 318
3. 이방인을 향한 베드로의 설교 / 319
4. 하나님의 뜻 / 320
5. 협력하는 사역 / 321
6. 각자에게 주신 서로 다른 사명 / 322
7. 베드로를 감옥에서 인도해 내신 하나님 / 323
8. 하나님의 승리 / 324
9. 순종함으로 하나 됨 / 325
10. 구브로에서의 바나바와 사울 / 326
11. 비시디아 안디옥에서의 선교 / 327
12. 복음을 받아들이는 태도 / 328
13. 이고니온에서의 바울과 바나바 / 329
14. 접촉점 / 330
15. 하나님이 행하셨습니다 / 331
16. 하나님의 은혜로 된 것입니다 / 332
17. 구원의 조건 / 333
18. 갈등을 이기라 / 334
19. 바울과 바나바가 갈라서다 / 335
20. 한 발 뒤로 물러나라 / 336
21. 하나님을 공경하는 루디아가 받은 복 / 337
22. 고난을 사용하시는 하나님 / 338
23. 하나님의 만족과 유익을 위한 삶 / 339
24. 세상을 소란케 하는 사람 / 340
25. 거룩한 분노 / 341
26. 두려워하지 말고 말하라 / 342
27. 불법을 묵인하는 갈리오 / 343
28. 유대인으로서 의무를 다한 바울 / 344
29. 양육자로서의 브리스길라와 아굴라 / 345
30. 예수의 세례 / 346

12월 (김병삼 목사)

1. 말씀의 능력 / 347
2. 에베소에서 일어난 소동 / 348
3. 그리스도의 사람들 / 349
4. 깨어 있으라! / 350
5. 목숨을 걸 만한 소명 / 351
6. 바울이 선택한 길 / 352
7. 주님 뜻을 구하는 기도 / 353
8. 바울이 보여 준 태도 / 354
9. 억울한 오해를 받은 바울 / 355
10. 바울의 고백 / 356
11. 유대인들은 왜 분노하고 있습니까 / 357
12. 대제사장 아나니아 / 358
13. 하나님의 격려 / 359
14. 하나님이 막으시면 / 360
15. 하나님의 계획 / 361
16. 진실하라 / 362
17. 바울의 변론 / 363
18. 벨릭스의 욕심 / 364
19. 가이사의 직접 판결을 요구하는 바울 / 365
20. 아그립바 왕에게 조언을 구하다 / 366
21. 아그립바왕 앞에 서게 된 바울 / 367
22. 바울의 간증 / 368
23. 예수에 미치다 / 369
24. 죄가 없음이 밝혀진 바울 / 370
25. 로마로의 항해가 시작되다 / 371
26. 바울아 두려워 말라 / 372
27. 믿음의 결과 / 373
28. 멜리데 사람들의 섬김과 구원의 은혜 / 374
29. 순조로운 여정 / 375
30. 로마에서 유대인 지도자들과의 만남 / 376
31. 믿는 자와 믿지 않는 자 / 377

하나님이 이르시되

♣ 성경 창세기 1:1~5 (외울요절 3절)　찬송 200(235)장 ♣

　창세기는 시작의 책입니다. 낮과 밤(1~5절), 하늘과 땅 그리고 바다(창 1:6~10), 각종 식물(창 1:11~13), 해와 달 그리고 별(창 1:14~19), 조류와 어류(창 1:20~23), 동물과 곤충 그리고 사람(창 1:24~28) 등 우주의 기원이 이 책에 자세하게 기록되어 있습니다. 이 모든 것의 시작은 바로 하나님의 말씀에 있습니다. 1장에만 "하나님이 이르시되"라는 말씀이 열한 번(3, 6, 9, 11, 14, 20, 22, 24, 26, 28, 29절)이나 나옵니다.

　하나님의 말씀이 임했을 때 우주가 창조되었고, 하나님의 말씀이 창조된 우주에 임했을 때 공허했던 세상은 아름다운 창조물로 가득 차게 되었습니다. 우주의 아름다움을 모세는 "하나님 보시기에 좋았더라"는 말로 표현하고 있습니다. 죄악으로 공허하고 혼돈한 삶은 하나님의 말씀을 통해서만이 풍성해질 수 있습니다.

♤ 기도
　하나님, 죄악으로 공허하고 혼돈한 우리의 삶이 말씀의 풍성함을 통해 채워지게 하옵소서. 주 예수 그리스도의 이름으로 기도합니다. 아멘

♤ 중보기도
　새해에도 이 민족과 국가를 하나님께서 다스려 주시기를 위해서.

♤ 묵상
　우리의 삶에 하나님의 말씀이 있을 때와 없을 때를 구분하여 그 차이가 어떠한지 생각해 봅시다.

14/1월 2일

안 식

♣ 성경 창세기 2:1~3 (외울요절 3절)   찬송 43(57)장 ♣

하나님은 엿새 동안 천지를 창조하신 후 일곱째 날에 안식하셨습니다. 안식일의 의미는 첫째, 일의 마침과 안식입니다(2절). 일을 다 마친 후에만 안식이 있습니다. 하나님의 창조는 창조 자체가 목적이 아닙니다. 창조를 통하여 누릴 안식이 목표입니다. 둘째, 안식일은 기념입니다. 하나님께서 안식일에 쉬신 것은 피곤해서가 아니라 엿새 동안의 창조 역사를 기념하기 위함입니다. 셋째, 하나님께서 복 주신 날입니다(3절). 복은 하나님께서 사람에게 주시는 것입니다. "안식일은 사람을 위하여 있는 것" (막 2:27)입니다.

안식일을 만드신 것은 하나님을 위해서가 아니라 사람에게 쉼과 행복을 주시기 위함입니다. 안식일은 일을 완성한 자의 것이며, 참된 쉼과 주님을 기념하는 의미가 있습니다. 복 주시고 거룩하게 하신 이 날을 잘 지킴으로 안식일의 주인공이 되시기 바랍니다.

♠ 기도
하나님, 주일을 통해 우리에게 주시는 참된 영적 안식을 늘 경험하며 살게 하소서. 예수님의 이름으로 기도합니다. 아멘

♠ 중보기도
한국 교회와 주의 종들이 영적 안식을 누릴 수 있게 해주시기를 위해서.

♠ 묵상
구약의 안식일과 신약의 주일의 차이가 무엇인지 생각해 봅시다.

인생! 그것은 무엇인가?

♣ 성경 창세기 3:1~10 (외울요절 9절)   찬송 305(405)장 ♣

인생은 어떤 존재일까요? 첫째, 인생은 어디에서 왔는지 생각해 봅시다. 모든 인생은 하나님께로부터 왔습니다. 하나님께서는 자기의 형상과 모양대로 사람을 지으셨습니다.

둘째, 사람의 현주소는 어디일까요? "아담아 네가 어디 있느냐?"라는 하나님 말씀은 아담에게 "네가 왜 불순종하였느냐?"를 묻는 말씀입니다. 하나님의 명령에 불순종한 아담을 책망하시는 말씀입니다. 당신은 지금 하나님 말씀에 불순종하고 숨어 있지 않습니까?

셋째, 사람은 지금 어디로 가고 있습니까? 인생은 생명과 사망이라는 두 길로 가고 있습니다. 예수님은 "나는 길이요 진리요 생명이라"고 하셨습니다(요 14:6). 예수님을 따라 가는 길이 생명의 길입니다. 사람은 하나님께로부터 왔다가 하나님께로 가는 존재입니다.

♤ 기도
하나님, 아담처럼 하나님 말씀에 불순종하여 사망의 길로 가지 않게 하소서. 예수님의 이름으로 기도합니다. 아멘

♤ 중보기도
오지에서 복음을 전하는 선교사님들과 그들의 사역에 함께해주시기를 위해서.

♤ 묵상
인생은 하나님께로부터 와서 하나님께로 갑니다. 그런데 이 사실을 불신하는 사람들이 있습니다. 나는 지금 어떤 상태에 있는지 생각해 봅시다.

16/1월 4일

양 치는 자의 제사

♣ 성경 창세기 4:1~15(외울요절 4절)   찬송 327(361)장 ♣

    양치기였던 아벨이 일 년 동안 땀을 흘려 얻은 소득을 가지고 여호와 앞에 나아갔을 때 여호와 하나님은 아벨과 그가 드린 피의 제물을 받으셨습니다.
    가인은 아벨을 증오했습니다. 거기에는 아무런 이유가 없습니다. 육에 속한 사람은 성령에 속한 사람을 미워합니다. 그것은 그들 안에 은혜의 영이 없기 때문입니다. 그 자연인의 증오는 칼이 되어 순전한 믿음의 사람의 피를 흘리게 했습니다.
    우리는 하나님께 피의 예물을 드린 아벨에게서 여호와 하나님께 자신의 피로 온전한 제사를 드려 인류를 구속하신 주님의 모습을 발견합니다. 우리는 주님의 피로 씻음받은 그분의 양무리입니다. 대목자장이 되신 주님의 은혜의 목장 안에 거하는 일이 얼마나 복된 일인가요? 그 은혜에 전심으로 감사합시다.

♤ 기도
    하나님, 자신의 피로 온전한 구원을 이루신 주님의 은혜를 늘 기억하며 감사하는 성도가 되게 하소서. 예수님의 이름으로 기도합니다. 아멘

♤ 중보기도
    우리 가정에 감사가 넘치게 해주시기를 위해서.

♤ 묵상
    주님은 우리의 목자이시고 우리는 그분의 양입니다. 그 주님의 우리 안에 사는 기쁨과 은혜를 마음속에 새겨 봅시다.

족보 속에 담겨진 뜻

♣ 성경 창세기 5:1~32(외울요절 1절)   찬송 191(427)장 ♣

본문에는 별 의미 없이 인물들을 나열한 것 같지만 이 족보를 통해 다음과 같은 메시지를 우리에게 전해 주고 있습니다.

첫째, 하나님의 구속 역사의 연속성입니다. 아담에서 노아까지 10대에 걸친 후손들의 기록은 아담 계보를 말하는 것이 아니라 그리스도와 관련된 계보를 말하는 것입니다. 아담으로부터 시작된 인류 구속사는 그리스도에게까지 이어집니다.

둘째, 사망에는 예외가 없습니다. 모세는 족보를 인간의 '삶과 죽음'의 문제를 중심으로 나열하고 있습니다. 인간의 생명은 하나님의 주권 아래 있습니다.

셋째, 하나님과 동행하는 삶의 중요성입니다. 몇 년을 살았는가 보다 어떤 삶을 살았는가가 더 중요합니다. 인생은 하나님과 동행해야 삶이 의미가 있습니다. 기쁠 때나 슬플 때도 늘 하나님의 뜻을 위하여 살아야 합니다.

♤ 기도
하나님, 날마다 주님의 뜻을 따라 주님과 동행하는 삶을 살게 하옵소서. 예수 그리스도의 이름으로 기도합니다. 아멘

♤ 중보기도
사역자들과 모든 성도들이 주님과 동행하기를 위해서.

♤ 묵상
나는 이제까지 주님과 동행하며 어떻게 살아 왔는지 생각해 봅시다.

18/1월 6일

새로운 세상을 만들 사람

♣ 성경 창세기 6:9~22 (외울요절 9절)   찬송 430(456)장 ♣

　인간의 타락과 함께 사람들은 하나님을 떠나 죄악의 길을 향해 달려가고 있었습니다. 하나님께서는 이 세상을 다시 새롭게 할 믿음의 사람을 찾으셨습니다. 그 사람이 바로 노아입니다. 또한 하나님께서는 완전한 자를 찾으셨습니다. 노아가 완전한 자로 불려진 이유가 무엇일까요? 그의 인격과 실력 때문이 아니라 하나님과 동행하였기에 완전한 자가 될 수 있었습니다. 하나님과 동행하는 삶이 도덕적으로 영적으로 온전한 삶을 사는 비결입니다. 구체적으로 하나님과 동행하는 삶의 모습을 22절에서 찾아볼 수 있습니다. 이성적으로 이해할 수 없는 하나님의 명령에 철저히 순종하는 모습이 바로 하나님과 동행하는 노아의 모습입니다.

　노아 시대와 다를 바 없는 영적, 도덕적 타락의 이 시대에 여전히 하나님께서는 이 세상을 새롭게 바꾸실 의지를 갖고 사람들을 찾으십니다. 우리가 바로 하나님이 찾으시는 그 사람이 됩시다.

♤ 기도
　하나님, 날이 갈수록 죄악으로 어두워져 가는 이 시대를 살아가는 그리스도인으로서 노아의 순종과 헌신을 본받아 하나님과 동행하는 삶을 살게 하소서.
　예수님의 이름으로 기도드립니다. 아멘

♤ 중보기도
　한국 사회의 도덕적 타락을 막아 주시고 영적인 무지함을 깨우쳐 주시기를 위해.

♤ 묵상
　순종이 어려운 것은 우리의 인간적 판단이 끼어들기 때문입니다. 순종에는 어떠한 조건도 없습니다. 순종의 조건은 오직 한 가지입니다. 하나님의 뜻이라면 순종하는 것입니다.

세상을 새롭게 하라!

♣ 성경 창세기 7:21~24(외울요절 23절) 찬송 348(388)장 ♣

이 세상에 죄악이 관영하게 된 것을 보시고 하나님께서는 홍수로 세상을 심판하시기로 작정하셨습니다. 하나님께서 친히 창조하신 이 세상을 멸하시기로 하신 것입니다. 홍수 심판은 이 세상에 바이러스처럼 퍼져가는 죄악이 하나님께서 지으신 세상을 처참하게 오염시키는 것을 참을 수 없으셨던 의로운 하나님의 행동이셨습니다. 하나님께서는 죄를 미워하십니다. 그러나 세상을 사랑하십니다. 이 두 가지 하나님의 마음이 홍수 심판에 담겨 있습니다. 죄를 미워하셔서 세상을 심판하셨고, 세상을 사랑하셔서 다시 노아를 통해 이 세상을 새롭게 하시기로 한 것입니다.

오늘도 하나님께서는 우리의 삶 가운데 죄악이 넘쳐나는 것을 용납하지 않으십니다. 하나님께서 죄를 미워하시므로 우리도 죄악과 맞서 싸워 하나님이 기뻐하시는 의로운 자의 삶을 살고자 노력해야 합니다. 그러한 우리를 통해 하나님은 지금도 이 세상을 다시 새롭게 하실 것입니다.

♤ 기도

하나님, 거룩하신 하나님께서 얼마나 죄를 미워하시는지, 오늘도 죄악으로 관영한 이 시대를 바라보시며 얼마나 아파하실지 알게 하시고 우리가 하나님을 기쁘시게 하는 자로 살게 하여 주소서. 예수님의 이름으로 기도드립니다. 아멘

♤ 중보기도

이 시대의 타락한 사회와 연약한 교회를 긍휼이 여겨 주시기를 위해.

♤ 묵상

은혜의 시대를 사는 우리는 때로 하나님의 은혜와 사랑이라는 단어를 내가 쉽게 짓는 죄를 처리하는 면죄부로만 여기는 경향이 있습니다. 하나님은 의로운 분이십니다. 물론 그가 우리 죄를 용서하시지만 그 지은 죄만큼 하나님을 고통스럽게 하는 것이 없다는 사실을 기억해야 합니다.

20/1월 8일

예배자가 다스리는 세상
♣ 성경 창세기 8:20~22(외울요절 20절)   찬송 64(13)장 ♣

홍수 심판이 끝나 방주가 뭍에 다다르자 다시 동물들과 노아의 가족들은 땅을 밟을 수 있게 되었습니다. 노아가 방주에서 나오자마자 했던 일이 무엇일까요? 여호와께 제단을 쌓는 일이었습니다. 노아는 하나님께 예배를 드렸습니다. 죄악으로 가득찬 세상이 사라지고 이제 하나님께서 기대하시는 인류의 새출발이 이루어지는 이 시점에서 새인류인 노아의 가족은 예배로 새로운 삶을 시작합니다.

하나님께서 기대하시는 인간의 가장 완전한 모습은 바로 예배자의 모습입니다. 하나님을 섬기며 예배하며 살고자 하는 이들을 주님은 기대하십니다. 오늘도 우리가 교회에서, 세상에서 참된 예배자로 하나님을 섬길 때 이 세상은 하나님이 기대하시고 기뻐하시는 곳이 됩니다. 예배자가 되십시오. 참된 예배자가 되십시오. 그것이 우리에게 생명을 주신 하나님의 뜻입니다.

♤ 기도
하나님, 우리를 이 시대에 온전한 예배자로 세워 주시고 하나님만을 섬기게 하여 주소서. 한국 교회의 예배가 살아나고 온전히 하나님께 영광돌리게 하여 주소서. 예수님의 이름으로 기도드립니다. 아멘

♤ 중보기도
우리 교회의 예배가 하나님께서 기뻐하시는 예배가 되게 해주시기를 위하여.

♤ 묵상
예배란 하나님을 온전히 경외하는 것입니다. 죄악된 세상과 대조적으로 하나님께서 기뻐하시는 삶을 선택하는 사람들이 취할 행동이 바로 예배입니다. 나의 예배생활을 돌아보면서 내가 온전한 예배자로 살고 있는지 생각해 봅시다.

누구를 높이며 살 것인가?

♣ 성경 창세기 11:1~9 (외울요절 8절) 찬송 10(34)장 ♣

이 세상이 각 나라와 민족과 방언으로 나뉘어지게 된 이유가 무엇입니까? 인간의 자만함 때문입니다. 홍수 심판이 있은 후 노아의 후손들은 세상에 퍼져나갔습니다. 그러나 그들은 어리석게도 한 곳에 모여 거대한 탑을 쌓아올리기 시작했습니다. 하늘 꼭대기까지 탑을 쌓아 자기들의 이름을 드높이고자 했습니다. 하나님을 높이고 영광을 돌리며 살아가야 할 인간이 자기 이름을 높이고 자기가 영광을 받겠다고 바벨탑을 쌓은 것입니다. 그러한 인간의 자만함은 하나님의 징계로 무산되었습니다. 그들의 언어가 달라지고 온 지면에 흩어져 살게 되었습니다.

인간은 인간의 존재 의미를 정확하게 이해할 때 하나님의 보호하심 아래 행복한 삶을 살 수 있습니다. 우리의 삶 속에서 하나님께서 기대하시는 것은 우리가 하나님을 높여드리고 그분의 영광을 세상에 나타내는 것입니다.

♤ 기도
영광과 찬송을 받으시기 합당하신 하나님 아버지, 우리의 삶을 통해 하나님만 높임을 받으시고 영광을 받으시옵소서. 예수님의 이름으로 기도드립니다. 아멘

♤ 중보기도
이 시대의 바벨탑인 자기사랑, 물질만능주의, 쾌락주의가 무너지게 해주시기를 위해서.

♤ 묵상
하나님을 높이며 살고자 할 때 우리가 힘써야 할 일은 무엇일까요? 우리가 가정에서 직장에서 심지어 교회에서조차 하나님의 영광을 가리고 있는 부분이 없는지 조용히 생각해 봅시다.

22/1월 10일

복이 될지라

♣ **성경** 창세기 12:1~3 (외울요절 2절)　**찬송** 54(61)장 ♣

　하나님께서는 아브람을 선택하여 부르심으로 하나님의 본격적인 구원의 역사를 시작하십니다. 하나님께서는 아브람을 통해 세상을 축복하시겠다고 하셨습니다. "너는 복이 될지라"(2절). 이 말씀은 이 시대를 살아가는 우리 모두에게 동일하게 주시는 말씀입니다. 하나님께서는 하나님의 자녀들이 이 세상에서 복의 통로가 되기를 원하십니다. 여러분이 가정에서 복의 근원이 되십시오. 직장에서 복의 근원이 되십시오. 동네에서 그리고 교회에서 복의 근원이 되십시오. 그렇게 살기로 결단한다면 하나님께서 아브람에게 그러하셨듯이 우리에게 복을 부어 주실 것입니다. 세상과 나눌 하늘의 복을 말입니다.

♤ 기도
　하나님 아버지, 우리를 하나님의 백성으로 부르셔서 이 세상에서 복의 통로가 되게 하심을 감사드립니다. 이 귀한 사명을 충성되이 잘 감당하는 저희가 되게 하옵소서. 예수님의 이름으로 기도드립니다. 아멘

♤ 중보기도
　한국 교회가 살아나 이 땅에서 복의 통로가 되고, 천만 그리스도인들이 하나님의 복을 받아 세상을 변화시키는 자들이 되게 해주시기를 위해.

♤ 묵상
　우리가 하나님께 우리의 필요를 채워달라고 기도하는 것은 바람직한 것입니다. 그러나 우리가 하나님께 복을 구하는 것은 우리 자신만을 위한 것이어서는 안 됩니다. 우리의 기도를 바꿔보면 어떨까요? "하나님, 이 세상을 위하여 나를 축복하옵소서."

네가 좌하면 나는 우하고

♣ **성경** 창세기 13:5~13 (외울요절 9절)　**찬송** 455(507)장 ♣

아브람과 롯은 둘 다 거부가 되었습니다. 이들의 가축과 거느린 식구와 함께 거하기에는 규모가 너무 컸습니다. 이 때 아브람이 롯에게 말합니다. "네가 좌하면 나는 우하고 네가 우하면 나는 좌하리라"(9절). 푸른 요단 들판을 바라보는 롯의 마음에는 '하나님의 언약' 따위에는 관심이 없었을 것입니다. 넓은 들을 바라보는 롯의 마음에는 세상의 부귀영화가 영화의 장면처럼 돌아가고 있었습니다. 롯이 선택한 땅은 '소알' 까지 온 땅에 물이 넉넉하니 여호와의 동산 같고 애굽 땅과 같았다고 말합니다. 롯은 요단의 온 들을 택했고 소돔성에 정착했습니다.

"소돔 사람은 여호와 앞에 악하며 큰 죄인이었더라"(13절). 풍요로웠던 시작은 롯의 가족까지 잃게 되는 비극의 종말을 맞이하게 됩니다. 우리의 관심은 무엇에 우선되어 있습니까? 아브람처럼 하나님께서 주신 약속을 붙잡아야 합니다. 하나님은 말씀하신대로 행하시는 분이십니다.

♤ 기도
하나님, 우리가 아무리 힘겹고 어려운 상황 가운데 직면할지라도 결코 세상의 논리에 우리 마음을 빼앗기지 않게 하소서. 오직 하나님 말씀을 붙잡고 믿음의 정도를 걸어가게 하옵소서. 예수님의 이름으로 기도드립니다. 아멘

♤ 중보기도
생명의 위협 속에서도 신앙을 지키고 있는 공산권, 이슬람권의 그리스도인들을 보호해 주시기를 위해서.

♤ 묵상
나의 가장 좋은 것을 하나님나라를 위하여 포기할 수 있는지 생각해 봅시다.

24/1월 12일

아브람을 승리케 하신 하나님

♣ 성경 창세기 14:20~24 (외울요절 20절)   찬송 359(401)장 ♣

엘람 왕 그돌라오멜이 이끄는 연합군이 소돔 지역의 도시들을 습격해 왔습니다. 이 전쟁으로 인하여 조카 롯이 인질이 되어 끌려가게 되었습니다. 아브람은 자기 군사들을 이끌고 추격해서 빼앗겼던 재물과 조카 롯을 구해 왔습니다. 소돔 왕은 아브람에게 전리품을 갖되 자신의 백성은 돌려달라고 제안합니다. 그러나 아브람은 이 제안을 일언지하에 거절합니다. 소돔 왕의 말을 승낙했다면 가나안의 스타가 되었을지도 모릅니다. 더 많은 유익을 누리게 되었을지도 모릅니다. 하지만 사용한 분깃만큼을 제외하고는 모두 돌려주어서 승리하게 하신 분이 여호와 하나님임을 더욱 분명히 드러내고 있습니다.

우리 앞에 이런 상황이 다가온다면 모든 이들의 칭송을 받으며 교만한 모습을 보일지도 모릅니다. 그러나 감사와 영광을 받으실 분은 오직 한 분 여호와 하나님뿐입니다. 그분을 통하여 승리하며 그분을 통하여 평강을 누릴 수 있기 때문입니다. 아브람은 이 사실을 가슴에 품고 흔들리지 않았던 믿음의 사람입니다.

♤ 기도
하나님, 우리가 어떠한 형편에 처하든지 우리의 길을 인도하여 주시는 하나님만을 붙잡게 하소서. 예수님의 이름으로 기도드립니다. 아멘

♤ 중보기도
한국 교회가 민족과 사회를 잘 섬기며 모든 영광을 하나님께만 돌릴 수 있게 해주시기를 위해서.

♤ 묵상
믿음은 고통과 시련이 없이는 성장하지 않습니다. 나의 삶 속에도 이런 경험이 있습니까?

아브람이 여호와를 믿으니

♣ 성경 창세기 15:6~21(외울요절 6절)   찬송 543(342)장 ♣

하나님은 아브람의 몸에서 난 자가 후사가 될 것이라고 말씀하십니다. 아브라함은 이 말씀을 믿었습니다. 그러나 강한 확신이 필요했습니다. 하나님께서는 아브람이 잠 든 중에 그 약속이 완전히 이루어지기 전에 일어날 일들을 알려 주십니다. 그의 후손이 타국에서 400년 동안이나 나그네로, 종으로 지내야 한다는 것입니다. 가나안에 죄악이 관영하기까지 기다리라는 말씀이었습니다. "타는 횃불이 쪼갠 고기 사이로 지나더라"(17절). 즉 하나님이 혼자 성실하게 그 언약을 이행해나갈 것임을 알려주십니다. 자신의 때가 아니라 훗날 후손들을 통해서 이루시겠다는 말씀은 믿음으로 받지 않으면 기다릴 수 없는 것입니다.

아브람은 갈대아 우르를 믿음으로 떠났듯 계속 믿음으로 하나님만을 바라보았습니다. 하나님을 믿는다는 것은 하나님의 약속과 명령을 믿는 것입니다. 이스라엘의 실패는 하나님을 참으로 경외하지 않았기 때문입니다. 아브람이 여호와를 믿었듯 우리의 삶 속에 여호와를 향한 믿음으로 충만하길 바랍니다.

♤ 기도
신실하신 하나님, 아브람이 하나님을 믿고 순종했듯이 우리도 하나님을 경외하고 순종하게 하옵소서. 예수님의 이름으로 기도합니다. 아멘

♤ 중보기도
거짓선지자, 이단들이 득세하는 이 시대 속에서 한국 교회가 올바른 영적 분별력을 갖고 하나님 말씀만을 붙잡게 해주시기를 위해서.

♤ 묵상
삶의 어려운 문제 앞에서 인간의 방법이 우선시 되고 있는지 아니면 기도하며 기다리는 믿음을 지키고 있는지 생각해 봅시다.

26/1월 14일

감찰하시는 하나님

♣ 성경 창세기 16:6~14 (외울요절 13절)   찬송 370(455)장 ♣

　사래의 조급함과 아브람의 허락 속에 여종 하갈은 이스마엘을 잉태하게 됩니다. 그러나 이 일로 인하여 불행이 오고 말았습니다. 하갈은 사래의 몸종이었지만 사래를 멸시합니다. 결국 사래는 하갈을 학대하고 하갈은 사래 앞에서 도망갑니다.
　임신한 몸이었던 하갈은 브엘세바에서 애굽으로 가는 길목에서 여호와의 사자를 만나게 됩니다. 여호와의 사자는 두 가지를 말씀합니다. 다시 주인에게 돌아가 복종할 것과 이스마엘을 통하여 그 씨가 번성하게 될 것을 말씀합니다. 하갈은 자신을 살피는 여호와의 사자를 만난 후 "나를 살피시는 하나님"이라고 고백합니다. 약속의 자손이 아님에도 불구하고 하나님의 축복이 임한 것입니다.
　하나님은 우리의 삶을 감찰하시고 위로해 주시는 분이십니다. 다만 하나님의 언약을 믿지 못하는 육적인 자손들은 그 범주에서 제외되는 것을 보게 됩니다. 결국 하갈과 이스마엘이 제외된 것처럼 말입니다. 감찰하시는 하나님의 은혜에 감사하며 우리도 그 뜻에 순종합시다.

♤ 기도
　우리의 삶을 감찰하시는 하나님, 우리를 살피시는 주님의 은혜에 감사하게 하시고 사래와 같은 조급함으로 살아가지 않도록 늘 붙잡아 주소서. 예수님의 이름으로 기도드립니다. 아멘

♤ 중보기도
　이슬람 지역의 선교사들을 지켜 주시기를 위해서.

♤ 묵상
　잘못된 관습은 고통과 파멸을 안겨 줍니다. 내 안에 잘못된 관습은 없는지 생각해 봅시다.

하나님 말씀으로 누리는 참된 웃음

♣ 성경 창세기 18:10~15 (외울요절 14절)   찬송 428(488)장 ♣

여호와께서 아브라함에게 내년 이맘 때에 사라에게 아들이 있을 것이라고 말했습니다. 이 때 사라는 속으로 웃으며 내게 무슨 즐거움이 있겠느냐며 한탄하는 것을 보게 됩니다. 아브라함도 나이가 많고 사라 자신도 생리가 끊겨서 아이를 잉태할 수 없다는 지극히 상식적인 생각 때문이었습니다. 하지만 창세기 21:2을 보면 하나님 말씀대로 사라가 잉태하게 됩니다. 뿐만 아니라 사라는 "하나님이 나를 웃게 하시니 듣는 자가 다 나와 함께 웃겠다"(창 21:6)며 참된 기쁨 속에 웃고 있음을 보게 됩니다. 비웃었던 사라의 웃음이 모든 이들과 함께 나눌 수 있는 참된 기쁨의 웃음으로 바뀌었습니다. 그것은 하나님께서 말씀하셨고 그 말씀대로 행하셨기 때문입니다.

하나님께서는 능치 못한 일이 없습니다. 또한 하나님께서는 말씀하시면 반드시 이루시는 신실하신 분이십니다. 이 믿음 안에서 세상이 줄 수 없는 참된 기쁨과 행복을 누릴 수 있는 것입니다. 따라서 말씀을 붙잡고 기도하며 말씀을 푯대 삼아 삶의 기준들을 세워가야 합니다.

♠ **기도**
하나님, 참된 기쁨은 하나님 말씀을 붙잡는 삶에서 열매 맺음을 믿고 따르게 하소서. 예수님의 이름으로 기도합니다. 아멘

♠ **중보기도**
세상의 다양한 방법을 통해 유익을 찾으려는 이 시대 속에서 한국 교회와 믿음의 가정들이 더욱 말씀을 듣고 읽고 깨우치기에 힘쓰게 되기를 위해서.

♠ **묵상**
우리는 어디에서 즐거움을 찾고 있습니까? 말씀을 깨우쳐서 마음에 심었을 때의 기쁨을 누리고 있는지 생각해 봅시다.

인생 역전

♣ 성경 창세기 21:1~7(외울요절 6절) 찬송 249(249)장 ♣

드디어 아브라함이 100세에 약속의 자녀인 이삭을 낳게 됩니다. 당시에 아브라함과 나이가 같은 사람들은 손자와 증손자까지 본 사람들도 있었을 것입니다. 그러나 아브라함은 100세에 아들을 낳고 그의 자손이 하늘의 별같이, 바다의 모래같이 많아지는 역전 인생의 기초를 쌓게 됩니다. 우리도 지금은 초라하지만 아브라함과 같은 인생 역전의 주인공이 될 수 있습니다.

그렇게 되려면 무엇이 필요할까요? 믿음으로 인내하고 잘 웃어야 합니다. 삶이란 힘들 때도 있고 좋을 때도 있습니다. 힘든 일을 만나면 삶이 너무 고단하게 느껴지고 희망이 없어 보이지만 그런 과정을 겪으면서 인내하면 반드시 절망 중에도 살 길은 항상 있고, 성공의 길은 항상 있습니다. 그러므로 항상 소망을 갖고 기쁨과 웃음을 회복하고 조금 더 인내하므로 인생 역전의 주인공이 되길 바랍니다.

♤ 기도

늘 지켜 주시는 하나님, 힘들고 어려운 일을 만나도 주님이 함께하실 것을 기대하고 인내하면서 살아갈 수 있도록 도와주소서. 주님께서는 우리의 삶을 완전히 변화시키시고 역전시켜 주실 분이심을 믿습니다. 삶의 소망되신 예수님의 이름으로 기도합니다. 아멘

♤ 중보기도

그리스도인들이 절망하지 않고 소망을 갖고 살아가게 해주시기를 위해서.

♤ 묵상

웃으며 사는 것은 하나님이 원하시는 삶입니다.

예배란?

♣ 성경 창세기 22:1~18 (외울요절 5절)   찬송 9(53)장 ♣

　성경에 경배, 즉 예배라는 말이 처음 나오는 곳은 창세기 22장입니다. 본문 5절 말씀을 보면 아브라함은 모리아산으로 올라가면서 사환에게 "내가 아이와 함께 저기 가서 예배하고 너희에게로 돌아오겠다"고 했습니다. 그 말과 함께 아브라함은 가장 아름다운 예배를 하나님께 드립니다. 참된 예배란 무엇일까요? 참된 예배는 자기가 가장 소중히 여기는 것, 심지어는 자기의 목숨마저 기쁨으로 과감히 하나님께 드리는 것입니다. 하나님께서 이삭을 바치라고 한 것은 이삭을 죽이고 싶어서 그런 것이 아닙니다. 헌신하는 마음을 통해 더 많은 것을 주고, 여호와 이레의 하나님이심을 보여 주기 위해서 바치라고 하신 것입니다. 이것이 축복의 원리입니다.

　우리의 소중한 것을 바칠 때 하나님은 그것에 담긴 사람의 마음을 받으시고 그 이상으로 우리에게 되돌려 주십니다. 하나님은 모든 것을 합력해서 선을 이루시는 분입니다. 우리의 소중한 것을 힘써 바침으로, 참된 경배자의 삶을 통해 하나님이 예비하신 큰 복을 얻어 누리기를 바랍니다.

　♤ **기도**
　하나님, 최고의 하나님께 최고의 것을 드릴 수 있는 마음을 주옵소서. 하나님을 하나님으로 알게 하시고 소중한 것을 바칠 수 있는 믿음을 주옵소서. 예수님의 이름으로 기도합니다. 아멘

　♤ **중보기도**
　성도들이 참된 예배자의 삶을 회복하게 해주시기를 위해서.

　♤ **묵상**
　하나님 앞에서 예배자로서의 삶이 무엇인지 생각해 봅시다.

30/1월 18일

하나님께 맡기는 삶

♣ 성경 창세기 24:1~9(외울요절 1절)   찬송 549(431)장 ♣

선택할 때는 신중하게 선택하고 최선을 다해 일하되 나머지는 하나님께 맡겨야 합니다. 만약 어떤 길이 하나님이 원하시는 길이 아니라면 깨끗이 포기해야 합니다. 인생을 포기해서는 안 되지만 내 뜻은 포기할 줄 알아야 합니다. 하나님 안에서 내 뜻을 포기하면 오히려 많은 것을 배우고 깨닫게 됩니다. 사랑과 용서, 이해와 헌신, 기도와 봉사는 포기하지 말아야 하지만 내 계획과 뜻, 내 생각과 행동 등은 포기해야 할 때가 많습니다. 좋은 계획을 세웠다고 하더라도 그 계획은 바뀔 수도 있습니다. 포기해야 할 때는 포기하고 하나님의 은혜를 부어달라고 하면 됩니다.

아브라함은 강직하고 충성스런 사람이었지만 고집스런 사람은 아니었습니다. 자신에게는 강직했지만 타인에게는 유연했습니다. 그처럼 남을 배려하고 진실은 유지하되 상황의 변화를 잘 읽어 항상 최선의 결과를 만들어내는 복된 자들이 되기를 바랍니다.

♤ 기도

하나님, 선택할 때에는 신중하게 선택하고 최선을 다해 일하며 나머지는 하나님께서 채워 주실 것을 믿고 기다리게 하옵소서. 하나님은 가장 좋은 때에 가장 좋은 것으로 주시는 분이심을 믿습니다. 우리의 삶을 하나님께 전적으로 의지할 수 있도록 도와주소서. 예수님의 이름으로 기도합니다. 아멘

♤ 중보기도

모든 그리스도인들이 하나님만 바라보게 해주시기를 위해서.

♤ 묵상

하나님을 전적으로 신뢰할 때 얻는 기쁨을 경험하고 있는지 생각해 봅시다.

하나님이 원하시는 사람

♣ 성경 창세기 25:19~34 (외울요절 23절)   찬송 310(410)장 ♣

야곱은 계산적이고 약삭빠릅니다. 반면에 에서는 우직하고 순진한 면이 있습니다. 그런데 왜 하나님은 야곱을 더 기뻐하시고 선택하셨을까요? 하나님의 선택을 보면 우리는 하나님이 무엇을 보시는지 하나님의 관점을 알 수 있습니다.

하나님께서는 어떤 사람을 선택하실까요?

야곱은 인간적으로 부족한 모습이 많았습니다. 그러나 그가 하나님의 축복된 장자가 되겠다는 명분에 매달렸다는 것은 결국 그가 하나님의 이름을 중시했다는 뜻입니다. 그런 자세가 그를 복된 자리로 이끌었습니다. 우리가 그리스도인이라는 이름을 가지고 하나님의 자녀라는 명분을 가진 것이 얼마나 중요한 것인지를 깨닫게 됩니다.

항상 그리스도인답게 살려고 힘씀으로 가문의 축복을 준비해가는 은혜가 있기를 바랍니다.

♤ 기도
하나님, 우리가 하나님 앞에서 죄인임을 고백하며 하나님의 은혜를 구하게 하소서. 하나님의 은혜로 모든 것들이 해결될 줄 믿습니다. 하나님의 이름을 붙잡고 능력 있는 삶을 살게 하소서. 예수님의 이름으로 기도합니다. 아멘

♤ 중보기도
힘들고 지친 그리스도인들이 하나님의 이름으로 승리하게 해주시기를 위해서.

♤ 묵상
하나님께서 원하시는 사람이 되기 위해 나는 지금 무엇을 하고 있습니까?

고난당할 때

♣ 성경 창세기 28:10~22 (외울요절 15절)   찬송 338(364)장 ♣

　야곱이 장자의 축복을 얻게 되었을 때, 그 축복을 받자마자 환경적으로는 더 어렵게 되었습니다. 축복의 여정에는 반드시 고난이 있습니다. 우리는 고난을 두려워하지 말아야 합니다. 중요한 것은 고난 중에 우리의 믿음을 보여드리는 것입니다. 그러면 고난은 승리로 변하게 될 것입니다. 고난 중에 우리는 어떤 자세를 취해야 할까요? 고난의 때는 하나님과 더욱 가까워질 수 있는 절호의 기회입니다. 고난에는 우리에게 깨달음을 주는 하나님의 메시지가 들어 있습니다. 그러므로 열린 마음으로 하나님의 응답에 귀를 기울여야 합니다. 하나님은 우리의 죄를 싫어하시지 우리를 싫어하시는 것은 아닙니다. 우리가 어려움에 처하면 주님은 우리와 더 가까이 계십니다. 그때야말로 주님을 더 가까이해야 할 때입니다. 우리의 삶에 예기치 않은 고난이 찾아올 때 야곱처럼 그때 더욱 주님께 가까이 가고, 말씀에 귀를 기울이며, 하나님의 약속을 신뢰하고, 간절히 기도해야 합니다. 기도한 후에는 선한 결단을 함으로 고난을 이기고 승리하는 분들이 되길 바랍니다.

♤ 기도
　하나님, 우리의 삶에 여러 가지 어려운 일이 닥쳐도 그때가 주님과 더 가까워질 수 있는 기회임을 잊지 않고 믿음의 눈으로 바라보게 하소서. 예수님의 이름으로 기도합니다. 아멘

♤ 중보기도
　고난당하는 자들이 기도함으로 승리하게 되기를 위해서.

♤ 묵상
　고난이 하나님의 음성을 더 잘 들을 수 있는 기회임을 알고 있습니까?

재물과 가정

♣ 성경 창세기 31:14~16(외울요절 16절) 찬송 420(212)장 ♣

가정의 행복을 깨뜨리는 가장 큰 이유가 무엇이라고 생각하십니까? 재물입니다. 본문을 살펴보면, 재물에 대한 집착이 문제입니다. 돈을 소유함이 문제가 아니라 돈을 사랑함이 문제가 됩니다. 15절의 "팔았다, 돈을 먹었다"는 문제는 지참금의 문제라고 보여집니다. 그리고 자신들의 몸 값으로 남편을 14년 동안 봉사케 한 것에 대한 불만의 표출입니다. 아버지가 자신들에게 마땅히 지불해야 할 것을 주지 않았을 뿐 아니라, 외인으로 여기는 것이 아닌가 할 정도로 푸대접하고, 전혀 재물적인 문제를 고려해 주지 않은 것에 대한 불만입니다.

라반의 처사가 옳은 것은 아닙니다. 중요한 것은 가정이 깨어진다는 사실입니다. 오늘날 이 문제를 심각하게 생각해야 합니다. 우리 모두는 재물의 문제로 가정이 깨어지지 않도록 양보할 줄 알고, 손해도 볼 줄 알아야 합니다. 좀 더 넓은 시각을 가지고 가정과 삶을 지켜나가는 것이 중요합니다.

♤ 기도
사랑의 하나님, 우리 속에 있는 재물에 대한 욕심과 시기를 버리게 하여 주소서. 언제나 말씀에 비추어서 겸손한 자세로 살아가게 하소서. 예수님의 이름으로 기도합니다. 아멘

♤ 중보기도
우리 가정이 재물의 노예가 되지 않고 서로가 양보하며 살아가게 해주시기를 위해서.

♤ 묵상
우리 가족들이 무엇을 가장 사랑하고 있는지 생각해 봅시다.

반드시 은혜를 받자!

♣ 성경 창세기 32:9~12 (외울요절 12절)   찬송 292(415)장 ♣

하나님께서 우리에게 베풀어 주시는 복은 무한합니다. 9절에서는 하나님께서는 나그네와 행인들을 불쌍히 여기시고 도와주신다고 했습니다. 당시의 나그네와 행인들은 사회적으로 소외될 수밖에 없고 힘없는 존재들이었기 때문에, 하나님이 그들의 삶을 책임져 주신다는 것입니다. 이 세상에서 나그네로 살아가는 신앙인들에게 본향에서 사는 것은 지고한 축복입니다. 같은 족속, 같은 신앙인들과 더불어 살아갈 수 있는 것은 성도들의 큰 축복입니다. 이 축복을 먼저 사모해야 합니다. 그리고 고향으로, 족속으로 돌아가게 하시는 육적, 영적 의미를 잘 깨달으며 담대하게 살아가야 합니다. 또한 12절에는 성도들이 직접 눈으로 볼 수 없는 축복을 말씀하고 있습니다. 이것은 장래에 주시는 하나님의 놀라운 축복입니다. 이처럼 주님은 우리가 필요로 하는 것을 주시는 분이십니다. 이런 주님을 언제나 소망하며 복을 받는 가정이 되어야 합니다.

♤ 기도
하나님, 세상의 모든 고통을 주님께서 베풀어 주시는 은혜를 생각하며 견디게 하소서. 소망을 갖고 인내하며 살게 하여 주소서.
예수님의 이름으로 기도합니다. 아멘

♤ 중보기도
그리스도인들이 세상의 힘을 먼저 의지하지 않고, 주님의 은혜를 먼저 생각하며 살아갈 수 있게 해주시기를 위해서.

♤ 묵상
우리가 얼마나 주의 은혜를 생각하며 의지하고 있는지 생각합시다.

회개 속에 축복

♣ 성경 창세기 32:24~28 (외울요절 28절) 찬송 279(337)장 ♣

하나님께서는 야곱을 회개시켜 완전한 사람으로 변화시키고자 준비하셨습니다.

첫째로 회개하도록 환경을 만드셨습니다(24절). 하나님께서 야곱을 회개케 하기 위하여 그 환경을 조성하시고, 직간접적으로 회개를 유도하셨습니다. 야곱이 홀로 남아 어떤 사람과 씨름을 했다는 것은 하나님께서 야곱의 고질적인 죄성을 회개시키기 위하여 야곱과 더불어 씨름을 하셨다는 것입니다. 즉 하나님의 회개 유도는 우리에게 축복입니다.

둘째로 회개하도록 징계하십니다(25절). 자신의 죄를 자복하고 회개할 모습을 가지지 못할 때에 하나님의 징계가 나타난다는 뜻입니다. 회개를 촉구하시는 하나님의 징계하심이 사랑임을 보여 주십니다. 그러므로 우리들은 징계하실 때에 자신의 죄악을 회개하는 겸손한 심령을 가지도록 애써야 합니다. 또한 자복하게 하실 때에 순종해야 합니다.

♤ 기도

사랑의 하나님, 우리의 죄악을 회개하며 회개에 합당한 열매를 맺는 삶이 되게 하소서. 주님의 은혜와 축복 가운데 거하는 자들이 되게 하소서. 예수님의 이름으로 기도드립니다. 아멘

♤ 중보기도

삶의 현장에서 회개의 역사가 일어나게 해주시기를 위해서.

♤ 묵상

나의 죄 문제를 가지고 얼마나 간절함으로 회개하였는지 생각해 봅시다.

순종의 제단을 쌓자

♣ 성경 창세기 35:1 (외울요절 1절)   찬송 436(493)장 ♣

　신앙은 하나님의 요구에 순종하는 것입니다. 하나님의 방법을 신뢰하면서 하나님이 원하시는 일을 감당하는 것이 신앙입니다. 주님은 본문 1절에서 몇 가지를 요구하셨습니다.

　첫째로 "일어나라" 입니다. 이것은 지금까지 머물고 있던 곳, 하나님을 잊고 하나님과 관계없이 살던 삶을 정리하라는 명령입니다. 일어난다는 것은 삶의 방향을 바꾼다는 것이요, 지금까지의 삶을 포기하거나 완전하게 정리하는 것을 말합니다. 여기서 주님은 신뢰하는 믿음을 원하셨던 것입니다.

　둘째로 "제단을 쌓으라" 입니다. 이것은 곧 헌신과 믿음이요 더 나아가서는 예배입니다. 하나님이 원하시는 일을 한다고 하면서 예배의 삶이 없다면 거짓 믿음입니다. 언제나 단을 쌓는 신실한 모습이 있어야 합니다. 성도들은 항상 결단하면서, 사모하면서, 수고하면서, 하나님을 예배하는 삶으로 문제를 해결받고 놀라운 은혜를 받아야 합니다.

♤ 기도
　우리를 언제나 인도하시는 하나님, 그 인도하심에 최선을 다하여 순종하게 하소서. 순종 가운데 주의 놀라운 역사가 임하실 줄 믿습니다. 예수님의 이름으로 기도합니다. 아멘

♤ 중보기도
　어떠한 환경 속에서도 주님을 향하고 주님의 말씀에 절대적으로 순종하는 믿음의 백성들이 되어지기를 위해서.

♤ 묵상
　예배를 드리는 성도로서 얼마나 정성을 다하였고 사모하였는지 생각합시다.

하나님의 자녀답게

♣ 성경 창세기 39:4~6(외울요절 6절) 찬송 430(456)장 ♣

요셉이 보여 주는 삶의 모습들은 우리 성도들에게 그대로 적용되는 중요한 일들입니다. 성도들은 모든 일에 있어서 하나님 앞에서 제대로 감당해야 한다는 사실이 중요합니다. 어느 것 하나라도 제대로 감당하지 못하면 우리의 삶은 엉망이 될 수 있습니다. 요셉은 보디발 집의 충성된 가정 총무였습니다. 요셉은 가정 총무가 되었지만 팔려온 종의 신분임을 잊지 않았습니다. 자신의 신분을 제대로 아는 자라야 겸손한 길로 나아갈 수 있습니다.

또한 요셉은 하나님 앞에 복을 받은 자였습니다. 요셉은 복의 근원이라고 해도 과언이 아닙니다. 요셉이 하는 일마다 형통하고 요셉이 소유물을 주관할 때마다 하나님이 복을 내리시니, 요셉을 어찌 복의 사람이라고 하지 않을 수 있겠습니까?

우리도 복된 삶의 모습을 보여 주어야 합니다. 우리를 통하여 많은 사람들이 복을 받고, 우리를 보면서 사람들이 형통한 모습을 보게 된다는 것은 대단히 중요한 전도입니다.

♤ 기도

하나님, 우리들이 하나님의 자녀답게 살기 위하여 말씀에 충실하는 자가 되게 하소서. 말씀 앞에 거짓과 불의가 없는 참된 성도가 되게 하소서. 예수님의 이름으로 기도합니다. 아멘

♤ 중보기도

주님께서 주신 귀한 신분을 잘 지켜 행하고, 맡은 본분을 소홀히 하지 않는 성도들이 되기를 위해서.

♤ 묵상

우리에게 주어진 세상의 환경 가운데서 얼마나 하나님의 자녀답게 살고 있는지 생각합시다.

바로의 꿈, 하나님의 때

♣ 성경 창세기 41:1~13 (외울요절 13절)   찬송 251(137)장 ♣

요셉이 감옥생활을 하던 어느 날, 바로는 두 번씩이나 연달아 같은 꿈을 꾸게 됩니다. 꿈의 내용이 워낙 생생했고 내용이 너무 좋지 못한 데다가 그 뜻을 알 수 없어서 마음이 편치 않았습니다. 그래서 다음날 아침에 애굽의 술객과 박사들을 불러 모아 그 뜻을 물었지만 바로의 앞에 있는 어느 누구도 그 꿈을 바로에게 해석해 줄 수 없었습니다. 결과적으로 바로의 꿈은 하나님께서 요셉의 꿈을 이루어 주시기 위한 도구가 되었습니다. 바로의 술관원이 요셉을 기억하고 바로에게 그를 소개합니다. 마침내 하나님의 때가 시작된 것입니다. 하나님은 우리의 과거와 현재, 그리고 미래의 주인이 되시는 분이십니다. 그 분의 계획은 한치도 틀림이 없습니다. 우리는 기도할 때 무조건 빠른 응답을 원합니다. 그러나 하나님은 가장 좋은 때에 우리의 기도에 응답해 주시는 분이십니다.

♤ 기도
하나님, 우리를 향한 하나님의 계획은 한치도 틀림이 없고, 우리의 기도는 가장 좋은 때에 가장 좋은 것으로 반드시 응답된다는 것을 믿고 인내할 수 있도록 도와주옵소서. 예수님의 이름으로 기도드립니다. 아멘

♤ 중보기도
하나님의 위로가 필요한 성도들이 하나님의 때를 인내함으로 기다릴 수 있게 되기를 위해서.

♤ 묵상
우리 일생을 통해 이루어지는 거대한 하나님의 섭리 가운데 가장 좋은 때를 기다리지 못하고 조급해 하며 하나님을 원망하거나 신뢰하지 못하고 있지는 않습니까?

준비된 지혜의 사람 요셉
♣ 성경 창세기 41:14~36 (외울요절 16절)   찬송 435(492)장 ♣

요셉은 바로의 술관원에게 감옥에서 풀려날 것을 부탁했습니다. 그러나 하나님은 바로의 꿈을 통해 사람들이 요셉을 모시고 감옥에서 나가게 해 주셨습니다. 요셉은 드디어 바로 앞에 섰습니다. 요셉은 애굽을 다스리는 바로 앞에서 하나님의 주권을 인정하고 하나님의 이름을 높여드리고 있습니다. 바로가 꾸었던 두 가지 꿈, 즉 소 일곱 마리와 이삭 일곱 개의 꿈은 결국 같습니다. 그것은 애굽 전역에 칠 년 동안 큰 풍년이 든 후에 또 칠 년 동안 큰 흉년이 든다는 것이었습니다. 요셉은 바로의 꿈 내용을 해석하는 것으로 그치지 않고, 오래전부터 이 일을 준비한 것처럼 지혜롭고 현명한 사람을 택해서 일곱 풍년 뒤에 있을 일곱 흉년에 대비하라는 해결 방법까지 바로에게 알려 주었습니다. 요셉은 감옥에서 절망하거나 낙심하지 않고 인내하며 최선을 다했기에 갑자기 찾아온 기회를 결코 놓치지 않았습니다. 찬란한 내일을 위해 어떤 준비를 하고 있습니까?

♤ 기도
하나님 아버지, 요셉이 감옥에 갇힌 상황에서도 인내하며 최선을 다했던 것처럼 우리도 미래를 준비하는 일에 소홀히 하지 않게 도와주옵소서. 예수님의 이름으로 기도드립니다. 아멘

♤ 중보기도
이 땅의 내일을 열어갈 청소년들이 주님의 뜻 가운데 최선을 다해 미래를 잘 준비할 수 있게 해주시기를 위해서.

♤ 묵상
사람들은 자신에게 좋은 기회가 찾아오기를 고대하고 있습니다. 그러나 기회는 준비되지 않은 사람에게는 결코 찾아오지 않습니다. 좋은 기회는 철저히 준비된 사람에게만 찾아오는 것입니다.

죄수복에서 세마포 옷으로 갈아입다

♣ 성경 창세기 41:37~57 (외울요절 43절) 찬송 428(488)장 ♣

    요셉은 바로 앞에서 그가 꾼 꿈을 해석해 주고 장차 애굽이 당할 흉년에 대비할 방법까지 알려 주었습니다. 바로는 요셉을 칭찬하고 그 자리에서 즉시 요셉에게 자신의 손가락에서 왕의 인장이 찍힌 반지를 빼어 끼워 주고 세마포 옷을 입히고 그를 애굽을 다스리는 총리로 임명합니다. 소매가 긴 채색옷에서 노예복으로, 죄수복으로, 그리고 세마포 옷을 입기까지 요셉에게는 인생의 굴곡이 깊었습니다. 요셉은 서른이라는 젊은 나이에 애굽을 다스리는 총리가 되었습니다. 그러나 그는 교만하지 않고 보디발 시위대장의 집과 감옥에 있을 때와 마찬가지로 최선을 다했습니다. 요셉의 꿈 해석으로 애굽은 일곱 풍년 동안 일곱 흉년을 잘 대비했고, 가뭄의 위기를 잘 극복했습니다. 요셉의 지혜는 단순히 그의 영화로만 끝나지 않았습니다. 요셉의 지혜로 말미암아 애굽과 많은 사람들이 흉년의 재앙으로부터 벗어날 수 있게 된 것입니다.

♤ 기도
    지혜의 근원 되신 하나님께 순종하며 하나님 말씀을 의지하고 오늘 하루도 최선을 다해 살 수 있도록 도와주옵소서. 예수님의 이름으로 기도드립니다. 아멘

♤ 중보기도
    먹을 것이 없어 굶주리고 있는 북한과 아프리카의 난민들을 긍휼히 여겨 주시기를 위해서.

♤ 묵상
    태도는 사실보다 중요합니다. 요셉은 보디발 집의 종으로 있을 때나 감옥에서 죄수로 있을 때나 애굽의 총리가 되었을 때에도 열등감과 교만에 빠지지 않고 늘 한결같은 자세로 최선을 다하며 살았습니다.

하나님이 하셨습니다

♣ 성경 창세기 45:1~15 (외울요절 8절)   찬송 484(533)장 ♣

요셉은 자신을 알아보지 못하는 형들 앞에서 북받치는 감정을 더 이상 억제하지 못하고 자신의 정체를 밝히며 소리내어 울었습니다. 요셉은 자신의 삶을 통해 이루고자 하시는 하나님의 뜻을 알았습니다. 그래서 놀란 형들에게 자기를 판 일에 대해 근심하지 말라고 안심시키며 하나님이 형제들과 자손들을 살아남게 하시려고 자신을 그들보다 앞서 보내셨노라고 말하였습니다.

요셉은 가뭄이 앞으로 5년이나 지속될 것이기 때문에 가족들을 고센 땅으로 올 것을 재촉합니다. 또한 요셉은 자신이 애굽의 총리가 되기까지 겪은 모든 상황을 한치의 오차도 없이 주관해 오신 하나님을 찬양하며 영광을 돌리고 있습니다. 비록 견디기 힘든 고통이라는 이름의 터널을 지나고 있더라도 반드시 터널이 끝나고 밝은 빛이 비치는 길이 나올 것을 믿고 믿음으로 계속 나아갑시다.

♤ 기도
하나님께서는 결코 실수하지 않으시고 모든 일을 합력하여 선을 이루시는 분임을 믿고 의지할 수 있도록 도와주옵소서. 예수님의 이름으로 기도드립니다. 아멘

♤ 중보기도
선교지에서 외로이 사역하는 선교사님과 그 가족들을 지켜 주시기를 위해서.

♤ 묵상
형들은 요셉을 죽이기 위해 노예로 팔았지만 하나님은 죄수 요셉을 총리로 삼아주셨습니다.
하나님은 모든 것을 합력하여 선을 이루시는 분이십니다.

손자들을 축복한 야곱

♣ 성경 창세기 48:8~22(외울요절 9절)   찬송 314(511)장 ♣

　요셉의 아버지 야곱은 죽음을 앞두고 요셉의 아들 므낫세와 에브라임에게 복을 빌어 주었습니다. 성경에서 오른쪽은 축복과 존경의 자리로 간주됩니다. 그래서 요셉은 맏아들 므낫세를 오른쪽에, 작은아들인 에브라임을 왼쪽에 앉게 했습니다. 그러나 야곱은 동생인 에브라임이 더 크게 될 것이라며 요셉의 청을 거절하였습니다. 요셉은 상식을 따라 행동했습니다. 그러나 야곱은 동생 에브라임을 형 므낫세보다 앞세워 축복해 주었습니다. 야곱은 상식을 뛰어넘은 하나님의 뜻을 알았기 때문입니다.
　하나님은 인간의 상식에 갇히는 분이 아닙니다. 하나님은 우리의 지식과 상식을 뛰어넘어 당신의 뜻으로 당신의 역사를 이루어가십니다. 그래서 우리는 하나님의 뜻에 대해 늘 마음을 열고 따라야 합니다.

♠ 기도
　하나님, 우리의 상식과 질서를 뛰어넘어 역사하시는 하나님을 늘 기억하고 하나님의 뜻을 따르게 하옵소서. 예수님의 이름으로 기도드립니다. 아멘

♠ 중보기도
　하나님의 능력으로 북한 땅의 성도들이 하나님을 자유롭게 믿을 수 있게 해주시기를 위해서.

♠ 묵상
　하나님은 우리에게 상식과 질서를 통해 살아가게 하셨지만 우리가 미처 알지 못하는 하나님만의 방법으로 역사하시는 분이십니다. 그래서 우리는 늘 마음을 열고 우리의 상식을 뛰어넘는 하나님의 역사를 기대해야 합니다.

그가 이루시리라

♣ **성경** 창세기 50:15~26 (외울요절 20절)   **찬송** 382(432)장 ♣

요셉의 형들은 아버지를 장사지내고나자 요셉으로부터 복수당할 것을 두려워하여 요셉에게 용서를 구합니다. 요셉은 형들을 용서합니다. 아니, 요셉은 이미 형들을 용서했습니다. 요셉은 자신을 향하신 하나님의 뜻을 알았기 때문입니다. 혹시 요셉의 형들처럼 이미 용서받은 죄에 대해 아직도 죄책감에 사로잡혀 있지는 않습니까?

요셉이 110세에 애굽에서 숨을 거두기 전, 그는 훗날 하나님께서 조상들에게 주시겠다고 약속하신 가나안 땅으로 마침내 가게 될 때에 자신의 유골이라도 가지고 갈 것을 유언으로 남깁니다. 요셉의 유언은 400년 후, 모세에 의해 성취됩니다. 요셉의 본향은 애굽이 아니라 가나안이었고, 그가 바라본 것은 죽음을 넘어서는 위대한 약속이었던 것입니다.

♤ 기도
하나님, 우리가 용서받은 죄에 대하여 더 이상 죄책감으로 인해 괴로워하지 않게 하시며, 지금에 만족하지 않고 더 나은 본향을 사모할 수 있게 하옵소서. 예수님의 이름으로 기도드립니다. 아멘

♤ 중보기도
크리스천들의 아픔과 상처가 예수님의 사랑 안에서 깨끗이 치유되기를 위해.

♤ 묵상
지나친 죄책감은 죄 문제를 하나님의 손에 맡기기보다는 자신의 손으로 해결하려는 교만입니다. 죄책감은 하나님의 용서를 깊이 맛보지 못하게 합니다. 이를 해결할 수 있도록 기도해야 합니다.

성취되는 약속

♣ 성경 출애굽기 1:1~7 (외울요절 7절) 찬송 391(446)장 ♣

출애굽기에는 억압받는 이스라엘 백성이 하나님의 섭리로 애굽으로부터 탈출하는 장면이 기록되어 있습니다. 출애굽기의 처음은 고통과 신음으로 시작하나 끝은 승리와 환호로 마감합니다.

1~5절은 애굽으로 이주한 야곱의 권속을 소개합니다. 야곱의 권속들이 애굽으로 이주한 것은 단순히 기근을 피하기 위한 것이 아니고 하나님의 구속사 속에 포함된 섭리였습니다(창 15:13~21). 그들은 이러한 하나님의 섭리 속에서 새 역사의 시작에 주인공들로 쓰임받았던 것입니다. 6~7절은 야곱 후손의 번영을 보여 주는데, 정착 제1세대는 다 죽고 그곳에서 태어난 새로운 세대로 교체되었습니다. 그때 이스라엘 사람의 수가 놀랍게 증가했습니다.

이것은 우연이 아니고 하나님의 구속사적 사건에서 이루어진 하나님의 은총이었습니다. 그들의 수는 그들이 거주하는 고센 땅(창 47:6)이 차고 넘칠 정도로 되었습니다(창 22:17). 오늘 우리 가정 안에도 하나님의 약속이 이루어져가고 있음을 믿어야 합니다.

♤ 기도
하나님 아버지, 땅이 흔들리고 하늘이 변해도 신실하신 하나님의 약속은 오늘도 이루어지고 있음을 믿습니다. 예수님의 이름으로 기도드립니다. 아멘

♤ 중보기도
자신의 환경이나 어려움으로 인해 흔들리고 있는 우리 교우들이 새 믿음으로 일어서기를 위해.

♤ 묵상
애굽에서 430년 간의 고역은 하나님이 이스라엘을 버린 시기가 아니라 생육하고 번성케 하리라는 예언이 성취된 시기였다.

모세를 준비하심

♣ 성경 출애굽기 2:1~10 (외울요절 10절)   찬송 342(395)장 ♣

모세는 바로의 히브리 민족 말살정책이 진행되는 시기에 출생하였습니다. 모세의 어머니 요게벳은 절망적 상황에서도 좌절하지 않았습니다. 그는 바로의 유아 살해 명령에도 불구하고 모세를 3개월 동안이나 숨겨 양육했습니다. 그러나 아이의 소리가 커지자 갈 상자를 만들어 역청을 칠한 후 하숫가 갈대 사이로 띄워 보냈습니다. 그리고 딸 미리암에게 멀리서 지켜보게 하였습니다.

때마침 목욕을 나왔던 바로의 딸은 상자 속의 아기를 건져 올렸습니다. 그 광경을 지켜보던 모세의 누이는 자신이 유모를 구해 올 것을 제안했고, 모세는 친모에 의하여 양육됩니다. 결국 아기는 어머니를 통하여 여호와 신앙을 갖게 된 것입니다. 수유 기간이 다 끝나자 모세는 공주의 아들이 되어 왕족의 혜택을 받으며 애굽의 학술을 배우게 되었습니다(행 7:22).

하나님의 섭리는 모세 어머니의 신앙과 지혜를 통하여 이루어졌습니다. 가정은 먼저 부모의 신앙과 헌신을 통해 하나님의 뜻이 꽃핍니다.

♧ 기도
하나님, 우리 가정에 함께하셔서 먼저 참 신앙의 부모들로 세움받게 하시고, 경건한 자녀들이 되게 하옵소서. 예수님의 이름으로 기도드립니다. 아멘

♧ 중보기도
한 믿음을 갖지 못함으로 안타까워하는 가족들이 온전한 신앙의 둥지를 이룰 수 있기를 위해.

♧ 묵상
이제 하나님께 찬양하라. 그는 믿는 사람들에게 암흑이 생기면 빛을, 절망이 생기면 위안을 주신다.

광야의 소명

♣ 성경 출애굽기 3:1~12(외울요절 5절)   찬송 323(355)장 ♣

　모세는 애굽 궁에서 왕자의 신분으로 성장하게 됩니다. 그러나 그는 자신이 하나님의 백성 히브리인이라는 사실을 인지하고 있었습니다. 그러던 그는 애굽인 감독을 쳐 죽이는 사고를 내고 광야로 도피합니다. 하나님의 일은 혈기나 무력으로 이루어지지 않습니다. 더구나 내 시간에 이루어지지도 않습니다. 오늘 내가 서두르는 일은 무엇입니까?

　광야에서 40년 세월을 보낸 어느 날, 하나님은 모세를 호렙산의 떨기나무 불꽃 가운데서 부르십니다. 특히 5절에서 "네 발에서 신을 벗으라"고 하십니다. 고대 사회에서 주인은 신발을 신지만 종들은 주인 앞에서 맨발로 삽니다. 이제 모세는 여호와의 종으로 살아야 합니다. 하나님의 백성을 종살이에서 이끌어내는 소명을 감당해야 하는 것입니다.

　나는 예수님을 '주님'(Lord)으로 모시고 삽니까?

♤ 기도
　하나님, 주님은 진정 내 삶 전체의 주인이십니다. 내 꿈과 건강과 재능과 미래의 참 주인이시오니 다스려 주옵소서. 예수님의 이름으로 기도드립니다. 아멘

♤ 중보기도
　교회 생활에 연륜이 쌓여감에도 진정 자신을 주님 앞에 내려놓지 못하고 사는 이들이 새로운 깨달음을 얻고 결단하기를 위해.

♤ 묵상
　나는 하나님께서 나의 삶의 이 시점과 나를 보내신 바로 그곳에서 빛을 발하며 나의 십자가를 지겠습니다.

－빌 브라일－

소명과 망설임

♣ 성경 출애굽기 4:1~12 (외울요절 12절)   찬송 333(381)장 ♣

부르시는 하나님과 사양하는 모세의 지루한 토론이 계속됩니다. 하나님은 모세에게 하나님 존재를 명확히 밝혀 주시면서 동행을 약속하셨습니다. 그러나 모세는 자신의 한계를 들어 거듭 소명을 거부하였습니다. 과거에 실패를 경험한 그는 부정적인 사고에 젖어 있었습니다. 오늘 내게도 그런 경향은 없는지요.

하나님께서는 세 가지 이적들을 통하여 이스라엘 민족을 해방시키시는 하나님의 능력과 모세의 소명에 확신을 심어 주셨습니다. 결국 이러한 능력을 보여 주신 것은 애굽인들로 하여금 아브라함과 이삭, 야곱의 하나님이 모세와 함께하시는 것을 믿게 하기 위함이셨습니다.

여기서 모세의 반응은 겸손, 혹은 변명이라고도 볼 수 있을 것입니다. 모세는 자신이 말에 능하지 못하다는 이유로 하나님의 소명을 거부하려 했습니다. 우리의 모든 상황과 처지가 하나님의 통제 하에 있음을 알아야 합니다. 우리가 장차 하나님의 어떤 도구로도 쓰임받을 수 있도록 순종하는 사람이 됩시다.

♤ 기도
하나님, 일찍이 저희로 하나님을 알고 그 신앙 안에 살게 하심을 감사합니다. 저희의 삶이 주 앞에 순복하며 쓰임받는 생이 되기를 원합니다. 예수님의 이름으로 기도드립니다. 아멘

♤ 중보기도
사역자로서 분명한 소명을 받고도 자신의 부족함으로 망설이는 이들을 위해.

♤ 묵상
대부분의 사람들은 주를 위한 위대한 것들을 자발적으로 하고자 한다. 그러나 그를 위하여 작은 것들을 자발적으로 하려는 사람들은 소수에 불과하다.

내 백성을 보내라

♣ **성경** 출애굽기 5:1~9(외울요절 1절)   **찬송** 357(397)장 ♣

　하나님께 선택받은 모세와 아론은 오직 여호와 하나님의 이름으로 담대하게 바로 앞에 나아가 "이스라엘의 하나님 여호와께서 이렇게 말씀하시기를 내 백성을 보내라"(1절)고 요청하였습니다. 그리고 이 요청은 단순한 항거나 시위가 아니라 이스라엘의 하나님 여호와 뜻이며 명령임을 분명히 하였습니다. 또한 이스라엘 백성을 내 백성이라고 표현함으로써 바로는 이스라엘을 통치할 아무런 권한이 없음도 명백히 하였습니다. 우리가 하나님의 백성이라는 긍지를 가집시다.
　그러나 바로는 모세의 요청을 단호히 거부하였습니다. 그리고 백성의 간역자들을 불러 더욱 가혹하게 다스릴 것을 지시하였습니다. 그 이유는 첫째, 애굽 왕으로 신격화 된 자신이 이스라엘의 하나님을 인정할 수 없었습니다. 둘째, 이스라엘 백성을 영구히 자신의 노예로 삼고자 하는 이기적인 욕심 때문이었습니다. 교만과 이기적인 욕심으로 가득찬 사람은 하나님 말씀을 수용할 여지가 없습니다.

♤ 기도
　하나님, 우리가 세상적인 지위나 힘이 주어졌을 때 더욱더 주님 앞에 겸비하게 하옵소서. 예수님의 이름으로 기도드립니다. 아멘

♤ 중보기도
　이 땅의 권세자들이 위로 하나님이 살아계심을 무시하지 않게 하시며 특히 우리나라의 위정자들이 그러할 수 있게 되기를 위해.

♤ 묵상
　하나님이 어느 방향으로 움직이시는지를 발견하고 똑같은 방향으로 나아가는 자는 복 있는 자이다.

하나님의 열심

♣ 성경 출애굽기 6:1~13 (외울요절 7절)   찬송 545(344)장 ♣

하나님은 모세의 질문에 대한 응답으로 다시 분명한 약속을 하십니다. 하나님께서 이스라엘의 조상들과 맺었던 언약을 기억하여 이를 반드시 시행하시겠다고 재차 확증하셨습니다.

그러나 이스라엘 백성들은 혹독한 노예생활에 시달렸기 때문에 하나님의 약속을 믿지 않았습니다. 해방에는 찬성하였지만 그에 수반되는 고통은 거부하는 이스라엘 백성들의 이기적인 모습이 드러납니다.

하나님은 모세에게 다시 바로에게 가서 이스라엘 백성을 풀어 주도록 요청하라고 하셨습니다. 모세는 그의 백성들을 설득할 힘도 없는데 어떻게 바로를 설득할 수 있겠느냐고 하나님의 명령을 거절합니다.

그러나 하나님의 열심은 이렇게 실의에 빠진 모세를 다시 불러 세우십니다. 끈질기게 붙잡고 세우시는 하나님의 열심은 연약한 우리에게 커다란 힘이 되십니다.

♤ 기도
하나님, 행여나 우리 마음이 세상에 길들여져 하나님의 약속과 천국을 상실하지 않게 날마다 깨우쳐 주옵소서. 예수님의 이름으로 기도드립니다. 아멘

♤ 중보기도
가로막힌 장애물들로 인해 실의에 빠진 이 땅의 사역자들을 위로하시고 새로운 능력 주시기를 위해.

♤ 묵상
십자가 없는 부활을 기대하는 것처럼 허황된 꿈만 꾸고 오늘 해야 할 일을 거부한다면, 하나님의 약속은 그림의 떡과 같이 되고 말 것이다.

바로에게 신이 되게

♣ 성경 출애굽기 7:1~13 (외울요절 6절)   찬송 331(375)장 ♣

　바로의 강퍅함과 이스라엘 백성의 원망으로 인해 모세는 실의에 빠졌습니다. 그때 하나님께서는 모세에게 바로를 누를 수 있는 신적 권세를 약속하십니다. 또한 입술이 둔하다고 변명하는 모세에게 아론을 대언자로 세워 주십니다. 1~5절까지 각 절마다 하나님께서는 '내가' 라고 하심으로 출애굽 역사는 자신이 주도적으로 행하실 일임을 알려 주십니다. 이제 모세는 하나님 말씀에 순종하기만 하면 됩니다. 오늘 내게 그런 순종이 요구되는 것은 아닌지요.
　모세와 아론은 하나님의 명대로 바로 앞에서 이적을 행하였습니다. 지팡이가 뱀으로 변하자 애굽의 술객들도 흉내를 냈습니다. 그때 아론의 지팡이가 그들의 지팡이를 삼킴으로 인간의 간교함을 하나님께서 어떻게 징벌하실 것인가를 보여 주셨습니다. 또한 이것은 궁극적으로 여호와께서 승리하실 것임을 보여 주는 사건이기도 하였습니다.

♤ 기도
　하나님 아버지, 어떤 경우에도 하나님을 신뢰하며 순종을 더디 하지 않게 하소서. 혹 내가 미루고 있는 것이 있으면 지금 순종케 하소서. 예수님의 이름으로 기도드립니다. 아멘

♤ 중보기도
　아직도 우상과 미신에 빠져 사는 우리 나라의 무지한 사람들이 하루 속히 돌아오게 되기를 위해.

♤ 묵상
　인류 역사의 마지막 장은 확실히 하나님의 결정에 달려 있다. 심지어 지금도 하나님은 도처에서 은혜를 베풀기도 하시며, 심판도 하고 계신다. 역사상 오늘날처럼 종말이 거론된 적은 없었다. 하나님의 심판 날을 무시하는 자가 되지 말라.

자연만물을 다스리시는 한분 하나님
♣ 성경 출애굽기 8:1~7 (외울요절 1절) 찬송 74(74)장 ♣

바로는 자기 외에는 세상의 지배자가 없다는 교만한 마음으로 모세의 요청을 단호하게 거부했습니다. 이에 대한 하나님의 방법은 열 가지 재앙을 통해 여호와 하나님이 이 세상의 통치자이심을 알려 주는 것이었습니다. 또한 이스라엘 백성이야말로 애굽에서 벽돌이나 만드는 노예 백성이 아니라 하나님께 예배해야 할 하나님의 백성이요, 제사장 나라임도 알려 주셨습니다.

하나님은 모세로 하여금 바로에게 최후통첩을 전하도록 말씀하셨습니다. 이번에는 개구리 재앙이었습니다. 애굽인들은 '헤켓'이라는 개구리 신도 섬기고 있었습니다. 그들이 신으로 섬기는 개구리가 궁, 침실, 화덕, 떡반죽 그릇과 사람 몸에까지 무수히 올라와서 괴롭혔습니다. 애굽의 술객들이 흉내를 냈지만 오히려 그들의 고통을 증가시키고 말았습니다. 이러한 재앙을 통해서 이방인들이 섬기는 우상이 얼마나 허망한 것인가를 보여 주셨습니다. 살아계신 하나님을 찬양할지라!

♤ 기도
창조주 하나님, 자연만물을 다스리시는 주인은 오직 하나님 한 분밖에 없음을 가슴에 품고 살아가기를 원합니다. 예수님의 이름으로 기도드립니다. 아멘

♤ 중보기도
하나님이 지으신 대자연을 소중히 관리하되 그것이 사람들이 섬기는 신이 되지 않기를 위해.

♤ 묵상
하늘은 모든 것 위에 있다. 그 곳에 심판자가 계신다. 그 심판자를 이길 수 있는 왕은 하나도 없다.

스스로 굳어지는 바로

♣ 성경 출애굽기 9:1~7(외울요절 5절) 찬송 370(455)장 ♣

　모세는 바로에게 "내 백성을 보내라 그들이 나를 섬길 것이니라"(1절)는 여호와의 말씀으로 이스라엘의 해방을 요구합니다. 그러나 이를 거절하는 바로에게 하나님께서는 계속 재앙을 내립니다. 이 재앙은 애굽인과 그들의 재산에 막대한 손실을 가져다 주었습니다. 다섯째는 가축의 전염병, 여섯 째는 독종 재앙이었습니다. 흉내를 내던 애굽의 술객들도 이제 한계에 직면하고 말았습니다.

　바로의 마음은 하나님 뜻과는 정반대로 너무나 완악하게 굳어져 갔습니다. 이렇게 바로의 마음이 강퍅하게 된 것은 하나님께서 행하신 일입니다. 이처럼 하나님께서는 죄인이 악에서 돌이켜 선을 행하기를 원하시지만 끝까지 회개치 않는 자는 그 악으로 인해 스스로 멸망하도록 내버려 두십니다. 그러므로 우리도 삶 속에서 겸손히 주의 뜻이 이루어짐을 추구하며 살아야겠습니다(마 26:39).

♤ 기도
　하나님 아버지, 순간순간 하나님의 뜻이 내 삶에서 이루어지기를 겸손히 소원하며 살게 하여 주옵소서. 예수님의 이름으로 기도드립니다. 아멘

♤ 중보기도
　우리 나라에 산재한 미신과 무당들의 속임수에서 백성들이 깨어날 수 있게 되기를 위해.

♤ 묵상
　생긴 모습 그대로 내 인생을 받으소서. 주여, 당신을 위하여 성별되게 하소서.

버티는 바로

♣ 성경 출애굽기 10:1~11(외울요절 3절)   찬송 531(321)장 ♣

농작물과 가축에게 심각한 타격을 안겨 주었던 우박 재앙에도 불구하고 바로의 강퍅함은 수그러질 줄을 몰랐습니다. 모세는 바로에게 메뚜기 재앙을 경고하고 그의 궁전을 떠나면서 모든 결정을 하도록 합니다. 모세는 이러한 사실을 알려 준 것만으로 그의 사명을 다한 것입니다.

재앙으로 두려워하는 신하들의 간청으로 바로는 모세에게 누구를 데려갈 것인지를 묻습니다. 모세는 여호와 앞에 절기를 지켜야 하기 때문에 남녀노소 할 것 없이 온 백성과 모든 가축이라고 대답합니다. 그러나 바로는 빈정거리며 모세가 요구한 것을 들어주지 않았고 오히려 하나님과 대결해 보려고 하는 교만한 마음을 품었습니다. 그러나 이번의 재앙은 모든 초목을 삼켜버리는 혹독한 것이었습니다. 지도자 한 사람의 완악함으로 인해 수많은 사람이 고통을 당하였습니다.

♤ 기도
하나님, 모세가 담대히 자신의 사명을 선포했듯이 우리도 주의 진리를 붙들고 담대히 말하며 살기를 원합니다. 예수님의 이름으로 기도드립니다. 아멘

♤ 중보기도
우리의 공동체와 나라 지도자들의 완악함으로 인해 많은 사람이 괴로움을 당하지 않게 해주시기를 위해.

♤ 묵상
하나님의 뜻을 아는 것은 가장 위대한 지식이다. 하나님의 뜻을 실천하는 것은 가장 위대한 성취이다.

마지막 재앙

♣ **성경** 출애굽기 11:1~8 (외울요절 3절)   **찬송** 456(509)장 ♣

　드디어 하나님께서는 '한 가지' 재앙을 더 내리실 것을 예고하셨습니다. 놀라운 것은 애굽 사람들이 이스라엘 민족을 후대하게 되었고, 지도자 모세는 애굽의 관리들과 백성에게 심히 크게(두렵게) 뵈었던 것입니다. 그래서 이스라엘 백성이 애굽을 떠날 때에 도리어 전리품을 취하듯이 금은 패물을 많이 받아 가지고 나가게 되었습니다. 자기 백성을 세우시는 하나님을 찬양합니다.

　마지막 재앙이 예고하는 바, 애굽의 처음 난 것은 모두 죽임을 당하게 된다는 것입니다. 반면에 이스라엘에게는 아무런 해도 미치지 않으리라고 하였습니다. 이스라엘에 대하여는 "개도 짖지 못 한다"고 예고하셨습니다. 이렇게 이스라엘과 애굽 민족이 한 나라 안에 살면서도, 무서운 환난 가운데서는 뚜렷이 구별되었던 것입니다. 내가 하나님 백성 됨에 긍지를 갖고 살아야 합니다.

♤ 기도
　하나님, 오늘도 내가 하나님의 자녀 됨을 가슴 깊이 새기며 겸손히, 그러나 긍지 있게 살겠습니다. 예수님의 이름으로 기도드립니다. 아멘

♤ 중보기도
　한국 교회의 잃어버린 종말에 대한 신앙이 회복되어 최후의 날에 승리케 하실 주님을 알게 해주시기를 위해.

♤ 묵상
　믿음이란 영혼을 긍정하는 것이요, 불신이란 그것을 부인하는 것이다.

유월절

♣ **성경** 출애굽기 12:1~10(외울요절 2절)　**찬송** 227(283)장 ♣

　유대인에게 있어 모든 절기 중에서 매우 중요한 절기는 유월절입니다. 어떤 규례보다도 새롭고 신선한 유월절은 하나님께서 친히 세우신 것입니다. 구속사의 표적이 되는 출애굽 사건을 기준하여 이스라엘의 새로운 시작을 선포하셨습니다. 이것은 지금까지 인간이 주체가 되어 삶을 스스로 계획하던 생활에서 돌이켜 하나님을 역사의 주인으로 고백하고 그 말씀에 순종하는 것에 자신의 신앙 초점을 맞추는 것입니다.

　유월절 행사의 규례는 모든 것이 구별되었습니다. 특히 희생양으로 사용될 어린 양은 흠없고 1년 된 수컷이어야 합니다. 한 가족이 양 한 마리를 먹을 수 있다는 것을 생각하여 양의 수를 정하여야 합니다. 어린 양을 잡아 그 피를 문설주와 인방에 바르는데 그것은 속죄의 행동을 나타냅니다. 또 그 밤에 무교병과 쓴 나물을 먹되 날로나 물에 삶지 말고 구워서 먹고, 아침까지 남겨두지 말며 남은 것은 불로 완전히 태워 없애 버리라고 하셨습니다.

♤ 기도
　하나님 아버지, 우리가 우리 시간을 사는 것이 아니라 하나님의 시간표로 사는 특별한 존재임을 늘 기억하게 하소서. 예수님의 이름으로 기도드립니다. 아멘

♤ 중보기도
　유월절 어린 양이 되어 피 흘리신 예수 그리스도를 모든 교회의 강단에서 담대하고 분명하게 선포되어질 수 있기를 위해.

♤ 묵상
　그의 십자가의 피로 화평을 이루사 만물 곧 땅에 있는 것들이나 하늘에 있는 것들이 그로 말미암아 자기와 화목하게 되기를 기뻐하심이라(골 1:20).

다 내 것이라

♣ 성경 출애굽기 13:1~10 (외울요절 2절) 찬송 292(415)장 ♣

　출애굽 사건은 단순한 구원의 역사가 아니라 하나님께서 자기 백성 이스라엘의 믿음을 훈련시킨 사건이었습니다. 초태생 규례는 하나님의 은혜를 기억하고 하나님께 드리기를 배우는 훈련의 프로그램이었습니다. 열 번째 재앙이 애굽에 내렸을 때 애굽의 초태생은 모두 죽었으나 이스라엘의 초태생은 모두 구원을 받게 되었습니다. 그러므로 이스라엘의 초태생은 마땅히 하나님의 소유였습니다.
　무교절은 유교병을 먹지 않는 절기입니다. 무교절을 지키는 장소는 가나안이며 그 시기는 가나안을 정복한 때입니다. 그 기간은 일년 중 칠 일 동안이며, 그 기간은 누룩 없는 무교병만을 먹어야 합니다. 이스라엘은 칠 일 동안 무교병만을 먹으며 그들을 애굽에서 인도하여 내신 하나님의 은혜를 기억하게 될 것입니다.
　우리는 구원하신 하나님의 소유된 백성으로의 삶을 살아야 합니다.

♤ 기도
　하나님, 우리가 어린양 예수의 대속으로 구원받았으므로 우리의 생명과 귀한 것을 주님께 마땅히 드리며 살게 하옵소서.
　예수님의 이름으로 기도드립니다. 아멘

♤ 중보기도
　무교절 규례가 매년 지켜져야 했듯이, 규칙적인 믿음생활을 하는 우리 교회 성도들이 되기를 위해.

♤ 묵상
　그리스도는 우리 죄와 세상 죄 그리고 아버지의 분노를 자신의 어깨에 지고 가셨다. 그것은 그가 우리를 하나님과 화해시켜 완전한 의인으로 만들었음을 의미한다.

뒤따르는 애굽 군대

♣ 성경 출애굽기 14:1~9 (외울요절 4절)   찬송 9(53)장 ♣

출애굽 이후, 이스라엘 백성이 맞는 첫 번째 시험이 나타났습니다. 이스라엘 백성을 광야 길로 인도하시던 하나님께서 홍해 바닷가에 장막을 치라고 명하셨습니다. 그 명령에는 하나님의 분명한 목적이 있었습니다.

첫째, 바로왕에 대한 심판이었습니다. 바로왕은 출애굽 전까지 열 가지 재앙으로 크게 얻어맞았지만 여전히 교만하였습니다. 그러므로 하나님께서는 바로왕을 심판하기로 작정하셨습니다.

둘째, 애굽 백성들에게 참 신은 오직 여호와 하나님이심을 알리기 위함이었습니다. 애굽 백성들은 수많은 거짓 신들에게 속아왔습니다. 홍해의 기적을 통해 하나님께서는 그들에게 참 신이신 하나님의 영광을 보이고자 하셨습니다.

셋째, 자기 백성인 이스라엘에게 참 믿음을 심어 주시기 위함이셨습니다. 이스라엘은 하나님을 진실로 믿지 못하고 있었습니다. 우리의 삶이 홍해 바닷가 같은 자리에 처할 때는 반드시 주의 선하신 뜻이 있습니다.

♤ 기도
하나님 아버지, 아버지께서 이유 없는 곤란에 저희들을 던지지 않는다는 사실을 감사합니다. 예수님의 이름으로 기도드립니다. 아멘

♤ 중보기도
가정에서 심각한 어려움에 처한 이들이 하나님의 선하신 뜻을 기대하는 큰 믿음을 회복할 수 있기를 위해.

♤ 묵상
기독교의 기본은 어떤 교리를 믿는 것이 아니라, 단지 그리스도를 믿는 것이다.

58/2월 15일

감사의 찬양

♣ 성경 출애굽기 15:1~10(외울요절 1절) 찬송 36(36)장 ♣

　홍해를 건넌 이스라엘 백성이 모래사장에서 찬송과 춤의 무대를 마련합니다. 우선, 홍해 바다에 떠오른 애굽의 시체들을 보고 모세와 이스라엘 백성이 일제히 합창을 하였습니다. 종살이에 길들여진 이스라엘 백성들에게 애굽의 말과 마병은 실로 도전할 수 없었던 큰 권세였습니다. 그러나 하나님의 권능 앞에 애굽의 장관도 병거도 초개와 같았습니다.

　또한 하나님은 대적하는 자에게 위엄을 보이셨습니다. 대적자 애굽은 하나님의 백성 이스라엘을 탈취물로 여겼습니다. 그러나 하나님은 곧 그의 능력으로 홍해의 물을 합치셨습니다. 하나님의 권위에 도전하는 것은 참으로 어리석은 일입니다.

♤ 기도
　하나님, 우리가 하나님의 자녀일진대 우리의 대적이 누구든지 하나님 안에서 담대하기를 원합니다. 예수님의 이름으로 기도드립니다. 아멘

♤ 중보기도
　가정마다 주님께서 왕 되심을 찬양하는 소리가 끊이지 않게 해주시를 위해.

♤ 묵상
　나는 누군가에게 그의 인생을 활기차고 명랑하게 하는 것이 무엇이냐고 물어보았다. 그때 그는 이렇게 대답했다. "쳐다봅니다. 빛을 쳐다봅니다." 만일 내일 지구가 산산조각으로 박살난다 해도, 나는 오늘 나의 사과나무를 심겠다.

굶주림과 양식 공급

♣ 성경 출애굽기 16:1~12(외울요절 4절) 찬송 406(464)장 ♣

이스라엘이 신 광야에 이르렀을 때 그들은 모세와 아론을 원망했습니다. 하나님을 신뢰하지 못한 저들은 광야에서 굶어죽을 줄만 알았던 것입니다. 허기가 질 때마다 위기감을 느끼며 지도자를 원망했습니다. 그들은 홍해를 건너게 하시고, 마라의 쓴물을 달게 만드신 하나님보다도 쌓아 놓은 고기와 떡을 더 신뢰하였습니다.

이스라엘의 원망에도 불구하고 하나님은 하늘에서 일용할 양식을 내려 주시겠다고 약속하셨습니다. 이스라엘이 모세를 원망한 것은 하나님을 믿지 못한 데서 비롯되었기에 하나님은 그들에게 또 다시 자신을 계시하기로 하셨습니다. 하나님은 "너희가 해질 때에는 고기를 먹고 아침에는 떡으로 배부르리니……"(12절)라고 하셨습니다. 하나님은 매일 분의 양식을 내려 주심으로 날마다 하나님을 바라보게 하는 믿음의 훈련을 하게 했습니다.

♤ 기도
하나님, 양식을 쌓아놓고 자만하는 자가 아니라 일용할 양식을 감사하며 사는 자가 되게 하소서.
예수님의 이름으로 기도드립니다. 아멘

♤ 중보기도
출근이나 가게 문을 여는 일로 주일성수를 못하는 이들이 주님을 더욱 신뢰하며 살게 해주시기를 위해.

♤ 묵상
나는 내가 바르게 고침받을 필요가 있을 때 자애로우신 하늘의 아버지께서 나를 위하여 징계의 행동을 취하셔야 한다는 것을 깨닫고 나의 삶에서 하나님의 징계에 순복하겠습니다.

― 빌 브라일 ―

바위에서 물이 솟음

♣ 성경 출애굽기 17:1~7 (외울요절 6절)   찬송 290(412)장 ♣

　백성들이 르비딤에 도착했을 때에 마실 물이 없었습니다. 신 광야에서 식량이 떨어져 크게 고생했던 저들은 이제 식수로 인한 고통에 직면하게 되었습니다. 백성들은 모세에게 상투적인 불평을 늘어놓았고, 이는 하나님께 대한 원망으로 이어졌습니다. 그러나 우리는 이 세상을 살아가는 동안에 고통이 있을지라도 지금까지 지켜 주셨고, 앞으로도 계속 지켜 주실 하나님을 믿고 기도해야 합니다.

　모세는 백성들로부터 원성을 들은 후 하나님께 나아가 기도했습니다. 백성들이 자기에게 돌질하려 하는 것까지도 낱낱이 아뢰었습니다. 하나님께서는 모세에게 호렙산 반석을 지팡이로 치면 물이 나올 것이라고 하셨습니다. 장로들을 데려가 하나님이 베푸시는 이적을 보도록 했습니다. 하나님께서 베푸신 이적을 본 체험자는 부인을 할 수 없습니다.

♤ 기도
　하나님, 어제의 은혜를 오늘 망각하고 불평하는 자가 되지 않게 하옵소서. 예수님의 이름으로 기도드립니다. 아멘

♤ 중보기도
　교회 생활을 하면서 불평하는 자들로 인해 실족하는 연약한 자들이 없게 해주시기를 위해.

♤ 묵상
　이스라엘 백성들이 반석에서만 물을 얻었듯이 오직 생수를 내는 반석이 되시는 예수 그리스도만이 모든 인간의 근본적인 해결책이며 모든 갈증을 해갈시켜 주신다.

모세를 방문한 장인 이드로

♣ 성경 출애굽기 18:1~12(외울요절 1절)   찬송 515(256)장 ♣

　모세는 출애굽 후에 장인 이드로와 재회를 하였습니다. 이드로는 출애굽을 승리로 이끈 모세를 축하해 주고 모세가 자신에게 돌려보냈던 모세의 처자를 데리고 그에게 방문했습니다. 모세의 장인 이드로는 모세를 만나기 전까지는 여호와 하나님을 몰랐습니다. 그가 이렇게 하나님의 산을 찾아가고 모세를 찾아간 것이 여호와 하나님을 만나는 계기가 되었습니다.
　모세는 자신을 찾아온 장인 이드로를 모든 친절과 경의를 표하며 맞이하였습니다. 그리고 장인에게 하나님께서 이스라엘 백성들을 위하여 행하셨던 여러 가지 이적과 기사들을 들려주었습니다. 이드로는 번제와 희생제사를 하나님께 드리고 이스라엘 장로와 아론과 함께 떡을 나누었습니다. 이드로는 비록 이방인이었지만 여호와 하나님과 교제함에 있어서 아무런 결격 사유가 없게 되었음을 보여 줍니다.

♤ 기도
　하나님, 우리를 찾아오는 이들이 어떤 사람이든지 우리를 통해 예수 그리스도를 만나는 계기가 되게 해주옵소서.
　예수님의 이름으로 기도드립니다. 아멘

♤ 중보기도
　세상의 모든 차별들이 복음 안에서 철폐되는 날이 속히 오기를 위해.

♤ 묵상
　이드로의 내방은, 오늘날 유대인과 이방인을 불문하고 모든 사람들이 예수 그리스도를 믿기만 하면 생명의 자리에 참여할 수 있음을 보여 주는 것이다.

시내 광야의 이스라엘

♣ 성경 출애굽기 19:1~6(외울요절 5~6절)   찬송 546(399)장 ♣

이스라엘 백성은 식수난을 겪고 아말렉의 공격을 받았던 르비딤을 떠나 출애굽한 지 두 달 만에 시내 광야에 도착했습니다. 그리고는 시내산 앞에 장막을 쳤습니다. 신앙의 여정은 여러 가지 사연과 함께 만들어지는 것입니다.

모세가 하나님 앞에 나아갔을 때 하나님께서는 이스라엘 백성들에게, 하나님이 애굽 사람에게 행했던 일과 이스라엘 백성들을 구원한 일을 말하게 하셨습니다. 이는 세계가 다 하나님께 속해 있음을 확인시켜 주려 함이었습니다. 그리고 하나님의 말씀을 잘 듣고 언약을 지키면 열국 중에서 하나님의 소유가 되고 제사장 나라가 되며 거룩한 백성이 될 것이라고 하시며, 그 말씀을 백성들에게 고하게 하셨습니다.

♤ 기도
하나님이시여, 우리의 인생 여정이 끝날 때 주님이 인도하셨다고 고백하게 될 수 있게 하옵소서. 예수님의 이름으로 기도드립니다. 아멘

♤ 중보기도
우리 대한민국이 오늘날 열국 중에서 하나님의 소유가 되고 제사장 나라가 되며 거룩한 백성이 되게 해주시기를 위해.

♤ 묵상
기독교의 핵심은 곧 인간이 하나님을 찾기에 앞서 먼저 하나님께서 인간을 찾아오셔서 생명과 축복의 길을 제시하여 주신다는 것이다.

십계명 수여

♣ 성경 출애굽기 20:1~11(외울요절 2절)   찬송 359(401)장 ♣

하나님께서는 언약 백성의 헌법이라 할 수 있는 십계명을 그 백성들에게 주셨습니다. 하나님께서는 자신을 '애굽에서 종 되었던' 이스라엘을 구원해 낸 구속자요 인도자로 소개하셨습니다. 그러므로 그 백성들은 하나님께서 주신 십계명에 두려운 마음이나 억지가 아닌 감사와 기쁨과 자발적인 심령으로 순복해야 합니다.

십계명 앞부분은 하나님과의 관계에서 지켜야 할 네 계명입니다.

제1계명은 당시 근동 지방의 다신론이나 우상 숭배의 풍조에 이끌리지 말고 오직 한 분 여호와 하나님만을 섬기라는 명령입니다. 제2계명은 예배의 대상을 만들지도 말고 섬기지도 말라는 것입니다. 제3계명은 하나님의 이름을 욕되게 하지 말라는 것입니다. 제4계명은 안식일을 다른 날과 구별하여 거룩하게 지키라는 것입니다.

♤ 기도

하나님, 주의 법도와 말씀을 기쁨으로 따르며 살게 하여 주옵소서. 예수님의 이름으로 기도드립니다. 아멘

♤ 중보기도

세상 사람들이 한 분 하나님을 경외하는 날이 오기까지 모든 전도자들의 발길이 쉬지 않기를 위해.

♤ 묵상

그가 우리의 시야에서 사라졌지만 우리는 마음을 굽어 살펴, 그를 찾아야 한다. 분명히 사라졌다. 그러나 보라! 그는 여기 계시다. 만일 우리가 십자가에 못 박혔던 그리스도를 믿는다면 우리는 여러 학자들도 얻지 못했던 마음의 평안을 얻는다. 믿지 않는 자는 저주받을 것이다. 자신의 불신으로 하나님이 주신 은혜를 거절했기 때문이다.

64/2월 21일

이스라엘의 노예 관계법
♣ 성경 출애굽기 21:1~6(외울요절 2절)   찬송 450(376)장 ♣

　타인의 돈을 갚지 못하는 채무자가 채권자의 종이 되었던 고대 사회의 노예법이 나옵니다. 사람을 '종'으로 사용하게 된 이유는 남의 돈을 갚지 못했기 때문이었습니다. 그러나 하나님은 이 일을 통해 노예제도를 인정하시려는 것은 아니었습니다. 칠 년째에는 자유하도록 놓아줌으로 법의 근본 정신이 자비에 있어야 함을 강조하십니다.
　그렇다면 종의 특징은 무엇일까요? 첫째, 종은 값을 지불하고 산 것이므로 반드시 대가를 지불해야 했습니다. 둘째, 본래 종은 자유를 누릴 수 없는 존재였으나 하나님의 법에서는 육 년간 섬긴 후에 제칠 년에는 자유함을 얻을 수 있습니다. 셋째, 안식년을 맞은 종은 자유를 준 주인을 계속 섬기거나 떠날 수 있는 선택권을 갖게 됩니다. 주인을 계속 섬기고자 할 때에는 그 증거로 주인이 문설주에 서게 하고 그것에다가 송곳으로 종의 귀를 뚫습니다. 나는 자원하는 심정으로 주님을 섬깁니까?

♤ 기도
　하나님 아버지, 우리를 구속하신 그 은혜를 날마다 되새김으로 자원하는 봉사자가 되게 하여 주옵소서.
　예수님의 이름으로 기도드립니다. 아멘

♤ 중보기도
　우리 나라 6만여 목회자들이 주님의 참 종이 되어 충심으로 교회를 더 잘 섬길 수 있게 되기를 위해.

♤ 묵상
　예수께서는 우리에게 죄에서 자유함을 주시기 위해 자신의 보배로운 피를 값으로 지불하셨습니다(벧전 1:18~19).

재산피해 보상에 관한 율례

♣ 성경 출애굽기 22:1~6(외울요절 3절)   찬송 452(505)장 ♣

하나님의 백성인 이스라엘의 생활 규례는 다음과 같았습니다.
첫째로, 짐승을 도적질 할 때 그 배상은 소는 다섯 배를, 양이나 염소는 네 배를 배상해야 했습니다. 특히 도적이 야간에 짐승을 약탈하려고 침범했을 때 죽인 것은 자기 물건을 보호하기 위한 방어 행위이기 때문에 죄가 성립되지 않지만, 사물을 분별할 수 있는 때에는 죄로 인정되었습니다. 그것은 이웃의 도움을 요청할 수도 있고 도적을 볼 수도 있기 때문입니다.
둘째로, 짐승을 놓아먹이다가 실수로 그 짐승이 이웃집 밭으로 들어가 손해를 끼쳤을 경우와 자기 밭 가장자리의 잔가지들을 태우려고 불을 놓았다가 실수로 이웃의 밭에 피해를 주었을 경우에는 반드시 배상할 것을 명령하십니다. 부주의는 누구에게나 있을 수 있습니다. 그러나 그것이 정당화될 수는 없습니다. 다른 사람에게 폐를 끼치지 않는 삶을 살아야겠습니다.

♤ 기도
아버지 하나님, 우리에게 맡겨진 책임을 충성스럽게 감당하여 신뢰받는 사람이 되게 하소서.
예수님의 이름으로 기도드립니다. 아멘

♤ 중보기도
우리 크리스천 직장인들이 사회생활에서 주위 사람들의 인정과 신뢰를 받는 자가 될 수 있기를 위해.

♤ 묵상
세상이 크리스천에게 요구하는 것은 그가 계속적으로 크리스천이 되어야 한다는 것이다.

사회정의에 관한 율례

♣ 성경 출애굽기 23:1~5(외울요절 1절)   찬송 284(206)장 ♣

하나님께서는 인간이 행하는 수많은 악과 잘못된 행위를 공정하게 파악하여 사회 정의를 구현해야 할 것과, 모든 사람들이 억울한 일을 당하지 않도록 애써야 할 것을 말씀하십니다.

1~3절은, 권력이나 물질에 힘을 가진 자들이 자신들에게 유리하게 판결할 우려가 있는 재판에서 가난하고 힘없는 사람들을 보호하기 위한 법령입니다. '허망한 풍설'이란 근거 없는 말로 무고한 사람을 올무에 걸어 넘어지게 하는 말들입니다.

4~5절은 공정성을 가리킵니다. 내 원수의 짐승이 길을 잃었을 경우나 사고를 당했을 때 대부분의 사람들은 매우 통쾌하게 생각합니다. 비록 상대가 당한 사고가 죄악으로 인한 결과라고 할지라도 우리는 오히려 불쌍히 여기는 마음으로 상대의 어려운 상황을 돌봐야 할 것입니다.

♤ 기도
하나님, 우리의 입술을 주장하셔서 허망한 이야기를 입에 올리지 않게 하소서. 예수님의 이름으로 기도드립니다. 아멘

♤ 중보기도
교회들이 이 사회의 약자들에게 관심과 사랑을 더욱더 나누어 줄 수 있게 되기를 위해.

♤ 묵상
절대로 예수 그리스도가 사소한 것을 명령했다고 생각지 말라. 그러므로 그가 명한 것은 무엇이든 절대로 사소하게 다루지 말라.

언약 체결

♣ 성경 출애굽기 24:1~8 (외울요절 8절)   찬송 449(377)장 ♣

하나님께서는 백성들에게 규례와 법도를 주시기 위하여 지도자들을 부르시고 그들을 구분하셨습니다. 모세와 칠십 인의 장로들, 제사장들 사이 역시 구별을 명령하셨습니다.

모세를 통하여 하나님 말씀이 선포되었고 백성들은 한소리로 말씀에 순종할 것을 다짐하였습니다. 그리고는 즉각 명령하신 말씀을 후대에 전하고 백성들에게 자주 들려주기 위해 기록을 했습니다. 또한 아침 일찍 일어나 이스라엘 지파를 대표하는 열두 기둥을 세우고 제단을 쌓았습니다. 그 제단에는 꼭 필요한 것이 있었는데 곧 언약의 피였습니다. 이 피를 반은 제단에 뿌리고 남은 반은 백성들에게 뿌렸습니다. 이 의식이 진행되는 동안 언약의 말씀을 낭독하므로, 언약은 듣는 것만이 아니라 행하는 것이어야 함을 강조하고 있습니다. 주일에 들은 설교 말씀을 기억하고 있습니까?

♤ 기도
하나님, 우리가 말씀을 듣기만 하고 실천하지 않는 스스로 속이는 자가 되지 않게 하소서.
예수님의 이름으로 기도드립니다. 아멘

♤ 중보기도
우리 나라의 섬이나 오지 등 교회가 없는 지역의 영혼들이 복음을 들을 수 있는 길을 열어 주시기를 위해.

♤ 묵상
모세가 예수 그리스도에 대한 예표로서 하나님과 백성 사이에 중보 역할을 했던 것과 같이 주님도 하나님 앞에서 우리의 죄를 용서하시는 중보자가 되신다.

성막 제작을 위한 예물

♣ 성경 출애굽기 25:1~9 (외울요절 2절) 찬송 323(355)장 ♣

하나님께서는 이스라엘 백성들이 당신 앞에 나아오기를 원하셨고, 성막을 통한 방법을 계시하셨습니다. 성막은 이스라엘 백성들이 자발적인 마음으로 하나님을 섬기는 장소입니다. 이 때문에 하나님께서는 성막을 지을 재료들을 이스라엘 백성에게 받으시기 전에 즐거운 마음으로 나아오는 자들의 것을 골라서 받으라고 명하십니다. 나는 무엇으로 하나님께 나아갑니까?

성막을 완성하기 위한 예물들의 세부 목록이 하나씩 열거됩니다. 이 재료들의 쓰임은 이후에 묘사되는 성막을 구성할 여러 물건들을 거룩하게 장식하는 데에 있습니다. 성막을 짓는 최고의 원리는 '하나님께서 우리에게 보이시는 대로' 지으려는 순종의 마음입니다. 그러므로 성막은 자원하는 마음과 순종의 마음이 조화된 장소입니다. 하나님께서 말씀하신 대로 짓지 않는 성막은 사실 성막이 아니라 우상과 같다고 할 수 있습니다.

♤ 기도
하나님, 우리의 생각이나 감정이 아닌 주님의 방법으로 주님의 교회를 섬기게 하소서.
예수님의 이름으로 기도드립니다. 아멘

♤ 중보기도
예배 시간에 헌금을 드리는 모든 성도들이 준비된 예물을 즐거움으로 드릴 수 있기를 위해.

♤ 묵상
믿음은 크리스천을 만든다. 인생은 크리스천을 증명한다.
시련은 크리스천을 확인한다. 죽음은 크리스천을 영화롭게 한다.

성막의 휘장 규정

♣ **성경** 출애굽기 26:1~6(외울요절 1절)　**찬송** 210(245)장 ♣

　하나님께서 드디어 성막 자체를 언급하고 계십니다. 성막은 하나님의 임재를 상징하는 궤와 속죄소를 덮고 있는 천막을 말합니다.
　성막은 하나님께서 이스라엘 백성 가운데 임재하여 거주하시는 장소를 말하는 것으로, 이스라엘 백성들이 광야에서 하나님을 공경하기 위해 마련한 장소입니다. 즉 하나님께서 광야에 거주하던 이스라엘의 생활 여건에 비추어 가장 적절한 지시를 주신 것이 성막 제도입니다. 이러한 성막을 이루는 가장 안쪽의 휘장은 가늘게 꼰 베실과 청색, 자색, 홍색실로 짠 열 폭의 천 위에 그룹 천사 모양을 정교하게 수놓아 만들 것을 명하십니다. 성소 안에서 본다면 거룩한 천사들이 성소를 둘러서서 보호하고 있는 형상을 느낄 수 있습니다. 각각 12.6m×1.8m짜리가 한 폭인 천들을 다섯 폭씩 연결하여 두 개의 큰 폭을 만들고, 큰 폭의 한쪽 가에 각각 50개의 청색 고를 달고, 금갈고리 50개를 만들어서 갈고리 양쪽을 청색 고에 꿰어서 하나의 완전한 성막을 완성합니다.

♤ 기도
　하나님, 우리의 일생이 철저하게 주님 말씀에 근거하여 이루어지기를 원합니다. 예수님의 이름으로 기도드립니다. 아멘

♤ 중보기도
　우리 교회가 주님을 머리로 하여 온전한 몸을 이루는 복된 교회가 될 수 있기를 위해.

♤ 묵상
　항상 하나님의 속성을 묵상하고, 또 오늘날 나의 삶의 모든 상황 가운데서도 그 분을 찾음으로써 하나님의 얼굴을 구하자.　　　　－ 빌 브라일 －

70/2월 27일

성막 뜰과 등불 규정

♣ 성경 출애굽기 27:16~21 (외울요절 20절)   찬송 207(243)장 ♣

성막 뜰은 거룩한 장소로 백성들을 속된 관심과 세속으로부터 구분시키기 위한 곳인 동시에 하나님께서 그의 백성들과 깊은 영적 교제를 하시기 위한 신성한 장소입니다.

뜰 문은 네 가지 색깔의 실로 수를 놓아 만들게 하셨습니다. 문은 성전으로 들어가는 입구입니다. 그래서 예수께서는 자신을 양의 문이라고 하셨고(요 10:7) 예수 그리스도를 통해서만이 하나님께 나아갈 수 있다고 하셨습니다.

성막 안에는 항상 등불을 켜 놓도록 명령하셨습니다. 이 불이 꺼지지 않도록 점검해야 하는 것입니다. 이 등불에는 감람나무에서 짜낸 기름을 사용해야 합니다. 기름은 당시 이스라엘에서 가장 흔하게 사용하던 것이므로 성령의 보편적 은혜로 볼 수 있습니다. 우리는 이 은혜를 나만이 소유할 수 있는 특별한 것으로 취급하지 않습니까? 은혜는 값없이 주신 것입니다.

♤ 기도
하나님, 주님과의 깊은 교제를 생활의 그 무엇보다도 소중하게 여기게 하옵소서. 예수님의 이름으로 기도드립니다. 아멘

♤ 중보기도
우리 교회가 기도와 말씀과 충성의 불이 꺼지지 않는, 성령충만한 교회가 될 수 있기를 위해서.

♤ 묵상
성경에서 등불은 하나님의 빛으로 표현되며, 동시에 하나님을 섬기는 성도들의 올바른 삶을 의미하기도 한다(마 5:14~16).

아론의 가족과 에봇 규정
♣ **성경** 출애굽기 28:1~5(외울요절 3절)　**찬송** 424(216)장 ♣

　아름다운 성막과 더불어 중요한 것은 제사를 집행하는 제사장의 거룩함입니다. 그래서 하나님은 제사장이 입을 거룩한 옷에 대하여 언급하고 계십니다.

　아론과 그의 아들들이 이 직분을 같이 감당한다는 것은 그들이 법적 계승자로서 실제 수종하는 무리들로 특별히 선택받은 자들임을 나타냅니다. 그들을 위한 거룩하고 아름다운 옷은 하나님께서 직접 직무를 감당하게 하신 권위에 대한 영화를 의미합니다. 그런 의미에서 제사장들은 선택받은 것에 대한 긍지를 가져야 했습니다.

　그리고 제사장이 입을 거룩한 옷을 만드는 사람은 지혜로운 영으로 충만한 자이어야 합니다(출 31:6~11).

　제사장이 입을 다섯 가지의 옷은 다섯 가지의 실로 만들게 했습니다. 옷을 어떻게 입느냐는 것은 한 사람의 인품을 상징합니다. 그리스도로 옷 입는 우리 성도들은 자비와 온유, 오래 참음의 본이 되어야 합니다(골 3:12).

♧ **기도**
　하나님이시여, 우리가 주의 자녀됨을 거룩한 긍지로 알고 살게 하소서. 예수님의 이름으로 기도드립니다. 아멘

♧ **중보기도**
　먼저 믿은 교우들이 교회 공동체 내에서 더 성숙한 그리스도의 향기를 내는 삶을 살 수 있도록.

♧ **묵상**
　죽은 것들은 성장할 수 없다. 영적인 성장을 바란다면 먼저 영적인 생활을 하라.

성막 건축을 맡은 자

♣ 성경 출애굽기 31:1~6(외울요절 3절)　찬송 213(348)장 ♣

　지금까지는 성막 건축 방법과 기구들의 역할 재료에 대하여 말씀하셨으나 본문은 성전 건축과 그 기구들의 제작을 위해 하나님께서 지혜로운 사람들을 뽑으시는 내용을 언급하고 있습니다.
　여호와께서는 성전 기구들을 공교하게 만드는 일꾼으로 브살렐을 수석 공인으로, 오홀리압을 그 다음 협력자로 지명하여 뽑으셨습니다. 예술적 능력이란 하루아침에 되는 것이 아니기에 애굽에서의 종살이를 통해 여호와께서는 성막을 위해 여러 분야에서 일할 사람들을 그 신앙심과 더불어 기능까지도 훈련시키셨다는 것을 잊지 말아야 합니다.
　브살렐과 오홀리압이 여호와 앞에서 성스런 일꾼으로 지명받은 것을 볼 때 예수님의 몸된 성전을 짓는 데는 직업의 귀천이 없음을 깨닫게 됩니다. 천한 일 같지만 육체적인 노동도 다른 분야에서 성막을 짓는 사람들과 차별이 있을 수 없습니다.

♠ 기도
　하나님, 우리 각자에게 주신 은사가 무엇인지 분별하게 하시고 그것을 통해 온전히 주님을 섬기는 생을 살게 하소서.
　예수님의 이름으로 기도드립니다. 아멘

♠ 중보기도
　교회에서 여러 직책을 맡은 이들이 각자의 자리에서 두려움으로 충성할 수 있게 해주시기를 위해.

♠ 묵상
　구약의 성막은 신약적인 측면에서 예수님의 몸된 성전을 건축하는 것이다.

금송아지 우상숭배

♣ 성경 출애굽기 32:1~6 (외울요절 1절)   찬송 336(383)장 ♣

본문은 지도자 모세가 여호와의 특별한 은총으로 40일 동안 금식한 상태에서 하나님께서 친히 써 주신 십계명의 돌판과 율법의 말씀을 받는 장면입니다. 본문은 어느 누구나 여호와 하나님으로부터 크고 작은 은혜를 받은 후에는 반드시 그 은혜를 시기하는 크고 작은 시험이 온다는 것을 다시 한번 깨닫게 해줍니다.

이스라엘 백성들과 몇몇 지도자들은 모세마저 산에 오른 지 40일이 지나도록 생사를 모르게 되자 초조해지기 시작했습니다. 백성들의 불만은 고조되어 아론에게 '장차 그들이 어떻게 될 것인가'를 다그쳐 묻기 시작했습니다. 그들은 지금까지 구름과 모세를 따라오기는 했으나 자기들을 인도하는 분은 여호와 하나님이셨음을 깨닫지 못했던 것입니다. 그들은 백성들의 불만을 가라앉히자고 하는 사람들의 주장에 따라 애굽 생활에서 익숙해진 금송아지 우상을 만들었습니다.

♤ 기도
하나님 아버지, 살아가면서 사람에게 주어지는 온갖 시험 앞에서 진리 편에 서서 의연하게 하소서. 예수님의 이름으로 기도드립니다. 아멘

♤ 중보기도
우리 교회 지도자이신 담임 목사님과 사역자들에게 하늘의 지혜를 더하여 주시기를 위해.

♤ 묵상
심판의 날에 사람들은 자신의 열매에 따라서 심판을 받게 될 것이다. 그 날에는 "너는 믿었느냐?"가 아니라 "너는 실천자였느냐, 아니면 수다쟁이에 불과했느냐?"는 질문을 들을 것이다.

74/3월 3일

백성들의 단장품 제거
♣ 성경 출애굽기 33:1~6(외울요절 5절)   찬송 278(336)장 ♣

　본문은 우리에게 하나님께서 그의 자녀들이 범한 죄를 용서해 주셨다고 하여 하나님 마음이 그 즉시 편안해지는 것은 아니라는 것을 말해 줍니다. 이스라엘 백성들은 불길한 말씀을 들었습니다. "나는 너희와 함께 올라가지 아니하리니"(3절)라고 하셨습니다. 그 이유는 하나님이 이스라엘과 동행하실 때 그들이 또다시 범죄할 경우 하나님의 진노를 피할 수 없기 때문입니다.

　하나님의 강경한 경고를 들은 이스라엘은 우상 숭배의 죄를 회개합니다. 여호와께서는 백성들에게 단장품을 제하라고 하셨습니다. 그 이유는 첫째, 단장품의 대부분은 애굽인들이 만든 것으로 우상의 그림들을 조각한 것이었으며, 둘째로 목이 곧은 백성이기에 쉽게 잊어버리지 못하도록 교만함을 사전에 뿌리 뽑으려는 것이요, 셋째로 백성들이 겸손한 모습과 눈물로 참회하는 모습을 보기 원하셨기 때문입니다.

　♤ 기도
　존귀하신 아버지, 회개한 뒤에는 더욱 회개한 모습을 생활 속에서 실천해 나가며 하나님을 기쁘게 해드리는 신앙생활을 하겠습니다.
　예수님의 이름으로 기도드립니다. 아멘

　♤ 중보기도
　그리스도인들이 자기 본분을 잘 감당하며, 부정부패를 제거해가는 주인공들이 되게 해주시기를 위해.

　♤ 묵상
　자기 백성들의 죄로 인해 괴로웠던 하나님은, 사랑하는 자녀들을 통하여 위로받기 원하셨다.

새 돌판

♣ **성경** 출애굽기 34:1~6(외울요절 1절) **찬송** 200(235)장 ♣

모세가 십계명이 기록된 두 돌판을 깨뜨렸음에도 불구하고 여호와께서는 한마디도 책망하지 않으셨습니다. 다만 처음 것과 같이 깎아 만들어 산으로 올라오라고 하셨습니다. 그런 후에 여호와께서 백성들의 죄를 용서해 주시고, 모세의 행위를 이해해 주셨다고 해서 돌판을 또 만들어 주시는 것이 아니었습니다. 그가 깨뜨렸으니 깨뜨린 그가 다시 만들어야 했습니다.

하나님께서 모세의 앞을 지나시면서 "여호와라 여호와라 자비롭고 은혜롭고 노하기를 더디하고 인자와 진실이 많은 하나님이라"(6절)고 말씀하실 때의 모습은 마치 자녀들의 죄를 용서하고 아버지로서 너무 기뻐셔서 덩실덩실 춤을 추는 것과 같습니다. 여호와께서는 모든 사람을 지극히 사랑하십니다.

♤ 기도
하나님, 주께서 해주시는 것과 우리가 해야 할 것을 정확히 구분하는 지혜를 주옵소서. 예수님의 이름으로 기도드립니다. 아멘

♤ 중보기도
죄의 대가로 지옥에 갈 수밖에 없는 자들이 회개하여 돌아올 때까지 우리 교회가 구령 사역을 지속할 수 있기를 위해.

♤ 묵상
나의 친구야, 나는 너에게 큰 비밀을 가르쳐 줄 것이다. 최후의 심판을 기다리지 말라. 그것은 날마다 생긴다.

성막 제작 헌물 명령

♣ 성경 출애굽기 35:1~9(외울요절 5절) 찬송 43(57)장 ♣

하나님께 두 증거판을 받고 성막 건축의 설계와 지시를 받고 내려온 모세는 이스라엘 자손의 온 회중을 모으고 안식일의 규례를 새롭게 선포합니다. 이 날은 모든 사역에 앞서 지켜야 할 날이며, 이스라엘이 거룩한 하나님의 백성이라는 결정적 표증이 되는 날이기 때문입니다. 고대사회에서 불을 피우는 일과 요리하는 것은 노동을 하는 것으로 취급되었으므로 하나님은 그런 노동을 금하셨습니다.

만물의 소유주이신 하나님께서는 자신의 성막을 건축하기 위하여 이방인이 아닌 자신의 백성의 헌신과 소유물의 헌납을 원하셨습니다. 그러나 억지로나 공명심으로 드리는 예물을 원하지 않으셨습니다. 오로지 성막 건축을 위하여 바치고자 하는 헌물, 즉 마음에서 자원하여 드리고자 하는 헌물과 각자의 형편에 따라 드리는 각양의 헌물을 원하셨습니다.

♤ **기도**
하나님, 주의 날을 오로지 예배와 경건 그리고 말씀을 묵상하는 것으로 하루를 살게 하옵소서.
예수님의 이름으로 기도드립니다. 아멘

♤ **중보기도**
온 교우가 하나님이 받으실 만한 향기로운 헌금생활을 할 수 있기를 위해.

♤ **묵상**
만일 예수 그리스도께서 나를 위하여 희생되었다면 나는 그를 위하여 어떤 희생을 해도 아깝지 않다.

성막 건립의 착수

♣ 성경 출애굽기 36:2~7(외울요절 2절) 찬송 463(518)장 ♣

드디어 모세는 성막 건축의 주역들을 불러서 일을 하게 했습니다. 모세는 한사람 한사람을 불러서 각자의 책임을 분명히 일깨워 주었을 것입니다. 여기에 나타난 일꾼의 자격은 첫째로 하나님이 지명한 자들, 둘째로 하나님께 지혜의 은사를 받은 자들, 셋째로 그 마음에 하나님의 일을 하려는 자발성을 가진 자들이었습니다.

'하나님의 원하심' 과 '백성들의 자원하는 심령' 이 있는 곳에서 부족함이란 있을 수 없으며 오직 풍성함 가운데 하나님의 뜻이 이루어질 뿐입니다. 백성들은 꾸준히 아침마다 마음에 감동되는 대로 예물들을 자원하여 가져왔습니다. 결국 여호와께서 명하신 일에 쓰기에 예물들이 넘쳐나 더 가져오는 일을 정지시켜야 했습니다.

♤ 기도
하나님, 우리 각자에게 주신 은사를 소중히 여겨서 합당한 봉사를 할 수 있도록 도와주옵소서.
예수님의 이름으로 기도드립니다. 아멘

♤ 중보기도
이 광야 세상을 지내는 우리들이 하나님께 풍요로이 드릴 수 있는 공동체가 되기를 위해.

♤ 묵상
세상에는 두 종류의 사람이 있다. 그 중 하나는 하나님께 이렇게 말씀드리는 사람이다. "당신의 뜻이 이루어지게 하소서." 그러면 하나님은 그에게 이렇게 말씀하실 것이다. "잘하였도다. 그렇다면 너의 소원도 성취될 것이다."

법궤와 속죄소 진설병 상

♣ 성경 출애굽기 37:1~9 (외울요절 9절)   찬송 80(101)장 ♣

성막이 완성된 후(출 36:8~38) 성막의 중심이라 할 수 있는 법궤가 제작됩니다. 법궤를 만드는 봉사자는 최고의 기술자 브살렐이었습니다. 법궤는 조각목으로 만들어졌고, 정금으로 그 안팎을 입히고 둘레는 금테를 둘렀습니다. 꿸 수 있는 금고리도 네 개를 만들어 달았습니다.

법궤의 위 뚜껑 부분에 속죄소를 정금으로 만들었습니다. 그리고 속죄소 양편에 천사를 만들었습니다. 그곳은 하나님께서 임하셔서 사람과 만나 주시는 장소이며 범죄한 인간을 찾아오셔서 그의 죄를 완전히 덮어 주시는 은혜와 화해의 장소, 즉 어린양의 피가 뿌려진 속죄소입니다. 이는 예수 그리스도가 지신 십자가와 그의 대속의 죽음을 의미합니다.

♤ 기도
하나님, 오직 주 예수 그리스도의 보혈로 인하여 속죄함을 입는 것을 믿습니다. 예수님의 이름으로 기도드립니다. 아멘

♤ 중보기도
예배의 자리에 나아가는 온 교회가 오직 그리스도의 공로를 의지하는 반듯한 믿음을 갖게 해주시기를 위해.

♤ 묵상
법궤의 조각목은 그리스도의 인성을, 금은 그리스도의 신성을 의미한다. 즉 성육신하신 그리스도를 묘사하는 것이다.

성막의 뜰

♣ 성경 출애굽기 38:1~8 (외울요절 1절)   찬송 207(243)장 ♣

번제단은 다른 성막의 기물들과는 달리 놋으로 만들어졌는데, 제물을 태우는 강한 열을 견뎌 내야 하기 때문입니다. 번제단은 죄인이 하나님에 대한 경배와 사귐을 회복하기 위한 것이며, 문으로 들어온 후에 처음으로 대하는 성막 기구입니다. 그리고 거룩하신 하나님과 인간이 만나는 유일한 장소라 할 수 있습니다.

물두멍의 제작 규례는 주어지지 않았습니다. 다만 여인들의 헌신을 통하여 미용품인 거울을 녹여 만들었다는 사실뿐입니다. 물두멍은 제사장들이 성막에 봉사하러 들어가기 전과 번제단에서 제사를 집례하기 전에 먼저 정결의식으로 손발을 씻는 일종의 세숫대야입니다. 이것은 영적인 지도자나 일꾼들이 날마다 성결한 삶을 살아야 함을 요구합니다.

♤ 기도

하나님, 매일매일이 정결한 날이 되게 하시고, 범죄하면 자백하는 일을 잊지 않게 하소서.
 예수님의 이름으로 기도드립니다. 아멘

♤ 중보기도

이 땅의 교회 지도자들이 먼저 거룩하며 순결한 생활의 본이 될 수 있게 해주시기를 위해.

♤ 묵상

번제단은 예수 그리스도께서 우리를 향해 대속의 죽음을 당하신 장소를 예표한다.

에봇 견대 제작법

♣ 성경 출애굽기 39:1~7(외울요절 1절)　찬송 8(9)장 ♣

성막 봉사자인 제사장들은 특별히 구별된 거룩한 옷을 입고 하나님께 제사를 드려야 했습니다. 그러기에 하나님께서는 제사장이 입을 옷을 직접 설계해 주셨고, 제작자는 그 설계에 따라 정확하게 제작했습니다. 화려한 대제사장의 옷은 장차 성도들이 하늘나라에서 하나님을 섬기기 위하여 입어야 할 흰 옷을 상기시켜 줍니다(계 7:13~15).

대제사장이 입는 에봇은 양쪽 옆이 트인 조끼 모양으로 뒷면은 두 개의 견대와 허리의 띠로 연결되어 있습니다. 대제사장의 에봇은 아름답고 화려했으며, 일반 제사장들의 에봇은 세마포로 짠 수수한 것이었습니다. 대제사장의 의복이 값이 비싸고 화려했던 것은 하나님께 예를 갖추기 위한 예복이었기 때문입니다.

♤ 기도

하나님, 제사장들이 성소에서 하나님을 섬기기 위하여 에봇을 입었듯이 우리 역시 옳은 행실의 깨끗한 세마포를 입고 하나님 섬길 수 있게 해주시옵소서.
　예수님의 이름으로 기도드립니다. 아멘

♤ 중보기도

세계 각처에 나가 있는 선교사들이 그 지역의 세속문화에 물들지 않고 거룩한 삶을 살 수 있게 해주시기를 위해.

♤ 묵상

구약시대의 대제사장은 신약시대의 영원한 대제사장이 되신 예수 그리스도(히 7:20~21)의 모형으로서 존귀함과 영광을 예표한다.

성막 봉헌 규정

♣ 성경 출애굽기 40:1~9 (외울요절 2절)   찬송 208(246)장 ♣

하나님께서 모세에게 성막 봉헌에 대한 제반 규정을 말씀하십니다. 이는 비록 성막이 인간의 손에 의하여 완성되었다 할지라도 그 주인은 하나님이심을 보여 주십니다. 하나님께서는 사람들과 함께하시고 당신의 뜻을 이루시기 위한 '임마누엘의 장소'로 성막을 준비해오셨던 것입니다. 그리고 그것은 예수 그리스도의 성육신을 통하여 이루어졌습니다.

성막 완공일은 유대의 종교력으로 '아빕월' 또는 '니산월'로 불리는 정월 초하루였습니다. 출애굽 직전에 이스라엘 백성에게 종교력을 정하시고 애굽에서 구원한 날이며, 그 이듬해에 성막을 완공케 하셨습니다. 이제 그들에게 임마누엘 하나님을 기억하게 하는 날이므로 이스라엘 자손들에게는 큰 의미를 갖고 있습니다.

♤ 기도
하나님 아버지, 오늘도 우리의 삶에 임마누엘이 되시어 동행하심을 누리며 살게 하소서. 예수님의 이름으로 기도드립니다. 아멘

♤ 중보기도
우리 온 교인들이 예배할 때마다 하나님의 임재하심을 느끼며 고백할 수 있게 되기를 위해.

♤ 묵상
죄 많은 이 세상에 평화, 완전한 평화가 어디에 있는가?
예수께서 내 안에 평화를 속삭이신다.

82/3월 11일

유다와 시므온의 승리

♣ 성경 사사기 1:1~21 (외울요절 2절) 찬송 449(377)장 ♣

이스라엘은 여호수아의 지휘 아래 가나안 땅의 대부분을 정복했고 또한 기업 분배까지 마쳤습니다. 그러나 아직도 가나안 땅에는 미정복지와 남아 있는 원주민들이 있었습니다. 때문에 그것들을 제거하는 것은 여호수아 사후에 이스라엘이 당면한 가장 시급한 문제였습니다. 누가 그 정벌에 나서느냐 하는 것은 중요한 문제가 아닐 수 없었습니다. 이에 하나님께서는 그 땅을 그들의 손에 붙이시겠다며 유다 지파가 선봉에 나서라고 일러 주셨습니다.

유다 지파는 가나안 족속과의 전쟁에 참여하기 전에 시므온 지파에게 협력을 요청했고, 시므온 지파는 즉시 호응하여 함께 참전하였고 처음 전투에서 대승을 거두었습니다. 유다는 모든 지파들 중에서 가장 뛰어난 지파였고, 시므온 지파는 가장 약한 지파였는데 강한 유다가 약한 시므온에게 도움을 청한 것은 주목할 만한 일입니다.

♤ 기도
하나님, 우리의 마음을 앗아가는 우상이 우리 안에 있으면 제하여 주시기를 원합니다. 예수님의 이름으로 기도드립니다. 아멘

♤ 중보기도
이 땅의 교회들이 복음 전파를 위해서 서로 힘을 모으고 연합 전선을 구축할 수 있게 해주시기를 위해.

♤ 묵상
아무리 힘들어도 하나님이 우리에게 부여하신 일을 하는 것은, 그것을 하지 않았기 때문에 책임지는 것보다는 현명하다.

여호와 사자의 책망

♣ 성경 사사기 2:1~5 (외울요절 2절)   찬송 278(336)장 ♣

　이스라엘은 가나안 족속들을 진멸하고 기업을 차지해야 하는 사명을 부여받았습니다(수 13:1~7). 그럼에도 불구하고 그들은 하나님을 불신하고 불순종하여 가나안 족속과 혼합하고 동화됨으로 저들과 언약을 맺으며 우상을 섬기기에 이르렀습니다(삿 3:6). 이에 여호와의 사자가 나타나 이스라엘의 배은망덕을 책망하였습니다.

　이스라엘 백성들은 여호와의 사자에게 책망을 듣고 자신들이 저지른 죄와 자신들에게 임할 심판으로 크게 소리를 내며 울었습니다. 어쨌든 그들이 죄를 지적받자마자 회개한 것은 잘한 일이나 문제는 그들의 회개가 오랫동안 지속되지 못했다는 데 있습니다. 시간이 조금 경과하자 그 책망을 잊어버리고 다시금 죄악의 길로 되돌아섰던 것입니다.

♤ 기도
　하나님, 죄와 나쁜 습관의 반복이 우리의 삶 속에 없게 하소서. 예수님의 이름으로 기도드립니다. 아멘

♤ 중보기도
　우리 민족이 하나님께 받은 선교의 사명을 잘 감당할 수 있게 해주시기를 위해서.

♤ 묵상
　일곱 가지 큰 죄 - 원칙 없는 정치, 일 없는 재산, 양심 없는 쾌락, 인격 없는 지식, 도덕이 결여된 사업, 인간성이 없는 과학, 그리고 희생이 없는 예배.

84/3월 13일

시험의 의미

♣ 성경 사사기 3:1~7(외울요절 4절) 찬송 375(421)장 ♣

여호수아를 지도자로 한 가나안 점령은 하나님의 도우심에 의해 큰 승리로 끝났습니다. 그러나 그 차기 세대는 자신들의 조상들을 여기까지 인도하셨던 하나님의 크신 능력을 전승을 통해 들었을 뿐 직접 체험하지 못했습니다. 그래서 하나님은 전쟁을 겪어 보지 못한 세대에게 살아서 역사하시는 하나님을 인식시키기 위해 블레셋, 가나안, 시돈 등의 사람들을 완전히 진멸하지 않고 일부를 남겨 두셨습니다.

하나님께서 이방 열국을 남겨 두신 것은 조상들과 함께하셨던 하나님의 명령에 순종할 것인지를 알고자 하심과, 그들의 신앙을 더 굳게 하시기 위한 배려였습니다. 그러나 유약한 이스라엘 백성들은 결국 이방인들과 잡혼을 일삼았고 그들의 우상을 숭배하여 하나님을 진노케 하였습니다. 하나님께서 이방 여인과의 결혼을 금한 것은 그들이 섬기는 우상을 따르게 되며 여호와 하나님을 잊어버리기 때문입니다.

♤ 기도
하나님은 자기 백성을 끝까지 사랑하시고 인도하실 뿐 아니라 때로는 시련을 통해 교만하지 않도록 낮추심을 기억하게 하소서. 예수님의 이름으로 기도드립니다. 아멘

♤ 중보기도
수많은 기독 청년들이 자신의 결혼을 위해 진지하게 기도하며 준비할 수 있게 되기를 위해.

♤ 묵상
만일 주께서 우리와 함께하신다면, 우리는 무서워할 필요가 없다. 그의 눈은 우리를 쳐다보고 있으며, 그의 팔은 우리를 감싸고 있다. 그리고 그의 귀는 우리 기도를 듣는다. 그의 사랑은 만족한 것이며, 그의 약속은 불변하다.

여 사사 드보라와 바락

♣ **성경** 사사기 4:1~7 (외울요절 4절) **찬송** 358(400)장 ♣

에훗이 죽자 이스라엘 백성들은 다시 악을 행하기 시작했습니다. 그래서 하나님께서 이번에는 강력한 군사력을 가진 가나안 왕 야빈에게 이십 년간 학대를 받게 하셨습니다.

야빈왕은 중요한 요새인 하솔에 거하였으며 철병거 구백승의 강력한 군사력을 가지고 있었습니다. 이스라엘은 그들의 학대에 견디지 못하고 하나님께 부르짖어 도움을 요청했습니다. 이것이 우리의 모습입니다.

사사 드보라는 자신이 여자인 만큼 직접 전쟁에 나아가 싸우기에는 부적합하다고 생각하여 당시 싸움이 심했던 게데스 성읍에서 바락을 불러 싸움에 앞장서기를 명령했습니다. 특히 야빈과의 접전지역을 드보라가 다볼산으로 정한 것은 그곳이 강력한 적들의 철병거가 움직이기 힘든 지역이기 때문일 것입니다. 이렇게 하나님은 오늘도 우리에게 영적 전쟁을 명령하십니다.

♤ 기도
하나님, 은혜 중에 있을 때에는 감사할 줄 모르고 불평하다가 막상 어려움이 닥칠 때에야 후회하는 자가 되지 않게 하소서.
예수님의 이름으로 기도드립니다. 아멘

♤ 중보기도
요즘 하나님께 실망하고 실족한 중에 있는 이들을 일으켜 주시기를 위해.

♤ 묵상
주여, 이 새 날에 제가 새롭게 살게 하소서. 제가 즐겁게 길을 가게 하소서. 짐을 지도록 힘을 주소서. 제가 당신과 함께 여행하게 하소서.

여호와를 찬양하라

♣ **성경** 사사기 5:1~5(외울요절 1절) **찬송** 65(19)장 ♣

본문은 드보라와 바락의 노래로 시작합니다. 고대에는 정복자들이 자신의 승리를 축하하기 위해 승전가를 만들어 불렀지만 이들의 노래는 여러 민족들 앞에서 여호와 하나님의 위대하심을 찬양합니다.

"여호와를 찬양하라"는 요청으로 노래를 시작하는 이유는 무엇입니까? 첫째는, 여호와께서 이스라엘을 위하여 싸우신 전쟁의 용사요 완전한 승리를 주셨기 때문입니다. 둘째는, 하나님을 전적으로 신뢰하는 두령들의 현명한 지도력과 그에 따르는 백성들의 자발적인 참여가 있었기 때문입니다. 셋째는, 백성들이 즐거이 헌신했다는 점입니다. 하나님 앞에서 이러한 순종은 분명한 승리를 가져왔습니다.

드보라는 계속해서 과거 여호와께서 광야 길을 인도하시던 때에 시내산과 세일에 강림하셨던 하나님의 영광을 잊을 수 없어 회상하며 노래하고 있습니다.

♤ 기도
하나님, 때때로 삶이 곤고할 때에는 지난날의 좋으신 하나님을 회상하며 회복되기를 원합니다.
예수님의 이름으로 기도드립니다. 아멘

♤ 중보기도
영적 전투에 나가 있는 사역자들에게 갑절의 담대함을 주심으로써 그들이 하나님을 찬송케 되기를 위해.

♤ 묵상
여호와의 이름을 찬양할지어다 그의 이름이 홀로 높으시며 그의 영광이 땅과 하늘 위에 뛰어나심이로다(시 148:13).

부르짖는 이스라엘

♣ 성경 사사기 6:1~40 (외울요절 6절) 찬송 272(330)장 ♣

이스라엘은 하나님의 긍휼로 드보라와 바락을 통해 40년의 평화가 지속되었습니다. 그러나 태평 세월은 또 다시 이들을 부패케 했습니다. 다음 세대가 주인공이 된 이스라엘은 아버지 세대의 죄를 반복하였습니다. 그래서 하나님은 다시 미디안을 징계의 막대기로 사용하셨습니다. 이스라엘은 산에 구멍과 굴과 산성을 쌓아서 자신들의 목숨을 연명했습니다.

이스라엘의 부르짖음에 하나님은 무명의 선지자를 보냅니다. 그 이유는 무지한 이스라엘을 깨우치고 이스라엘에게 희망과 구원을 주기 위한 하나님의 긍휼을 실현하기 위함입니다. 선지자의 메시지는 애굽에서 구원하신 하나님, 광야 길에서 보호하신 하나님, 가나안의 적들을 몰아내신 하나님을 기억하라는 것이었습니다.

♤ 기도
하나님, 우리의 인생길에서 행하신 주의 일들을 늘 기억하게 하소서. 예수님의 이름으로 기도드립니다. 아멘

♤ 중보기도
한국 교회가 이 시대의 풍요로 인해 영적 안일을 불러오는 것에 주목할 수 있기를 위해.

♤ 묵상
전지전능한 하나님이 사람을 사용하며 사람의 범사를 다스리신다는 것은 성경에 분명하게 기록되어 있다. 나는 여러 가지 경험을 통해서 그가 방향을 제시한다는 것을 안다.

하나님의 삼백 용사

♣ 성경 사사기 7:1~8 (외울요절 7절)   찬송 349(387)장 ♣

기드온은 군인 소집 나팔 소리를 통해 많은 군인을 모집합니다. 미디안의 연합군은 이스라엘의 북쪽 모레산 앞 골짜기에 진을 쳤고 이스라엘은 하롯샘 곁에 진을 쳤습니다. 하나님은 사실 적군들의 수효가 비교할 수 없을 만큼 많은 데도 불구하고 아군 군사 수를 줄이도록 하셨습니다. 만약 이스라엘의 승리가 군사의 수와 전투력에 있다고 믿으면 그들은 교만하여 구원의 하나님을 버릴 것을 아셨기 때문입니다.

시험에 통과한 사람은 불과 300명밖에 남지 않았습니다. 기드온은 큰 고민 가운데 하나님의 명령에 순종했을 것입니다. 그러면 남은 300명은 어떤 사람들이었습니까?

첫째, 두려움을 극복한 사람들입니다. 둘째, 가족 사랑보다는 국가의 회복을 우선순위에 둔 사람들입니다. 셋째, 자신의 육적 욕구, 즉 목마름보다는 군인의 기본 자세에 더 충실했던 사람들입니다.

♤ 기도
하나님, 영적 전쟁에서 이기는 길이 내 힘과 능력이 아님을 고백합니다.
예수님의 이름으로 기도드립니다. 아멘

♤ 중보기도
우리 나라의 절반이 넘는 미자립 교회들이 그 힘이 숫자에 있지 않음을 믿고 용기 있게 나아갈 수 있게 되기를 위해.

♤ 묵상
예수 그리스도는 광고 회사에 복음을 맡기지는 않으셨다. 그는 제자들에게 복음을 맡기셨다. 그는 제자들에게 광고판을 세우고 광고 용지를 돌리라 명령하시지 않았다. 그는 그들에게 자신의 증인이 되라고 명령하셨다.

기드온의 다른 행적

♣ **성경** 사사기 8:1~8 (외울요절 3절)   **찬송** 215(354)장 ♣

　기드온은 미디안 군대의 퇴로를 차단하고 그들을 격퇴하였습니다. 이 때 한 가지 문제가 발생하였습니다. 미디안 전투에서 에브라임 지파가 자신들을 처음부터 전투에 참여시키지 않았다는 불만이었습니다. 이들의 불만에 기드온은 자신의 공로보다 뒤늦게 참가한 에브라임 지파의 공로가 크다고 치하함으로 불만을 해소시키는 성숙한 신앙의 면모를 보여 주었습니다.
　기드온의 용사들은 전쟁에 지쳐 있었지만 계속하여 도망가는 두 왕 세바와 살문나를 추격하였습니다. 피곤한 몸으로 갓 지파의 지경인 숙곳과 브누엘에 이르렀습니다. 그런데 숙곳과 브누엘 사람들에게 허기 채울 음식을 요구했으나 거절하였습니다. 아직 동족 기드온의 군대보다 미디안 군대가 두려웠기 때문입니다. 그들은 도움을 필요로 하는 기드온 군대 앞에서 기회주의적이며 이중적이고 극단적 이기주의를 드러낸 것입니다.

♤ 기도
　하나님, 우리로 다른 이를 높이고 칭찬하는 언어를 배우게 하소서. 예수님의 이름으로 기도드립니다. 아멘

♤ 중보기도
　삶의 현장에 있는 크리스천 직장인들이 자기의 신분을 분명히 하고, 주님을 시인하는 생활을 할 수 있게 해주시기를 위해.

♤ 묵상
　이 불완전한 세상에서 자발적으로 하나님의 사랑을 실천하는 것은 부름받은 자의 의무이다.

90/3월 19일

아! 아비멜렉

♣ 성경 사사기 9:1~6(외울요절 2절)　찬송 255(187)장 ♣

　기드온이 죽은 후 그의 아들 아비멜렉에 의해 발생된 이스라엘 사회의 혼란상태를 보여 줍니다.
　기드온은 생전에 여러 아내와 첩을 두었으며 그 중 세겜 출신 첩에게서 난 아들이 바로 아비멜렉이었습니다. 아비멜렉은 부친이 죽은 후 형제들의 권력을 차지하기 위해 교묘한 말로 자기 외가인 세겜족을 포섭하였습니다. 또한 불량배들을 돈으로 매수하여 자기 형제 70명을 죽였습니다. 그는 자신의 이기적 욕구를 성취하기 위해 수단과 방법을 가리지 않는 사람이었습니다.
　또한 그를 도와서 왕이 되도록 한 세겜 사람들 역시 그와 같은 부류의 사람들이었습니다. 그들도 훗날 아비멜렉과 함께 하나님의 징벌을 받았는데 그 징벌은 그들 간의 내분으로 인한 양자 모두의 자멸이었습니다.

　♤ 기도
　하나님, 무슨 일이든지 목적을 이루는 것보다 그 과정이 순수하고 정직할 수 있도록 도와주옵소서. 예수님의 이름으로 기도드립니다. 아멘

　♤ 중보기도
　아담과 하와를 통해 가정을 시작하신 주의 섭리를 기억하며 모든 부부들이 자신의 자리를 지킬 수 있게 해주시기를 위해.

　♤ 묵상
　이기심이 지나치면, 당신을 위하여 일할 사람은 오직 한 사람밖에 없다.— 바로 당신. 그러나 만일 당신이 문제점을 지닌 허다한 사람을 도와준다면, 당신을 위하여 일할 사람은 무수히 많을 것이다.

사사 돌라와 야일

♣ 성경 사사기 10:1~18 (외울요절 16절)   찬송 290(412)장 ♣

　기드온에 이어 새로이 등장한 이스라엘의 두 사사는 돌라와 야일입니다. 돌라는 이스라엘을 구원한 후 23년간 특별한 일없이 잘 다스렸습니다. 이어 야일이 22년간 다스렸으며, 45년간 백성들은 태평한 생활을 하였습니다. 그 외의 돌라와 야일에 대한 행적은 거의 언급되지 않았습니다. 그들은 큰 실수나 업적 없이 백성들을 평안하게 살게 하였습니다.

　두 사사의 통치 기간 동안 평화를 누린 이스라엘은 사사가 죽자 또 다시 범죄를 저질렀습니다. 그들은 바알, 아스다롯, 아람의 신들, 시돈의 신들, 모압의 신들, 암몬 자손의 신들, 블레셋의 신들도 섬겼습니다. 하나님께서는 범죄한 이스라엘을 서쪽으로는 블레셋 사람에 의해, 동쪽으로는 암몬 사람에 의해 18년간 압제를 당하게 하셨습니다.

♤ 기도
　하나님, 행여 내가 당하는 시련이 혹 나의 범죄함 때문은 아닌지 돌아보게 하소서. 예수님의 이름으로 기도드립니다. 아멘

♤ 중보기도
　이 나라가 큰 허물없는 상식적인 통치자를 뽑음으로 안녕을 누릴 수 있게 해 주시기를 위해.

♤ 묵상
　모든 위대한 사람들의 발자취를 보라. 그들의 걸어온 길은 하나같이 괴로움의 길이며 자기 희생의 길이었다. 자기를 희생할 줄 아는 자만이 위대해질 수 있다.
　　　　　　　　　　　　　　　　　　　　　　　　　　— G. E. 레싱 —

92/3월 21일

분쟁

♣ **성경** 사사기 11:1~13 (외울요절 11절)　**찬송** 343(443)장 ♣

　군대 장관이 된 입다는 암몬과 전쟁을 시도하기 전 먼저 아르논강에서 압복강과 요단강에 이르는 영토권을 놓고 암몬 왕과 담판을 벌입니다. 이 때 입다는 무조건 상대국과 싸우기보다는 먼저 그들을 말로 설득시키는 방법을 선택하였습니다.
　입다는 암몬 왕에게 사신을 보내 분쟁의 이유를 물었습니다. 그러자 암몬 왕은 전쟁의 원인을 이스라엘이 출애굽 이후 자기네 땅을 빼앗았기 때문이라고 했습니다. 암몬이 자기 땅이라고 우기는 지역은 원래 모압과 암몬에게 속했으나 아모리 왕이 정복하였다가 다시 이스라엘에게 빼앗겼던 곳입니다. 더구나 이스라엘의 영토가 된 지 300년이나 지났으며 하나님께서도 이스라엘의 기업으로 인정하였기 때문에 그들의 주장은 타당하지 않았습니다.

♤ **기도**
하나님, 누군가와 충돌이 있을 때 먼저 평화로운 설득을 행하는 지혜를 주옵소서. 예수님의 이름으로 기도드립니다. 아멘

♤ **중보기도**
일본과 빚어지는 독도 등의 영토 분쟁이 평화롭게 잘 해결될 수 있기를 위해.

♤ **묵상**
그의 뜻은 우리의 평화를 위한 것이다.

동족 상잔

♣ 성경 사사기 12:1~7(외울요절 3절) 찬송 312(341)장 ♣

에브라임 사람들은 입다가 암몬 족속을 치러 갈 때에 도움을 청하지 않았다는 것을 빌미로 시비를 걸어왔습니다. 이것은 자기 지파에 대한 지나친 우월감과 교만에서 비롯된 것이었습니다. 이에 대해 입다는 비록 동족이라 할지라도 하나님을 불신하고 민족의 화합을 깨뜨린 자들을 응징하기 위해 군사를 소집합니다. 전쟁 결과 에브라임 사람들이 사만이천 명이나 희생되었습니다.

입다는 비록 기생의 아들로 태어나 형제들에게 쫓겨나는 수모까지 겪었던 보잘것없는 사람이었지만 하나님만 의지하고 바라봄으로 성숙한 사람으로 세워질 수 있었습니다. 또한 입다는 암몬과의 싸움에서 영광을 자신이 취하지 않고 하나님께 돌렸습니다. 그런 결과 그는 비천한 출신이었음에도 불구하고, 뭇사람들에게 인정받고 이스라엘의 사사로서 영광을 당당히 누릴 수 있었습니다.

♧ 기도
하나님, 내가 남을 욕하고 멸시하면 내 자신 또한 멸시당하고 욕을 보게 된다는 평범한 진리를 잊지 않게 하소서. 예수님의 이름으로 기도드립니다. 아멘

♧ 중보기도
결손가정에서 자라는 청소년들이 건전한 자존감을 가지고 성공적인 미래를 향해 자라갈 수 있기를 위해.

♧ 묵상
고통이 없다면 승리도 없고, 가시관이 없다면 왕좌도 없고, 신포도주가 없다면 영광도 없고, 십자가가 없었다면 면류관도 없다.

94/3월 23일

나실인이 지켜야 할 규례

♣ **성경** 사사기 13:1~7(외울요절 7절)　**찬송** 328(374)장 ♣

　입산 이후 25년 동안 이스라엘에 평화가 지속되자 백성들은 또다시 구원의 하나님을 잊어버리고 죄악의 길에 빠져들었습니다. 이에 대해 하나님께서는 블레셋을 통해 이스라엘을 징계하셨습니다. 그렇다고 하나님께서 이스라엘을 아주 잊어버리신 것은 아니었습니다. 여호와께서 자녀가 없는 마노아 가정에 사자를 보내시어 마노아 아내의 태를 열어 주심으로 잉태하게 하셨습니다.

　여호와께서는 앞으로 태어날 아기, 곧 하나님께 바쳐질 나실인을 위해 법을 제시하셨습니다. 나실인이 지켜야 할 규례는 대략 세 가지입니다. 첫째는 포도주와 독주를 마시지 않는 것입니다. 둘째는 삭도를 머리에 대지 않는 것입니다. 셋째는 시체를 가까이 함으로 자기 몸을 더럽히지 말 것 등입니다. 이러한 나실인의 규례는 하나님께 선택받은 사람을 세상과는 구별되게 함으로 하나님의 뜻을 온전히 이루기 위한 것이었습니다.

♤ 기도
　하나님, 우리가 이 시대의 나실인으로 긍지를 갖고 거룩하게 살겠습니다. 예수님의 이름으로 기도드립니다. 아멘

♤ 중보기도
　크리스천 부모들이 모두 자신의 자녀를 위해 거룩한 규례를 정하고 양육할 수 있게 해주시기를 위해.

♤ 묵상
　내가 그리스도와 함께 십자가에 못 박혔나니 그런즉 이제는 내가 사는 것이 아니요 오직 내 안에 그리스도께서 사시는 것이라 이제 내가 육체 가운데 사는 것은 나를 사랑하사 나를 위하여 자기 자신을 버리신 하나님의 아들을 믿는 믿음 안에서 사는 것이라(갈 2:20).

나실인의 법을 어긴 삼손

♣ 성경 사사기 14:1~9(외울요절 1절)   찬송 425(217)장 ♣

청년으로 성장한 삼손은 하나님의 뜻을 잊어버리고 자기 감정에 치우쳐 이방여인과 통혼하려고 하였습니다. 딤나로 내려간 삼손은 부모에게 돌아와서 블레셋 여자와 결혼하겠다며 허락해 달라고 간청합니다. 이에 삼손의 부모는 그 여인이 이방여인임을 들어 반대하였습니다. 그러나 결국 삼손의 끈질긴 간청에 못 이겨 허락하고 맙니다.

삼손은 그 부모와 함께 블레셋 여인과 결혼하기 위해 딤나로 내려가던 중 어린 사자를 만났습니다. 그렇지만 하나님의 신에 감동된 삼손은 사자를 맨손으로 찢어 죽였습니다. 삼손은 그 후 딤나로 다시 내려가는 길에 그 죽은 사자의 몸에서 꿀을 취하여 가져다 먹음으로써 나실인이 삼가야 할 일을 하였습니다. 삼손은 이렇게 하나님의 신이 함께하심으로 초인적인 힘을 발휘할 수 있었으나 맹목적인 힘의 과시로 그 힘을 잘못 사용하게 된 것입니다. 사실 삼손은 그의 전 생애를 통해서 도덕적 모범을 보여 주지 못했습니다.

♧ 기도

하나님이 내게 주신 능력과 재능을 행여 나 자신만을 위해 쓰는 어리석은 생이 되지 않게 하소서.

예수님의 이름으로 기도드립니다. 아멘

♧ 중보기도

이 땅의 젊은이들이 육신의 정욕에 팔려 그릇된 삶을 살지 않기를 위해.

♧ 묵상

인도하소서. 다사로운 빛이여, 영광스럽게 저를 인도하소서. 밤은 깊었고, 집은 먼 곳에 있나이다. 저를 인도하소서.

96/3월 25일

바쁜, 그러나 주요치 않은 일들

♣ 성경 사사기 15:1~13(외울요절 6절)   찬송 274(332)장 ♣

블레셋 여인과 결혼했던 삼손은 그 아내의 배신과 블레셋 사람들의 부정한 행동에 분노를 느끼고 보복을 단행합니다. 그러자 블레셋 사람들은 삼손의 장인과 그 딸을 죽여 앙갚음을 합니다. 결국 삼손은 결혼에 실패하고 장인에게 속임을 당하며 도망자의 신세가 되고 말았습니다. 경건의 훈련을 쌓지 않은 제멋대로의 삶은 우리 주위에서 일어나는 모든 비극과 상처의 원인이 됩니다.

삼손의 보복에 분개한 블레셋 사람들은 유다를 치려고 군사를 이끌고 쳐들어옵니다. 유다인들은 전쟁을 모면하기에만 급급하여 삼손을 결박하고 그들의 요구대로 그를 넘겨 줍니다. 그들은 자신들을 구원하기 위한 삼손을 결박하여 대적의 손에 넘겨 주는 완악함을 보입니다. 우리는 여기서 하나님의 백성이 얼마나 영적으로 무디어질 수 있는가를 깨닫게 됩니다.

♤ 기도
하나님, 오늘 나의 삶이 혼란스럽다면 그 원인이 불순종과 거듭된 죄악으로 인한 것은 아닌지 성찰하게 하소서.
예수님의 이름으로 기도드립니다. 아멘

♤ 중보기도
우리 교우들이 매일 경건생활을 실천 할 수 있게 되기를 위해.

♤ 묵상
진정한 회개는 두 가지 특징이 있다. 하나는 과거를 눈물어린 모습으로 쳐다보는 것이요, 다른 하나는 미래를 조심스러운 눈으로 쳐다보는 것이다.

3월 26일/97

가사의 삼손

♣ 성경 사사기 16:1~3(외울요절 1절) · 찬송 261(195)장 ♣

하나님이 함께하셔서 사사로 세움받은 삼손은 자신의 힘을 믿고 교만해졌습니다. 삼손이 이방의 한 기생에게 나아갔던 지역은 '가사'란 곳이었습니다. 이곳은 블레셋의 주요 다섯 도시 가운데 하나입니다. 결국 자신의 힘을 과신한 삼손은 구별된 나실인임에도 불구하고 이방 기생을 사랑하게 됩니다. 이것은 단순히 육체적인 결합 정도가 아니라 영적인 결합으로 하나님과 우상의 혼합적인 결과를 만들어내게 합니다.

또한 삼손을 죽이려는 책략은 계속되었습니다. 그러나 이 사실을 눈치 챈 삼손은 성의 문짝과 두 설주와 빗장을 빼어 그곳에서 약 62Km 정도 떨어진 유다 지역 헤브론 앞산 꼭대기까지 옮겼습니다. 성의 힘을 상징하는 성문을 옮겼다는 것은 앞으로 블레셋의 권세가 유다에게 복속될 것임을 상징합니다.

♤ **기도**
하나님, 내 영적인 삶이 행여 세상 사조와 혼합하지 않게 하소서. 예수님의 이름으로 기도드립니다. 아멘

♤ **중보기도**
우리 나라 약 6만여 교회가 영적으로 깨어 거룩과 성결을 지켜낼 수 있기를 위해.

♤ **묵상**
차고에 간다고 당신이 자동차 운전사가 되는 것이 아닌 것처럼, 교회에 간다고 당신이 크리스천이 되는 것은 아니다.

98/3월 27일

미가의 신상 설립

♣ 성경 사사기 17:1~6 (외울요절 6절)   찬송 252(184)장 ♣

　이스라엘에 왕이 없었을 때에 그들은 하나님에 대한 의식이 우상숭배로 인한 혼합주의에 의하여 크게 왜곡되어 있었습니다. 돈으로 제사장을 사고, 사람마다 자신들 생각에 옳은 대로 말씀을 해석하며 살았습니다.
　이 사건의 주인공인 '미가'란 청년이 거한 지역은 이스라엘의 정치, 종교의 중심지인 실로 및 벧엘이 위치한 곳입니다. 어미에게서 돈을 훔친 미가는 어미의 저주에 자극을 받아 돌이켜 회개하고 돈을 어미에게 돌려줍니다.
　그 어미는 여호와의 이름을 거론하면서 하나님이 싫어하시는 신상을 만들어 숭배하였습니다. 미가는 성소 가까운 곳에 개인의 신당을 만들고 하나님이 인정하신 제사장만이 입을 수 있었던 에봇과 가정의 수호신상인 드라빔을 같이 만들어 섬겼습니다. 미가가 독단적으로 한사람을 제사장으로 세운 것은 당시의 신앙심이 얼마나 문란했는지를 짐작하게 합니다.

♤ 기도
　하나님, 우리 시대가 영적으로 매우 혼미하다는 사실을 직시하며 깨어 있기를 원합니다. 예수님의 이름으로 기도드립니다. 아멘

♤ 중보기도
　각 신학교에서 훈련받는 신학생들이 하나님 한 분만을 높이는 거룩한 신앙으로 무장되기를 위해.

♤ 묵상
　저를 안내하소서, 오 당신! 위대한 구원자여. 이 황폐한 땅을 순례하다가 저는 약자가 되었나이다. 그러나 당신은 강자이십니다. 강한 당신의 손으로 저를 잡으소서. 하늘의 빵으로, 제가 배고픔을 면할 때까지 먹이소서.

단 지파의 문제

♣ 성경 사사기 18:1~6 (외울요절 2절)   찬송 447(448)장 ♣

단 지파는 가나안 정복 초기에 땅을 분배받았으나 정복하지 못하고 아모리 족속에게 쫓겨 새로운 정착지를 찾아 떠도는 신세였습니다. 단 지파는 다섯 사람을 뽑아 거할 땅을 찾게 했습니다. 이는 하나님이 정해 주신 기업을 쟁취하지 못한 연약함과 더불어 하나님의 인도하심보다는 자신들에 의한 정탐을 결정한 불신앙이었습니다.

정탐꾼들은 에브라임 산지에 있는 미가의 집에서 미가가 고용한 신당의 제사장을 만나 자신들의 앞길에 대해 예언해 주기를 요청하였습니다. 미가의 집에 고용된 레위인은 돈을 받고 개인 집안의 제사장의 역할을 함으로 세속화된 제사장이 되었습니다. 그는 구별된 에봇과 개인 신상 드라빔을 같이 사용하는 잘못된 신앙의 혼합주의자였습니다. 그리고 그 제사장은 여호와의 이름으로 평안을 선포함으로 자신의 위치에 합법성을 강조했습니다.

♤ 기도
하나님 뜻을 찾기 위한다는 명목으로 불신앙을 자행하지 않게 하소서.
예수님의 이름으로 기도드립니다. 아멘

♤ 중보기도
이 시대 사역자들 중 미가에게 고용된 레위 제사장처럼 호구지책으로 성직을 맡는 자가 없게 해주시기를 위해.

♤ 묵상
나는 일생동안 다음 사항을 준수하기로 다짐한다. 즉 나는 나의 모든 것을 하나님께 보여드릴 것이다. 나의 영혼, 나의 모든 죄, 유혹과 어려움, 슬픔과 공포, 희망, 소원 그리고 모든 환경들을.

레위인의 부패

♣ 성경 사사기 19:1~9 (외울요절 1절)   찬송 420(212)장 ♣

그 시대의 부패상은, 성결해야 할 레위인까지 첩을 취한 것으로 나타납니다. 물질에 따라 쉽게 이동하며 제사장 직분을 감당했던 레위인과 한 남자의 첩이 되고 행음하여 그 아비의 집으로 도피한 여인은 타락이라는 영적 공통점이 있습니다.

율법에 의하면 간음죄는 그 어떤 제물로도 해결될 수 없습니다. 그런데도 이 레위인이 첩을 둔 사실과 이를 해결하려고 넉 달 이후 처갓집으로 여인을 찾아 간 행위는 그 사회의 타락상을 보여 줍니다. 장인의 권유에 이끌려 5일 간 먹고 쉰 레위인은 그 호의를 떨치지 못할 정도로 의지가 약했습니다. 결국 베들레헴에서 반나절이면 갈 수 있다는 것 때문에 그는 계속 지체했던 것입니다.

♤ 기도
하나님, 조급하거나 나태한 것 모두 하나님의 뜻을 수행하는데 방해가 되는 요인임을 알게 하소서.
예수님의 이름으로 기도드립니다. 아멘

♤ 중보기도
음란의 영으로 도배된 인터넷 문화가 우리 크리스천들로 하여금 정화되어 질 수 있기를 위해.

♤ 묵상
하나님은 너무나 친절하셔서 악인을 벌하지 않을 것이라는 생각 때문에 수많은 사람들은 회개하지 않는다.

무분별한 결의

♣ 성경 사사기 20:1~11 (외울요절 11절)   찬송 502(259)장 ♣

앞에서 발생한 레위인의 첩 강간치사 사건은 이스라엘 전 지파의 동족 상잔 전쟁으로 비화됩니다.

레위인은 이스라엘 백성들에게 기브아 사람들이 이스라엘 중에서 음행과 망령된 일을 행하였으니 마땅한 대책을 세워달라고 요구합니다. 여기서 레위인은 자기가 레위인으로서 첩을 취한 일은 조금도 음행과 망령된 일이 아니라고 생각합니다.

레위인의 사건 내용을 들은 회중들은 레위인에 대해서 옳다고 생각하고 사건을 분별할 겨를도 없이 복수를 결의합니다. 그들은 기브아 사람을 치기 위해서 제비를 뽑아 40만의 십분의 일인 4만 명의 군대를 지파별로 선출하고 이를 분담하기로 하였습니다.

레위인도, 기브아 거민들도 이스라엘의 온 지파도, 그리고 베냐민 사람도 모두 다 자기 소견에 옳은 대로만 행하였던 것입니다.

♤ 기도
하나님, 우리들도 자기 명분과 이익과 자존심을 위하여 신앙을 갖거나 하나님의 이름을 이용하고 있지는 않은지 돌아보게 하소서.
　예수님의 이름으로 기도드립니다. 아멘

♤ 중보기도
우리 사회에 무분별하게 자행되는 낙태 문화가 근절되기를 위해.

♤ 묵상
아침기도-하나님, 상쾌한 아침입니다. 저는 당신을 사랑합니다. 오늘은 어떤 일을 하실 작정이십니까? 저도 그것을 하기를 원합니다.

102/3월 31일

미봉책

♣ 성경 사사기 21:1~25 (외울요절 15절)   찬송 376(422)장 ♣

비록 죄악을 응징하기 위함이긴 하나 이스라엘 연합군과 베냐민 지파간의 싸움은 베냐민 지파를 거의 전멸 상태로 몰고 갔습니다. 전쟁이 끝난 후 이스라엘 백성들은 자신들의 지나친 행동으로 인해 이스라엘 한 지파가 자신들 가운데서 끊어질 위기에 처한 사실을 알고는 심히 후회하지 않을 수 없었습니다.

그들은 하나님께 제사를 드리며 해결책을 찾지만 별 묘안을 찾지 못하고 근심에 사로잡혔습니다. 이스라엘 온 지파는 베냐민을 위하여 대성통곡하며 번제와 화목제를 드렸습니다. 그러나 그것은 단순한 종교행위에 불과했습니다. 그들은 모든 불상사의 원인이 이스라엘에게 있다고 생각하지 않았습니다. 결국 그들은 베냐민 지파를 치기 위해 미스바에 모이지 않은 야베스 길르앗 거민을 진멸하고 처녀 400명을 데려다 주었습니다.

♤ 기도
하나님, 매사를 균형 있는 안목으로 정확하게 분별하여 주의 뜻을 순종하게 하소서. 예수님의 이름으로 기도드립니다. 아멘

♤ 중보기도
우리 사회에 존중할 만한 어른들이 존중받고, 그들의 지혜가 젊은이들에게 인정되는 풍토가 자리 잡힐 수 있게 되기를 위해.

♤ 묵상
우리의 몸부림이 끝날 때까지 당신의 침착성을 내려 주소서. 우리에게서 긴장과 불안을 제거하소서. 당신이 주신 평화의 아름다움을 질서 있는 생활을 하면서 고백케 하소서.

거룩한 왕의 백성들

♣ 성경 에스라 1장 (외울요절 3절) 찬송 565(300)장 ♣

고레스는 막강한 페르시아 제국의 왕이었습니다. 그는 자기 땅에 잡혀와 있는 이스라엘 백성들이 돌아가서 성전을 재건해도 좋다는 칙령을 내렸습니다. 이는 이미 2세기 전에 예레미야가 예언했던 바, 그 말씀을 응하게 하려고 하나님께서 왕의 마음을 감동시킨 것입니다. 고레스는 하나님을 믿는 사람은 아니었습니다. 그럼에도 하나님께서는 이방 왕의 마음을 움직이셔서 거룩한 역사를 이루어가셨습니다. 지금도 역사는 하나님 의지대로 만들어져간다는 확신을 가집시다.

이제 성전 재건을 위한 준비에 많은 사람들이 참여하게 됩니다. 그들은 그 마음이 하나님께 감동받은 자들이었습니다. 언제나 참된 구원에 참여하는 자는 하나님의 인도를 받는 자입니다. 헌신의 물결이 도처에서 일어났습니다. 예루살렘 여호와의 전을 위하여 드려지는 예물과 헌신자들의 모습이 참으로 아름답습니다. 우리도 하나님 집에 헌신의 향기를 내는 사람으로 살아갑시다.

♤ 기도
거룩하신 하나님, 어수선한 세상 속에서도 분명하게 성취되어가는 하나님의 섭리를 보는 눈을 주옵소서. 그리하여 주님 나라를 위해 앞장서서 헌신하는 복된 우리가 되게 해 주옵소서. 예수님의 이름으로 기도드립니다. 아멘

♤ 중보기도
우리나라 위정자들의 마음과 생각을 주관해 주시기를 위해. 또한 우리 교회의 모든 성도들이 주님의 뜻에 순복하여 충성하는 삶을 살 수 있게 되기를 위해.

♤ 묵상
"나는 아무것도 할 수 없지만 하나님께서는 모든 것을 하실 수 있다."

104 / 4월 2일

귀환자들의 숫자
♣ 성경 에스라 2장(외울요절 1절) 찬송 79(40)장 ♣

　포로 되었던 이스라엘 백성들은 자신들의 고향으로 돌아갔습니다. 비로소 그들은 자유인이 된 것입니다. 그들은 전에 느부갓네살에게 사로잡혀 바벨론으로 끌려갔었습니다. 강제로 이주당하여 오랫동안 고향을 그리워해야 했습니다. 그들의 기쁨은 이루 말할 수가 없었습니다. 2절부터 20절까지는 지도자들과 그들의 가족에 따라 나누어서 기록하고, 그 다음 21개 마을과 성읍에 거주하는 자, 제사장들, 노래하는 자들과 문지기들, 또한 왕궁과 성전 종사자들의 명단을 기록하였습니다. 이런 구체적 기록들은 하나님께서 선지자를 통해 예언하셨던 말씀이 성취되었음을 보여 줍니다. 하나님은 역사의 주관자이시며 나의 장래도 주관하십니다.
　돌아온 사람들은 성전 건축을 위하여 예물을 즐거이 그리고 역량껏 드렸습니다. 그들의 모습에서 얼마나 성전 건축을 사모하며 힘썼나를 알 수 있습니다. 포로지에서 벗어나 자신들의 성에 거할 수 있게 된 감격을 상상해보십시오. 그곳은 진정 쉼이 있는 자신들의 땅이었습니다. 우리도 안식처이신 하나님 품안에서 그런 쉼을 누릴 수 있습니다.

♤ 기도
　오 하나님, 조용히 치밀하게 진행하시는 하나님의 섭리를 느낄 수 있게 하시고 주님을 신뢰함으로 그 품안에서 참 안식을 누리며 살게 하옵소서.
　예수님의 이름으로 기도드립니다. 아멘

♤ 중보기도
　우리나라가 자유민주주의와 정의가 어울리는 나라, 온 백성이 평안을 누리며 진리를 행할 수 있는 나라가 되게 해주시기를 위해.

♤ 묵상
　"천하의 나폴레옹도 하나님의 집에서 안식을 찾았다. 주님이 주시는 평안은 세상이 줄 수 없는 평안이다."

성전 기초 작업

♣ 성경 에스라 3장(외울요절 4절) 찬송 327(361)장 ♣

　백성들에게 주어진 첫째 임무는 번제단을 재건하는 일이었습니다. 칠월에 그들은 예루살렘에 모였습니다. 한마음으로 모였습니다. 귀환자들은 주변의 이방인들을 두려워하였습니다. 그래서 단을 그 터에 세우고 조석으로 여호와께 제물을 드렸습니다. 그들은 날마다 최선을 다하여 하나님 앞에 헌신하였습니다. 이는 하나님의 보호를 받는 비결일 수 있습니다. 오늘 우리는 어려움 앞에서 하나님을 높이는 삶을 살고 있습니까?
　성전 재건 작업은 그들이 예루살렘에 도착하고 2년이 지난 2월에 시작되었습니다. 그것은 아마도 성전 터를 놓기 위하여 재료를 준비하는 기간이었을 것입니다. 석수와 목수 등 많은 일꾼들이 동원되었습니다. 8절에 보면 성전 건축에 앞장선 주요 이름들이 나옵니다. 하나님의 일에 있어서는 지도자들이 중요합니다. 우리는 교회 지도자들에게 순종하고 협조하는 생활을 해야 합니다.

♤ 기도
　존귀하신 하나님, 오늘 하나님께서 내게 명하시고 기대하시는 일이 무엇인지 분별하게 하옵소서. 그리고 그 일을 위해 어려움 속에서도 믿음을 지키며 순종하는 생활을 하게 하옵소서.
　예수님의 이름으로 기도드립니다. 아멘

♤ 중보기도
　우리 교회의 지도자들을 축복해 주시기를 위해. 또한 그들이 지혜와 믿음과 용기를 얻게 해주시기를 위해.

♤ 묵상
　하나님은 나에게 나의 생명이 끝날 때까지 일을 주시고, 나의 일을 다할 때까지 생명을 주신다.
ー 홀트비 ー

106/4월 4일

그들의 방해

♣ 성경 에스라 4:1~6(외울요절 2절)   찬송 67(31)장 ♣

　본문에 나오는 유다와 베냐민의 대적인 사마리아인들은 주로 이방인들로 구성되었습니다. 그들이 성전 건축에 합작하기를 청했으나 스룹바벨과 지도자들은 이를 거절했습니다. 그 이유는, 예루살렘 성전은 이스라엘 하나님을 위한 것이며 그 대적들이 섬기는 신들과는 다른 신이기 때문이었습니다. 또 하나는 이스라엘 백성들은 성전 재건을 고레스왕의 명을 받아 수행하고 있었으며, 소요되는 모든 것을 자신들의 힘으로 하기를 원했습니다. 거룩한 영적 사역에 혼잡한 이방인들이 참여하는 것을 하나님께서 기뻐하시지 않습니다. 비신자들과의 무분별한 연합은 금해야 합니다.
　이스라엘 사람들이 거절하자 사마리아인들은 방해하기 시작했습니다. 그들은 왕의 신하들에게 뇌물을 주어 일의 성사를 방해했습니다. 이로 인해 성전 재건은 오랫동안 중단되었습니다. 약 14년 간입니다. 악인들은 하나님의 일을 시기합니다. 그러나 우리는 오직 하나님만을 바라보며 힘차게 맡은 바 소임을 감당해야 합니다.

♤ 기도
　하나님, 모든 사단의 유혹과 세상의 방해에도 불구하고 주님께 받은 사명을 지켜내는 자가 되게 하옵소서. 오직 성령충만함으로 능히 세상을 이기는 자가 되게 하옵소서. 예수님의 이름으로 기도드립니다. 아멘

♤ 중보기도
　오늘도 시험에 빠져 있거나 연약한 중에 있는 그리스도의 군사들이 새힘 얻을 수 있기를 위해.

♤ 묵상
　가능한 한, 사람들이 웃으면서 자원해서 의무를 완수하도록 도와주라. 그러면 당신은 영원히 기뻐할 것이다.　　　　　　　　　　－데오도르 파커－

다시 시작하다

♣ 성경 에스라 5:1~5 (외울요절 2절)   찬송 199(234)장 ♣

성전 건축 사업은 선지자 학개와 스가랴의 설교를 통하여 다시 시작되고 있습니다. 그들은 바벨론에서 돌아온 백성들이 성전 건축을 미루고 있음을 꾸짖으며, 장차 메시아가 오리라는 소망을 주고 있습니다. 이제 스룹바벨과 예수아가 먼저 일어났습니다. 백성들이 주저앉아 있을 때 선지자들의 권면과 지도자들의 솔선은 큰 힘이 되었습니다. 온 백성들이 성전 건축을 다시 시작하게 되었습니다. 선한 일을 위해서 앞장서는 사람이 필요합니다. 우리가 바로 그런 사람이기를 원합니다.

이 성전 재건 사업이 다시 시작될 때, 세속적 당국자들이 다가와 "누가 이 전을 건축하고 성곽을 마치게 하였느냐"고 힐난하며, 지도자들이 누구인지를 묻는 그들에게 이스라엘 백성들이 고하였습니다. 그럼에도 불구하고 재건 사역은 중단되지 않았습니다. 그것은 하나님께서 그들을 지켜보고 계셨기 때문이었습니다. 우리가 먼저 그의 나라를 구할 때 하나님은 지켜주시는 분임을 믿습니다. 그로 인해 더 용기를 갖고 일해야 합니다.

♤ 기도
오늘도 하나님께서 나와 함께하심을 믿고 주의 일에 더욱 열심을 내게 하옵소서. 어떤 방해나 오해가 있더라도 더욱 담대히 주님을 향해 나아가게 하옵소서. 예수님의 이름으로 기도드립니다. 아멘

♤ 중보기도
교회 안에서 연초에 교사와 성가대 직분을 맡았다가 중도에 포기하거나 시험에 든 자들이 새힘 얻게 되기를 위해.

♤ 묵상
자기의 일을 찾는 것은 세상에서 자기 자리를 찾는 것이다.   —리차드 카보트—

108/4월 6일

다리오왕의 허락

♣ 성경 에스라 6:1~12(외울요절 10절) 찬송 204(379)장 ♣

보고를 받은 다리오왕은 즉시로 조서 확인을 지시했습니다. 과연 예루살렘 재건은 윗대 왕으로부터 허락된 것인가? 그 조서는 메대 악메다 궁에서 발견되었습니다. 조서에는 옛터에 성전이 지어지도록 되어 있었고 그 규모도 자세히 지적하고 있습니다. 또 모든 경비 부담은 왕실에서 충당한다고 되어 있는데 고레스 왕이 얼마나 이 일에 관심 있었는지를 알 수 있습니다. 또한 모든 성전 기구들을 돌려 줄 것도 기록되어 있었습니다. 모든 것이 하나님 섭리의 때가 있음을 깨닫습니다. 그래서 하나님의 위대한 사역은 다시 일어날 수 있게 되었습니다.

이제 다리오왕은 친히 고레스왕의 조서를 뒷받침하여 성전 건축을 지원합니다. 건축을 방해하지 말 것과 행정하는 자들에게 건축비를 주라고 했습니다. 또 성전에 사용할 제물을 날마다 공급하라고 했습니다. 고레스왕의 모본을 따라서 다리오왕은 유대인들에게 놀라운 호의를 베풀었습니다. 하나님은 목적을 이루실 때 뜻하지 않은 수단들을 사용하십니다. 우리의 삶에도 동일한 방법으로 다가오시는 하나님이심을 믿어야 할 것입니다.

♤ 기도
오 하나님, 하나님의 오묘하시고 놀라우신 섭리를 찬양드립니다. 시간과 공간을 초월하여 일을 도모하시는 하나님, 오늘 우리 삶과 미래를 하나님께 올려드립니다. 예수님의 이름으로 기도드립니다. 아멘

♤ 중보기도
우리나라 위정자들이 하나님의 뜻을 거스르는 자 되지 않기를 위해. 하나님나라에 유익을 끼치는 이들이 되기를 위해.

♤ 묵상
오, 주여! 제발 무의미하게 살지 않도록 하소서.   -존 웨슬리-

에스라의 귀환

♣ **성경** 에스라 7:1~10(외울요절 10절)   **찬송** 312(341)장 ♣

에스라는 바사 왕 아닥사스다가 통치하던 시대의 사람이었습니다. 에스라의 족보는 제1대 제사장인 아론에게까지 올라갑니다. 즉 에스라는 그 가계 가장들의 자손이었습니다. 경건한 조상의 자손이란 것은 이루 말할 수 없는 복입니다. 부모의 기도는 풍성한 결과를 낳습니다. 에스라는 기도가 풍성한 집안의 자손이었습니다. 우리 역시 경건한 부모, 경건한 자녀가 되어 늘 기도에 힘쓰며 바른 생활을 할 수 있어야겠습니다.

에스라는 뛰어난 학사였습니다. 모세 율법을 잘 알뿐 아니라 자신이 그대로 실행하는 사람이었습니다. 그가 놀라운 은혜를 누린 것은 하나님 여호와의 도우심으로 말미암은 것입니다. 그는 하나님의 은혜를 느끼고 감사할 줄 아는 사람이었습니다.

예루살렘으로 돌아온 에스라가 한 일은 무엇입니까? 성경을 철저하게 연구했는데 이는 백성들이 여호와의 말씀 앞에 견고히 서도록 돕기 위해서였습니다. 나도 주께 쓰임받기 위해 말씀에 능한 사람이 되어야겠습니다.

♤ 기도

하나님, 말만 앞세우는 자가 아니라 내가 먼저 주의 말씀을 실행하는 자가 되게 하옵소서. 그러기 위해 말씀을 읽으며 공부하는 삶을 지속하게 하소서. 예수님의 이름으로 기도드립니다. 아멘

♤ 중보기도

우리 교회의 교역자들과 교사들, 각 구역의 지도자들이 말씀에 더욱 능한 자 되게 해주시기를 위해.

♤ 묵상

하나님은 새에게 먹이를 주신다. 그러나 먹이를 새의 둥지 속에 던져 주시지는 않는다.   - 그리스 속담-

에스라와 동행한 자들

♣ 성경 에스라 8:1~20 (외울요절 1절)   찬송 447(448)장 ♣

　에스라와 함께 많은 사람들이 예루살렘으로 귀환했습니다. 자세히 보면 그 족보의 이름들이 숫자까지 상세히 기록되어 있습니다. 이처럼 하나님의 은혜로우신 부르심에 복종하는 자들의 이름은 하나님의 생명책에 기록되며 하나님으로부터 존귀함을 얻게 됩니다. 바벨론에 살면서 주거와 물질적인 안정을 얻은 자들도 있었을 것입니다. 그러나 그들은 이스라엘 해방을 기다리며 살았습니다. 그들 가운데 하나님께서 역사하셨기 때문입니다. 아도니감 자손은 전원이 돌아갔습니다. 오늘 나는 하나님의 부르심에 복종하는 삶을 사는지 돌아봅시다.

　에스라는 예루살렘에 올라가서 여호와께 제사드리는 일을 우선하였습니다. 그는 일을 도울 수 있는 레위인들을 모집했습니다. 모두가 명철하여 하나님 일에 적합한 사람들이었습니다. 나는 지금 하나님의 일에 적합한 일꾼입니까? 그리고 그 날을 위해 열심히 준비하며 살고 있습니까?

♤ 기도
　하나님, 우리 모두 하나님의 일에 사용되는 깨끗하고 귀한 그릇이 되게 하여 주옵소서. 참으로 미련하고 불완전한 우리를 고쳐 주옵소서. 예수님의 이름으로 기도드립니다. 아멘

♤ 중보기도
　교회에서 청년 교육이 구체적이며 현실적으로 이루어져 그들이 사회생활을 할 때 분별력 있게 해주시기를 위해.

♤ 묵상
　일 없이, 세상에 태어나는 사람은 하나도 없다. 그러므로 항상 일이 있다. 원하면 일거리를 찾을 수 있다. 그리고 열심히 일하는 자는 축복받은 자이다!

―제임스 러셀 로웰―

백성들의 죄

♣ 성경 에스라 9:1~6(외울요절 3절) 찬송 255(187)장 ♣

돌아온 이스라엘 백성들이 또 다시 포로 전의 모습처럼 죄를 지었습니다. 그들은 우상을 숭배했던 이방 여인들을 아내로 맞이했습니다. 더구나 백성들에게 율법을 가르쳐야 하는 지도자들마저 죄에 빠졌습니다. 우상을 섬기는 여인들은 남편들을 범죄 가운데로 이끌었습니다. 나의 모습 가운데도 세속적인 모습이 있으면 버립시다.

이 보고를 듣고 에스라는 옷을 찢고 머리털과 수염을 뜯으며 기가 막혀 앉았습니다. 그는 그 범죄에 대한 혐오와 분노를 표시했습니다. 에스라의 비탄이 그들의 경각심을 일깨웠습니다. 하나님의 백성들 가운데 있는 죄는 더 가증하고 슬픕니다. 오늘 나는 하나님과 사람들 앞에서 거룩하고 흠 없게 살아야겠습니다.

♤ 기도
하나님, 우리의 말과 행동이 세속적이지 않게 하옵소서. 우리 안에 우상처럼 섬기는 것이나 악한 관습들을 제하셔서 정결케 해주옵소서. 예수님의 이름으로 기도드립니다. 아멘

♤ 중보기도
음란이 만연한 우리 사회를 불쌍히 여겨 주시기를 위해. 무너진 가정들이 회복되고, 주를 경외하는 경건한 가정되게 해주시기를 위해.

♤ 묵상
가정은 마음이 있는 곳이다.   -플리니 엘더-

죄를 깨우친 백성들

♣ 성경 에스라 10:1~11 (외울요절 1절) 찬송 268(202)장 ♣

이제 이스라엘 백성들은 그들의 죄에 대해 크게 통곡하였습니다. 죄는 눈물의 기도와 회개로만 해결될 수 있습니다. 특히 스가냐는 담대한 제안을 했습니다. 이방 여인들과 이혼하고, 그들이 낳은 자녀들과 함께 다 내보내기로 하나님 앞에서 약속을 맺자고 했습니다.

스가냐는 이 일을 수행토록 용기를 북돋았습니다. 참된 지도자와 또 선한 동조자는 공동체의 새 역사를 만들어낼 수 있습니다. 내게도 그런 용기가 있습니까?

백성들은 하나님 앞에서 맹세하며 죄를 고백했습니다. 에스라는 모든 귀환자가 예루살렘으로 모일 것을 강력히 명했습니다. 거부자는 축출될 것이라고 했습니다.

이 선포 이전까지 에스라는 깊은 근심 가운데 있었습니다. 그의 결단은 깊은 회개와 경건함 가운데 행해진 것입니다. 우리도 내 주변의 문제를 먼저 기도함으로 해결해야 합니다.

♤ 기도
하나님, 모든 어려운 문제를 먼저 기도로 해결하게 하옵소서. 그런 후에는 진리 편에 서서 단호하고 담대하게 나아가게 하옵소서. 예수님의 이름으로 기도드립니다. 아멘

♤ 중보기도
내 주변에 죄 가운데 사는 이웃, 친척들이 그 죄에서 벗어나게 되기를 위해.

♤ 묵상
죄의 상처만 쳐다본다면, 한 사람도 구원할 수가 없다. 우리가 해야 할 것은 처방이다.   － 무디 －

느헤미야의 기도

♣ 성경 느헤미야 1:1~11(외울요절 11절) 찬송 312(341)장 ♣

느헤미야는 페르시아의 고위직으로 세상적으로 성공한 사람이었습니다. 그러나 그는 귀향한 자기 백성들이 큰 환난과 능욕을 받고 있다는 소식을 듣고 하나님께 금식하며 기도하였습니다. 이 같은 애통은 그가 유대의 총독이 되어 자기 백성들을 세우는 시발점이 됩니다. 그의 모습은 우리가 지금 세상에 살지만 본향을 사모하는 삶이 어떠해야 하는지를 보여 줍니다. 우리에게도 영적인 애통이 필요합니다. 지금도 전세계 곳곳에서 고통당하는 교회와 성도들이 있음을 기억해야 합니다.

느헤미야가 민족을 위해 먼저 시작한 것은 기도였습니다. 민족이 과거부터 하나님을 슬프시게 해온 모든 죄를 자신의 죄인 양 회개하였습니다. 그의 기도는 철저한 믿음의 기도였습니다. 또한 구체적인 헌신의 기도였습니다. 다른 사람 아닌 자신이 예루살렘으로 갈 수 있기를 간구하였습니다. 이 기도는 그로 하여금 왕의 측근인 술관원장의 자리를 거쳐 유대 총독의 자리에 오르게 합니다. 하나님의 일은 기도로 시작하고 기도로 매듭합니다.

♤ 기도
하나님, 우리 모두 기도자가 되게 하옵소서. 그러나 기도로 멈추지 않게 하시고 그 기도를 붙들고 헌신하는 구체적인 봉사자가 되게 하옵소서. 예수님의 이름으로 기도드립니다. 아멘

♤ 중보기도
이 시간에도 고통받는 지구촌에 있는 믿음의 성도들과 박해받는 교회를 위해.

♤ 묵상
어떠한 이유가 있든지 뒤로 미룬다는 것은 큰 손실이다. 오늘이라는 이때야말로 무엇을 하든지 제일 중요한 때이다.   －조이스 브러더스－

응답되는 기도

♣ **성경** 느헤미야 2:1~10 (외울요절 5절) **찬송** 365(484)장 ♣

왕은 느헤미야의 얼굴에 있는 수심을 보고 호의를 베풉니다. 왕을 통로로 해서 그의 기도가 응답된 것은 평소의 삶 때문이었습니다. 일상의 충실함은 모든 기도응답의 뿌리가 됩니다.

느헤미야의 기도가 응답된 다른 이유는 간절함입니다. 그가 예루살렘 회복을 사모함이 그의 얼굴에 배어났던 것입니다. 간절한 기도는 응답을 불러옵니다. 사무적인 기도와는 얼마나 다른 것입니까?

느헤미야가 3차로 귀환할 때, 페르시아 왕은 예루살렘 성 재건에 필요한 재료들을 공급했습니다. 뿐만 아니라 군대장관과 마병으로 그를 호위해 주었습니다. 느헤미야가 대제국의 군대를 거느리고 온 것은 예루살렘을 훼파하는 대적들에게 경고를 주는 하나님의 지혜였던 것입니다. 우리 신자가 세상 속에서 영향력 있는 사람이 되는 것은 하나님을 높일 수 있는 또 하나의 기회일 수 있습니다. 주의 영광을 위해 성공하십시오.

♠ 기도
하나님, 우리의 기도가 진정 깊은 고백이 되게 하시고 간절함으로 드리는 탄원이 되게 하옵소서. 행여 사무적인 기도로 기도 시간을 채우는 자가 되지 않게 하옵소서. 예수님의 이름으로 기도드립니다. 아멘

♠ 중보기도
우리 사회의 공직이나 지도층에 있는 그리스도인들이 빛과 소금의 역할을 잘 감당할 수 있게 해주시기를 위해.

♠ 묵상
사람이 성공하는 길을 돕는 것은 우연이라기보다는 확고한 목적 의식과 근면이다.
　　　　　　　　　　　　　　　　　　　　　　　　　　　－사무엘 스마일즈－

예루살렘 성벽 건축

♣ 성경 느헤미야 3:1~26(외울요절 1절) 찬송 50(71)장 ♣

　예루살렘 성벽 건축은 귀향한 모든 사람들이 함께 이룬 대역사였습니다. 3장 전체는 각 지역에서 진행된 재건 작업과 그 작업에 참여했던 주요 인물 40인 가량을 자세히 소개하고 있습니다. 즉 백성들이 각자 구역을 정하여 벽을 쌓아올리고 그것을 서로 연결하여 성을 완성하였던 것입니다. 하나님나라는 결코 사역자 한두 사람의 열심으로 되지 않습니다. 모든 신자들이 각자의 몫을 감당해야 합니다.
　성벽과 열 개의 성문을 재건한 공사에는 먼저 제사장들이 모범을 보였습니다. 그들은 성전에 바칠 양이 통과하는 양문을 수리했습니다. 그러자 각계각층의 사람들이 힘을 합쳐 일하기 시작했습니다. 고위층으로부터 천한 일에 봉사하는 느디님 사람들도 포함되었습니다.
　5절에는 게으른 드고아 귀족들도 보입니다. 특권은 더 많은 책임을 전제로 합니다.

♤ 기도
　하나님, 우리가 서로 협력자가 되게 하옵소서. 조용히 제 자신의 몫을 잘 감당하는 건강한 지체가 되게 하옵소서. 예수님의 이름으로 기도드립니다. 아멘

♤ 중보기도
　우리 교회 성도들이 각자의 위치와 직분을 자랑하는 것이 아니라 그로 인해 더 충성하는 이들이 되기를 위해.

♤ 묵상
　대망(大望)을 지닌 재능과 근면 앞에는 "이젠 그만이다. 더 못 간다."는 경구(驚句)가 있을 수 없다.
　　　　　　　　　　　　　　　　　　　　　　　－베에토벤－

느헤미야의 믿음

♣ 성경 느헤미야 4:1~14(외울요절 4절) 찬송 543(342)장 ♣

유다 백성이 성벽을 건축하려 하자 대적들은 분노하였습니다. 그리고는 협박과 조롱을 일삼았습니다. 이때 느헤미야는 이 문제를 하나님께 기도로 맡겨 버렸습니다. 그리고 건축 일을 계속하였습니다. 사단의 공격에 대해 가장 좋은 대안은 하나님께 기도로 맡겨 버리는 것입니다. 우리는 사단의 협박과 조롱에 굴하지 말고 기도로 하나님께 아뢰고 전진하는 사람이 됩시다.

성을 재건하는 일은 결코 쉽지 않았습니다. 내부에서는 백성들의 불평이 있었고, 외부에서는 대적들이 습격하여 사람들을 살육하겠다는 협박이 있었습니다. 일부 유대인들은 대적들의 경고를 무시하지 말라고 말했습니다. 지도자 느헤미야는 절대 고독 앞에 서게 된 것입니다. 오늘날의 사역자들도 이런 어려움에 처하곤 합니다. 그러므로 우리의 위로와 중보기도가 필요합니다.

♤ 기도
자비로우신 하나님, 오늘도 끊임없이 다가오는 사단의 회유와 협박 앞에서 더욱 의연하게 하옵소서. 염려를 기도로 대체하며 살게 하옵소서. 예수님의 이름으로 기도드립니다. 아멘

♤ 중보기도
교회 사역자들이 강하고 담대해지기를 위해.

♤ 묵상
무슨 일이든지 하지 않으면 안 될 경우에는 "그런 것은 할 수 없다."고 하지 말고 "그렇다면 해보자."고 자신에게 말하지 않으면 안 된다.

― W. D. 담로스 ―

부자들을 향한 책망

♣ 성경 느헤미야 5:1~13 (외울요절 12절)   찬송 516(265)장 ♣

성을 건축하던 중 백성들 사이에 심각한 문제가 발생하였습니다. 많은 사람들이 흉년으로 인해 밭과 포도원을 전당 잡히고 고리로 양식을 얻어야 했습니다. 어떤 사람들은 심지어 자기 몸을 종으로 팔아 생계를 유지하는 일까지 생겼습니다. 그러자 공동체 안에서는 큰 원망이 일어났습니다. 형제가 굶주리는데 무관심하거나 탈취하여 자기 배를 채우려 하는 행위는 하나님께 용납되지 않습니다. 신자가 이런 삶을 산다면 이방인들도 이를 비난할 것입니다. 우리는 신앙생활을 경제 문제와 별개로 생각하게 하는 사단의 속임수에 넘어가지 말아야 합니다.

느헤미야는 이 문제에 대해 가진 자들을 질타했습니다. 그러면서 제시한 해법은, 이자 받기를 그치자는 것이었습니다. 총독으로서 명할 수도 있지만 그는 진지한 설득으로 부자들이 이 일에 자원할 수 있게 하였습니다. 그리하여 모든 사람들이 여호와를 찬양하면서 나눔 운동에 참여하게 되었습니다.

♤ 기도
하나님 아버지, 우리에게 소유를 주신 것이 나만을 위함이 아닌 것을 깨닫게 하소서. 이웃의 아픔에 예민한 눈과 거기 참여할 수 있는 마음을 갖고 행동할 수 있게 해주옵소서. 예수님의 이름으로 기도드립니다. 아멘

♤ 중보기도
이 시간에도 굶주림과 가난으로 인해 고통받는 이 지구상의 사람들을 위해 기도하며 또 합당한 삶을 살아가기를 위해.

♤ 묵상
적게 가진 자가 아니라 욕심을 부리는 자가 가난한 사람이다.   - 세네카 -

믿음과 헌신

♣ 성경 느헤미야 6:10~16(외울요절 14절) 찬송 348(338)장 ♣

느헤미야를 해치려는 원수들의 궤계가 있었습니다. 느헤미야는 그 내용은 몰랐지만 모든 사람이 성벽 공사를 하고 있는 때에 자신의 안전만을 위해 성전 외소에 몸을 숨기는 것을 거절했습니다. 만약 그가 두려움으로 이 모략에 넘어갔다면 대적들은 악한 소문을 내어, 백성들이 그를 불신하여 공사는 중단되게 되었을 것입니다. 참된 지도자는 한 분 하나님만을 두려워합니다. 그리고 선두에서 영적 전쟁을 치릅니다.

느헤미야는 원수들의 방해에도 불구하고 52일 만에 성벽 공사를 완수하였습니다. 대적들은 낙담하였습니다. 이는 바로 하나님의 힘으로 된 것임을 알았기 때문입니다. 대적의 세력이 아무리 강할지라도 믿음의 사람 앞에서는 무너져버립니다. 우리는 믿음의 눈을 들어 대적들이 하나님의 승리로 인해 이미 낙담하고 있음을 보아야 합니다. 그리고 최후 승리를 위해 힘차게 전진해야 합니다.

♤ 기도

하나님, 내 육신의 안일을 꾀하면 반드시 사단의 속임수에 빠질 수밖에 없음을 깨닫습니다. 한 분 하나님을 세상보다, 사람들보다 크게 보는 눈을 주옵소서. 예수님의 이름으로 기도드립니다. 아멘

♤ 중보기도

하나님나라를 위해 선교지 각처에서 영적 전투를 벌이는 선교사님들에게 갑절의 영력을 더하셔서 당당한 승리자가 되게 해주시기를 위해.

♤ 묵상

수치감은 사람의 공포에 근거한 것이요, 죄책감은 하나님의 공포에 근거한 것이다.

― 사무엘 존슨 ―

새로운 준비

♣ 성경 느헤미야 6:17-7:4(외울요절 2절) 찬송 595(372)장 ♣

대적 도비야는 이미 종교 지도자들뿐만 아니라 유력한 자들을 물질과 혈연 관계로 장악하고 있었습니다. 그는 계속 편지로 느헤미야에게 겁을 주었으며, 한편으로는 귀족들을 내세워 타협하려는 계략도 병행했습니다. 만일 느헤미야가 이 같은 다수의 사람들이나 현실을 보았다면 낙담하여 돌아가거나 타협하고 말았을 것입니다. 그러나 느헤미야는 담대히 대항하였습니다. 오늘 우리에게도 그처럼 대적을 두려워하지 않고, 사단과 짝하지 않는 믿음이 필요합니다.

느헤미야는 성벽과 성문 건축이 끝나자 충성된 자들을 택하여 성을 지키는 일을 맡겼습니다. 힘써 세우는 것도 중요하지만 지키는 일도 중요합니다. 공사를 다 마친 느헤미야는 하나님으로부터 영감을 얻어 이스라엘로 돌아온 자의 계보를 조사하였습니다. 그는 예루살렘을 가득 채워 주시겠다는 약속의 말씀을 믿고 넉넉하게 자리를 잡았습니다. 하나님은 그 같은 믿음에 답하시기 위해 예루살렘에 모여든 이들에게 회개와 부흥의 영을 부어 주셨습니다.

♢ 기도
거룩하신 하나님, 간사한 세상의 계략이나 다수의 위협 앞에서 견고하게 하시고 타협하지 않는 순결한 믿음을 주옵소서. 예수님의 이름으로 기도합니다. 아멘

♢ 중보기도
오대양 육대주에 가득할 믿음의 함성을 기대하며 열심히 전도하고 선교하는 주의 종들에게 갑절의 영감을 더해 주시기를 위해.

♢ 묵상
끈기와 고집의 차이는 무엇인가? 끈기는 강한 것에 바탕을 둔 것이요, 고집은 강한 이기심에 근거한 것이다. －헨리 워드 비처－

하나님을 기뻐하는 사람

♣ 성경 느헤미야 8:1~12 (외울요절 10절)   찬송 285(209)장 ♣

성벽 공사가 기적같이 완공되자 백성들 안에는 여호와의 말씀을 사모하는 마음이 강하게 일어났습니다. 남녀노소가 수문 앞 광장으로 모여들었고 학사 에스라의 지도하에 말씀을 들었습니다. 한편 들으러 올 수 없는 자들을 위해 직접 처소로 가서 율법을 읽어 줄 13명의 교사와 레위인들이 있었습니다. 하나님을 가까이 하고자 하는 마음, 이것이 하나님의 뜻에 순종한 자에게 내려 주시는 가장 큰 선물입니다. 이 마음을 사모해야 합니다.

집회는 새벽부터 정오까지 이어졌습니다. 백성들은 죄로 인한 그들의 비참함과 저주를 생각하고 울었습니다. 한편 느헤미야는 이 날은 여호와께서 함께하시는 성일이니 마음을 괴롭게 하는 대신 찬미의 옷을 입으라고 격려했습니다. 하나님 앞에 있는 사람은 기뻐해야 합니다. 신자는 하나님을 기뻐한 만큼 세상에서 승리할 있으며 자신에 대한 슬픔으로 하나님을 기뻐할 수 없는 자는 결코 승리할 수 없습니다. 하나님 말씀을 깊이 알수록 그것은 우리에게 더 많은 기쁨의 이유를 줍니다.

♤ 기도
좋으신 하나님, 우리의 마음이 하나님 한 분만으로 만족하며 내 하나님 되심으로 인하여 큰 기쁨을 누리게 하소서. 예수님의 이름으로 기도드립니다. 아멘

♤ 중보기도
우리나라의 6만여 교회마다 말씀의 부흥이 일어나게 하시고, 강단 아래에 말씀을 사모하는 성도들이 물결치게 되기를 위해.

♤ 묵상
일년 365일을 세속적으로 사는 것보다는 예수와 함께 하루 24시간을 사는 것이 더 많은 기쁨을 얻을 것이다. 나는 이 두 가지 경험을 통해서 너무나 잘 알고 있다.
―토레이―

하나님을 찬양함

♣ 성경 느헤미야 9:4~8(외울요절 6절) 찬송 8(9)장 ♣

   금식과 회개의 자리에 모인 레위인 가운데 어떤 이들은 무리가 일어나 여호와를 송축하도록 격려했습니다. 그러면서 그 이유를 설명했습니다. 첫째 이유는 하나님은 우리의 모든 송축이나 찬양보다 뛰어난 분이시기 때문입니다. 우리가 드리는 최고의 찬양도 그 이름을 영광스럽게 하기에는 부족합니다. 둘째는 오직 주님만이 유일하신 참 신이시기 때문입니다. 셋째는 하나님은 모든 것을 만드신 창조주시요, 놀라운 지혜로 지금도 그것을 붙잡고 계시기 때문입니다. 우리는 참으로 찬양하는 삶을 살아야 합니다.
   레위인들은 이어서 하나님의 은총에 대한 회상을 시작하였습니다. 하나님은 우상의 땅에서 조상 아브라함을 부르셨으며 그에게 열국의 아비라는 이름을 주셨습니다. 그를 복의 근원으로 삼으시고, 가나안 7족속의 땅을 주시고, 그의 씨를 통하여 메시아를 보내실 것이라는 언약을 세우셨습니다. 아브라함은 실수와 허물이 있었지만 하나님은 변함없이 그 약속을 이루어 가셨습니다. 이 회상은 백성들에게 놀라운 힘이 되었습니다. 우리도 우리 안에 행하신 하나님을 회상할 때 큰 은혜를 누릴 수 있습니다.

♤ 기도
   존귀하신 하나님, 죄 가운데 살던 우리를 부르셔서 하나님 자녀 삼으시고, 존귀한 성도로 살게 하시니 감사합니다. 예수님의 이름으로 기도드립니다. 아멘

♤ 중보기도
   오늘도 삶의 곤고함으로 눌려 낙심하고, 슬픔과 자기 연민에 빠져 있는 사람들에게 긍휼 베풀어 주시기를 위해.

♤ 묵상
   마음은 배와 같다. 중요한 것은 그것에다 얼마나 많은 음식을 공급하느냐가 아니라, 그것을 얼마나 소화시키느냐가 문제이다.　　　　　—노크—

언약에 인친 자들

♣ **성경** 느헤미야 10:1~31 (외울요절 30절) **찬송** 325(359)장 ♣

많은 이름들이 나옵니다. 이는 언약에 인친 사람들입니다. 먼저 총독 느헤미야가 서명하여 앞장섰고, 다음은 22명의 제사장들, 17명의 레위인들, 마지막으로 44명의 가문과 가정의 어른들이 서명했습니다. 이처럼 지도자들이 선한 일에 본을 보이자 남은 자들이 다 함께 동참하게 되었습니다. 우리는 하나님의 선한 일에 앞장서는 자이어야 합니다.

그들이 맹세한 내용은 세 가지입니다. 이방인과의 통혼을 금하는 것과 안식일 준수, 그리고 안식년 시행입니다. 통혼 금지는 영적 순수성을 지니게 하시려는 계획이며, 안식일 준수는 세상사로부터 벗어나 쉬며 하나님 안에서 참 삶의 의미를 발견하게 하려는 것, 그리고 안식년 제도는 땅을 비옥하게 만들고 공동체 안의 평등을 주시려는 것입니다. 이들 맹세 내용에는 하나님과의 관계뿐만 아니라 다른 사람들과의 관계도 포함합니다. 참된 돌이킴, 회개가 무엇인지를 생각해 봅시다.

♤ **기도**
하나님, 이스라엘 백성 앞에 모본을 보인 지도자들이 있는 것 같이 우리 자신이 세상 앞에 모본이 되어, 주님의 빛을 드러내는 삶을 살게 하옵소서. 예수님의 이름으로 기도드립니다. 아멘

♤ **중보기도**
이 땅의 사람들이 주께서 허락하신 안식일을 누리게 하시고, 땅의 안식년 의미도 깨닫게 하시어 부동산을 축재 수단으로 사는 사회구조가 바뀌어 질 수 있게 해주시기를 위해.

♤ **묵상**
결정을 내리려면 우리는 하나님이 우리에게 주신 머리를 써야 한다. 그리고 우리는 또 그가 우리에게 주신 마음도 사용해야 한다. － 풀톤 오슬러 －

채워진 예루살렘

♣ 성경 느헤미야 11:1~24 (외울요절 1절) 찬송 569(442)장 ♣

예루살렘 성은 건축되었으나 주민들을 채우는 일은 어려운 것이었습니다. 지방에 살던 이가 이주하는 일은 집과 생계의 근거를 포기하는 일이었으며, 이주해 오면 성의 수비도 맡아야 하는 부담이 있었습니다. 그러나 초막절에 모인 백성들에게 부흥이 일어나자 자연스레 해결되었습니다. 유다와 베냐민 지도자들이 자원하여 남기로 했고, 백성들도 이주할 용기를 얻었습니다. 예루살렘은 사람의 십일조로 채워졌습니다.

성의 거주자들은 장정만 유다 자손 468명과 베냐민 자손 928명이 있었고, 제사장 1192명과 레위인 284명, 성문지기 172명과 웃시와 브다히야와 같은 바사 왕의 수하에서 백성을 다스리는 관리인이었습니다. 한때 범죄로 말미암아 멸절당하다시피 한 베냐민 자손이 포로생활 이후 도리어 유다 자손의 두 배나 됨은 진실로 하나님의 은혜였습니다. 용서하시고 또 회복시키시는 하나님을 찬양합시다.

♤ 기도
하나님, 예루살렘을 가득 채운 사람들이 있었듯이 오늘 우리 교회가 거룩한 성도들로 채워지게 하소서. 그 일에 앞장서는 우리가 되게 하소서. 예수님의 이름으로 기도드립니다. 아멘

♤ 중보기도
우리들의 지체 가운데 지난날의 죄악과 허물로 인해 아파하는 이들을 위로하시고, 저들이 진정으로 회복되기를 위해.

♤ 묵상
이 세상에서 위대한 것은, 우리가 서 있는 장소라기보다는 우리가 나가고 있는 방향이다.
― 올리버 웬델 홈즈 시니어 ―

제사장과 레위인

♣ 성경 느헤미야 12:1~30 (외울요절 30절)   찬송 93(93)장 ♣

　예루살렘 성의 봉헌을 앞두고 먼저 성전에 봉사할 자들의 명단이 발표되고 있습니다. 이는 제사장들과 레위인이 없이는 하나님께 바른 예배를 드릴 수 없기 때문입니다. 7절까지는 1차 포로 귀환 시 귀환한 제사장 가족들입니다. 스룹바벨과 함께 유다로 복귀한 22명의 제사장들은 비록 미약한 숫자이지만 하나님을 의지해서 믿음의 씨앗을 뿌린 조상들입니다. 하나님께서 그들의 헌신을 기쁘게 받으셨고, 그들을 통하여 예배를 회복하는 기초를 마련하셨습니다. 8~9절에는 1차 귀환 때 돌아온 레위인들, 22~25절에는 당시대 레위인들이 나옵니다.
　이들은 성전에서 파송하는 일, 문안 곳간을 지키는 일들을 했습니다. 이들의 활약은 점점 부각되었으며 점차 성경 해석이나 기도하는 일이 그들의 몫이었습니다. 예루살렘 봉헌식은 찬양하는 레위인들을 모으는 일로 시작하였습니다. 또한 봉헌식을 위해 모인 이들이 먼저 한 일은 정결의식이었습니다. 하나님께 나아가는 자는 주의 보혈에 몸을 적셔야 합니다.

♤ 기도
　하나님, 오늘 우리의 신앙이 예배 중심이 되어 우리 자신이 복되고, 자손들에게 몫을 남겨 주는 복의 통로가 되게 하소서. 예수님의 이름으로 기도합니다. 아멘

♤ 중보기도
　오늘날 교회에서 사역하는 주의 종들이 레위인들의 구별된 직분과 사역을 생각해 보게 해주시고, 그들에게 은혜 주셔서 성역이 힘 있게 해주시기를 위해.

♤ 묵상
　나라를 세우는 데는 천년의 세월도 모자라고, 그것을 허무는 데는 한순간으로써 충분하다.
-L. 바이런-

도비야

♣ 성경 느헤미야 13:1~14(외울요절 14절) 찬송 270(214)장 ♣

　봉헌식 후 백성들은 율법을 읽다가 하나님의 구체적인 말씀을 발견합니다. 즉 암몬과 모압에 대한 진노였습니다. 이에 유다 백성들은 그들 가운데 섞여 있는 모압과 암몬 사람을 쫓아내었습니다. 그 위험성은 그 전의 도비야 사건이 보여 줍니다. 하나님의 전을 관리하던 제사장 엘리아십은 암몬의 우두머리 도비야와 연결되어 그에게 성전 안에 큰 방을 주기도 하였습니다. 악의 영향력은 이렇게 강력합니다. 우리 안에 도비야 같은 화근이 있는지 돌아보아야 합니다.
　레위인과 찬양하는 자들에게 물품과 식량을 공급해야 할 책임을 진 대제사장이 도리어 원수를 공궤한 셈입니다. 그 결과 레위인들은 다 흩어질 수밖에 없었습니다. 한편 충직하고 성실한 느헤미야는 성전 창고를 다시 세우고 백성들이 의무를 잘 이행하도록 지도하지 못한 민장들을 꾸짖었습니다. 한편 도망간 레위인들을 다시 불러 필요를 채웠으며 그 헌물들을 관리할 충직한 책임자들을 세웠습니다.

♤ 기도
　아버지 하나님, 혹 우리 안에 있어서는 안 될 화근이 그대로 남아 있지 않게 하소서. 도비야 같은 것을 다 잘라내는 용기를 주옵소서. 예수님의 이름으로 기도드립니다. 아멘

♤ 중보기도
　장차 주의 사역자가 될 이 땅의 신학생들이 잘 준비하게 하시고, 각 학교들이 진정한 교육을 할 수 있게 해주시기를 위해.

♤ 묵상
　훌륭한 마음을 갖는 것으로는 충분치 않다. 중요한 것은 그 마음을 잘 쓰는 것이다.
　　　　　　　　　　　　　　　　　　　　　　　　－ R. 데카르트 －

왕궁의 잔치

♣ 성경 에스더 1:1~12 (외울요절 12절) 찬송 293(414)장 ♣

대국의 왕이 큰 잔치를 베풀었다는 것은 조금도 놀랄 일이 아닙니다. 그러나 아하수에로왕이 베푼 이 잔치는 하나님나라 잔치의 특성을 보여준다는 의미가 있습니다. 우선 이 잔치는 왕의 나라에 부와 위엄과 영광을 보여 주는 것으로 모든 계층 사람들에게 혜택이 주어졌습니다. 분위기는 화려했고 음식은 풍요로웠으며 참석자에게는 자율권이 주어졌습니다. 예수님께서도 이런 천국 잔치의 비유를 말씀하셨습니다. 중요한 것은 내가 거기 초대되었다는 사실입니다. 과연 나는 이 잔치에 참석할 준비가 되어 있나요?

잔치 중에 기분이 좋아진 왕은 왕후의 아름다움을 모든 사람에게 보여주기 위해서 그녀를 불렀습니다. 그러나 왕후는 이를 거절했고, 왕은 진노하였습니다. 이 역시 주님의 비유 중 거절당한 왕과 같습니다. 왕후가 왕의 진노를 피할 수 없었듯이 나 역시 하나님의 명을 거역한다면 진노를 피할 수 없습니다. 지금 하나님께서 내게 요구하시는 것에 대해 나는 어떤 핑계를 대고 있지는 않습니까?

♢ 기도

하나님, 주님 나라의 잔치에 주인공답게 성결함의 옷을 입게 하옵소서. 행여 나의 행동으로 하나님을 진노하지 않게 하옵소서. 예수님의 이름으로 기도드립니다. 아멘

♢ 중보기도

오늘도 하나님나라 잔치인 예배의 자리에 초대받은 자들의 발걸음이 예배의 자리로 나아올 수 있게 해주시기를 위해.

♢ 묵상

대답하지 않는 것도 역시 대답이다. — 독일 속담 —

구원을 위한 준비

♣ 성경 에스더 2:1~7 (외울요절 4절)   찬송 25(25)장 ♣

　왕후를 폐한 뒤 신하들은 새 왕비 간택을 고했습니다. 어느 나라나 흔히 있을 수 있는 이 일을 하나님은 사용하셨습니다. 에스더를 통해 이스라엘을 구원하시려는 하나님의 섭리가 그 속에 역사한 것입니다. 하나님은 지금도 그렇게 역사하십니다. 국제 사회나 나라 안에서 일어나는 크고 작은 일들을 보면서 하나님의 섭리를 눈여겨보아야 합니다. 요즘 일어나는 일들 가운데 하나님의 특별한 섭리를 발견할 수 있는 일들이 있습니까?
　한편 하나님은 이스라엘의 구원을 위해 에스더와 모르드개를 준비시키고 계셨습니다. 그들은 유대인으로 아주 평범한 사람이었습니다. 하나님께서는 이들을 사용하셔서 자기 백성을 구하기로 하셨습니다. 이처럼 나도 얼마든지 하나님의 뜻을 이루는 데 사용될 수가 있습니다. 하나님께서 나의 어떤 면을 사용하실지 생각해 봅시다. 하나님의 일 가운데 어떤 일에 내가 사용될 수 있겠습니까?

♤ 기도
　하나님 아버지, 각자에게 허락하신 은사들과 재능이 하나님나라를 위해 사용되기를 원합니다. 맘껏 사용해 주시고 우리로 하여금 이어 순종하는 삶을 살게 하소서. 예수님의 이름으로 기도드립니다. 아멘

♤ 중보기도
　이 땅의 청소년들 가운데 스스로를 비하하며 열등감에 사로잡힌 이들에게 위로를 주시고 새 용기를 갖게 해주시기를 위해.

♤ 묵상
　교회는 유명한 크리스천들의 전시관이 아니라, 불완전한 사람의 교육을 위한 학교이다.
　　　　　　　　　　　　　　　　　　　　　　　－헨리 워드 비쳐－

하만과 모르드개

♣ 성경 에스더 3:1~6 (외울요절 2절)   찬송 336(383)장 ♣

모르드개는 전격적으로 왕의 암살을 미연에 방지합니다. 한편 총리 하만은 사람들이 자기 앞에 무릎 꿇고 절하기를 강요했습니다. 그러나 모르드개의 거절은 일회적인 것이 아니라 계속적인 신앙의 표현이었습니다. 그는 이로 인해 자신에게 해가 올지 모르지만 하나님 외에는 절할 수 없다는 신앙으로 버티었습니다. 하만과 같은 세상의 힘들은 오늘도 나에게 영향을 미칩니다. 그것들은 압력을 주어 우리를 굴복시키려 합니다. 지금 내게 어떤 것이 하만처럼 다가옵니까? 이에 대해 나는 굴복하고 있지는 않습니까?

모르드개에 대한 분노를 키운 하만은 그의 민족까지 멸하려 계획했습니다. 이를 기회로 평소에 마음에 들지 않던 유대인을 멸하려 한 것입니다. 상식 밖의 일이지만, 때로는 우리도 그런 함정에 빠질 수 있습니다. 어느 개인에 대한 반감이 그가 속한 집단까지 한꺼번에 정죄하려 합니다. 내게 하만과 같은 편견은 없습니까? 감정에 이끌려 일을 그르치지는 않습니까?

♤ 기도
아버지 하나님, 우리에게도 모르드개처럼 강직한 신앙 자세를 주옵소서. 하나님 외에 어느 것에도 마음을 빼앗기거나 굴복하며 타협하지 않게 하옵소서. 예수님의 이름으로 기도드립니다. 아멘

♤ 중보기도
우리 사회 공직자들이 정직해지고, 개인적인 생각으로 공의를 구부리지 않게 해주시기를 위해.

♤ 묵상
교회는 교회 건물 안에 있으면서 현대 문화의 그림이 새겨진 유리창을 통해서 돌들을 밖으로 던지는 것만으로 만족해서는 안 된다. —로버트 맥카피 브라운—

폭로된 악한 계획

♣ 성경 에스더 4:1~11(외울요절 1절)   찬송 312(341)장 ♣

유대인을 말살하려는 하만의 계획이 알려지자 모르드개를 비롯한 온 유대인은 충격을 받았습니다. 모두가 큰 슬픔에 잠겼습니다. 내가 이들 속에 있었다면 어떠했을까요? 낙담할 일이지만 이로 인해 유대인들이 함께 하나님께 매달릴 수 있는 기회가 될 수도 있습니다. 하나님 백성에게는 어떤 일도 기도 제목이 될 수 있습니다. 지금 우리나라와 교회에 가장 충격적인 일은 무엇입니까?

왕궁에 있던 에스더는 이런 소식을 모르는 채 모르드개의 소식만을 듣고 안타까워했습니다. 결국은 유대인 말살이라는 하만의 음모를 알게 되었습니다. 왕궁이라는 폐쇄된 상황이었지만, 에스더는 사촌에 대한 사랑으로 인해 그 슬픔을 알고 동참하였습니다.

비록 왕궁엔 살지 않지만 우리 역시 사회의 아픔을 모른 채 살기 쉽습니다. 내 주위에 무관심하다면 나 역시도 그렇게 됩니다. 지금 내가 아픔을 나눌 사람은 누구입니까?

♤ 기도
하나님, 우리의 마음을 부드럽게 하옵소서. 나만의 안일에 만족하지 말고 이웃을 돌아보는 따스한 마음을 주옵소서. 예수님의 이름으로 기도드립니다. 아멘

♤ 중보기도
특별히 도시 가운데 사는 영세민들과 노숙자들을 도울 수 있는 사회 환경이 조성될 수 있기를 위해.

♤ 묵상
대부분 사람들이 가난하고 비참하게 살고 있다면, 어떤 사회도 번창하는 그리고 행복한 사회는 아니다.   -아담 스미스-

에스더의 용기와 지혜

♣ 성경 에스더 5:1~8 (외울요절 2절)   찬송 368(486)장 ♣

위기를 맞은 유대 민족을 위해 에스더는 3일 간의 금식 기도를 한 후 왕에게 나아갔습니다. 왕이 부르지 않았는데 나아가는 행위는 목숨을 건 것이었습니다. 그러나 그녀는 자기 백성을 위해 생명을 포기할 용기를 냈습니다.

결국 하나님께서 왕의 마음을 움직여 에스더를 반갑게 맞이하게 했습니다. 이런 용기는 단지 의지로 되지 않으며 기도가 필요합니다. 모든 것을 내어놓고 하는 절대 기도가 필요합니다. 나의 기도생활은 어떻습니까?

왕이 반갑게 왕비를 맞는 순간, 모든 염려가 다 사라졌을 것입니다. 즉시 모든 문제를 다 말하고 싶었을 것입니다. 왕은 나라의 절반이라도 주겠다고 했습니다. 그러나 에스더는 차근하게 일을 진행했습니다. 왕과 하만을 두 번씩 잔치에 초대하면서 시간을 두고 이 문제를 해결하려 했습니다. 여기에는 용기만큼이나 지혜가 필요합니다. 인간적인 계획에 앞서 기도로 준비해야 합니다. 내게 에스더 같은 지혜가 필요합니다.

♠ 기도
하나님, 모든 문제를 앞에 놓고 기도하는 자세를 갖게 하옵소서. 필요하다면 금식과 같이 모든 것을 쏟아 붓는 기도의 열정을 허락하옵소서. 예수님의 이름으로 기도드립니다. 아멘

♠ 중보기도
죄로 가득한 이 사회와 동족을 위해서.
음란과 거짓과 부패한 문화로 가득한 우리 사회를 긍휼히 여겨 주시기를 위해.

♠ 묵상
진심으로 믿을 때 사람은 옳게 되며 그가 처한 환경 속에서 정의를 나타낼 수 있다.
-M. 루터-

보은과 착각

♣ 성경 에스더 6:1~9 (외울요절 6절)   찬송 413(470)장 ♣

왕은 왕국의 역대 일기를 보다가 자기의 목숨을 구해 준 바와 다름없는 모르드개에 대해 알게 되었습니다. 그리고 미안한 마음과 함께 보상해야겠다고 생각하였습니다. 물론 이는 당시 상황을 주도하시는 하나님의 섭리라고 볼 수 있습니다. 여기서, 과거에 내게 은혜를 베풀었던 사람들을 떠올려 봅시다. 그냥 잊어버리는 무심한 사람은 없습니까? 하나님의 이름으로 감사를 표합시다.

6~9절은 하만이 왕의 질문을 받고 자기 착각에 빠진 것을 보여 줍니다. 왕이 생각하는 것은 모르드개이건만 하만은 자기라고 생각하는 착각을 했습니다. 그는 이것이 자기 머리를 쳐드는 기회라고 생각했습니다. 많은 사람들이 그런 식의 생각을 하며 살아갑니다. 심지어 예수님을 주님으로 모신 우리조차도 자칫하면 하만의 모습을 드러내기 쉽습니다.

우리는 무슨 말을 들을 때에도 신중하게 상대방의 입장과 객관적 상황을 보는 지혜를 구해야 합니다.

♤ 기도

사랑이신 아버지, 주관적인 생각에 빠져서 착각하거나 실수하지 않게 하옵소서. 다른 이를 높이며 존중하는 아름다운 습관을 배우게 하소서. 예수님의 이름으로 기도드립니다. 아멘

♤ 중보기도

우리나라에 들어와 있는 제3국의 노동자들이 외롭거나 불평등한 일을 당하지 않게 해주시기를 위해.

♤ 묵상

교만한 자는 자기 자신에게 욕하는 사람이다. 그는 자신의 잔, 자신의 나팔, 자신의 조상을 욕하는 사람이다.   -윌리암 세익스피어-

하만의 최후

♣ 성경 에스더 7:1~10 (외울요절 6절)   찬송 79(40)장 ♣

왕궁에서 벌어진 이 식사는 평범한 자리가 아니었습니다. 바로 여기서 하나님의 구원과 심판이 이루어졌습니다. 에스더가 준비한 말이 왕에게 들려졌을 때, 이 말은 백성에게는 구원이, 하만에게는 심판이 되고 말았습니다. 그러나 만일 에스더가 아무런 준비 없이 말을 했다면 무의미했을 것입니다. 그러나 기도로 준비한 이 말은 엄청난 위력을 가졌습니다. 나도 말 한마디, 부탁 하나 하기 이전에 먼저 기도로 준비합시다.

7~10절을 보면, 뒤늦게 생명의 위협을 느낀 하만은 왕후에게 구원을 간청했지만 오히려 왕의 진노를 부추겼습니다. 결국 모르드개를 달기 위해 준비해 놓은 장대에 자신이 달리고 말았습니다. 하나님을 모르고 하나님 백성을 대적한 자의 최후였습니다. 우리도 조심해야 할 것은, 내 맘에 맞지 않는다고 누구를 모함하면 그 올무가 나에게 덮쳐옵니다. 눈에 가시 같은 자를 사랑으로 대하는 법을 배웁시다.

♤ 기도
아버지시여, 우리의 마음에 누군가를 향한 분노를 키우지 않게 하옵소서. 나아가 누구를 해하려 말을 만들거나 허물하는 일에 빠지지 않게 하옵소서. 예수님의 이름으로 기도드립니다. 아멘

♤ 중보기도
오늘도 이 나라와 조국을 위해 중보하며 기도하는 종들의 무릎을 강하게 해주시기를 위해.

♤ 묵상
주여, 항상 제가 성취할 수 있는 것보다 더 많은 것을 원하게 하소서.

-미켈란젤로-

왕의 섭리

♣ 성경 에스더 8:1~8 (외울요절 2절)   찬송 391(446)장 ♣

하만이 사형을 당한 다음 날, 왕은 하만이 소유했던 집을 에스더에게, 하만의 권력을 상징하는 반지를 모르드개에게 주었습니다. 에스더와 모르드개는 원수가 제거되고 자기 민족의 구원만을 원했으나 왕은 그 이상의 것을 그들에게 주었습니다.

하나님나라와 그 의를 구하면 이 모든 것을 더하겠다는 주님의 말씀을 기억합니다. 나는 하나님께 구할 때 내 욕심이 아니라 먼저 하나님나라의 필요를 채우는 일에 관심을 갖습니까?

이제 유대 백성을 구하기 위해서 하만이 꾸몄던 왕의 조서를 취소하는 일을 해야 했습니다. 상황을 파악한 왕은 새로운 조서를 쓰도록 했습니다. 이미 선포된 조서는 취소할 수 없었기 때문입니다. 이는 예수 그리스도를 이 땅에 보내 진노의 십자가를 지게 하신 하나님의 원리와 통합니다. 아하수에로왕이 보여 준 지혜를 구합시다.

♤ 기도
하나님, 모든 성도들이 먼저 하나님나라와 의를 구하고 하나님의 지혜를 좇아 살게 하소서. 사심과 이기심을 넘어서게 하옵소서. 예수님의 이름으로 기도드립니다. 아멘

♤ 중보기도
오늘도 하나님의 사랑과 예수 그리스도의 복음을 미개한 땅에서 전하는 선교사들이 사랑의 마음을 갖고 사역할 수 있기를 위해.

♤ 묵상
성자는 계속 전진하는 죄인이다.   － 로버트 루이스 스티븐슨 －

심판과 구원의 기쁨

♣ 성경 에스더 9:1~19(외울요절 1절) 찬송 546(399)장 ♣

유대인이 진멸될 뻔했던 날은 구원의 날이 되었고, 나아가 원수들을 진멸하는 날이 되었습니다. 원수의 두목 하만은 사라졌고 동조자들은 죽임을 당했습니다. 이는 하나님이 저들에게 내릴 심판을 유대인들이 대행하는 형국으로 진행되었습니다. 유대인들은 저들의 재산에 손을 대지 않았습니다. 여기에서 인간적인 감정이나 욕심으로 인한 행동과 하나님의 뜻을 이루는 행동과의 차이를 살펴봐야 합니다.

17절 이하에서 유대인들은 하나님의 뜻에 따라 원수들을 제거한 후에 잔치를 벌이고 즐겼으며 서로 선물을 주고받으며 축제를 했습니다. 이것은 구원의 기쁨과 하나님의 뜻이 이루어진 것에 대한 기쁨이었습니다. 우리는 자신에게 있는 기쁨의 내용을 살펴봐야 합니다. 하나님으로 인한 기쁨보다 인간적인 면으로 인한 기쁨이 더 앞서고 있지는 않습니까?

♤ 기도
하나님 아버지, 행여 우리가 인간적 감정에 이끌려서 하나님의 뜻을 혼동치 않게 하시고, 잘 분별하게 하옵소서. 예수님의 이름으로 기도드립니다. 아멘

♤ 중보기도
신앙의 자유를 통제하는 중국에 있는 가정교회 성도들과 사역자들을 양성하는 지하 신학교들을 위해.

♤ 묵상
죄에 빠지는 자는 사람이요, 그것을 회개하는 자는 성자요, 죄를 자랑하는 자는 마귀이다.
－토마스 플러－

하나님의 백성들

♣ 성경 에스더 10:1~3 (외울요절 2절)   찬송 331(375)장 ♣

하나님은 자기 백성을 멸망에서 구하셨지만 이방 나라인 아하수에로의 왕국을 부정하지도 않으셨습니다. 그 나라의 강성을 허락하셨고, 그 속에서 모르드개와 그 백성들이 존재하도록 배려하셨습니다. 그 상황에서 모르드개의 역할은 오늘 불신 사회 속에서 그리스도인과 교회 역할을 보여 줍니다. 더러운 세상이라고 도피해서는 안 됩니다. 지금 내가 이 나라와 사회에서 기여할 수 있는 일은 무엇일까요?

모르드개는 왕의 최고 관리로 일하면서 동시에 자기 백성들에게 존경을 받았습니다. 또한 그들의 복지를 위해 힘썼습니다. 그는 왕국의 고위직에 있었으나 하나님 백성의 정체성을 잊지 않았습니다. 오늘 이 사회에서 각자의 자리에 있는 우리 그리스도인들이 그러해야 합니다. 어느 영역, 어느 자리에 있든지 하나님의 백성 됨과 그리스도 교회의 지체임을 잊지 말아야 합니다. 나 자신을 돌아봅시다.

♤ **기도**
존귀하신 아버지, 우리가 속한 사회의 발전을 위해 힘씀과 동시에 하나님 백성 된 자세도 또한 잃지 않게 하소서. 예수님의 이름으로 기도드립니다. 아멘

♤ **중보기도**
우리나라의 정부 특히 공직자 사회와 그들 안에 있는 그리스도인들을 살피셔서 자기 본분을 잘 감당하므로 부정부패를 제거해가는 주인공들이 되게 해주시기를 위해.

♤ **묵상**
크리스천의 목표는 힘이 아니라 정의다. 우리는 힘의 기관들을, 세속에 물들이지 않고 정의롭게 만들어야 한다.   - 창스 콜슨 -

복 있는 사람

♣ 성경 시편 1:1~6(외울요절 1절)   찬송 354(394)장 ♣

　복 있는 사람은 거룩하신 하나님께로 향합니다. 즉 도덕적 방종이나 하나님께 어긋남이나 교만으로 향하지 않습니다. 복 있는 사람은 세상을 살아갈 때 죄에 대해서 단호하게 거부합니다. 또한 사람을 믿고 혈육을 의지하는 길에서 돌이키는 사람입니다. 세상 사람들은 보화를 좋아하지만 복 있는 사람은 하나님의 말씀을 사랑하고 주야로 그것을 숙고하기를 좋아합니다. 오늘도 복 있는 자의 길로 향해야 합니다.
　4~6절은 악인의 성향과 빈곤한 삶을 알려 줍니다. 그는 하나님께로 향하는 대신 죄악의 길로 향합니다. 즉 도덕적 방종과 탈선의 길과 하나님을 멸시하는 길로 향합니다. 결국 악의 삶은 '바람에 나는 겨'와 같고 '사막의 떨기나무'와 같습니다. 공허하고 빈곤한 삶을 살아갑니다. 그 길은 하나님이 인정하지 않으십니다. 결국 복 있는 사람과 악인의 구분은 하나님과의 관계 여하에 따라 확정됩니다. 나는 진정으로 복 있는 사람입니까?

♤ 기도
　하나님, 하나님과 바른 관계를 갖기 위해 최선을 다하는 사람이 되게 하옵소서. 나의 신앙을 점검해 보고 복 있는 사람의 행실을 늘 목말라하게 하소서. 예수님의 이름으로 기도드립니다. 아멘

♤ 중보기도
　이 시간도 향방 없이 달려가는, 하나님을 등진 나의 친척들이 악인의 길을 청산할 수 있기를 위해.

♤ 묵상
　만일 당신이 어떤 죄를 경시하고 있다면, 아직도 주와 화해하지 않았다면 솔직히 그것을 말씀드려라.　　　　　　　　　　　　　　 － 윌리암 세익스피어 －

그 아들에게 입 맞추기

♣ 성경 시편 2:1~12 (외울요절 6절)　찬송 80(101)장 ♣

　인간은 메시아를 대망하면서도 참 메시아를 항상 대적합니다. 다윗 시대에도 다윗을 대적하는 세력들이 많았습니다. 군왕들과 관원들은 땅에서 그리스도를 대적하고 하나님은 하늘에서 그것을 비웃으십니다.
　하나님은 "내가 나의 왕을 내 거룩한 산 시온에 세웠다."고 말씀하십니다. 하나님은 기어코 자기 뜻을 이루십니다. 군왕과 관원들이 십자가 위에서 못박아 죽인 예수를 다시 살려 높이신 것은 그들을 놀라게 하신 것입니다.
　10~12절에서는 메시아를 대적하는 저들을 향해 세 가지를 권면합니다. 이는 모든 인류를 향한 권면입니다. 첫째, 여호와를 경외하라! 허리를 굽혀 경배하며 섬기라고 말씀합니다. 둘째, 여호와를 떨며 즐거워하라! 하나님을 사랑하되 거룩한 두려움을 가지라는 말씀입니다. 셋째, 그 아들에게 입 맞추라! 그리스도를 경배하라는 말씀입니다.
　때로 삶이 분요하고 힘들어도 여호와를 의지하고, 하나님을 즐거워하며 살아갑시다.

♤ 기도
　하나님을 경외하며 즐거워하고 그 아들에게 입맞춤으로 구원의 은총을 누리는 하루하루가 되게 하소서. 예수님의 이름으로 기도드립니다. 아멘

♤ 중보기도
　오늘도 하나님을 대적하며 신앙을 억압하는 북한 지도자와 관원들을 불쌍히 여겨 주시기를 위해. 고통당하는 성도들이 낙심하지 않게 해주시기를 위해.

♤ 묵상
　사람은 잘못을 범한다. 그러나 의인과 악인을 구분하는 것은 범죄에 대해 반성을 느끼느냐 하는 것이다.
　　　　　　　　　　　　　　　　　　　　　－비토리오 알피리－

하루 중 가장 어두운 시간

♣ 성경 시편 3:1~8 (외울요절 6절)　찬송 91(91)장 ♣

내가 소수 쪽에 속할 때에라도 나의 입장을 고수할 수가 있습니까? 나의 편이 줄어들고 반대파가 늘어날 경우에는 어떤 태도를 취합니까?

시편 3편에는 '다윗이 그 아들 압살롬을 피할 때에 지은 시'라는 표제가 붙어 있습니다. 이를 통해 아버지의 아픈 가슴과 폐위된 왕의 굴욕감 등이 배어나옵니다. 그러나 3절 이후에서의 다윗은 그의 문제로부터 시선을 돌려 해결자를 바라봅니다. 그는, 하나님이 그를 보호하시는 방패이며, 그를 빛나게 하는 영광이며, 그를 격려하여 머리를 들게 하시는 분이심을 기억합니다. 하나님은 환난 중에서도 평안을 그리고 원수의 목전에서도 담대함을 주십니다. 진실로 하나님이 계시지 않으면 승리는 없습니다. 하나님이 임재하시는 한 모든 적은 다 패합니다.

문제를 직면하고서도 잠자는 상태에 있다면, 그것은 나의 초점이 잘못된 곳에 집중해 있다는 확실한 증거입니다. 5절 말씀을 써서 가장 눈에 띠는 곳에 붙여 놓으십시오. 그리고 명심하십시오. 내 문제의 해결자는 결코 주무시지 않는다는 사실을!

♤ **기도**
하나님, 우리도 다윗처럼 고통의 날에 세상과 사람을 보지 않고 주님을 바라보는 안목을 갖게 하옵소서. 예수님의 이름으로 기도드립니다. 아멘

♤ **중보기도**
경제적으로 어려운 시기를 지나며 고통을 겪는 우리 성도들의 믿음이 더 견고해짐으로 그 해결자인 분을 만날 수 있게 해주시기를 위해.

♤ **묵상**
네 가지는 당신의 보물이 아닙니다. 주여, 이것을 나는 당신께 드립니다. 나의 공허감, 나의 소원들, 나의 죄, 그리고 나의 반성들을 ……. － 로버트 사우디 －

곤란 중에 드리는 기도

♣ 성경 시편 4:1~8(외울요절 3절) 찬송 400(463)장 ♣

이 저녁의 기도는 다윗이 곤란 중에 처했을 때 드려진 것입니다. 기도의 대상은, 나에게 의를 입혀 주시며 곤고한 자를 돌보시는 긍휼의 하나님이십니다. 기도를 힘쓸 때 불의한 자들에 대해 담대함이 생깁니다. 하나님이 다윗에게 주신 왕의 영광을 욕되게 하는 것은 하나님을 욕되게 하는 것이 됩니다. 여기서 우리는 하나님의 자녀 됨에 긍지를 갖게 됩니다. 하나님은 오늘도 나의 아픔을 자신의 아픔으로 여기십니다.

6~8절에서는 곤란 중에 다시 기도하며 기뻐하는 시인을 보게 됩니다. 사람들은 곤란 중에 처했을 때 선을 베풀어 줄 자들을 애타게 기다리지만 시인은 하나님의 얼굴만을 바라보았습니다. 성도가 하나님을 바라봄으로 누리는 기쁨은 농부의 추수한 기쁨을 능가합니다. 그는 이제 단잠을 잘 수가 있었습니다. 성도는 하나님을 바라봄으로 어떤 곤란이나 역경 중에서도 평안을 누리며 단잠을 잘 수 있습니다.

♤ 기도
여호와여, 주의 얼굴을 들어 우리에게 비추소서. 환난의 날에는 더욱 주의 얼굴을 사모하나이다. 예수님의 이름으로 기도드립니다. 아멘

♤ 중보기도
갑작스런 질병이나 실직, 파산 등의 엄청난 곤란 중에서 허덕이는 성도들이 하나님의 얼굴을 구하며 기쁨이 회복될 수 있기를 위해.

♤ 묵상
결정보다 마음을 더 안정시키고 정화시키는 것은 없다. -존 버로프스-

사랑의 고백

♣ 성경 시편 5:1~12(외울요절 1절) 찬송 89(89)장 ♣

시편 5편에는 하나님이 자기 기도를 들어 주시기를 애타게 갈구하는 시인의 사랑이 깊이 배어 있습니다. 사람은 사랑하는 사람과 교제하고 대화하기를 소원합니다. 그런데 두 사람 사이에 잘못이 범해질 때에는 그 사이가 소원해져서 말이 통하지 않고 대화가 서먹해집니다. 이럴 때 두 사람은 사랑의 관계가 회복되기를 애타게 소원합니다. 여기서 시인의 마음이 그렇습니다. "나의 소리를 들으소서!" 그는 자신이 범죄했음을 시인하는 것입니다. 오늘 나는 하나님과 친밀한 관계를 누리고 있습니까?

시인은 하나님의 풍성한 인자를 의지하며 주의 집에 들어가 경배하기를 소원합니다. '주님의 전을 바라보오니 나를 인도하소서.' 집을 떠난 탕자가 아버지 집을 그리워하듯이 그는 지금 아버지 집을 사모합니다. 끝으로 시인은 주님께 피하고 주님만을 사랑하며 즐거워하겠노라고 고백합니다. 주님을 사랑하고 즐거워하는 것이 인생의 본분이요 행복입니다. 주님 앞에서 사랑을 회복하길 소원합시다.

♤ 기도
하나님, 우리가 때로 범죄하여 면목이 없다하더라도 오직 주님께로 피하고 주님을 사랑하며 주님을 즐거워한다는 고백을 드리게 하옵소서. 예수님의 이름으로 기도드립니다. 아멘

♤ 중보기도
주일 예배에 임하는 우리 온 교우들이 진정한 참회의 고백을 올려드리고 예배의 기쁨이 회복되게 해주시기를 위해.

♤ 묵상
사람들은 사랑에 의하여 살고 있다. 그런데 자기에 대한 사랑은 죽음의 시초이며, 신과 만인에 대한 사랑은 삶의 시초이다. －톨스토이－

눈물의 탄식

♣ 성경 시편 6:1~10(외울요절 4절)   찬송 387(440)장 ♣

시편 6편은 다윗의 회개 시 중 한 편입니다. 그는 여호와의 이름을 부르며 자기의 고통을 호소했습니다. 몸은 병들어 수척했고 그의 마음 역시 떨림을 느끼게 되었습니다. 죄로 인한 슬픔의 눈물은 밤마다 그의 침상을 적셨고 근심이 지나쳐 시력마저 희미해졌습니다. 이제 하나님께서 자기에게 진노대신 긍휼을 베푸사 건지시기를 호소했습니다. 그는 실로 눈물의 사람이었습니다. 하나님은 오늘도 눈물과 애통함을 귀하게 보십니다.

이제 다윗은 기도 응답과 구원을 확신하게 됩니다. 그는 자기 기도가 응답된 것을 세 번 반복하며 고백했습니다. 탄식의 노래는 확신과 소망의 노래로 바뀌었습니다. 회개 기도는 확신과 승리를 가져다 줍니다. 원수들이 모두 물러가게 될 것을 확신하며 원수들을 향해 명하게 됩니다. 우리가 진정 회개하며 기도할 때 하나님께서는 구원의 확신을 주시고 승리케 하십니다.

♤ 기도
하나님, 우리의 심령에 눈물의 기도가 다시금 회복되게 하심으로 무지개같이 임하는 사죄의 은총을 누리게 하소서. 예수님의 이름으로 기도드립니다. 아멘

♤ 중보기도
우리 교회 지체들 가운데 기도 응답의 확신이 없고, 의례적인 행위로 기도하는 이들에게 응답하시는 하나님을 경험케 해주시기를 위해.

♤ 묵상
인생은 근본적으로는 신앙과 인내로 이루어지고 있다. 이 두 가지를 가진 자는 놀라운 목표에 도달한다.   —타펠—

심판자를 기다림

♣ 성경 시편 7:1~17 (외울요절 1절)   찬송 461(519)장 ♣

시편 7편에 언급한 '구시'는 아마도 다윗이 압살롬의 반역을 피해 궁을 떠날 때, 그를 저주하며 돌을 던졌던 베냐민인 시므이일 것입니다. 이를 염두에 두고 이 시를 읽으십시오.

① 하나님은 만물의 심판자이시다. ② 하나님의 공의는 완전하며 공평하다. ③ 악인의 길은 멸망에 이른다. ④ 악인에게 돌아갈 것은 죄뿐이다. 위 항목 중 몇 가지에 동의하십니까? 전부를 표시할 수 있다면, 나는 하나님의 공의와 완전성에 지적 동의를 한 것입니다. 악인은 벌을 받을 것이며, 의인에게는 상이 주어질 것입니다. 그러나 우리가 원하는 만큼 속히 이루어지지는 않습니다. 앞의 항목을 실제 상황으로 옮겨 봅시다. 다윗의 경우, '하나님이 만물의 심판자이시다.'는 내게 돌을 던진 구시도 만물에 속한다로, 그리고 '하나님의 공의는 완전하며 공평하다.'는 하나님께서 나를 대신하여 구시의 모략적 고소를 처리하신다로 적용할 수가 있습니다. 또 '사악한 방법으로 구시에게 응하는 것은 죄이기 때문에' 나는 하나님께서 갚아 주시기를 기다리겠노라고 말할 수 있습니다. 자, 오늘 나의 삶에 존재하는 구시에게 나는 어떻게 하겠습니까?

♤ 기도
하나님, 우리의 마음이 억울하고 아플 때, 하나님의 공정한 심판을 기다리되 스스로 악을 행하지는 않게 하소서. 예수님의 이름으로 기도드립니다. 아멘

♤ 중보기도
오늘도 가난이나 배움이 부족하여 무시당하고 압제당하는 이들을 위해.

♤ 묵상
사람의 행동을 보면 그의 믿음의 강도를 판단할 수가 있다. 훈련은 가르침의 근본이다.
― 터툴리안 ―

주의 이름

♣ 성경 시편 8:1~9 (외울요절 4절)　찬송 478(78)장 ♣

　자연의 광대함은 언제나 신비로운 감탄을 자아냅니다. 시인은 "여호와 우리 주여"라고 감탄했습니다. 산천초목과 밤 하늘과 온 땅을 바라보며 하나님의 위대한 모습을 의식할 수 있는 사람은 복 있는 사람입니다. 그것들은 다 주의 손가락으로 베풀어 놓으신 것입니다. 이런 깨달음은 굳어진 마음에서는 불가능합니다. 그래서 그것을 깨닫는 이들을 바로 어린아이와 젖먹이들이라고 말합니다. 이는 어린아이와 같이 낮아지고 겸손해진 사람들을 가리킵니다. 하나님은 어린아이들의 찬양을 기뻐받으시는 반면에 하나님을 대적하는 원수들을 잠잠하게 만드십니다.
　4절 이하에서는 인간에게 나타내신 하나님의 은총을 이야기합니다. 하나님의 위대하심과 밤 하늘의 광대함에 비추어 볼 때 인간은 도대체 어떤 존재인가? 아브라함은 인간을 티끌로, 모세는 밤의 한 경점으로, 이사야는 풀로 그리고 야고보는 아침 안개로 묘사했습니다. 주께서는 그런 하찮은 존재인 사람을 생각해 주신다는 것입니다. '권고하신다'는 돌아보아 주신다는 말입니다. 보호와 사랑을 포함한 말입니다. 게다가 사람을 하나님 다음 가는 자리에 앉혀 주셨습니다. 그 하나님을 찬양합시다!

　◊ 기도
　하나님, 오늘 하루도 우리의 삶을 통해 주의 아름다운 이름이 드러날 수 있도록 주관하소서. 예수님의 이름으로 기도드립니다. 아멘

　◊ 중보기도
　신앙의 눈으로 우주를 연구하는 창조 과학회를 축복하시고 저들의 연구로 창조주 하나님이 밝히 드러나게 해주시를 위해.

　◊ 묵상
　보살피지 않는 정원에는 잡초가 자라나듯 진리를 따르지 않고, 잘못을 고치지 않는 마음은 조만간 신학의 황무지가 될 것이다. 　　　－토저－

여호와를 찬양하자

♣ 성경 시편 9:1~9(외울요절 9절) 찬송 545(344)장 ♣

교회 안에서 어떤 용어들은 그 독특한 의미를 상실하고 진부한 말로 전락하고 말았습니다. 우리가 깨닫지도 못하는 사이에 감동을 일으키던 말들이 빈 조개껍데기가 되어버렸습니다. 구원, 십자가, 은혜 등등의 아름다운 말들이 일반적인 것이 되고 말았습니다. 그래서 찬양도 지루한 순서 중 하나가 되고 있습니다.

다윗에게 있어서 하나님을 찬양하는 일은 결코 진부한 판에 박은 습관이 되지 않았습니다. 1~2절은 이러한 다윗의 찬양 형태를 요약한 것입니다. 첫째, 그는 하나님의 하나님 되심을 기뻐하고 다음에는 하나님의 놀라운 방법을 공공연하게 선포합니다. 이 두 가지를 한데 묶어 보십시오. 그러면 진정한 찬양이 가능해집니다. 여호와를 찬양하려는 다윗의 계획을 살펴보십시오.

9편의 하나님 말씀을 다시 하나님께 큰소리로 읽어드림으로 이것을 찬양의 말로 옮겨 보십시오. 또한 이것이 습관이 되게 하십시오. 그러면 우리도 다윗처럼 하나님 마음에 합한 사람이 될 것입니다.

♤ 기도
하나님, 우리의 찬양이 진정 영혼을 올려 드리는 진정한 노래이기를 원합니다. 늘 감동 속에 나아가게 하옵소서. 예수님의 이름으로 기도합니다. 아멘

♤ 중보기도
우리 교회의 성가대와 찬양팀을 축복해 주시기를 위해. 저들의 드림이 온전케 되기를 위해.

♤ 묵상
종교란 사람이 하나님을 찾는 것이요, 복음은 하나님이 사람을 찾는 것이다. 종교는 허다하다. 그러나 복음은 하나뿐이다. －스탠리 존스－

숨으시나이까

♣ 성경 시편 10:1~14 (외울요절 14절)   찬송 445(502)장 ♣

다윗의 탄식을 듣게 됩니다. "어찌하여……어찌하여." 악인이 극도로 성하여 하나님의 사람들을 괴롭힐 때가 있습니다. 그때 하나님은 마치 멀리 계신 것처럼 여겨집니다. 그 악인들은 교만하여 가난한 자들을 학대하고, 정욕과 탐심을 오히려 자랑하며 폭로하고, 입만 열면 독설과 저주가 쏟아졌으며 그리고 무죄하고 가난한 자들을 덮치고 살해함이었습니다. 그 악인은 하나님은 없다, 자기들은 영원히 안전하다고 자랑합니다. 시인의 이런 탄식은 기도로 바뀌었습니다. "여호와여, 일어나 악인을 심판하시고 성도들을 살펴 주소서." 이런 류의 악한 자들은 오늘도 존재합니다.

간절한 기도 끝에 시인은 확신을 가집니다. "주께서는 보셨나이다." 악인의 강한 세력은 장구할 듯 보이나 꺾어지고 맙니다. 알렉산더, 나폴레옹, 스탈린, 김일성의 종말이 그러했습니다. 오직 하나님이 열방의 왕이십니다. 그가 '고아와 압박당하는 자를 위하여' 심판하실 것입니다. 하나님은 의인과 약자의 편에 서십니다. 우리는 그 하나님 곁에 서야 합니다.

♤ 기도
오, 하나님께서는 오늘도 억압당하는 자와 가난한 자와 고아를 돕는 분임을 고백합니다. 우리 모두 그 하나님의 도구가 되기를 원합니다. 예수님의 이름으로 기도드립니다. 아멘

♤ 중보기도
이 시대의 홀로된 노인들과 고아와 극빈자들을 돌아보는 사회가 되기를 위해.

♤ 묵상
착한 사람들이 아무것도 하지 않는다면 악의 세력들이 세계를 정복할 것이다.
―에드문트 부르케―

여호와께 피함

♣ 성경 시편 11:1~7 (외울요절 4절)   찬송 419(478)장 ♣

성도들은 이 세상에서 언제나 악인들의 간교하고 무자비한 공격의 대상이 됩니다. 이 때 어떻게 할 것인가? 다윗은 이와 같은 수난을 당할 때 피난 길에 오르기도 했지만 근본적으로 하나님께 피하는 길을 택했습니다. 이는 하나님을 전적으로 의지하며 하나님 품에 안긴다는 말입니다. 그래서 "여호와께 피했다."는 고백을 반복합니다. 성도들은 하나님을 믿는다고 하면서도 하나님을 멀리 떠나 빙빙 돌고 있는 경우가 있습니다. 이는 불행한 일입니다. 나는 전적으로 하나님을 나의 피난처로 인정합니까?

"터가 무너지면 의인이 무엇을 할고"에서 터는 삶의 터전인 정치, 경제, 사회, 가정적 터전 전부를 말합니다. 그것이 무너질 때 사람들은 당황하거나 좌절합니다. 시인은 이와 같은 때 성전에 계시고 보좌에 앉으신 하나님을 바라보며 의지했습니다. 성도는 위기의 때에 성전에 계시는 하나님께 나아가 기도하고, 보좌에 앉으셔서 세계를 통치하시는 하나님을 바라봐야 합니다. 결국 하나님은 악인을 심판하시고 정직한 의인들을 좋아하시어 하나님 얼굴을 뵙는 영광을 허락하십니다.

♤ 기도
하나님, 우리 삶의 터가 무너질지라도 흔들림 없는 믿음의 용사가 되게해 주옵소서. 예수님의 이름으로 기도드립니다. 아멘

♤ 중보기도
질병으로 죽음을 선고받고 가료 중인 환우들에게 큰 은혜를 내리시어 저들이 눈을 들어 생명의 주님을 볼 수 있게 해주시기를 위해.

♤ 묵상
자기가 들은 것을 이해하고자 하면 누구나 자기가 배운 것을 즉시 실천해야 한다.

-성 그레고리-

믿을 수 없는 세대

♣ 성경 시편 12:1~8 (외울요절 3절)   찬송 490(542)장 ♣

우리는 거짓이 팽배한 세상에서 살아갑니다. 시인의 주변에도 믿을 만한 사람이 보이지 않습니다. 사람들은 이웃에게까지 거짓을 말합니다. 아첨과 자랑 - 두 마음을 품은 거짓말뿐입니다. 아첨은 상대방의 환심을 사기 위해 그의 장점을 과장하는 거짓말이고, 자랑은 자기를 잘 보이기 위해 자기의 장점을 확대하는 거짓말입니다. 두 마음으로 말하는 것은 겉 다르고 속 다른 말을 뜻합니다. 이 세대는 거짓이 난무하는 어두운 세대입니다. 심지어 신자들마저 그런 분위기를 따라갑니다. 시인은 그러한 세대에서 탄식하며 괴로워했습니다. 그러한 의로운 괴로움이 있어야 합니다.

이제 탄식과 괴로움에 쌓인 시인은 눈을 들어 하나님을 바라보며 그 말씀에 귀를 기울입니다. 괴로움 당하는 성도들을 오랫동안 지켜보시다가 정하신 때에 일어나 구원하겠다는 약속의 말씀을 듣게 됩니다(5절). 그의 마음은 어느덧 탄식과 괴로움 대신 하나님을 향한 신뢰와 평안으로 가득히 채워졌습니다. 시인은 믿을 수 없는 세대에서 믿을 수 있는 하나님을 바라보며 신뢰했습니다. 그는 그 마음으로 하나님의 지키심과 보호하심을 간구하는 기도로 마칩니다.

♤ 기도
하나님, 거짓이 가득한 세대에 불변하시는 하나님을 더욱 신뢰하게 하소서. 그리고 나 역시 하나님이 신뢰할 만한 사람이 되게 하소서. 예수님의 이름으로 기도드립니다. 아멘

♤ 중보기도
어린이들과 청소년들이 거짓을 멀리하고 정직한 언행을 하며 자라기를 위해.

♤ 묵상
내가 무엇보다도 먼저 배워야 할 것은, 실수하는 사람들을 볼 때 더 이상 비웃지 않는 것이다.
-미켈란젤로-

어느 때까지니이까

♣ 성경 시편 13:1~6 (외울요절 3절)　찬송 446(500)장 ♣

　우리는 삶에서 하나님의 도우심이 아주 끊어진 듯한 절망감과 고독감을 느끼는 때가 있습니다. 하나님이 나를 아주 잊으신 듯한 때도 있습니다. 기도는 응답되지 않고 하늘문은 닫힌 것 같습니다. 그래서 종일토록 영혼이 고통으로 번민하며 마음이 근심으로 가득할 때가 있습니다. '영혼에 경영하고'는 '영혼에 고통을 가지고'란 뜻입니다. 사람에게 버림받은 것도 고통스럽지만 하나님께 버림받은 것은 큰 고통입니다. 이러한 때 시인은 솔직하게 "여호와여 어느 때까지니이까"라고 절규합니다.
　때로는 우리 기도가 그러할 수 있습니다. 정직하고도 절절한 심령의 탄원으로 나올 수가 있습니다. 성도의 간곡한 기도는 바로 그 순간에 만들어집니다. 시인은 절망 중에서 하나님의 이름을 부르며 하나님께서 자기를 생각해 주시고 응답해 주시기를 간구했습니다. 그는 또한 눈을 밝게 해달라고 기도했습니다. 눈이 어두워질 때 슬픔에 잠기고 영적인 죽음을 맞이할 수 있습니다. 성도가 오랫동안 하나님 은혜를 누리지 못하면 점점 영안이 어두워질 수 있습니다. 그러나 기도하는 사람에게는 하나님을 의뢰하는 믿음이 생깁니다. 결국 그 마음은 기쁨이 넘치게 됩니다. 하나님이 나를 후대하시고 넉넉한 은혜를 베푸실 것을 내다보며 찬양하게 됩니다.

♤ **기도**
　하나님 아버지, 평안할 때에나 곤고할 때에나 언제나 주의 은혜를 간구하며 사는 목마른 양이 되게 하소서. 예수님의 이름으로 기도드립니다. 아멘

♤ **중보기도**
　자신의 어려움을 들고 새벽기도회에 나가 엎드리는 기도자들에게 새벽에 베푸시는 은혜를 더해 주시기를 위해.

♤ **묵상**
　동정심이 없는 성경 가르침은 세상에서 가장 보기 흉한 것이다. ―프란시스 쉐퍼―

어리석은 무신론자들

♣ 성경 시편 14:1~5 (외울요절 1절) 찬송 366(485)장 ♣

세상은 영악하지 못한 사람, 돈을 잘 못 버는 사람을 가리켜 어리석다고 말합니다. 그러나 성경은 다르게 말합니다.

사전에서는 무신론자를 '하나님의 존재를 부인하는 자' 라고 정의합니다. 그들은 하나님을 부인하기 때문에 하나님을 찾지도 않고 부르지도 않습니다. 그런 이들이 존재함은 어느 시대나 마찬가지입니다. 왜 그들은 거절하는가에 대한 나의 답은 무엇입니까?

14편은 그 근원적인 문제를 보여 줍니다. 무신론이란 거룩하신 하나님 앞에서 그 존재를 인정하지 않으려는 교만한 마음의 부산물입니다. 다윗은 '부패, 가증, 더러움, 죄악을 행하는 자' 라는 말을 씁니다. 이는 그 근본 문제가 지적인 것이 아니라 도덕적인 것임을 보여 줍니다. 지식은 그가 믿음을 가진 후에 비로소 그를 도울 수 있습니다. 따라서 하나님의 존재를 증명하려는 노력보다는 오히려 예수 그리스도 안에서의 죄사함에 초점을 맞추십시오. 하나님의 은혜만이 죄와 죄책을 제거할 수 있습니다. 지금 이 자유케 하는 진리를 들을 필요가 있는 사람을 알고 있습니까?

◊ **기도**
하나님, 하나님을 배척하는 사람들로 가득한 학교와 직장에서 하나님 사람으로 당당하고도 겸손한 사람이 되게 하소서. 예수님의 이름으로 기도드립니다. 아멘

◊ **중보기도**
우리 시대의 식자들, 지도층에 있는 이들이 오만함으로 하나님을 대적하지 않게 해주시기를 위해.

◊ **묵상**
당신은 죄인들을 영접하시는 주의 말씀보다 당신의 양심과 당신의 느낌을 더 믿어서는 안 된다.
―마틴 루터―

주의 장막에 유할 자

♣ **성경** 시편 15:1~5(외울요절 1절) **찬송** 35(50)장 ♣

'주의 장막'과 '주의 성산'은 구약시대에는 모세의 성막과 솔로몬의 성전을, 신약시대와 교회시대에는 그리스도의 교회를 뜻합니다. 다윗은 주의 장막에 유하는 것을 인생의 특권과 은혜로 여기며 그것을 사모하면서 이렇게 질문했습니다. "주의 장막에 머무를 자 누구오며 주의 성산에 사는 자 누구오니이까"(1절).

시인은 주의 장막을 원합니다. 거기에 유할 자의 자격은 무엇입니까? 성품이 정직하고 공의롭고 진실한 사람입니다. 하나님나라 백성의 기본 자질입니다. 의심과 회의가 많은 사람은 하나님 말씀과 은혜를 잘 받아들이지 않습니다. 우리의 마음 밭을 갈아서 옥토로 만드는 일이 필요합니다.

주의 장막에 유할 자의 둘째 자격은 이웃과 재물에 대한 사회적 행위가 선해야 합니다. 말로 남을 모함하지 않고, 친구에게 악을 행하지 않으며, 이웃의 결점을 험하지 않고, 물질에 대해 신의를 지키며, 변리 목적으로 돈놀이를 하지 않고, 뇌물받고 불공평한 판단을 하지 않는 것입니다. 이는 성도의 하나님과의 영적인 자세뿐만 아니라 사회적 책임입니다. 오늘도 수직과 수평으로 균형 있는 사람으로 살기를 원합니다.

♤ 기도
하나님, 우리도 다윗처럼 하나님의 장막에 거하는 자가 되게 하소서. 주의 교회를 사모하는 마음을 갖게 하소서. 예수님의 이름으로 기도합니다. 아멘

♤ 중보기도
우리 성도들이 이 사회에서 특히 돈에 대하여 정직함으로 본이 되게 하시고 행여 주님의 명예를 손상치 않는 자가 되게 해주시기를 위해.

♤ 묵상
복음화란 거지 한 사람이 다른 거지에게 빵을 발견할 수 있는 곳을 안내해 주는 것이다.
―닐스―

지식의 근본

♣ **성경** 잠언 1:1~7(외울요절 5절)   **찬송** 348(388)장 ♣

솔로몬은 본서를 기록한 목적이 ① 지혜를 알게 하며 ② 명철의 말씀을 깨닫게 하고 ③ 지혜롭게 의롭게 공평하게 정직히 행할 일에 대하여 훈계를 받게 하며 ④ 어리석은 자로 슬기롭게 하고 ⑤ 젊은 자에게 지식과 근신함을 주기 위해서라고 말합니다. 잠언은 인생에 대한 하나님의 도덕적 법칙과 훈계의 참뜻을 알게 하고 선악의 분별력을 있게 하여 스스로 자신의 행동을 다스림으로 성공적 삶을 살아가게 하는 것입니다.

삶의 지혜란 하나님을 경외하는 데에서 시작하고, 하나님을 경외할 때 비로소 인간은 하나님께서 원하는 관점과 기준에서 하나님을 기쁘시게 할 수 있습니다. 하나님을 경외한다는 것은 하나님의 주권과 능력과 영광을 상기하여 하나님께서 얼마나 나를 사랑하는지, 그리고 하나님 앞에서 얼마나 보잘것없는 존재인가를 깨닫고 마음과 뜻과 정성을 다하여 하나님만을 섬기는 것입니다. 이런 의미에서 솔로몬은 전도서 12:13에서도 "일의 결국을 다 들었으니 하나님을 경외하고 그의 명령들을 지킬지어다 이것이 모든 사람의 본분이니라"고 교훈합니다. 나는 지혜자가 되기를 원합니까?

♠ **기도**
하나님, 어리석음을 고집하며 사는 자가 아니라 날마다 자신을 돌아보며 하늘의 지혜를 구하는 자가 되게 하소서. 예수님의 이름으로 기도드립니다. 아멘

♠ **중보기도**
한국의 모든 교회에서 자라는 어린이들이 하나님의 지혜로 무장되기를 위해.

♠ **묵상**
하나님이 우리를 위선에서 구해 주시기를 빈다. 젊은이들은 그들의 부모 마음을 읽을 수 있다. 그들은 그들의 선생들로부터 올바른 것을 볼 수 있다. 그리고 그들은 위선이 아니라 믿음을 가져야 한다.   -조지 스위팅-

지혜의 가치

♣ 성경 잠언 2:1~19(외울요절 8절)　찬송 93(93)장 ♣

　2장은 지혜를 구하려는 자들에게 지혜를 찾는 방법과 지혜가 가져다 줄 유익에 대해 소개합니다. 그리고 사람이 지혜를 구하는 구체적인 방법을 언급합니다. 그러나 그것을 구하는 궁극적인 목표가 현실에서 영악한 세상적인 처세로의 지혜가 아니라 하나님의 지혜여야 합니다. 이 지혜는 하나님 경외하기를 깨닫고 하나님을 알게 하는 것입니다. 지혜를 구할 때에는 계속적인 인내를 가져야 합니다. 간절히 지혜를 찾는 자에게는 하나님을 아는 지식이 주어집니다. 지혜는 악에서 벗어나 거룩함에 이르도록 건전한 도덕적 유익을 제공하는데 공평과 선, 정직과 온전함을 찾게 합니다.
　하나님께로부터 온 지혜는 사람에게 내적 기쁨과 즐거움을 주고 악에서 보호를 받게 합니다. 또한 실제 삶 속에서 악에 대항하며 살게 합니다. 악인들의 가장 큰 잘못은 바로 하나님을 경외하지 않는 것입니다. 악인들은 정직한 길을 떠나 어두운 길로 행합니다. 죄짓기를 기뻐하며 즐기는 사람들은 한번 죄악에 빠지면 음녀에 빠진 자처럼 돌아오기가 쉽지 않습니다. 그러므로 하나님 백성은 철저히 하나님 진리를 따라 살아야 하고, 유혹이 우리에게 가까이 있음을 알아서 항상 긴장을 늦추지 말아야 합니다.

♤ 기도
　하나님, 우리로 하여금 늘 주님 앞에 살게 하시어 거룩한 긴장감을 갖게 하소서. 예수님의 이름으로 기도드립니다. 아멘

♤ 중보기도
　말씀을 가르치는 사역자들에게 갑절의 은사를 허락해 주시기를 위해.

♤ 묵상
　십계명이 아주 간단한 것은 한마디로 말해 그것은 위원회에서 나온 것이 아니라 한 분에게서 직접 나왔기 때문이다.　　　　　－허치슨－

여호와를 의뢰하라

♣ 성경 잠언 3:1~10 (외울요절 1절)   찬송 359(401)장 ♣

오늘 본문은 우리들의 삶이 하나님과 사람 앞에서 귀중히 여김을 받을 수 있는 비결들로 가득합니다. 첫째 비결은 하나님의 법을 잊어버리지 않는 것입니다. 둘째는 명령을 마음으로 지키는 것입니다. 여기서 명령이란 아버지가 자식에게 주는 교훈이고 궁극적으로 하나님 말씀을 말합니다. 셋째는 인자와 진리가 떠나지 않도록 하나님 말씀을 의지하는 것입니다. 하나님 말씀대로 순종하며 실천하는 것이야말로 장수와 평강의 유일한 비결이고, 하나님과 사람 앞에서 은총과 귀중히 여김을 받을 수 있는 유일한 근거입니다.

5~6절은 하나님의 인도하심을 받는 비결을 알려 줍니다. 첫째, 마음을 다하여 여호와를 의뢰해야 합니다. 둘째, 자신의 명철을 의지하지 않아야 합니다. 셋째, 범사에 여호와를 인정해야 합니다. 여기서 마음을 다하여 여호와를 의뢰하는 것은 처음부터 끝까지 어떤 일이든지 완전히 하나님께 맡기는 것입니다. 이와 같이 우리가 모든 일을 전폭적으로 하나님께 맡기면 하나님께서는 우리의 인도자가 되시고, 우리의 삶에 주인이 되어 주실 것입니다.

♧ 기도
하나님, 모든 성도들이 평생 하나님과 사람 앞에서 귀중히 여김을 받으며 살게 하옵소서. 예수님의 이름으로 기도드립니다. 아멘

♧ 중보기도
구역, 전도회, 공동체 안의 지체들이 범사에 하나님을 인정하는 성숙한 믿음이 되게 해주시기를 위해.

♧ 묵상
지혜는 앞서간 사람들의 어깨에 올라설 때에만 얻을 수 있는 것이다.   - 핸드 -

지혜를 얻으라

♣ 성경 잠언 4:1~9(외울요절 1절)   찬송 202(241)장 ♣

솔로몬은 자녀들에게 험한 인생을 살아갈 때에 먼저 아비의 훈계를 통해 명철을 얻는 자세를 가지라고 말합니다. 그 훈계는 선한 도리뿐만 아니라 그 근본을 하나님께 두고 있습니다. 그러므로 하나님을 사랑하는 자는 그 선한 말씀의 훈계를 떠나지 않습니다. 그 귀와 마음은 말씀을 들을 수 있도록 항상 열어야 하며, 그 중심은 말씀의 법을 존중하여 자신의 삶에 핵심이 되어야 합니다. 마음에 악한 씨를 심으면 악한 열매를 맺지만 선한 씨를 심으면 선한 열매를 맺습니다. 그러므로 생명의 법을 마음에 심어 하나님이 기뻐하시는 의로운 열매를 맺어야 합니다.

지혜의 근본은 하나님께 있는데 이는 우리를 성결하게 하고 화평과 관용과 긍휼의 선한 열매를 맺게 하며, 또한 우리를 구원에 이르게 합니다. 이 지혜의 말씀을 가까이 하는 자의 특징은 주님을 사랑하지 않고는 견딜 수 없는 마음을 가졌기에 주님의 지키심을 받습니다. 둘째로, 이런 마음으로 순종하는 자들에게 하나님은 자신의 일을 맡기십니다. 셋째로, 그들은 자신에게 일어나는 분노의 감정을 억제할 줄 압니다. 우리는 자신에게 있는 지혜를 의지합니까? 아니면 하나님의 지혜를 의지합니까?

♠ 기도
하나님, 우리가 육신의 부모나 어른들의 말씀에 귀를 기울이는 겸손함을 배우게 하소서. 예수님의 이름으로 기도드립니다. 아멘

♠ 중보기도
우리 교우들이 주일예배를 드리며 말씀을 듣고 깨닫는 대로 삶에 실행할 수 있기를 위해.

♠ 묵상
젊은이들은, 자신이 알건 모르건 간에 빌어온 돈으로 살아간다. ―리차드 리빙스톤―

정절을 지킴

♣ 성경 잠언 5:1~14(외울요절 1~2절) 찬송 286(218)장 ♣

자녀는 사랑과 관심의 대상이므로 곧고 옳은 자세로 자라기를 바라는 게 부모 마음입니다. 솔로몬은 어떻게 하면 자녀를 올바로 지도할 수 있을까를 생각했는데, 신실하신 하나님 말씀을 교육하는 것 이 외에는 아무것도 없음을 깨달았습니다. 그래서 1~2절에서 하나님의 생명 말씀을 통해 얻을 수 있는 지혜, 명철, 근신, 지식을 잘 지켜야 할 것을 강조하였습니다. 특히 사람의 영혼을 넘어뜨리는 음녀의 말은 꿀을 떨어뜨림과 같이 달콤하고 기름과 같이 부드럽고 아름다워 사람을 쉽게 미혹하나 나중에는 날카로운 칼이나 쓴 쑥과 같이 사람의 영혼을 음부로 끌고 간다고 합니다. 그러므로 더욱 생명의 말씀으로 무장해야 합니다.

음녀의 유혹을 이길 수 있는 길은 오직 가까이하지 않고 피하는 것뿐입니다. '멀리하라'는 것은 '자신의 깨끗함을 지키라, 위험에 직면하기보다는 네 길을 바꾸라'는 의미일 듯합니다. 그런 유혹에서 자신을 지키려면 우선 지혜의 말씀을 들어서 마음에 담고 그대로 지켜야 합니다. 만일 이 훈계를 가볍게 여기거나 청종치 않으면 반드시 후회할 것입니다. 순결은 성도의 표지입니다.

♤ 기도
하나님이시여, 우리가 말씀으로 얻는 지혜, 명철, 근신, 지식을 잘 지켜낼 수 있게 하옵소서. 예수님의 이름으로 기도드립니다. 아멘

♤ 중보기도
인터넷을 통해 무분별하게 성에 유혹받는 이 시대의 청소년들을 위해.

♤ 묵상
1971년 3월 2일 세상을 떠날 때, 존 웨슬리는 눈을 뜨고 강경하고 분명한 어조로 말했다. "가장 좋은 것은, 하나님께서 우리와 함께 계신다는 사실이다."

-조지 스위팅-

부지런함

♣ 성경 잠언 6:1~11 (외울요절 6절)   찬송 535(325)장 ♣

솔로몬은 보증을 서는 것과 게으름은 사람을 가난하게 한다고 지적합니다. 게으름은 결국 하나님이 싫어하시는 죄악된 모습으로 나타나는데 이를 일곱 가지로 열거하였습니다. 남의 보증을 서는 것이나 육신의 편안함을 위한 게으름이 자신을 가난하게 하는 요인이라고 하였습니다.

성경은 보증 자체를 금하는 것이 아니라 책임을 이행할 능력이 없는 사람의 보증이나, 재정적으로 감당할 수 없을 때는 채무 보증을 삼가라는 것입니다. 돈을 빌리는 일도 율법은 가난한 동족들에게는 변리를 받지 말 것을 명령합니다(출 22:25). 지나친 폭리 역시 금하고 있습니다. 이 땅에서 사람과 사람 사이의 보증은 항상 변질될 위험성이 있습니다. 그러나 우리를 사랑하시는 주님의 확실한 보증은 변함이 없습니다(히 7:22). 둘째로 가난하게 되는 자들은 '게으른 자'들입니다. 이들은 모든 일에 깊이 살펴 지혜를 얻으려는 노력을 포기하는 특징이 있습니다. 죄라는 개념 역시 어떤 잘못을 지은 것뿐만 아니라 깨닫고 바른 삶을 살아야 하는데 이를 포기하고 아무것도 하지 않는 것 역시 죄인 것입니다. 솔로몬은 이를 상기시키기 위해 개미를 예로 들었습니다. 개미는 부지런하며 자율적인 순종을 하는 예가 됩니다. 우리는 시간을 낭비하지 않는 삶을 살고 있습니까?

♢ 기도
하나님이시여, 우리에게 주신 생의 시간을 최선을 다해 열심히 살기를 원합니다. 게으른 자라 불리우지 않게 하소서. 예수님의 이름으로 기도드립니다. 아멘

♢ 중보기도
사회적으로 경제가 어려울 때 채권자들이 채무자에게 가혹하게 않기를 위해.

♢ 묵상
윤리와 공평과 정의의 원리는 세월이 흘러도 변하지 않는다. -데이비드 로렌스-

음행의 함정

♣ 성경 잠언 7:1~9(외울요절 2절)   찬송 425(217)장 ♣

솔로몬이 "내 아들아"라고 부르듯 주님은 오늘도 죄악된 세상을 살아가는 우리를 그렇게 불러 주십니다. 그리고 권고하십니다. 첫째, 하나님 말씀을 "간직하라"는 것은 죄에서 자신을 지킬 수 있는 유일한 힘임을 믿고 소중하게 여기는 자세를 말합니다. 언제 어떤 모양으로 자신을 도우시는 힘이 될지 기대하는 마음으로 늘 살펴보며, 가장 귀한 장소인 인격의 중심에 두고 살피라는 것입니다. 둘째, "눈동자처럼 지키라." 눈동자가 이물질에 의해 상처를 입으면 생활에 큰 어려움을 겪듯이 말씀의 인도가 없이는 영적 맹인이 되어 영육간에 옳고 그름을 판단할 수 없습니다. 그러니 귀하게 여기라는 것입니다. 셋째, "마음판에 새기라." 이렇게 귀한 말씀이 잊혀지거나 등한히 여김을 받지 않도록 늘 읽고 기억하고 다짐하라는 것입니다.

6절 이하에서는, 음녀에게 관심을 가지고 유혹당하는 한 어리석은 청년의 모습을 통해 유혹의 위험성을 지적했습니다. 먼저 그는 그렇게도 부탁한 경고의 말씀을 잊고 음녀의 행동에 관심을 보입니다. 그리고 남의 눈에 띨까봐 밤중에 음녀의 골목을 어슬렁거렸습니다. 마치 뱀에게 유혹된 하와와 같이 선악과 주위를 맴돌았다는 뜻입니다.

♤ 기도
하나님, 선장이 나침반을 늘 응시하듯이 우리의 눈이 주의 말씀을 늘 응시함으로 실족하지 않게 하소서. 예수님의 이름으로 기도드립니다. 아멘

♤ 중보기도
음란한 문화가 넘쳐나는 시대에 믿음의 청년들이 불같이 일어나기를 위해.

♤ 묵상
국가의 멸망은 많은 경우에 있어서 도덕적 퇴폐와 종교에 대한 경멸로부터 온다.
― J. 스위프트 ―

지혜의 우월성

♣ 성경 잠언 8:1~11(외울요절 1절) 찬송 442(499)장 ♣

　지혜는 사람들이 볼 수 있고 만날 수 있는 사거리와 공개된 길가의 높은 곳에서 사람들을 초청하고 있습니다. 하나님께서 주시는 지혜는 모든 사람들이 깨달을 수 있도록 개방되어 있을 뿐만 아니라 누구에게나 유익합니다. 그러므로 이러한 지혜의 초청에 응하지 않고 고집하는 것이야말로 어리석은 것이요, 미련한 것입니다. 지혜는 바로 이렇게 어리석은 자들에게 그들의 어리석음을 깨닫게 함으로써 헛되고 무가치한 육신의 일보다 영원한 영혼의 일에 더 관심을 기울이고 힘쓰도록 합니다. 우리는 하나님이 주신 지혜로 진리를 깨닫고 있습니까?
　지혜는 '선함' 과 '정직' 이라는 두 가지 속성이 있습니다. 미련한 자는 신실하지 못한 더러운 말을 내어 죄를 짓고(엡 4:29) 육신의 안일함을 추구하여 지혜의 훈계를 멸시합니다. 그러나 지혜의 말씀을 주의 깊게 경청하고 깨닫는 자는 그 말씀이 진실되고 유익함을 알게 되어 영혼의 유익을 얻습니다. 따라서 그 지혜가 주는 유익은 아무나 얻는 것이 아니라 지혜의 참된 가치를 아는 사람만이 얻을 수 있습니다. 이 세상에는 지혜를 대신할 만한 것이 없습니다. 왜냐하면 지혜를 얻는 것이 은을 얻는 것보다 낫고 그 이익이 정금보다 낫기 때문입니다.

♤ 기도
　하나님, 무가치한 육신의 일보다 영원한 영혼의 일에 더 관심을 기울이고 힘쓰도록 용기를 주십시오. 예수님의 이름으로 기도드립니다. 아멘

♤ 중보기도
　교회가 주의 말씀을 가르치려 개설한 모든 훈련에 성도들이 동참하기를 위해.

♤ 묵상
　나는 하나님의 은총으로 기동하고 있다.　　　　　－존 브래드포드－

두 가지 초청

♣ 성경 잠언 9:1~12 (외울요절 9절)   찬송 245(228)장 ♣

본문은 지혜와 어리석음의 초청을 각각 정숙한 여인과 음녀로 대비시켰습니다. 지혜는 손님을 초청하기 위하여 크고 넓은 집을 먼저 짓고 풍성한 잔칫상을 마련합니다. 그런데 손님들은 이 잔치에 전혀 어울리지 않는 어리석고 지혜가 없는 자들뿐이었지만 지혜는 그들을 초청하면서 이렇게 권면합니다. 첫째, "이리로 돌이키라." 어리석은 삶을 청산하고 하나님께로 돌아오라는 뜻입니다. 둘째, "어리석음을 버리라." 진실한 회개로 죄에서 완전히 떠나라는 것입니다. 셋째, "명철의 길을 행하라." 이제 적극적으로 행동하라는 것입니다. 비록 죄악의 밤이 깊었지만, 우리는 지혜의 초청에 귀를 기울이고 이전의 습관과 어리석음을 버리며 지혜의 가르침에 순종하는 삶을 살아야 합니다.

7절 이하는, 지혜의 초청에 각기 다른 반응을 보이는 두 종류의 사람들이 있습니다. 첫째는 마음이 닫힌 자, 즉 거만한 자입니다. 그들은 스스로를 의롭고 완전하다고 생각하여 징계나 책망을 받으면 지혜의 교훈을 멸시하고 적극적으로 훼방합니다. 둘째는 마음이 열린 자, 즉 지혜 있는 자인데 책망을 받을 때 자신을 돌아볼 뿐 아니라 충고자에게 감사해 합니다. 지혜로운 자는 보상을 받지만 거만한 자는 홀로 해를 당합니다.

♤ 기도
하나님, 주님의 초청에 기꺼이 응할 수 있게 열린 마음으로 평생을 살게 하소서. 예수님의 이름으로 기도드립니다. 아멘

♤ 중보기도
학벌이나 재물, 가문 등으로 자만의 이유를 삼는 자들이 깨닫기를 위해.

♤ 묵상
해야 할 것은, 최선을 다해야 한다. 하나님은 우리의 의무가 완수되도록 도우실 것이다. 겁내지 말라. 의무를 완수했다면 나머지는 그에게 맡겨라.   —오웬 메레디스—

의인과 악인의 삶

♣ 성경 잠언 10:1~7(외울요절 2절)   찬송 369(487)장 ♣

　지혜로운 아들은 아버지를 기쁘게 합니다. '지혜로운 아들'이란 하나님을 알고 그 말씀에 순종하는 의인입니다. 의인이 하나님 앞에서 사는 자라면 악인은 자기중심으로 사는 자입니다. 그러므로 의인에게는 환난이 있을지라도 결국은 형통합니다. 현세의 복이 그 머리에 임한다고 했습니다. 그러나 악인은 자기의 형통을 자랑하지만 결국은 그 입에 독을 머금고 말 것입니다. 또한 의인은 죽은 후에도 그 이름이 칭찬을 받고 후대에 유익을 끼치나, 악인은 후대에 추한 기억과 수치만을 남길 것입니다.
　일하기를 게을리 하면 가난하게 되고 일하기를 부지런히 하면 부하게 됩니다. 지혜로운 자는 일해야 할 때 부지런히 일해서 미래를 대비하지만, 어리석은 자는 마땅히 일해야 할 때 일하지 않음으로 가난을 면치 못할 뿐만 아니라 다른 사람들로부터 수치와 조롱을 받습니다. 결국 부지런하고 근면하면 풍요로운 삶을 보장받지만 그렇지 않으면 가난과 부끄러움만 받을 뿐입니다. 부지런함은 내 생의 시간을 주신 하나님 앞에서 바른 것입니다.

♤ 기도
　하나님, 우리에게 주신 생의 시간들을 가장 진한 색깔로 칠하며 살기를 원합니다. 삶의 현장 가운데 오셔서 간섭해 주옵소서.
　예수님의 이름으로 기도드립니다. 아멘

♤ 중보기도
　그리스도인들이 주 안에서의 형통을 추구하며 살게 되기를 위해.

♤ 묵상
　참되고 영원한 평화는 겸손한 사람의 마음속에 함께 있지만 교만한 사람의 마음속에는 항상 시기와 질투가 가득차 있을 뿐입니다.　　-토마스 아 캠피스-

정직한 자, 사특한 자

♣ 성경 잠언 11:1~8 (외울요절 3절)   찬송 240(231)장 ♣

　속이는 저울추와 공평한 추 - 인간의 눈은 속일 수 있으나 마음의 중심을 감찰하시는 하나님의 눈은 결코 피할 수 없습니다. 상인들이 속이는 저울을 사용하여 부당한 이득을 취하는 것을 하나님께서는 미워하십니다. 교만한 자는 하나님을 높이기보다는 자기를 높이므로 실패를 맛보게 되고 결국 수치를 당합니다. 그러나 하나님 앞에서 자기를 돌아보는 자는 언제나 겸손합니다. 겸손을 아는 것이 바로 지혜입니다. 지혜 있는 자는 주님을 높이고 주님의 능력을 의지하기 때문에 주님께서 쓰십니다.
　정직한 자의 '성실'이란 전심으로 의를 추구하는 태도입니다. 그런 태도는 선택을 해야 할 때 올바른 길을 인도해 줍니다. 그러나 하나님을 무시하는 사특한 자는 세상 기준과 자기 욕심을 따라 살기 때문에 실패할 수밖에 없습니다. 하나님께서 진노하시는 날에 부와 재물은 우리에게 피난처를 제공하지 못합니다. 악인의 소망은 현실적이고 물질적이며 이기적인 것이어서 그의 죽음과 동시에 사라져 버릴 수밖에 없습니다. 죽은 이후에는 그가 생전에 저지른 불의한 행동으로 인해 진노의 심판을 받고 영혼이 멸망합니다. 그러나 의인은 소망을 이 땅에 두지 않고 하늘에 두고 살아갑니다. 우리는 소망을 어디에 두고 있습니까?

♤ 기도
　하나님, 부와 재물에 마음을 빼앗겨 거기에 안전이 있는 것처럼 속지 않게 하소서. 예수님의 이름으로 기도드립니다. 아멘

♤ 중보기도
　장사하는 그리스도인들이 주위에 정직한 가게로 소문이 나기를 위해.

♤ 묵상
　우리가 해야 할 일을 한다면 우리는 칭찬을 기대할 필요가 없다. 왜냐하면 그것은 우리의 의무이기 때문이다.
　　　　　　　　　　　　　　　　　　　　　　　－성 어거스틴－

의인과 악인

♣ 성경 잠언 12:1~11 (외울요절 8절)   찬송 419(478)장 ♣

　의인은 훈계와 징계를 즐거워함으로 참된 지식을 얻지만, 미련한 사람은 이를 싫어하여 이성 없는 짐승과 다를 바 없어서 결국 멸망합니다. 의인과 악인은 생각이 다릅니다. 의인은 하나님의 심판을 알기에 항상 생각이 공정하지만, 악인은 사기성이 있습니다. 악인은 말로 사람을 해치지만 의인은 말로 사람을 구합니다. 의인은 자기의 가축을 잘 돌봐 주지만 악인은 잔인하게 다룹니다. 악인은 부정한 이득을 탐하여도 의로운 사람은 노력의 대가로 만족합니다. 천대를 받는 직업을 가졌더라도 성실히 생계를 꾸려가는 의인은, 자기 체면을 위해 게으른 자보다 훨씬 지혜로운 자입니다.
　의인은 하나님의 인정을 받지만 악인은 그렇지 못합니다. 자기를 희생하고 이웃에 대해 선을 베푸는 선인은 하나님의 은총을 받지만 악인은 정죄를 받습니다. 악인은 마음이 불안하고 안정되지 못하지만 의인은 그의 생활이 안정되어 의의 열매를 맺습니다. 의인의 집은 든든히 서게 되나 악인은 패망합니다. 악인은 자기가 한 말로 덫에 걸리지만 의인은 말로 인하여 환난에서 벗어납니다. 의인은 진실을 말함으로 결국 큰 만족을 누리며 일한 대가를 받아 복을 누립니다.

♤ 기도
　하나님, 우리로 하나님의 지혜를 구하며 그 그늘 아래 살게 하소서. 그것만이 가장 가치 있는 삶입니다. 예수님의 이름으로 기도드립니다. 아멘

♤ 중보기도
　사회에서 믿음의 사람들이 행여 비난받거나 욕을 먹어 주님을 욕되게 하지 않기를 위해.

♤ 묵상
　매 순간마다 신성하게 대하라. 순간을 분명하게 그리고 의미 있게 대하라. 매 순간을 신중하게 대하라. 그러면 모든 일이 잘 이루어질 것이다. ―토마스 만―

입을 지킴

♣ 성경 잠언 13:1~11 (외울요절 2절)   찬송 575(302)장 ♣

　지혜로운 아들은 아버지가 훈계하면 받아들이지만 거만한 사람은 꾸지람을 받아들이지 않습니다. 특히 말하는 것이 중요합니다. 결과는 엄청난 차이를 가져옵니다. 선한 사람은 열매 맺는 말을 하므로 좋은 것을 넉넉하게 얻고, 자신의 앞길을 평탄하게 합니다. 아무 생각 없이 말을 함부로 하면 많은 사람에게 상처를 주고, 비난과 저주의 대상이 되며 결국 하나님의 진노의 심판을 받아 멸망합니다. 나는 말을 조심합니까?
　게으른 자는 무엇을 얻기 위하여 노력하지 않으므로 아무것도 얻지 못하지만, 부지런한 자는 자신이 원하는 것을 얻기 위하여 열심히 노력하여 자신의 생활을 더욱 풍요롭게 합니다. 실제로 가난하면서 체면 때문에 부자인 척하는 사람이 있고, 가난한 것 같아도 부한 사람이 있습니다. 많은 재물을 가진 자는 도적의 표적이 될 수 있으므로 많은 재물을 가졌다고 자랑하는 것은 지혜로운 사람이 아닙니다. 남을 속여서 모은 재물은 쉽게 낭비하지만, 자신의 능력을 다하여 정당한 방법으로 모은 재산은 절약하기 때문에 점점 풍성해집니다.

♤ 기도
　하나님, 우리의 입에 파수꾼을 세워 이치에 합당하고 온유한 말만 하게 하소서. 예수님의 이름으로 기도드립니다. 아멘

♤ 중보기도
　성도들이 재물을 청지기같이 사용하고 떠날 때에는 교회와 사회에 기탁하는 성숙함이 있게 되기를 위해.

♤ 묵상
　청년은 실수요, 장년은 몸부림이요, 노인은 후회다.　－벤자민 디즈레일리－

가난한 자는

♣ 성경 잠언 14:20~24(외울요절 20절)   찬송 427(516)장 ♣

　본문 20절은 가난한 자에 대한 부정적인 말을 하는 것이 아니고 세상의 추세가 그렇다는 말입니다. 오히려 이 구절은 이웃에게도 미움받는 가난한 자에게 선을 베풀 것을 말하고 있습니다. 가난한 이웃을 업신여기는 것이 왜 죄인지 생각해야 합니다. 내 마음 한구석에 이런 죄가 숨어 있지는 않습니까? 가난한 이웃을 불쌍히 여기고 친절을 베푸는 사람은 하나님께서 복을 주십니다. 내 주위에 있는 그들을 돌아보고 구체적으로 도울 길을 생각해 봅시다.

　사람은 계획하고 시도하는 대로 열매를 맺습니다. 악을 계획하면 길을 잃지만 선을 계획하면 친구들의 사랑과 성실을 얻게 됩니다. 모든 수고는 이익을 가져다주지만 말만 하는 것은 아무 이익이 없습니다. 즉 이익은 고통을 감수하며 얻어집니다. 나는 교회에서나 가정에서나 학교에서 일꾼입니까? 말꾼입니까?

♤ 기도
　하나님, 우리의 마음이 더 따스하게 하소서. 가난한 자를 주님의 이름으로 돕고 사랑하기를 원합니다. 예수님의 이름으로 기도드립니다. 아멘

♤ 중보기도
　이 사회를 증오하며 사는 사람들, 노숙자들, 형무소에 수감된 사람들……등 그늘에 있는 이들이 따스함을 맛볼 수 있게 되기를 위해.

♤ 묵상
　철저한 자기 부정이 없는 한 고상하고, 우수한 인간이 영원히 될 수 없을 것이다.
　　　　　　　　　　　　　　　　　　　　　　　－월터 스코드 경－

유순한 대답은

♣ 성경 잠언 15:1~4 (외울요절 1절)   찬송 60(67)장 ♣

언어생활에 대하여 말씀합니다. 유순한 대답은 분노를 쉬게 하지만, 과격한 말은 분노를 자극합니다. 말 한마디를 어떻게 하느냐는 너무 중요합니다. 상대방 말이 어떻든 부드럽고 상냥한 말로 반응하는 것이 화평을 만드는 지혜로운 태도입니다. 나는 이렇게 하고 있습니까? 지혜 있는 자의 혀는 지식을 선히 베푸나 미련한 자의 입은 미련을 쏟아놓습니다.

감찰이라는 단어는 망대에 서 있는 파수꾼에게 적용되는 말입니다. 하나님은 모든 곳에서 악인과 선인을 파수꾼처럼 살펴보신다는 말입니다. 나는 그 하나님의 눈을 의식하며 삽니까? 온량한 혀란 위로와 치유를 가져다 주는 유익한 말이란 의미입니다. 패려한 혀란 왜곡되고 거짓된 말이란 의미입니다. 말 한마디가 생명을 주기도 하고, 치명적 상해를 주기도 합니다. 요즘 내가 하는 말들은 주로 어떤 것들입니까?

♤ 기도
하나님 아버지, 우리가 항상 유순하고 지혜롭고 온량한 말을 할 수 있게 지켜 주옵소서. 예수님의 이름으로 기도드립니다. 아멘

♤ 중보기도
열방 각지에 나가 있는 선교사들에게 언어의 탁월함을 주셔서 그들이 능력 있는 말씀을 잘 전할 수 있게 되기를 위해.

♤ 묵상
주여, 항상 제가 성취할 수 있는 것보다 더 많은 것을 원하게 하소서.
―미켈란젤로―

마음의 경영은

♣ 성경 16:1~4(외울요절 1절) 찬송 289(208)장 ♣

하나님께서는 인간의 모든 것을 주관하시는 분이십니다. 일을 계획하는 것은 사람이나, 그 성공과 실패를 좌우하시는 분은 하나님이십니다. 아무리 계획을 잘 세워도 하나님이 막으시면 이루어지는 일이 없습니다. 반대로 하나님이 함께하시면 이루어지지 않는 것이 없습니다. 모든 것을 주관하시는 하나님이십니다. 나는 모든 일에 하나님의 주권을 구체적으로 어떻게 인정합니까?

죄악된 인간은 자기 행위를 올바로 판단하지 못합니다. 자기 눈에는 자기의 행위가 다 깨끗하게 보입니다. 그러나 하나님은 사람의 깊은 곳 그 동기를 달아보십니다. 우리가 무엇이든 그것을 하나님께 맡기면 그 계획은 성공할 것입니다. 하나님은 모든 삶과 역사를 주관하십니다. 모든 것을 하나님의 목적을 이루시기 위하여 지으시고 행하십니다. 악인을 통해서도 그의 목적을 이루어내십니다. 그리고 악은 결국 심판을 받습니다. 그래서 이 세상의 왜곡됨을 보고도 낙심하지 않는 것입니다.

♤ 기도
주권자이신 하나님, 삶의 모든 것을 맡겨 드립니다. 그리고 모든 일로 인하여 감사를 드립니다. 예수님의 이름으로 기도드립니다. 아멘

♤ 중보기도
이 나라의 방위를 위하여 수고하는 육군 해군 공군 그 모든 장병들이 하나님의 선한 장중에 있기를 위해.

♤ 묵상
만일 자신의 명성을 중시한다면, 좋은 사람들과 거래하라. 왜냐하면 나쁜 친구와 함께 다니는 것보다는 혼자 다니는 것이 더 낫기 때문이다. ―조지 와싱턴―

마른 떡 한 조각

♣ 성경 잠언 17:1~4 (외울요절 1절)   찬송 410(468)장 ♣

　오늘은 가정의 화목에 대하여 말씀합니다. 육선은 기름진 음식입니다. 가족 축제는 화목제로 이루어지는데, 화목제를 드리면서 다투는 것이 얼마나 우스운가를 지적합니다. 차라리 마른 떡 한 조각으로도 평온하고 화목한 것이 낫다는 것입니다. 우리 가족은 어떻습니까?
　슬기로운 종은 주인의 부끄러움을 끼치는 아들을 다스릴 것입니다. 또한 그는 주인의 아들들 중에서 유업을 나누어 얻을 것입니다. 도가니와 풀무는 은과 금을 불로 때서 제련합니다. 높은 온도로 불순물을 녹이고 순수한 은금만 추출합니다. 하나님은 인간의 마음을 연단하십니다. 불같은 시련으로 우리 안에 무가치한 것들을 녹이시고 가치 있는 것만 남게 하십니다. 고난당한 욥을 보십시오. 우리는 고난을 당할 때 어떻게 반응합니까? 내 속의 죄악된 것들을 버리고 나 자신을 깨끗케 하는 기회로 삼습니까?

♤ 기도
　하나님, 우리 각자가 지금 겪고 있는 어려움을 통해서 좀더 거룩한 성도로 자랄 수 있게 해주옵소서. 예수님의 이름으로 기도드립니다. 아멘

♤ 중보기도
　부부간의 갈등과 부모와 자식의 갈등으로 얼룩진 우리 시대의 많은 가정들이 회복되기를 위해.

♤ 묵상
　우정은 인생의 가장 큰 기쁨 중의 하나이다. 그러므로 친구가 없는 사람은 고독을 면치 못할 것이다.
　　　　　　　　　　　　　　　　　　　　　　　　　－찰스 스펄전－

스스로 나뉘는 자

♣ **성경** 잠언 18:1~4(외울요절 1절) **찬송** 435(492)장 ♣

　무리에서 스스로 나뉘는 자는 반목하며 자기 의견만 내세우는 자를 말합니다. 그런 자는 자기의 이기적 욕망만을 추구합니다. 그러므로 모든 건전한 지혜와 다투며 배척합니다. 나는 사람들과 얼마나 잘 화합합니까?
　미련한 자는 명철을 기뻐하지 않습니다. 그러면서 입은 크게 열고 자기 의견을 떠벌리기를 즐겨합니다. 어리석은 것을 즐겨 먹고 그것을 즐겨 토해내는 자입니다. 나는 남의 말을 잘 들어 줍니까?
　악한 자가 올 때는 멸시도 따라오고 부끄러운 것과 함께 치욕도 옵니다. 죄의 당연한 결과들입니다. 4절의 "명철한 사람의 입의 말은 깊은 물과 같고 지혜의 샘은 솟구쳐 흐르는 내와 같으니라"는, 사람의 말은 나타내기가 싫어서든 나타낼 능력이 없어서든 그 정체를 감추고 있다는 말입니다. 그러나 지혜는 솟구쳐 흐르는 시내와도 같이 상쾌하고 솔직하고 명료하다는 것입니다. 나는 얼마나 솔직 명료하게 나의 의견을 표현합니까?

♤ 기도
　하나님, 우리가 입을 열어 말할 때, 솟구쳐 흐르는 시내처럼 지혜롭게 말할 수 있게 해주옵소서. 예수님의 이름으로 기도드립니다. 아멘

♤ 중보기도
　우리 사회의 언론 분야에서 일하는 이들이 바른 생각과 균형 있는 안목으로 표현하며 일하게 하시기를 위해.

♤ 묵상
　친구란 친구의 잘못을 용서해야 한다. 그러나 브루투스는 나의 잘못을 과장한다.
　　　　　　　　　　　　　　　　　　　　　－윌리암 세익스피어－

나라와 가정의 복

♣ 성경 잠언 19:10~19 (외울요절 11절)　찬송 438(495)장 ♣

　하나님이 지으신 인간 세계에는 각자에게 맞는 분량과 그와 어울리는 삶의 모습이 있습니다. 한 나라의 통치도 그것을 감당할 만한 사람에게 맡겨져야 그 자신과 나라에 복이 됩니다. 왕에게는 그 모든 것을 다스리는 지혜와 슬기가 있어야 합니다. 그의 영광은 허물을 덮어 주는 넓은 도량과 긍휼에 있습니다. 하나님의 능력과 공의도 죄인들을 불쌍히 여기는 자비하신 모습으로 나타나십니다. 나도 내 주변의 사람들에게 그렇게 대해야 합니다. 지혜와 계명은 곧 생명입니다.

　계명을 소홀히 여기는 자는 죽음에 이르게 됩니다. 아이가 생명의 길로 행하기 위해서는 고된 훈련과 아픔이 필요합니다. 부모에게 뿌리내린 계명과 채찍이 자녀의 앞날을 보장합니다. 가정에서 적절한 징계를 위해 남편과 아내가 함께 지혜를 모아야 합니다. 또한 지나친 잔소리는 합당치 않으며 아내는 남편에게 영광을 씌워 주는 면류관과 같습니다. 우리는 각자 자신의 자리를 잘 지키는 가족 구성원입니까?

♤ 기도
　하나님, 우리 가정에 허락하신 가족들로 인하여 감사합니다. 이들을 이 나라에 유익한 인물로 키울 수 있게 지혜를 주옵소서.
　예수님의 이름으로 기도드립니다. 아멘

♤ 중보기도
　이 땅 위에 망가진 가정의 아픔을 갖고 사는 이웃들에게 자비를 더하시고 가정이 회복되기를 위해.

♤ 묵상
　주는 것은 받는 것보다 행복하다. 사랑하는 것은 사랑을 받는 것보다 아름다우며 사람을 행복하게 한다.　　　　　　　　　　　　　　　-H. 헤세-

의인의 행실

♣ 성경 잠언 20:1~13 (외울요절 12절)   찬송 36(36)장 ♣

모든 참 깨달음은 하나님으로부터 옵니다. 1~4절은 의인이 멀리해야 할 것들입니다. 술에 취하면 진리를 분별할 수 없고 취한 정신으로는 여러 가지 죄를 범하기 쉽습니다. 미련한 자는 소리를 높여서라도 이기려 하지만 명철한 자는 하나님의 칭찬을 기대하며 기꺼이 패배자 위치에 서기도 합니다. 하나님은 만물을 다스리고 정복하라고 하셨습니다. 그러나 게으른 자는 춥다고 하며 핑계 삼아 앉아버립니다. 우리를 영육간에 풍요롭지 못하게 하는 게으름의 요소는 무엇입니까?

스스로 신실하다, 정결하다고 자부하는 사람의 대부분은 그가 거짓말을 한다기보다 자신의 내부에 흐르는 죄성을 깨닫지 못하기 때문입니다. 사람은 하나님께서 눈을 열어 주실 때 비로소 자신의 죄악됨을 보고 죄인으로 고백합니다. 우리는 자신의 의에 빠져 있거나 신앙생활의 매너리즘에 빠져 있지는 않은지요? 남들이 볼 때 자만스런 교회생활을 하고 있지는 않은지요?

♤ 기도

하나님 아버지, 우리의 눈과 귀를 열어 주의 구원을 보고 믿게 하시니 감사합니다. 그 구원의 은총을 가볍게 여기지 않게 하옵소서. 예수님의 이름으로 기도 드립니다. 아멘

♤ 중보기도

십대 자녀들로 인해 고심하며 애쓰는 부모들에게 양육하는 지혜를 더하여 주시기를 위해.

♤ 묵상

책의 가장 좋은 영향력은 그것이 독자로 하여금 스스로 행동하도록 자극하는 것이다.
　　　　　　　　　　　　　　　　　　　　　　　－토마스 카알라일－

악인의 특징

♣ 성경 잠언 21:1~11(외울요절 2절)   찬송 401(457)장 ♣

1~4절은 하나님의 절대 기준과 절대 주권을 알려 줍니다. 농부가 도랑을 파서 물의 방향을 바꾸듯이 하나님은 통치자들의 마음을 그렇게 다루십니다. 그 하나님으로 인해 어떤 경우에도 소망을 가지고 기도할 수 있습니다. 죄에 빠진 인생이 자신을 기준 삼는 것보다 바보스런 일은 없습니다. 자신의 분수를 넘어 지나친 것을 얻으려 하고, 남보다 높아지려는 야망과 그러한 야망으로 인해 얻은 유익은 다 가증한 것입니다. 나에게 행여 은밀한 불의나 교만은 없는지 두려워하며 살고 있습니까?

5~11절은 악인의 특징을 보여 줍니다. 성공이란 천천히 건실하게 쌓아가는 것인데, 마음이 조급한 사람은 집중하지 못하므로 복을 쌓지 못하고, 사단의 지혜인 속임수로 재물을 모으는 자는 안개와 같은 처지가 되고 맙니다. 그리스도인은 죄를 숨기려는 사람들 틈에서 죄를 감추지 않아도 되며 빛 가운데 살게 됩니다. 주님과 함께 동행하는 당당한 하루가 됩시다.

♤ 기도
하나님이시여, 주의 성령의 빛으로 모든 내면의 구석들을 비춰 주옵소서. 주님 안에서 한 점 부끄럼 없는 사람으로 살게 하옵소서. 예수님의 이름으로 기도드립니다. 아멘

♤ 중보기도
하나님께서 주권자이심을 부인하며 사는 이들이 겸허하게 복음의 빛 앞에 나아오게 되기를 위해.

♤ 묵상
교만한 사람은 항상 사물과 사람을 내려다본다. 어떤 것을 내려다보는 한, 자연히 그는 자신 위에 있는 것을 볼 수가 없을 것이다.   -레위스-

왕의 친구

♣ 성경 잠언 22:1~16 (외울요절 11절) 찬송 412(469)장 ♣

　1절에서 '명예'는 좋은 이름을 뜻하며 이는 하나님께서 알아 주시는 이름입니다. 세상의 빈부 질서는 7절을 따라갑니다. 그런 세상에 익숙해지면 빈부를 차별하게 되고 그 뒤틀린 구조 속에서 이를 얻으려고 악을 행하게 됩니다. 부자와 가난한 자는 모두 하나님께서 만드셨습니다. 그러므로 궁핍한 자를 학대하는 것은 그를 지으신 하나님을 멸시하는 것이며 그를 불쌍히 여기는 자는 곧 주를 공경하는 것입니다. 혹시 나는 가난한 자들보다 부자들에게 더 많은 재물을 쓰고 있지는 않은지요?
　마음의 탁함이나 구부러짐이 없이 진실을 전할 수 있는 사람은 왕의 가장 소중한 벗이 됩니다. 진리와 긍휼을 겸비한 인간관계는 하나님께서 어여삐 여기시는 온전한 관계입니다. 죄와 어리석음을 안고 있는 아이의 본성을 바로 이해하는 것은 바른 양육의 기초입니다. 자녀 교육은 그 어린 시절부터 몸에 배이도록 가르치되 하나님께 드리듯 교육해야 합니다. 이는 그 과정에 필요한 훈육 등 모든 방법을 포함합니다. 나의 인간관계는 사랑과 진리를 겸비하고 있습니까?

♤ 기도
　하나님, 모든 사람들과 바른 관계를 맺게 하소서. 그리스도의 법도 안에서 진실과 덕이 있는 교제가 넘치게 하소서. 예수님의 이름으로 기도합니다. 아멘

♤ 중보기도
　우리나라의 위정자들이 바로 서고, 저들이 귀를 열고 겸허하게 국민의 소리를 듣게 해주시기를 위해.

♤ 묵상
　인간이 서로 애정을 표시하는 곳에 신은 가까이 있다.　-J.H. 페스탈로치-

네 목에 칼을

♣ 성경 잠언 23:1~8 (외울요절 2절)   찬송 442(499)장 ♣

　가장 제어하기 힘든 인간의 욕심 중 하나가 식욕입니다. 다른 욕심과 마찬가지로 탐식은 마음의 순결을 방해합니다. 언어의 절제와 더불어 식욕을 다스리는 능력은 그 인격의 척도입니다. 목에 칼을 둘 정도로 탐식을 경계해야 하는 이유는 그 기름진 식사 뒤에 숨겨진 악한 의도 때문입니다. 대부분 호의는 보답을 기대하고 베풀어짐으로 대접을 받는 것은 때로 자유를 얽어매는 올무가 됩니다. 특히 공직에 있거나 지도자의 위치에 있는 사람들은 대접받는 것을 경계해야 합니다.
　식욕에 절제가 요구되듯이 부를 쌓는 일에도 그 일 자체에 내가 다 소모되지 않도록 주의해야 합니다. 돈을 사랑하지 말아야 하는 이유는 그 사랑이 하나님께 향한 마음을 가로막기 때문입니다. 재물은 유익하고 근면한 자에게 주어지는 상급이지만 독수리처럼 날아가버릴 수 있는 허망한 것입니다. 재물이 허망한 것이라면 나는 무엇을 바라보며 살고 있습니까?

♤ 기도
　하나님, 돈에 대한 집착에서 자유롭게 하시고 음식에 대한 욕심에서 벗어나는 참 인격을 주옵소서. 예수님의 이름으로 기도드립니다. 아멘

♤ 중보기도
　우리나라 공직에 있는 그리스도인들이 정직하고 반듯한 처신을 하여 우리 사회에 흐르는 부패의 고리가 끊겨질 수 있게 해주시기를 위해.

♤ 묵상
　크리스천이란 다른 사람들이 하나님을 믿기 쉽도록 하는 사람이다.

　　　　　　　　　　　　　　　　　　　　　　　－로버트 멕케인－

지혜자의 책임

♣ 성경 잠언 24:1~11(외울요절 11절)   찬송 312(341)장 ♣

　완고하고 거만한 자는 지혜의 부요함에서 격리된 자입니다. 3~4절에서 말하는 집은 꼭 가정을 의미한다기보다 사람의 한평생의 생활을 뜻합니다. 하나님을 아는 지혜 즉 그의 말씀을 듣고 순종함으로 구원이 건축되며 하나님을 경외하는 신실한 신자에게 하늘 보화가 넘친다는 뜻입니다. 지혜는 안정과 번영을 줄뿐만 아니라 여러 가지 일을 성사시킬 힘도 줍니다. 지혜자는 자기 주장을 고집하지 않고 삶의 여러 영역에서 지혜를 얻고자 힘씁니다.

　11절의 불쌍한 사람은 부패한 사회에서 고통당하는 사람을 뜻합니다. 강도를 만난 사람을 지나친 제사장, 레위인도 사람들 앞에서는 자비로운 자로 나타냅니다. 그러나 그 마음을 헤아리시는 하나님께서는 압박당하는 자에 대한 책임을 우리 믿는 자에게 물으십니다. 심한 고통에 처한 사람일수록 그를 돕는 일에 더 큰 희생이 요구합니다. 우리 사회에서 부당하게 고난당하는 사람들 중에 하나님께서 나에게 책임을 물으실 사람이 있습니까? 그렇다면 나는 그 책임을 어떻게 감당하면 좋을까요?

♤ 기도
　오 하나님, 우리에게 따스한 마음, 자비로운 마음을 주셔서 고통당하는 이웃을 향해 구체적인 도움을 나눌 수 있는 용기를 주옵소서. 예수님의 이름으로 기도드립니다. 아멘

♤ 중보기도
　우리 사회의 흩어져 있는 장애인 단체나 불우 이웃을 위한 시설에서 종사하는 이들에게 새힘과 위로 주시기를 위해.

♤ 묵상
　인생은 근본적으로는 신앙과 인내로 이루어지고 있다. 이 두 가지를 가진 자는 놀라운 목표에 도달한다. —타펠—

왕 앞에서의 인정

♣ 성경 잠언 25:1~10 (외울요절 3절)   찬송 79(40)장 ♣

하나님 앞에서는 아무도, 아무것도 숨길 수 없습니다. 그렇기 때문에 왕은 늘 살피는 통치를 해야만 합니다. 또한 계속해서 공의로운 통치가 이루어져야 함을 말씀하십니다. 찌끼가 없어져야 은이 제구실을 하듯이 왕의 신하라고 무조건 관대히 대해서는 안 되며 모든 것을 공정하게 처리해야 합니다. 6~7절을 보면 사람이 자기 직분에 충성하면서 올바로 살아야 함을 말씀하십니다. 괜히 높은 지위를 탐하는 것은 교만이며 자식에게도 해롭습니다.

다투는 사람들이 조심해야 할 것 가운데 첫째는 성급하게 다툴 때 사람은 부끄러움을 당하게 된다는 것입니다. 성급함은 준비가 부족하고 혈기와 분노로 가득차게 되어 지혜롭게 생각할 여유가 없습니다. 둘째는 다투는 중에 남의 비밀을 탄로시키면 그 자신이 부끄러움을 당하게 됩니다. 상대의 은밀한 일은 그의 사적인 문제이므로 그것을 침범하는 것은 인신공격입니다. 나는 혹시 은밀하게라도 남의 비밀을 누설한 적은 없습니까?

♤ **기도**
사랑의 하나님, 아무것도 숨길 것이 없는 주님 앞에서 먼저 자신을 살피며 겸손하게 하소서. 예수님의 이름으로 기도드립니다. 아멘

♤ **중보기도**
각 교회마다 교회학교에서 봉사하는 교사와 사역자들이 영육 간에 강건하고 성령충만하기를 위해.

♤ **묵상**
훌륭한 모범은 좋은 훈시보다 훨씬 낫다.   —무디—

미련한 자에 대한 경계

♣ 성경 잠언 26:1~7 (외울요절 3절)   찬송 390(444)장 ♣

　전혀 자격이 없고 부적당한 우매자에게 영예를 주는 것은 적당하지 않습니다. 여름에 눈이 오는 것이 경우에 맞지 않듯이 미련한 자들의 영예는 피해를 줄 수 있습니다. 또한 까닭 없는 저주는 공의롭지 않기 때문에 성취되지 않는다고 하였습니다. 공중의 날아가는 새도 이유가 있어야 땅으로 내려옵니다. 그러므로 나도 이같이 미련한 자는 아닌지 돌아봐야겠습니다.
　미련한 자에게는 그 미련함을 고치는 수정 작업이 필요합니다. 타일러도 안 되는 사람에게는 막대기가 약이고, 하나님의 법을 지키지 않는 자에게는 하나님의 채찍이 따릅니다. 지혜로운 자는 미련한 자와 말할 때 어리석은 것을 따라하지 말아야 하며 그 어리석음을 깨우쳐 주어야 합니다. 또한 그런 자에게는 사명을 맡겨서도 안 될 것이며 그런 자의 말을 믿어서도 안 됩니다. 나는 등에 막대기가 필요한 미련한 자가 아닌지 돌아봅시다.

♤ 기도
　하나님, 늘 깨어 있어서 자신의 부족을 발견하게 하소서. 그리하여 어리석은 자와 동행하지 말게 하시며 지혜로 주를 경외하는 무리 안에 있게 하소서. 예수님의 이름으로 기도드립니다. 아멘

♤ 중보기도
　경제적으로나 상황적으로 비참한 현실에 처해 있는 제삼국 지도자들에게 참 지혜 주시기를 위해.

♤ 묵상
　죽은 것들은 성장할 수 없다. 영적인 성장을 바란다면 먼저 영적인 생활을 하라.
－조지 스위팅－

충고의 유익

♣ 성경 잠언 27:1~10 (외울요절 1절)   찬송 357(397)장 ♣

내일 무슨 일이 일어날지 아무도 모르기 때문에 내일 일은 자랑하지 말아야 합니다. 이 세상에는 안전 보장이 없습니다. 언제 어떻게 무슨 일이 일어날지 모르므로 우리는 늘 주님을 의지해야 합니다. 또한 주를 믿는 자는 겸손해야 합니다. 자기 자신을 칭찬하는 일은 교만한 일입니다. 겸손히 자기 일을 행할 때 다른 사람이 그를 칭찬하게 됩니다. 그러므로 나 자신보다 다른 사람을 낫게 여기는 마음을 가져야만 합니다. 나는 진실로 겸손한 마음을 가진 사람입니까?

분노는 돌과 모래보다도 무겁다고 했습니다. 미련한 자의 분냄은 상대방을 고집스럽게 만듭니다. 그러므로 지혜자는 미련한 자의 언행에 대해서 대항해서는 안 됩니다. 화가 나고 분을 품으면 남에게 잔인하게 대할 수 있습니다. 진실로 사랑하는 사람은 그 친구의 잘못을 지적하고 고쳐 주는 것을 두려워하지 않을 것입니다. 비록 책망할지라도 그것이 진정한 사랑에서 비롯된 것임을 알아야 합니다.

♤ 기도
하나님 아버지, 참된 친구의 충고를 귀담아 듣고 그것을 순수하게 받아들이게 하소서. 예수님의 이름으로 기도드립니다. 아멘

♤ 중보기도
이 땅의 가진 자들이 재물의 허무함을 깨닫고, 하나님께서 원하시는 사랑과 자비를 배울 수 있게 되기를 위해.

♤ 묵상
심판의 날에 사람들은 자신들의 열매에 따라서 심판을 받게 될 것이다. 그 날에는 "너는 믿었느냐?" 는 질문이 아니라 "너는 실천자였느냐, 아니면 수다쟁이에 불과했느냐?" 는 질문을 들을 것이다.

-존 번연-

율법을 지키는 자

♣ 성경 잠언 28:1~7 (외울요절 6절)   찬송 546(399)장 ♣

　하나님을 믿는 자는 담대합니다. 자기의 연약함을 알고 하나님만 의지하므로 하나님은 그에게 힘을 주시고 그를 담대하게 만드십니다. 또한 나라 안의 불안과 반역은 지도자 교체를 가져옵니다. 그러나 나라 질서는 나라를 통치하는 통찰력과 지식을 갖춘 훌륭한 지도자들에 의해 유지됩니다.
　가난한 사람이 가난한 자를 학대하는 것은 자기 처지와 같은 이를 대적하는 것입니다. 하나님 계명에 순종하기를 거절하는 자는 항상 악인들을 칭찬합니다. 그들은 정직하지 못하며 도덕성이 없고 공의를 깨닫지 못합니다. 아무리 가난해도 정직한 사람은 사곡히 행하는 부자보다 낫다고 지적합니다. 예수님께서도 약대가 바늘귀로 들어가는 것이 부자가 하나님나라에 들어가는 것보다 쉽다고 하셨습니다. 진실하고 가난한 자는 겸손하게 하나님을 찾습니다. 그는 하나님을 알고 두려워하기 때문에 매사에 신중합니다. 그러나 탐식자를 사귀는 자는 하나님을 배반하는 자요, 부모에게 부끄러움을 주는 자입니다.

♤ 기도
　하나님, 매사에 주님 원하시는 것이 무엇인지를 분별하는 분별력을 주옵소서. 예수님의 이름으로 기도드립니다. 아멘

♤ 중보기도
　우리 사회에 정의가 살아서 정직하게 사는 사람들이 대접받는 변화의 바람이 일게 해주시기를 위해.

♤ 묵상
　오늘 나는 모든 일에 있어서 하나님의 뜻을 행하기 위하여 나의 의지를 순복시키겠습니다. 나는 그가 나를 위하여 가장 좋은 것을 주시려고 하는 사랑과 지혜와 긍휼과 관심의 하나님이신 것을 알기 때문입니다.　　－빌 브라일－

참된 번영

♣ 성경 잠언 29:1~14 (외울요절 11절)   찬송 263(197)장 ♣

목이 곧은 사람은 하나님 앞에서 교만하고 불순종하는 사람입니다. 그런 사람은 자신의 최후를 모르면서 잘못을 범하기 때문에 갑자기 패망을 당합니다. 의로운 집권자가 나라를 다스릴 때 백성들은 더욱 안전해지고 번영을 누리며 기뻐합니다. 지혜를 사모하는 자는 결국 하나님을 사랑하는 자입니다. 참으로 하나님을 사랑하는 자체가 효도의 근본입니다. 공의는 나라에 견고함과 기쁨을 가져오지만 탐욕적인 지도자는 그 나라를 멸망하게 만듭니다.

아첨은 결국 그 그물에 자신이 걸리는 것입니다. 악인은 올무에 걸리나 의인은 근심이 없습니다. 또한 의인은 가난한 자에 대해 관심을 갖고 돌아봅니다. 하나님 말씀을 조롱하며 진리를 무시하는 자는 사회를 요란케 합니다. 다투는 자는 논쟁을 위한 논쟁을 합니다. 그는 진리보다 감정이 앞섭니다. 잔인한 사람은 피 흘리기를 좋아하며 정직한 자의 생명을 찾습니다. 하나님께서는 가난한 자나 부한 자 모두에게 햇빛을 주시는데, 가난한 자를 보살피면 하나님께 복을 받습니다.

♤ 기도
아버지, 주님의 권면의 말씀을 삶에서 그대로 실천하게 하소서. 희생이 따른다 해도 그 가치를 잊지 않게 하옵소서. 예수님의 이름으로 기도합니다. 아멘

♤ 중보기도
가진 자와 가난한 자의 차이가 더 커지지 않고, 가진 자가 그 책임을 잊지 않기를 위해.

♤ 묵상
하늘은 모든 것 위에 있다. 그 곳에 심판자가 계신다. 그 심판자를 이길 수 있는 왕은 하나도 없다.
　　　　　　　　　　　　　　　　　　　　　　－윌리암 세익스피어－

겸허한 자의 모습

♣ 성경 잠언 30:1~6 (외울요절 5절) 찬송 315(512)장 ♣

아굴은 겸손한 사람이었습니다. 그는 자신에게 총명이 없고 지혜가 없으며 거룩한 이를 아는 지식이 없다는 것을 깨달은 자였습니다. 아굴은 자신의 신앙을 고백하기 전에 자신의 미련함과 이성의 약점과 부족을 고백하였습니다. 나는 이러한 겸덕을 소유한 자입니까? 주님 앞에서 내 자신의 무능함과 부족을 겸손히 깨달아야 합니다.

4절 이하의 네 질문을 조용히 묵상해 보십시오. 인간의 제한된 이성으로 하나님을 안다고 하는 것은 불가능합니다. 고학이 발달하더라도 이 질문 앞에서 우리는 아직도 도전받고 있습니다. 오직 하나님의 말씀을 믿는 믿음만이 그 문제를 해결할 수 있습니다. 말씀을 신뢰하고 우리의 영혼을 과감히 맡길 때 주님께서는 우리의 방패가 되어 주십니다. 하나님 말씀은 완전하고 확실하며 영원한 진리입니다. 하나님께서는 성경을 통하여 자신을 계시했습니다. 우리는 그 말씀으로 하나님을 알 수 있습니다.

♤ 기도
오 하나님 아버지, 우리로 하여금 아굴의 신앙을 본받게 하소서. 하나님은 절대자이시요, 우리는 유한한 피조물인 것을 늘 기억하게 하소서. 예수님의 이름으로 기도드립니다. 아멘

♤ 중보기도
한국 신학생들이 세상의 그릇된 가치관과 유혹에 빠지지 않고 복음과 확고한 믿음 가운데 서게 해주시기를 위해.

♤ 묵상
십자가 없는 믿음은 곧 얼어버린다.   -사무엘 루더포드-

어머니의 교훈

♣ **성경** 잠언 31:1~9(외울요절 2절)　**찬송** 382(432)장 ♣

　르무엘왕의 어머니가 사무엘처럼 기도로 간구하여 낳은 아들에게 교훈하고 있습니다. 세 번을 강조하여 중요한 교훈을 심어 주고 있습니다. 먼저 "네 힘을 여자들에게 쓰지 말며 왕들을 멸망시키는 일을 행하지 말지어다"(3절)고 말합니다. 젊은 시절에는 성 문제를 조심해야 합니다. 정욕의 노예가 된 사람은 어떤 일도 해낼 수 없습니다.

　또 그 어머니는 "포도주와 독주"를 경고합니다. 술에 취하면 도덕적 방종을 가져옵니다. 특히 왕이 취하게 되면 기억과 판단이 흐려져 백성에게 불의를 행하게 됩니다. 계속해서, "왕은 공의로 재판하여 약자를 돌봐야 함"을 말합니다. 왕이 된 자는 언제나 불쌍한 자를 잊지 말아야 합니다. 지위가 높은 자는 자칫 교만해져서 약자를 잊기 쉽습니다.

　오늘 우리는 부모로서 자녀에게 하나님이 기뻐하시는 적절한 교훈을 주고 있습니까? 학문적 지식이나 영악한 처세술보다 하나님 앞에 사는 올바른 지식을 사모해야겠습니다.

♤ 기도
　하나님, 르무엘왕 어머니의 교훈을 우리도 듣기 원합니다. 스스로를 성령으로 절제하여 거룩한 사람으로 살게 하옵소서. 예수님의 이름으로 기도합니다. 아멘

♤ 중보기도
　각 교회에서 자라는 청년들이 이 시대에 성결한 사람들로 미래를 준비할 수 있게 해주시기를 위해.

♤ 묵상
　인도하소서. 다사로운 빛이여, 영광스럽게 저를 인도하소서. 밤은 깊었고, 집은 먼 곳에 있나이다. 저를 인도하소서.　　　　　-존 헨리 뉴만-

헛되도다

♣ **성경** 전도서 1:1~8(외울요절 2절) **찬송** 484(533)장 ♣

전도서에 반복되는 단어는 '헛되다' 입니다. 3절에서 얘기하는 '해 아래'는 영원한 하나님이 거하시는 하늘과 대조되는 이 땅의 유한하고 제한적인 존재들이 사는 삶의 영역을 뜻합니다. 덧없이 순환되는 자연, 바람은 불고 강물은 계속 흐릅니다. 사람도 나타나서 무대를 차지하다가 사라지고 다음 사람이 등장합니다. 그러나 영원한 것이 있습니다. 하나님의 말씀은 영원합니다. 나는 그 말씀에 근거하여 오늘을 삽니까?

8절에 "만물이 피곤하다는 것을 사람이 말로 다 말할 수는 없나니"라고 지목합니다. 뭔가 채워지지 않는 것이 있을 때 피곤을 느낍니다. 멋진 풍경을 보아도 사실 그때뿐이며, 아름다운 음악을 들어도 그 순간뿐입니다. 만족은 없고 피곤만 쌓입니다. 해 아래서 인생이 하는 모든 수고가 그렇습니다. 성 어거스틴도 "오 하나님 내 영혼이 주의 품안에 들어가 쉴 때까지는 내게 결코 평안함이 없습니다."라고 고백한 바 있습니다. 우리 신앙의 선배들이 그랬듯이 주님이 내 중심에 계시니 주님 한분으로 만족합니다(시 23:1). 이런 고백을 주님께 드립시다.

♤ 기도
하나님, 오늘 한날도 우리에게 주신 특별한 기회임을 알게 하시고, 주의 말씀을 지표로 삼고 말과 행동을 하게 하소서. 예수님의 이름으로 기도합니다. 아멘

♤ 중보기도
오늘도 생의 목적을 찾지 못하고 방황하는 청소년들을 불쌍히 여기셔서 악한 사회 환경에 물들지 않게 해주시기를 위해.

♤ 묵상
권태는 모든 악의 뿌리 즉, 자기 자신답게 되기를 거부하는 것이다.

-키에르케고르-

바쁜 일상

♣ 성경 전도서 2:1~11(외울요절 1절)   찬송 488(539)장 ♣

많은 사람이 인생은 즐기는 것이라고 생각합니다. 그러나 즐기는 인생에서 비롯된 웃음도 진정한 만족은 아닙니다. 3절 이하는 온갖 인간들이 취하는 쾌락의 방법입니다. 술로 내 육신을 즐겁게 하자, 사업을 크게 하고, 집을 크게 짓고, 포도원을 만듭니다. 노예와 종들을 많이 고용하고 숱한 처첩들을 거느립니다. 진정한 행복은 그런 데 있지 않습니다.

많은 사람들은 단지 활동하기 위해 활동에 관여하고 바쁘게 사는 것을 현실 도피 수단으로 이용합니다. 술로 인해 인간관계, 가족에 대한 의무, 그리고 사회적 책임 의식이 마비되는 것처럼, 쉬지 않고 일만 하는 것도 마약처럼 될 수 있습니다. 약 3000년 전, 전도서 기자도 자신이 한 일들을 되돌아보았을 때 모든 것이 헛됨을 깨달았습니다(10~11절).

우리는 동일한 잘못을 범할 수 있습니다. 우리는 자신에게 아주 중요한 예배와 경건의 시간들을 제쳐놓고 수고만 하고 있지는 않습니까? 만약 그렇다면 단지 일을 하기 위하여 일을 하는 덫에 걸리기 전에 하나님께 예배하는 시간을 가지십시오.

♤ 기도
하나님, 육신의 즐거움이나 쾌락이 인생의 목적이 될까 두렵사오니 주의 거룩한 말씀으로 깨우쳐 주옵소서. 예수님의 이름으로 기도드립니다. 아멘

♤ 중보기도
직장일과 사업의 성취만을 위해 중독되어 살아가는 현대인들이 영원을 생각하게 해주시기를 위해.

♤ 묵상
항상 하나님의 속성을 묵상하고, 또 오늘날 나의 삶의 모든 상황 가운데서도 그분을 찾음으로써 하나님의 얼굴을 구하자.   -빌 브라일-

시간이란

♣ 성경 전도서 3:1~15 (외울요절 1절) 찬송 387(440)장 ♣

세상의 모든 것에는 시작과 끝이 있습니다. 모든 나무는 씨앗으로 시작해 결국에는 흙으로 돌아갑니다. 우리의 육체 또한 언젠가는 흙으로 돌아갑니다. 이 첫 부분의 결론은 9절입니다. 우리가 수고하며 무엇을 얻었다 한들 그것들이 다 망가져버릴 때, 그게 무슨 유익이 있겠습니까? 교훈은 우리가 시간의 주인이 아니라는 사실입니다. 범사에 때가 있어서 나의 한계로 인한 좌절은 그것으로 끝나지 않고 오히려 하나님께서 나를 아름답게 만들어가시기 위한 하나님의 놀라운 뜻임을 깨닫게 된 것입니다. 하나님 없이 세상과 인간 자체만 놓고는 답이 없습니다.

하나님은 인생들에게 공평한 분배를 하십니다. 하루는 누구에게나 24시간이며 일년은 365일입니다.

교통사고로 오래 병상에 있던 이가 어느 날 "아, 발가락이 움직여요!"라고 외쳤습니다. 시간은 그 속에서 일어나는 모든 사건을 통해서 하나님의 은혜가 무엇인지 우리에게 가르쳐 줍니다. 나아가 하나님은 시간을 통해 우리로 영원을 사모케 하십니다. 허무라는 시간 속에서 우리는 영원이 어디에 있는가를 배울 수 있기 때문입니다.

♤ 기도
하나님, 우리가 육신을 치장하고 건강에 신경을 쓰는 만큼 영혼이 주님의 것으로 아름답게 빚어지게 하옵소서. 예수님의 이름으로 기도드립니다. 아멘

♤ 중보기도
이 시간에도 육신의 질병으로 병상에서 신음하는 이웃과 교우들이 치유를 입을 뿐만 아니라 하나님을 더 알아 갈 수 있게 되기를 위해.

♤ 묵상
슬픔을 통해서 달콤한 기쁨이 찾아온다.　　　　　　　　　－찰스 스펄전－

억압당하는 정의

♣ 성경 전도서 4:1~6 (외울요절 1절)   찬송 425(217)장 ♣

지구상에는 예부터 지배하는 자와 지배를 당하는 자들이 있어왔습니다(1절). 구약에는 피압제자에 대한 하나님의 긍휼을 드러내는 구절들이 많습니다. 특히 나그네, 고아, 과부 등은 각별한 동정의 대상이었습니다(렘 7:6, 겔 22:7, 슥 7:10). 참으로 슬픈 것은, 그들에게 위로자가 없는 것입니다. 우리의 삶도 마찬가지입니다. 결국 참 위로자는 하나님뿐임을 알려 줍니다. 그리고 그 하나님의 마음을 품은 우리가 대안이 될 수 있습니다.

인생의 허무는 그런 권력자들로 인해서만이 아니라 더불어 살아가는 이웃들로 인해서 생기기도 합니다(4절). 인간이 받는 시기, 질투는 인생의 허무함을 더합니다. 사람들은 어떤 일의 성취를 위해 최선의 노력을 다하기보다는 다른 사람의 수고와 재능에 대해 시기하기 쉽습니다. 정정당당한 선의의 경쟁을 하기보다는 지나친 경쟁의식, 비교 의식에 사로잡힌 나머지 상대방을 비난하고 모함합니다. 특히 우리 민족에게 이런 기질이 있다는 우려도 있습니다. 성도는 우선 교회생활에서 배워야 합니다. 성도들간에 서로를 자랑하고 인정해 주는 연습을 해야 합니다.

♤ 기도
하나님이시여, 인생의 참 위로자가 오직 하나님 한 분뿐임을 인정합니다. 주님만으로 참 기쁨과 행복을 누리게 하옵소서. 예수님의 이름으로 기도드립니다. 아멘

♤ 중보기도
우리 민족을 덮고 있는 지역주의와 혈연, 학연주의 등이 소멸되어 서로를 세우며 하나 됨을 누리는 민족이 되게 해주시를 위해.

♤ 묵상
기쁨은 크리스천의 특징이다.   －체스터톤－

예배와 서원

♣ **성경** 전도서 5:1~7 (외울요절 4절)　**찬송** 430(456)장 ♣

　2~3절은, 인생은 말을 삼가해야 한다고 경고합니다. "하나님은 하늘에 계시고 너는 땅에 있음이니라"는 전도자의 말은, 하나님의 높고 엄위하심을, 인간의 낮고 연약함을 암시합니다. 그리고 이런 암시는 곧 인간이 하나님 앞에서 말을 주의해야 하는 이유를 나타냅니다. 우리는 하나님을 사랑하며 친밀한 분으로 알아야 하지만, 경외심을 잊으면 안 됩니다. 여기에서 비로소 진정한 예배가 가능합니다. 말과 찬미는 입술의 제사입니다.

　4절은 예배와 서원을 다룹니다. 서원은 좋은 것이며 말씀을 깨달은 자만의 것입니다. 그런데 그 당시 많은 사람들이 서원을 자주하고 기억조차 못했습니다. 일제 치하 때 한 젊은이가 의대 입학시험을 보면서 하나님께 이런 서원을 했습니다. "이 학교에 입학시켜 주시면 평생 불우하고 가난한 사람들을 위해 몸을 바치겠습니다." 졸업 후에 젊은이는 뛰어난 의사가 되었고, 자신의 서원대로 가난하고 병든 이웃을 위해 무료 진료소인 복음병원을 개설해 영세민 의료 구호사업에 전 생애를 바쳤습니다. 그가 바로 한국의 슈바이처로 불리는 장기려 박사입니다. "여호와의 모든 백성 앞에서 나는 나의 서원을 여호와께 갚으리로다"(시 116:14).

♤ **기도**
　하나님, 내 입술에 파수꾼을 세우셔서 내 말로 인해 상처입거나 실족하는 이가 없게 하옵소서. 예수님의 이름으로 기도드립니다. 아멘

♤ **중보기도**
　젊은 날에 하나님 앞에 거룩한 비전을 올려드리는 이 땅의 젊은이들이 많아지고, 우리 교회 안에서 자라는 저들이 바로 그런 이가 되게 해주시기를 위해.

♤ **묵상**
　꿈은 인격의 척도다.
　　　　　　　　　　　　　　　　　　　　　　　　－헨리 도로우－

인생

♣ **성경** 전도서 6:1~12(외울요절 8절) **찬송** 591(310)장 ♣

　1~6절에서 전도자는 인생이 덧없는 이유를 길게 열거합니다. 재물과 부요와 존귀를 더 이상 바랄 수 없을 만큼 충분히 하나님께 받았지만 그것을 본인은 누릴 수 없는 것입니다. 그것을 다른 사람이 누립니다. 전도자는 자기가 부를 누리지 못하는 것은 안타까운 일이라고 강조하면서 차라리 낙태된 자가 파산한 부자보다 낫다고 말합니다. 사실 부귀와 존귀를 자신이나 가족에게만 할애하는 사람들은 문제가 아닐 수 없습니다. 인생이 마침내 다 한 곳으로 돌아갈 것을 잘 모르기 때문입니다.
　전도자는 인생이 헛되지 않기 위해서 가장 바람직한 것은 자기가 가진 것에 만족해야 한다고 결론을 짓습니다. "살아 있는 자들 앞에서 행할 줄을 아는 가난한 자"(8절)는 만족스럽지 못합니다. 또한 눈으로 보고 낙을 직접 체험하는 것이 공상만 하는 것보다는 낫지만, 결국 이 또한 인생의 참 행복은 아닙니다. 루터는 이를 "다른 좋은 것을 생각하는 것보다는 현재의 좋은 것을 즐기는 것이 더 낫다."라고 번역했습니다. 나는 자족의 은혜를 아는지요?

♧ 기도
　하나님, 우리가 이 땅에 사는 동안 많은 재물을 누리게 하옵소서. 그러나 그것이 자신만의 것이 아닌 하나님과 이웃을 위한 무거운 책임인 것도 알게 하옵소서. 예수님의 이름으로 기도드립니다. 아멘

♧ 중보기도
　우리 사회 구조 속에서 헛된 욕망의 포로가 되어 거짓을 일삼으며 부정을 자행하는 사람들이 새로운 마음을 회복할 수 있기를 위해.

♧ 묵상
　사람이 돈을 다루는 것은 자기의 인격에 대한 최종적인 시험이다. 그러므로 그는 돈을 어떻게 벌어서 어떻게 써야 할지를 알아야 한다.　－제임스 모패트－

생의 역설

♣ 성경 전도서 7:1~7(외울요절 4절) 찬송 455(507)장 ♣

전도서에서 계속 강조하는 바는, 우리가 소유한 시간에는 종착역이 있다는 것입니다. 시간은 살과 같이 빠르게 지나갑니다. 진정 지혜자는 웃고 떠드는 자리보다 인생을 아파하고 슬퍼하는 자리에서 더 깊은 깨달음을 얻습니다. 지혜자는 삶의 의미와 목표를 늘 진지하게 상고하는 반면에, 우매자의 마음은 연락하는 집에 있어 단순히 순간순간 육체적 희락만을 즐기고 웃음을 추구합니다. 인생을 건성으로 살아가는 사람들이 있습니다. 우리는 우리의 시간이 그 분 손에 있음을 늘 기억하며 오늘을 살아야 합니다.

이어서 우매자에 대한 경고가 나옵니다. 우매자의 노랫소리는 들을 때에는 기쁜 것 같고 육감적으로 상쾌한 것 같으나 결국에는 일시적, 육체적 희락 속에서 헛되고 허무하게 살아가는 것입니다. 우매자의 웃음소리는 가시나무가 빠르게 요란한 소리를 내면서 타지만 이내 사그라짐과 같습니다. 무엇이 사람을 우매자로 만듭니까? 남의 것을 갈취함과 뇌물입니다. '뇌물'은 의인의 눈을 멀게 하고 명철을 흐리게 합니다.

♤ 기도
하나님, 이제껏 살아온 우리의 지난날의 삶으로 인하여 감사드립니다. 앞으로의 시간은 더욱 진지하게 살아갈 수 있게 은혜를 베푸소서. 예수님의 이름으로 기도드립니다. 아멘

♤ 중보기도
국민을 섬기는 공직자들이 물질과 뇌물로부터 자유로울 수 있게 하시고 특히 그 안의 그리스도인들이 더욱 그리할 수 있게 되기를 위해.

♤ 묵상
돈은 지독한 주인이요, 우수한 종이다.   －바눔－

하나님의 섭리

♣ 성경 전도서 8:1~10 (외울요절 7절)   찬송 490(542)장 ♣

지혜자는 권세자 앞에서 무례히 행치 않고 그의 권위에 온전히 순종합니다. 그 이유는 모든 권세가, 권세의 최고이시며 근원되시는 하나님께로부터 임한 것이기 때문입니다. 정당하게 행사하는 왕의 권세, 권위를 업신여기는 것은 곧 그것을 주신 하나님을 거역하는 것입니다. 특히 이스라엘 백성에게 왕은 하나님이 당신의 백성들을 먹이시고 다스리도록 세우신 바 된 자들이었습니다. 나는 준법정신을 가진 건전한 시민입니까?

10절은 악인이 이 땅에서 악하게 살았을지라도 사후(死後)에까지 오히려 존귀히 여김받으나, 선인은 그의 선한 삶에도 불구하고 성읍 사람들에게서 잊어버린 바 되는 현실의 구조적 모순을 다루고 있습니다. 그러므로 악한 일에 징벌이 속히 실행되지 않으므로 인생들이 악을 행하기에 마음이 담대합니다(11절). 그러나 하나님께서 악인을 그 악행대로 곧바로 심판, 처벌하지 않으신 데에는 공의롭지 않으셔서가 아니라 하나님의 근본적인 여러 섭리가 있기 때문입니다.

♤ 기도
하나님, 우리 모두 이 사회의 일원으로 법과 질서를 앞서 준수하는 상식적인 시민이 되게 하옵소서. 예수님의 이름으로 기도드립니다. 아멘

♤ 중보기도
불의한 사회 구조 속으로 던져지는 청년들, 이제 막 사회로 진입하는 기독 청년들이 자신들의 거룩한 의지를 포기하지 않게 해주시기를 위해.

♤ 묵상
인내를 거쳐 우리 그 땅에 이르니 신발 끈 풀어 피곤한 발 쉬게 하며, 확실히 보고 알게 되는 때가 오리니 그때 우리 이렇게 고백하리. "하나님은 최선을 알고 계셨다!"
― 메이 라일리 스미스 ―

하나님의 주권과 인생

♣ **성경** 전도서 9:1~6(외울요절 1절) **찬송** 384(434)장 ♣

하나님의 주권적 섭리에 의해 이루어지는 역사를 인간은 감히 알 수도, 깨달을 수도 없습니다. 의인이나 지혜자 및 그들의 행하는 일들이 다 하나님의 주권적 손 안에 있습니다. 따라서 인간은 그것들의 결국을 결코 스스로 알 수 없습니다. 이는 인간 지혜의 한계성, 하나님의 주권성을 알려 주는 것입니다. 특히 1절의 "하나님의 손 안에 있으니…… 사람이 알지 못하는 것은 모두 그들의 미래의 일들임이니라"는 말씀은, 인간은 하나님의 주권적인 섭리 안에 있고, 인간 앞에 놓인 장래 일에 대해 알지 못한다는 의미입니다. 나는 겸손히 그 하나님을 신뢰하며 삽니까?

모든 사람에게 임하는 것은 죽음입니다. 삶에서 닥치는 여러 사건들도 모든 사람에게 임합니다. 1~4절은 삶의 축복과 기쁨의 근원을 하나님께 두며 삶의 본분을 하나님께 대한 경외와 그 계명 준수에 두는 것을 말합니다. 따라서 천하고 남에게 경멸받는 자일지라도, 산 자가 능력 있기에 죽은 자보다 더 낫다는 뜻입니다. 5~6절은 삶은 기회이니 열심히 살 것을 강조합니다. 그 상은 이 세상에 살면서 수고 가운데 얻어 누리는 삶의 기쁨, 낙 등을 암시합니다. 죽은 자는 이 세상에서 삶의 기쁨을 향유할 수 없습니다.

♠ **기도**
아버지, 매 순간마다 우리 위에 전능자가 계심을 기억하며, 선하게 섭리하시는 하나님을 고백하며 살아가게 하옵소서. 예수님의 이름으로 기도드립니다. 아멘

♠ **중보기도**
오늘도 가족이나 친지, 친구의 죽음으로 슬픔에 처한 이웃들을 위로하시고, 거기서 인생의 답이신 하나님을 발견할 수 있게 해주시기를 위해.

♠ **묵상**
이곳은 죄와 죽음과 눈물의 땅이지만, 하나님나라는 끝없는 기쁨이 있는 곳이다.
―무디―

지혜자와 우매자

♣ 성경 전도서 10:1~3 (외울요절 2절) 찬송 260(194)장 ♣

한 유대인이 향수 원료인 비싼 기름을 유리그릇에 보관해 두었습니다. 그런데 어느 날 그곳에서 심한 악취가 풍겼습니다. 공교롭게도 그 향유에 파리 한 마리가 빠져 죽은 것이었습니다. 결국 비싼 향유는 폐기 처분할 수밖에 없었습니다. 죽은 파리 한 마리가 향수의 원료를 악취의 진원지로 바꿔놓은 것입니다. 이것은 하찮고 해로운 것이 주위의 귀하고 아름다운 것의 영향을 받기는커녕 악영향을 미쳐 오히려 부정적이 되도록 한다는 뜻입니다. 종종 커다란 일, 눈에 띄는 일만 중시하다가 막상 작은 일을 경시하여 낭패하는 사람들을 봅니다. 나는 어떻습니까?

인생에는 지혜자가 있고 우매자가 있습니다. 우매자는 무절제한 언어를 씀으로 자꾸 그게 문제가 됩니다. 그러나 지혜자의 말은 여러 해를 당할 자에게 참된 길, 올바른 방법을 제공해 줌으로 복된 길을 가게 합니다. 우매자의 말은 남에게 생명력을 주고 은혜를 공급하기는커녕 오히려 말하는 그 자신마저 곤고케 하며 스스로를 패망케 합니다. 또한 그 속에 간직한 어리석음을 드러냄으로 그의 명예와 권위 및 능력 등을 소멸시키며 자기 자신을 비천하게 만듭니다. 나는 언어에 있어 우매자는 아닌지요?

♤ 기도
하나님, 오늘도 주위에 선한 영향을 끼치는 자가 되게 하시되, 행여 악한 세상에 영향받는 자가 되지 않게 하소서. 예수님의 이름으로 기도합니다. 아멘

♤ 중보기도
이 사회에 난무하는 험한 말들과 인터넷 상에 떠도는 숱한 악플들을 선한 의지로 극복해가는 그리스도인들이 되게 해주시기를 위해.

♤ 묵상
사람의 모든 불행은 가정의 자기 방에서 사는 법을 모르기 때문에 생긴다.
―파스칼―

어떻게 살 것인가

♣ 성경 전도서 11:1~10 (외울요절 1절)   찬송 597(378)장 ♣

　바그다드의 왕이 왕자를 급류에 잃었습니다. 군대를 동원했으나 찾지 못했습니다. 몇 주가 지나 하류의 어느 바위 위에서 구출했습니다. 그 왕자가 강 복판에 솟은 바위에 걸렸는데, 조석으로 빵이 들은 가죽주머니가 떠내려 온 것입니다. 이는 '모하메드 핫산'이라는 사람이 속담에 '빵을 물 위에 던지면 어느 날 반드시 보상이 있다.'는 말을 실험하기 위해 빵이 든 가죽주머니를 떠내려 보냈다고 합니다. 우리 자신이 가진 소중한 것을 붙들지 말고 던져야 합니다. 선한 동기로 행한 그것은 결코 낭비가 아닙니다.

　3절은 구름에 비가 가득할 경우 반드시 쏟아져 내린다는 자연 불변의 법칙을 말합니다. 때로는 삶 가운데 알지 못하는 불특정한 재앙에 직면할 수 있다는 사실을 강력히 상기시킵니다. 결국 내일 일을 알 수 없는 인간의 연약성, 재앙의 엄중성을 나타냄으로, 1~2절에서 암시하는 바 평안하고 넉넉할 때 베풀며 살라는 것입니다. 일을 수행할 때 지나치게 계산하지 말고 근면과 성실한 마음으로 꾸준히 행해야 합니다. 선을 행할 때 주위 환경에 좌우되어 주저하고, 보다 좋은 기회를 찾고자 미루지 말아야 합니다.

♤ 기도
　우리에게 물질을 주신 하나님 감사합니다. 이것을 이웃을 위해 사용할 수 있는 자비로운 마음을 갖게 해주옵소서. 예수님의 이름으로 기도합니다. 아멘

♤ 중보기도
　교회가 신뢰를 상실해가는 이 사회에서 우리 믿음의 직장인들이 성실과 정직으로 그 가치를 나타낼 수 있게 되기를 위해.

♤ 묵상
　가진 것이 무엇이건 어떤 위치에 있건 행복하라. 둘 다에 관대하라. 그러면 당신은 행복을 사냥할 필요가 없다.　　　　　　　－윌리암 그래드스톤－

인생이란

♣ 성경 전도서 12:1~8 (외울요절 1절)   찬송 446(500)장 ♣

    인간은 오래 전부터 인생의 의미가 무엇인가에 대한 질문을 해왔습니다. 젊음의 때에는, 황금기의 낙을 즐기면서 살아가는 것도 좋지만 또한 그때에 하나님을 기억하고 그 분을 경외하는 삶의 자세를 잃지 말아야 합니다. '곤고한 날' 즉 인생의 노년이 불현듯 다가오기 때문입니다.
    전도자가 창조자를 기억하라고 한 것은 인간이 곧 젊음의 즐거움을 남용하여 절제치 못하고 환락과 행락에 빠질 경우, 하나님의 심판이 불가피하다는 사실을 상기시키기 위함입니다. 해, 달, 별은 생의 여러 즐거움들이나 구름은 고난의 상징입니다. 진지하게 인생을 살아야 합니다. 6~7절은, 사람이 늙을 경우 힘이 쇠잔하여 죽음으로 가게 된다는 것입니다. 여기서 '은줄' 이란 사람의 육체를, '금그릇' 은 그 영을 뜻합니다.
    "항아리가 샘 곁에서 깨어지고" 는 신선한 생명력을 공급해 주는 신체 기관 즉 심장 박동과 호흡 기관의 움직임을 나타낸 것입니다. 결국 흙으로 된 인간의 육체는 죽어 땅에 묻힘으로 다시 흙으로 돌아감을 상기시킵니다. 나는 흙과 같은 존재임을 하나님 앞에서 기억하며 살고 있는지요?

♤ 기도
    호흡과 생명의 근원되시는 하나님, 한 순간도 낭비하지 않는 신실한 시간의 청지기가 되게 하소서. 예수님의 이름으로 기도합니다. 아멘

♤ 중보기도
    이 땅의 연로한 어른들, 특히 의지할 데 없는 노인들을 위해.

♤ 묵상
    하나님은 보좌에서 주권자로서 통치하시니/ 크고 작은 모든 것을 심판하시고/ 하나님의 다스리심에 불순종하는 모든 자들은/ 하나님의 심판의 회초리 밑으로 떨어질 것일세.

사랑의 아픔

♣ 성경 호세아 1:1~11 (외울요절 10절) 찬송 563(411)장 ♣

호세아가 경험한 사랑은 아픔이었습니다. 음난한 여인과 결혼하여 음난한 자식을 낳으라는 하나님의 명령은 정말 어처구니없는 것이었습니다. 그러나 그 아픔에는 하나님의 뜻이 있었습니다. 그것을 통해 새롭게 태어나는 호세아를 보십시오.

첫째, 호세아는 아픔을 통해 율법의 완성이 용서와 사랑이라는 것을 깨닫게 되었습니다. 깨진 가정을 회복시킬 수 있는 방법은 용서와 사랑 이외에는 없습니다. 사랑은 허다한 허물을 덮습니다.

둘째, 호세아는 사랑의 아픔을 통해 하나님의 아픔을 알게 되었습니다. 호세아가 음행하는 아내 때문에 아파하며 하나님의 아픔을 알게 되었습니다.

셋째, 호세아는 이 아픔을 통해 참 순종의 일꾼이 되었습니다. 불붙는 하나님의 일꾼으로 다시 태어난 것입니다.

♧ **기도**
하나님! 아픔 속에 감추어져 있는 하나님의 비밀한 뜻을 발견하게 하소서! 그래서 주님의 참된 일꾼으로 다시 태어나게 하소서! 주 예수님의 이름으로 기도합니다. 아멘

♧ **중보기도**
우리 주변에 아픔을 당한 믿음의 교우들이 그 아픔으로 인해 새롭게 태어나기를 위해.

♧ **묵상**
이스라엘 백성들이 하나님 아닌 다른 신에게 갈 때마다 하나님의 마음이 얼마나 아팠을지 생각해 봅시다. 그 아픔은 자기 아내가 다른 남자에게 가는 것보다 더 했을 것입니다.

잘못된 사랑의 결과

♣ 성경 호세아 2:1~23 (외울요절 19~20절)   찬송 449(377)장 ♣

　이스라엘 백성들이 가나안 땅에서 얻은 풍요는 하나님께서 주신 것입니다. 그러나 이스라엘은 바알이 떡과 물과 양털과 삼과 기름과 술을 줬다고 생각했습니다(5절). 그래서 그들은 바알을 따라갔고 바알을 사랑했습니다. 잘못된 사랑을 한 것입니다.
　이것은 오늘을 사는 우리의 문제이기도 합니다. 보이는 것을 전부로 여기고 더 많은 부요를 얻기 위해 하나님이 아닌 세상을 사랑해 세상을 따라가는 것은, 과거 이스라엘이 바알을 좇은 삶과 다를 것이 없습니다.
　하나님은 이런 이스라엘에게 질투하십니다. 그래서 이스라엘 가운데 음행을 제거하라고 명령하십니다(2절). 그렇지 않으면 이스라엘 백성들은 거친 들로 나가(14절) 애굽에서 나오던 때와 같은 연단을 받게 될 것입니다(15절). 그때 언약은 다시 세워질 것입니다.

♤ 기도
　하나님, 우리가 가진 모든 것이 내 힘으로 얻은 게 아니라 하나님께서 주신 것임을 알고 하나님께 온전한 감사를 드리게 하옵소서. 주 예수님의 이름으로 기도합니다. 아멘

♤ 중보기도
　교회가 하나님 말씀의 터 위에 바로 세워지기를 위해.

♤ 묵상
　나는 지금 하나님을 온전히 따라가고 있는가? 하나님을 따른다고 하면서 현대판 바알을 사랑하여 그것을 따라가고 있지는 않은가?

주께서 베푸신 사랑

♣ 성경 호세아 3:1~5(외울요절 5절)   찬송 303(403)장 ♣

　호세아는 음행에 빠진 고멜을 용서함으로 이스라엘을 향하신 하나님의 사랑을 나타내고자 했습니다. 그것은 죄인이라도 회개하기만 하면 언제든지 품어 주시는 하나님의 자비입니다. 이스라엘은 바알을 섬기며 음행을 했습니다. 이스라엘의 우상숭배와 음행은 하나님의 진노를 사기에 충분했습니다. 그럼에도 불구하고 하나님의 사랑은 그치지 않았습니다.
　호세아는 고멜을 데려오기 위해 은 열다섯 개와 보리 한 호멜 반을 지불했습니다. 이것은 종 한 명에 해당되는 금액입니다(출 21:32). 예수님께서 우리 죄의 값을 지불하시기 위해 은 삼십에 팔리셨습니다. 사단이 죄의 문제로 더 이상 시비하지 못하도록 조치하신 것입니다.
　우리의 죄는 완전히 용서받았습니다. 이제 다시는 죄의 문제로 불안해하지 않아도 됩니다.

♤ 기도
　하나님, 그치지 않는 주님의 사랑과 은혜에 부응하는 삶을 사는 믿음의 사람이 되게 하소서. 예수님의 이름으로 기도합니다. 아멘

♤ 중보기도
　고멜처럼 하나님의 은혜를 모르고 세상으로 나가고 있는 신자들이 하나님 안에 거할 수 있게 되기를 위해.

♤ 묵상
　예수님께서 우리를 위해 베푸신 사랑은 크고 완전한 사랑입니다. 그 사랑을 조용히 마음속에 새겨 봅시다.

진실도 인애도 하나님을 아는 지식도 없고

♣ 성경 호세아 4:1~5(외울요절 1절) 찬송 532(323)장 ♣

하나님은 이스라엘 백성들이 가나안 땅에서 선민으로 진실과 인애와 하나님을 아는 지식을 갖고 살기를 원하셨습니다(1절). 이것은 이스라엘이라는 신앙 공동체를 지켜가기 위해서 반드시 필요한 것일뿐만 아니라 오늘날 하나님 교회의 순수함을 지켜가기 위한 것이기도 합니다. 그러나 이스라엘 가운데는 오히려 저주와 속임과 살인과 도둑질과 간음이 가득했습니다(2절).

이는 이스라엘 백성들이 하나님을 잊고 바알을 따라 살았기 때문입니다. 더 이상 이스라엘 가운데서 참된 하나님 자녀의 모습은 찾아볼 수가 없었습니다.

하나님의 자녀라면 하나님께서 미워하시는 악을 버리고 진실과 인애, 하나님을 아는 지식을 소유해야 합니다. 그리고 주님께서 주신 말씀을 따라 경건한 삶을 살아야 합니다.

♤ 기도
하나님 아버지, 점점 더 악해져가는 세상 속에서 하나님이 원하시는 삶으로 하나님께 영광 돌리는 진실한 크리스천이 되게 하소서. 예수님의 이름으로 기도합니다. 아멘

♤ 중보기도
이 땅의 교회가 악한 세상 속에서 결코 흐려지지 않는 하나님의 빛이 되기를 위해.

♤ 묵상
거짓과 포악이 가득한 세상에서 진실과 인애를 어떻게 실천할지 생각해 봅시다.

198/7월 5일

내 얼굴을 구하기까지

♣ 성경 호세아 5:1~15(외울요절 15절) 찬송 542(340)장 ♣

　이스라엘은 하나님의 사랑 안에서 살던 백성들입니다. 그러나 그들은 하나님께 심판을 당했습니다. 이것은 하나님의 말씀을 듣지 않고 자신의 뜻대로 살고자 했던 그들이 당할 당연한 결과였습니다.
　하나님의 심판의 경고가 있었지만(1절) 그들은 음행과 교만 때문에 하나님의 음성을 듣지 못했고(4~5절), 결국 그 심판을 면할 수가 없었습니다. 그들은 심판으로 인한 병과 상처를 해결하기 위해 하나님이 아닌 앗수르에게로 갔지만, 오히려 그들에게 공격을 받아 멸망에 이르는 비참한 신세가 되고 말았습니다.
　만일 그들이 하나님께 구하였더라면 멸망은 면할 수 있었을 것입니다. 현재 고난 중에 있다면 하나님의 얼굴을 구하고 하나님께로 돌아가십시오. 인생의 모든 문제 해결은 우리 하나님께만 있습니다.

♤ 기도
　하나님, 우리에게 말씀하시는 주님의 음성을 들을 수 있는 겸손한 심령을 주소서. 그래서 주님의 뜻을 깨닫고 주님께서 원하시는 삶을 살게 하소서. 예수님의 이름으로 기도합니다. 아멘

♤ 중보기도
　우리나라에 세워진 5만여 교회와 목회자들을 위해. 또한 그들을 통해 이 땅에 하나님의 뜻이 이루어지기를 위해.

♤ 묵상
　내가 당하고 있는 고난의 원인이 무엇인지 생각해 봅시다.

여호와께로 돌아가자

♣ 성경 호세아 6:1~3 (외울요절 1절)   찬송 528(318)장 ♣

　고통이란 하나님의 정금 같은 일꾼이 되기 위한 훈련의 방편으로 사용되기도 하고, 죄에서 돌이키게 하거나 또는 자신의 실수 때문에 생기기도 합니다. 그 중에서 이스라엘 백성들이 당하는 고통은 자신들이 저지른 죄 때문입니다. 호세아 선지자는 신자가 이런 고통을 당할 때 그 고통을 해결하기 위해서는 먼저 "여호와께로 돌아가자"고 권면합니다.
　또한 "힘써 여호와를 알자"고 합니다. 하나님은 어김없는 새벽빛과 땅을 적시는 늦은 비와 같으신 분이십니다. 고통 중에서 자신의 죄악을 깨닫고 여호와께로 돌아가면 여호와께서 우리의 상처를 싸매어 낫게 하십니다. 우리가 이 하나님을 바로 알고 하나님께 돌아가기만 하면 우리로 하여금 풍요로운 삶을 살게 해주십니다.

♤ 기도
　하나님, 우리의 허물과 죄악 때문에 당하는 고통이 하나님의 영광을 가리지 않게 하소서. 예수님의 이름으로 기도합니다. 아멘

♤ 중보기도
　'예수 이름' 때문에 고난당하는 신자들이 그 고통 속에서 하나님 앞에 정금같이 되기를 위해.

♤ 묵상
　새벽 빛같이 어김없으신 하나님, 땅을 적시는 늦은 비와 같으신 하나님을 가슴에 떠올려 봅시다.

뒤집지 않은 전병

♣ 성경 호세아 7:8~11 (외울요절 8절) 찬송 463(518)장 ♣

하나님의 백성이었던 이스라엘 백성들에게서 더 이상 그 본래의 신앙적인 모습을 찾아볼 수 없게 되었습니다. 그들은 민족의 위기 앞에서 하나님보다는 애굽과 앗수르의 힘을 더 의지했습니다.

호세아는 이스라엘의 이러한 모습을 한쪽은 불에 타고 다른 한쪽은 덜 익어서 먹을 수 없는 '뒤집지 않은 전병'과 같다고 했습니다. 이것은 한쪽은 종교적인 위선으로, 다른 한쪽은 세속화로 변질되어 선민의 원래 모습을 상실한 이스라엘을 비유한 말씀입니다. 이스라엘은 형식적으로는 하나님을 잘 섬기는 것 같았습니다.

그러나 그 내용에는 하나님보다는 바알이 가득했습니다. 당신은 겉으로는 순결한 체하면서 속으로는 죄악으로 가득 찬 이중적인 삶을 사는 크리스천은 아닌가요? 뒤집지 않은 전병처럼 말입니다.

♤ 기도
하나님, 뒤집지 않은 전병처럼 안과 밖이 다른 이중인격을 가진 크리스천이 되지 않게 하옵소서. 언제나 신실하게 살게 하옵소서. 예수님의 이름으로 기도합니다. 아멘

♤ 중보기도
모든 성도들이 하나님 앞에서 진실한 신자가 될 수 있기를 위해.

♤ 묵상
나는 뒤집지 않은 전병과 같이 겉과 속이 다른 신자가 아닌지 내 자신을 성경에 비추어 봅시다.

율법을 이상한 것으로 여겼도다

♣ 성경 호세아 8:1~14 (외울요절 12절)   찬송 285(209)장 ♣

끊임없이 이스라엘에 대한 사랑을 보여 주셨던 하나님은 이제 최후 심판에 대한 경고를 하고 계십니다. 이스라엘은 망하고 그 백성은 장차 포로가 될 것입니다. 그들이 망할 수밖에 없는 이유는 하나님께서 이스라엘 백성들을 위해 만 가지로 기록한 율법을 이상한 것으로 여겼기 때문입니다(12절). 이스라엘은 하나님의 율법을 버리고 송아지를 만들어 섬기며 하나님 대신 앗수르와 애굽을 의지했습니다.

하지만 그들이 하나님을 버린 것처럼 송아지 우상과 앗수르와 애굽 또한 이스라엘을 버릴 것입니다(4,10절). 버림받아 포로가 된 뒤 늦은 후회를 하며 회개하지만(2절) 이미 그들은 선을 버렸기 때문에 원수에게 쫓길 뿐입니다. 우리는 자신의 우매함으로 인해 멸망을 자초하는 어리석은 자가 되지 않도록 해야 합니다.

♤ 기도
하나님, 우리가 하나님만 의지해야 함을 바로 깨닫게 하소서! 세상의 돈(금송아지)과 힘(애굽과 앗수르)을 의지하지 않게 하소서. 예수님의 이름으로 기도합니다. 아멘

♤ 중보기도
지금도 복음의 오지에서 주님의 사역을 감당하는 선교사님들에게 힘과 용기를 더해 주시기를 위해.

♤ 묵상
이스라엘 백성처럼 우상을 친근히 여기고 율법을 이상한 것으로 여기고 있지 않은지 고민해 봅시다.

202/7월 9일

광야의 포도 같은 이스라엘
♣ 성경 호세아 9:10~17(외울요절 10절) 찬송 242(233)장 ♣

　풀 한 포기 찾아볼 수 없는 황량하고 메마른 광야에서 탐스러운 열매가 달린 포도나무를 발견한다는 것은 기쁨을 넘어선 신비라 할 수 있을 것입니다. 무화과나무를 심으면 적어도 5~6년이 지나야 첫 열매를 먹을 수 있습니다. 첫 열매를 따는 농부는 얼마나 기쁘겠습니까? 가나안 땅에 들어간 이스라엘 백성들은 메마른 광야의 포도나무와 처음 열매 맺은 무화과나무와 같았습니다.
　그런데 그들은 하나님이 아닌 바알에게 가서 자신의 몸을 드렸습니다. 이제 이스라엘의 영광은 새같이 날아버릴 것입니다(11,12,16절). 기회가 주어져 있을 때 정신을 차려야 합니다.
　우리에게 주신 하나님의 은혜와 영광이 떠나지 않도록 깨어서 우리의 존재 이유와 사명을 붙들어야 합니다. 그러면 우리는 광야의 포도나무와 처음 열매 맺는 무화과나무처럼 될 것입니다.

♠ 기도
　하나님, 하나님께서 우리에게 주신 그 고귀한 직분을 헌신짝처럼 버리는 어리석은 신앙인이 되지 않게 하옵소서. 예수님의 이름으로 기도합니다. 아멘

♠ 중보기도
　세워진 모든 교회가 주님 주신 영광을 잃어버리지 않기를 위해.

♠ 묵상
　메마른 광야의 탐스런 포도나무와 처음 열매를 맺은 무화과나무의 영광과 신비에 관해 묵상해 봅시다.

묵은 땅을 기경하라

♣ 성경 호세아 10:9~15 (외울요절 12절) 찬송 183(172)장 ♣

어떤 사람이 무화과나무를 심었습니다. 때가 되어서 무화과를 따려고 왔더니 열매가 없습니다. 땅 주인은 과원지기에게 "3년째 무화과를 얻지 못했으니 땅만 버리지 말고 베어 버려라"고 했습니다(눅 13:6~9). 하나님께서 지금부터 3000여 년 전 호세아 때에 이스라엘 백성들에게도 열매를 요구하셨습니다.

그런데 그들에게 하나님 백성으로서의 열매를 찾을 수가 없었습니다. 이에 대한 하나님의 처방은 "묵은 땅을 기경하라"는 것이었습니다. 열매를 맺지 못하는 것은 땅이 묵어 있기 때문입니다. 그러므로 묵은 땅을 갈아엎어 열매를 맺게 하라는 것입니다.

오늘 우리들은 어떻습니까? 우리 삶에 하나님이 찾으시는 열매가 없다면 우리는 심령의 묵은 밭을 갈아엎어 하나님이 원하시는 열매를 맺도록 해야 합니다.

♤ 기도
오 하나님, 우리 모두 하나님의 사람으로 하나님께서 원하시는 열매를 맺게 하소서. 예수님의 이름으로 기도합니다. 아멘

♤ 중보기도
아직도 예수님을 믿지 않는 형제들이 예수 믿고 구원 얻을 수 있기를 위해.

♤ 묵상
내 마음이 묵은 밭이 되어 잡초로 무성하지 않도록 말씀으로 갈아 옥토를 만들어 봅시다.

204/7월 11일

불붙는 하나님의 사랑

♣ 성경 호세아 11:1~12 (외울요절 8절)   찬송 310(410)장 ♣

하나님은 오래 전부터 이스라엘을 사랑하셨습니다. 그래서 죄악의 땅인 애굽에서 이스라엘 백성을 건져내셨습니다(1절). 하나님은 어린아이와 같은 이스라엘에게 걸음을 가르치고 팔로 안아 치료해 주셨습니다(3절). 뿐만 아니라 하나님은 그들을 사랑의 줄로 이끄시고 그들에게 양식을 주셨습니다(4절). 그러나 이스라엘은 바알에게 분향하고 하나님의 사랑을 거절했습니다.

하나님의 사랑이 더해갈수록 오히려 그들은 하나님으로부터 더욱 멀어져가고 있었습니다. 하나님의 깊은 사랑에도 불구하고 하나님께로 돌아오는 자가 아무도 없었습니다(7절). 그러나 이스라엘에 대한 하나님의 사랑은 불붙듯 했습니다. 참된 그리스도인이라면 불같이 사랑하고 계시는 하나님의 마음을 헤아릴 줄 아는 자가 되어야 합니다.

♤ 기도
하나님을 멀리하며 사랑하지 않는 이스라엘 백성을 통해 오늘 우리의 모습을 돌아봅니다. 어리석음을 버리고 하나님께만 향하게 하옵소서. 예수님의 이름으로 기도합니다. 아멘

♤ 중보기도
아내(혹은 남편)가 주님을 더욱 사랑하는 신자가 되기를 위해.

♤ 묵상
하나님의 불붙는 뜨거운 사랑을 생각해 봅시다. 그리고 그 사랑에 비해 주님을 향한 내 사랑은 얼마나 작고 보잘것없는지도 함께 생각해 봅시다.

너의 하나님을 바랄지니라

♣ 성경 호세아 12:1~6 (외울요절 6절) 찬송 354(394)장 ♣

　아브라함이 가나안 땅에 들어갈 때만해도 자식 하나, 땅 한 평 없는 하찮은 존재였습니다. 이제 하나님의 은혜로 두 나라를 이룰 정도로 강성한 민족이 되었습니다. 그런데 이스라엘은 하나님을 의지하기보다는 오히려 바람을 먹으며, 동풍을 따라가는 헛된 일을 행했습니다(1절).

　주님은 지금의 이스라엘을 그 옛날의 야곱과 비교하십니다. 이스라엘의 모습이 야곱의 모습과 너무나 흡사하기 때문입니다(2~4절). 야곱은 속임수를 써서 형의 장자권을 빼앗습니다. 이스라엘은 우상을 섬기면서도 겉으로는 하나님을 섬기는 듯 하나님을 속였습니다.

　그러나 하나님은 그들의 이러한 행위에 결코 속으실 분이 아닙니다. 그분은 이미 그들의 행위를 질책하고 계시며, 급기야는 그들을 멸망시키시겠다고 말씀하십니다. 이제라도 이스라엘은 하나님께로 돌이켜서 하나님만을 바라보아야 합니다. 그러면 하나님의 구원하시는 은혜가 이스라엘 가운데 나타날 것입니다.

♤ 기도
　하나님! 우리가 신앙생활하면서 야곱처럼 하나님을 속이는 이중적인 신앙생활을 하지 않도록 우리 마음속에 신실한 마음을 주옵소서. 예수님의 이름으로 기도합니다. 아멘

♤ 중보기도
　자녀의 믿음과 미래의 삶을 위해서.

♤ 묵상
　하나님을 바라보지 못하게 하는 것들이 내 주변에 무엇이 있는지 생각해 봅시다. 그리고 그것들을 어떻게 극복할 수 있는지도 생각해 봅시다.

나 외에 구원자가 없음이니라

♣ 성경 호세아 13:1~8 (외울요절 4절) 찬송 260(194)장 ♣

　이스라엘은 하나님의 기이한 은혜로 어린아이 같은 상태에서 강한 나라가 되었습니다. 이스라엘이 말하면 주변국이 떨 정도로 강대한 나라가 되었습니다(1절). 그런데 이스라엘은 하나님의 은혜로 얻은 금으로 송아지 우상을 만들더니 거기에 입을 맞추며 제사를 드렸습니다.
　이렇게 기가막힐 때가 있을까요? 그럼에도 불구하고 하나님은 하나님이 누구신지를 말씀하십니다(4절). 하나님은 이스라엘이 나기 전부터, 광야에서 힘겨운 삶을 살고 있을 때부터 지금까지 함께하신 분이십니다(5절). 그리고 그들에게 양식을 주신 분입니다(6절).
　그런데 그러한 풍족한 생활이 그들을 교만하게 만들었고, 하나님을 배반하게 했습니다. 하나님께서 우리를 지키시고 돌보심으로 얻은 풍족한 생활을 잊어서는 안 됩니다.

　♤ 기도
　은혜의 하나님, 하나님께서 주신 은혜를 잊고 세상으로 나가 세상을 벗삼아 사는 배은망덕한 신자가 되지 않게 하옵소서. 예수님의 이름으로 기도합니다. 아멘

　♤ 중보기도
　함께 믿음 생활하는 내 주변의 동료들을 위해.

　♤ 묵상
　하나님께서 주신 것을 내가 내 힘으로 얻었다고 생각하고 있지는 않은지 생각해 봅시다.

이슬과 같은 은혜

♣ **성경** 호세아 14:1~9 (외울요절 5절)　**찬송** 442(499)장 ♣

이스라엘이 회개하면 하나님께서는 이스라엘에게 이슬과 같게 될 것입니다(5절). 이스라엘 백성에게 있어서 아침 이슬은 생명 그 자체입니다. 팔레스타인 지방에는 비가 거의 오지 않습니다. 그러한 땅에 촉촉이 내리는 아침 이슬은 이슬이라기보다는 이스라엘만이 갖는 독특한 하나님의 은혜요 축복입니다.

이러한 이슬 때문에 이스라엘의 모든 식물이 자랄 수 있습니다. 이슬은 하나님의 은혜를 예표합니다(미 5:7). 이슬은 모든 사람이 잠든 밤에 조용히 내립니다. 모두 잠이 든 사이에 하나님께서는 성도들을 지키시고 쓸 것을 채워 주시겠다는 말씀입니다.

하나님께서는 우리가 전혀 인식하지도 않은 상태에서 우리에게 풍성한 은혜를 채워 주십니다. 그러므로 하나님의 잔잔한 은혜에 감사하며 그분을 찬양합시다.

♤ 기도
하나님, 하나님께서 주시는 이슬 같은 은혜를 맛보며 사는 신자가 되게 해주시옵소서. 예수님의 이름으로 기도합니다. 아멘

♤ 중보기도
이 땅의 기독 청소년들이 믿음 위에 서기를 위해.

♤ 묵상
주님이 주시는 이슬 같은 은혜가 어떤 것인지 생각해 봅시다.

내가 내 신을 만민에게 부어 주리니

♣ 성경 요엘 2:28~32(외울요절 28~29절)   찬송 185(179)장 ♣

　요엘은 브두엘의 아들로 유다 왕 아마샤 때 활동한 선지자입니다. 요엘은 두 가지를 선포했습니다. 첫째, 하나님의 심판이 임박했음을 선포했습니다. 요엘의 선포는 침울한 것이지만 진실한 것입니다. 그러므로 우리는 하나님의 심판이 있음을 인정하고 준비하는 자가 되어야 합니다. 둘째, 하나님께서 모든 만민에게 성령을 부어 주시겠다는 약속을 선포했습니다(28~29절). 이것은 매우 충격적인 약속이었습니다. 왜냐하면 구약시대에는 아주 특별한 사람들에게 성령을 주셨고, 그것도 그들이 하나님 사역에 쓰임받는 기간만 한시적으로 허락하셨던 것입니다. 그런데 하나님의 약속은 모든 사람에게 성령을 부어 주시겠다는 약속이었습니다. 선지자나 제사장이 아니더라도 성령을 받을 수 있게 된 것입니다. 예수님을 영접한 사람은 그 속에 성령이 와 계십니다. 예수님은 다시 오실 때까지 우리 영과 혼을 흠 없도록 지키십니다.

♤ 기도
　하나님, 우리는 심판을 생각지 않고 영원히 살 것처럼 세상을 삽니다. 그러나 이제는 요엘의 선포를 늘 기억하고 심판을 준비하는 삶을 살게 하소서. 예수님의 이름으로 기도합니다. 아멘

♤ 중보기도
　내가 섬기는 교회 담임목사님이 성령충만하여 주의 일을 마음껏 감당할 수 있게 되기를 위해.

♤ 묵상
　하나님의 심판이 내일 내게 임한다면 오늘 어떤 삶을 살아야 할지를 생각해 봅시다.

에돔의 네 가지 죄

♣ 성경 아모스 1:11~12(외울요절 11절)   찬송 268(202)장 ♣

아모스는 주전 800~750년경 예루살렘 남쪽 드고아에 살던 선지자로 양을 치고 뽕나무를 가꾸던 사람이었습니다(암 1:1, 7:14~15). 에돔의 대해 외치는 아모스의 메시지를 통해 오늘 우리 시대의 죄를 살펴봅시다.

첫째, 에돔은 칼로 자기 형제를 쫓아갔습니다. 사랑해야 할 형제를 칼로 대하는 것은 하나님의 진노 대상입니다.

둘째, 긍휼이 없었습니다. 예수님은 긍휼이 여기는 자를 긍휼이 여기십니다. 하지만 긍휼을 잃어버리는 것은 하나님의 심판입니다.

셋째, 항상 맹렬히 화를 냈습니다. 사람은 화를 낼 때와 내지 않을 때가 있습니다. 그러나 그들은 항상 화를 냈습니다.

넷째, 분을 끝없이 품습니다. 분은 화보다 더 심한 심리적 상태입니다. 이 네 가지 죄로 멸망한 에돔을 생각하며 오늘 나의 모습이 어떤지 생각해 봅시다.

♤ 기도

하나님, 오늘 우리 시대 우리 사회가 2800여 년 전 하나님의 심판을 받아 멸망한 에돔처럼 되지 않게 하소서. 예수님의 이름으로 기도합니다. 아멘

♤ 중보기도

우리가 살고 있는 사회가 밝고 건강한 사회가 되기를 위해.

♤ 묵상

에돔에게 있던 죄가 나에게는 없는지 생각해 봅시다.

이스라엘아! 들으라

♣ 성경 아모스 3:1~8 (외울요절 2절)   찬송 563(411)장 ♣

    지금 하나님께서 이스라엘에 대하여 매우 화가 나 계십니다(1절). 그것은 이스라엘과 하나님과의 특별한 관계 때문입니다(2절). 하나님은 많은 민족과 나라들 중에 이스라엘 백성만을 특별히 사랑하셨습니다. 그 이유는 이스라엘을 통하여 하나님을 온 세상에 나타내시기 위해서입니다.

    그런데 이스라엘은 부르심의 목적과 특별히 사랑하신 이유를 잊어버리고 더 사치하기 위해서 욕심을 내었습니다. 변화된 삶은 없고 오히려 하나님 은혜를 자신의 욕심을 위해 악용했습니다. 이것이 그들의 죄입니다. 하나님을 믿지 않는 죄가 아닙니다. 하나님께서 그들에게 특별한 은혜를 베푸시고 부르신 목적을 잊어버리고 욕심으로 달려간 죄입니다. 이것이 오늘 우리들의 모습이 되지 않도록 해야 합니다.

♤ 기도
    하나님, 하나님께서 우리를 부르신 목적을 알고 그 목적에 맞는 삶을 살게 하옵소서. 예수님의 이름으로 기도합니다. 아멘

♤ 중보기도
    이 땅의 이슬 같은 청년들을 통해서 하나님의 뜻이 이 땅에 충만히 이루어지길 위해.

♤ 묵상
    내 욕심을 채우기 위해 하나님의 은혜와 사랑을 악용하고 있지는 않은지 생각해 봅시다.

말씀이 없는 예배는 범죄 행위

♣ 성경 아모스 4:1~13(외울요절 1절)   찬송 341(367)장 ♣

아모스 시대는 경제와 정치가 안정되었을 뿐만 아니라 신앙적 열심도 있어 아무런 문제가 없어 보이던 시대이었습니다. 그런데 하나님은 그들을 갈고리로 끌어내시고 낚시로 낚아서 포로로 잡혀가게 하신다고 하십니다(2절). 그 이유는 이스라엘이 안정을 위해 하나님의 뜻을 저버렸기 때문입니다.

본문에서 지적한 이스라엘의 죄는 두 가지입니다.

첫째, 세상 사람보다 더한 욕심입니다(1절).

둘째, 세속적이고 기복적인 신앙입니다(4~5절). 수은제는 누룩이 없는 것으로 드려야 하는데 보기에 좋지 않다고 누룩이 있는 것으로 바꾸어 드렸습니다. 율법과 상관없이 보기에 좋으면 되는 자기 만족과 기복적인 신앙만 남아 있었습니다. 하나님은 이들의 행위를 범죄행위라고 하십니다. 말씀에 따른 예배만이 참 예배입니다.

♤ 기도
하나님, 주님을 믿고 있지만 세상 사람보다 더한 욕심으로 하나님 앞에서 범죄하지 않게 하옵소서. 세상 욕심과 정욕을 십자가에 온전히 못 박게 하소서. 예수님의 이름으로 기도합니다. 아멘

♤ 중보기도
아프리카와 회교권에서 선교하는 선교사님들의 안전을 위해.

♤ 묵상
내가 드리는 찬양과 예배가 누구의 만족을 위한 것인지 생각해 봅시다. 나 자신의 만족을 위한 것은 아닌가요?

잘 사는 나라

♣ 성경 아모스 5:4~15(외울요절 15절)　찬송 586(521)장 ♣

국가가 경제적으로 어려우면 백성도 어렵게 살기 마련입니다. 나라가 잘 살아야 백성도 잘 살 수가 있습니다. 어떻게 하면 잘 사는 나라가 될까요? 첫째, 여호와를 찾아야 합니다(4절). 북이스라엘의 비극은 하나님을 버렸기 때문입니다. 하나님을 찾되 창조자로, 통치자로 믿고서 찾아야 합니다(8절).

둘째, 불의를 버리고 공의를 행하여야 합니다(10~14절). 불의, 압제, 교만, 탐욕의 삶은 이스라엘 민족에게 하나님의 진노를 가져오게 했습니다. 공의를 행하면서 하나님 찾기를 요구하십니다.

셋째, 서로 사랑하여야 합니다(14~15절). 하나님은 사랑을 실천하는 자에게 긍휼과 자비를 베푸십니다. 우리나라가 우주의 통치자이신 하나님을 온전히 찾고, 공의를 행하며, 서로 사랑하는 복이 넘치는 나라가 되기를 소망합니다.

♤ 기도
하나님, 우리나라가 하나님께서 함께하시는 나라가 되길 소망합니다. 불의를 버리고 공의를 행하는 나라가 되게 하소서. 예수님의 이름으로 기도합니다. 아멘

♤ 중보기도
교회마다 진행되고 있는 여름수련회가 주의 은혜 가운데 잘 마쳐지기를 위해.

♤ 묵상
우리 민족이 어떻게 행하면 하나님께서 복을 주실지 생각해 봅시다. 그리고 이것을 위해 내가 할 일은 무엇인가도 생각해 봅시다.

남은 자의 축복

♣ 성경 미가 2:12~13 (외울요절 12절)   찬송 516(265)장 ♣

　남은 자란 찌꺼기가 아니라 알갱이(암 9:9)라는 뜻입니다. 홍수의 심판 속에서도 살아남은 노아의 가족들, 엘리야 시대 우상에 절하지 아니하고 하나님 앞에 있던 칠천 명의 신앙인들이 남은 자의 좋은 모델이라고 할 수 있습니다. 이런 남은 자들에게 주시는 하나님의 특별한 은혜가 있습니다.

　첫째, 하나님께서는 남은 자들을 모으시고 그들을 회복시켜 '보스라 초장'의 양떼같이 만드시겠다고 하셨습니다(12절). 참된 평안과 풍성한 은혜를 베푸시겠다는 약속입니다.

　둘째, 남은 자에게는 하나님께서 언제나 선두에서 행해 주십니다(13절). 당신을 가로막는 사단의 빗장을 하나님께서 앞서 행하시며 꺾으실 것입니다. 당신도 남은 자의 삶을 살아 주님께서 주시는 참된 은혜와 평안을 얻으시길 소망합니다.

♤ 기도
　하나님, 남은 자의 신앙을 갖고 부패한 이 세상을 믿음으로 살아가게 하옵소서. 예수님의 이름으로 기도합니다. 아멘

♤ 중보기도
　내가 섬기는 교회를 통해서 하나님나라가 확장되기를 위해.

♤ 묵상
　남은 자의 신앙이 무엇인지 생각해 봅시다.

의인은 그 믿음으로 말미암아 살리라

♣ **성경** 하박국 2:1~4(외울요절 4절)   **찬송** 351(389) ♣

하나님은 왜 불의를 허용하시는가? 하나님이 공의를 행하시는 분이라면 왜 악인들이 형통하고 의인들이 고통을 당해야 할까? 하박국이 이런 의문을 갖고 하나님께 물었을 때 하나님은 세 가지 답을 주셨습니다.

첫째, 모든 묵시는 정한 때가 있다는 것입니다(3절). 하나님의 모든 말씀은 결코 거짓되지 않고 하나님께서 정하신 때에 이루질 것입니다.

둘째, 더딜지라도 기다리라고 하셨습니다. 이 말은 두 가지 뜻이 있습니다. 하나는 악인의 번성도 잠깐인 것처럼 의인의 고통도 잠깐이라는 의미입니다. 하나님은 불의를 언제까지나 보고만 계시지 않으십니다.

셋째, 의인은 그 믿음으로 말미암아 살리라고 하셨습니다. 하나님께서 당신의 백성에게 고난을 주신 것도 믿음으로 살게 하기 위함입니다. 그러므로 하나님의 선하신 뜻이 이루어질 때까지 참고 기다려야 합니다.

♤ 기도
하나님, 불의한 일을 보면서 하나님을 원망하지 않게 하소서. 하나님의 때에 하나님의 뜻이 이루어질 때까지 참고 기다릴 수 있게 하옵소서. 예수님의 이름으로 기도합니다. 아멘

♤ 중보기도
세계 교회가 교회의 사명을 잘 감당할 수 있기를 위해.

♤ 묵상
의인은 그 믿음으로 말미암아 산다는 말을 생각해 봅시다.

환경을 초월하는 감사

♣ 성경 하박국 3:1~19(외울요절 17~18절) 찬송 251(137)장 ♣

하박국 선지자는 주의 일을 우리의 날(in our day), 우리의 때(in our time)에 이루어 주소서라고 기도합니다(2절). 하나님이 이루실 그 일을 하나님의 때가 아닌 우리의 때에 이루어 달라는 말입니다. 이렇게 기도한 하박국은 하나님에 대한 소문을 듣습니다(3~15절). 아무 일도 행치 않으시며 듣지도 보지도 않으시고 침묵하시는 하나님인 줄 알았는데 역사 속에서 하나님이 이루신 일을 들은 하박국은 두려워 떱니다(16절). 역사 속에서 자신의 때에 자신의 뜻을 이루어가시는 하나님을 깨달은 하박국은 하나님을 찬양하기 시작했습니다.

현실적으로 바뀐 것은 아무것도 없었습니다. 농사도 목축도 실패해 집안에 양식이 전혀 없습니다. 그러나 하나님이 어떤 분이심을 알게 된 하박국은 달라졌습니다. 하박국처럼 삶의 환경을 초월하여 하나님을 기뻐하며 그분께 감사하는 여러분이 되시길 원합니다.

♤ 기도
하나님, 무엇인가를 얻게 되는 순간에도 감사하게 하소서. 그리고 무엇인가를 다시 잃게 되는 순간에도 감사하게 하소서.
예수님의 이름으로 기도합니다. 아멘

♤ 중보기도
성도들 가정에 감사가 풍성해지기를 위해.

♤ 묵상
하나님께서 역사를 이루시는 때와 나의 때가 어떻게 다른지 고민해 봅시다.

내가 너희와 함께하노라

♣ 성경 학개 1:1~8(외울요절 8절) 찬송 317(353)장 ♣

　이스라엘 백성들은 아직 여호와의 전을 건축할 때가 아니라고 했습니다(2절). 생계는 어렵고 사회가 혼란스러우니 성전은 나중에 지어도 된다는 것입니다. 이때 학개 선지자가 "너희는 너희의 행위를 살필지니라"고 외칩니다. 바벨론 포로에서 돌아온 이스라엘 백성들의 1차 과업은 여호와의 성전을 건축하는 일이었습니다.
　그런데 그들은 기초만 세우고 손을 놓고 말았습니다. 그리고 자기 집은 최고급으로 짓고 살았습니다(4절). 이런 행위가 옳은지 살펴보라는 것입니다. 오늘 우리의 모습은 어떻습니까? 죄의 포로에서 하나님 자녀가 된 것은 하나님의 일을 위해서입니다. 그러므로 우리는 하나님나라를 세워가야 합니다. 그런데 당신은 지금 어떻습니까? 복음을 전하는데 얼마만큼의 관심을 갖고 힘을 쓰고 있습니까?

♤ 기도
　하나님, 우리가 지금 관심을 갖고 집중하는 것이 자신의 이기적인 욕심이 되지 않게 하소서. 하나님나라와 의를 위한 것이 되도록 인도하소서. 예수님의 이름으로 기도합니다. 아멘

♤ 중보기도
　이 땅에 부름받은 하나님의 종들이 맡겨진 사역을 잘 감당할 수 있기를 위해.

♤ 묵상
　나를 통해 하나님의 교회가 얼마나 세워져가고 있는지 생각해 봅시다.

나중 영광이 이전 영광보다 크리라

♣ 성경 학개 2:1~9 (외울요절 9절)   찬송 210(245)장 ♣

바벨론 포로에서 예루살렘으로 돌아온 이스라엘 백성들이 먼저 해야 할 일은 성전을 재건하는 일이었습니다. 그러나 사회는 혼란하고 경제는 어렵고 미래는 불확실했습니다. 게다가 이스라엘 백성들은 과거 솔로몬 성전의 영광을 기억하는 향수에 젖어 성전 건축에 대한 어떤 확신도 갖지 못하고 있었습니다(3절).

이때 여호와께서 학개 선지자를 통하여 말씀하십니다. "스스로 굳세게 하라"(4절). "두려워하지 말라"(5절). 하나님께서 하늘과 땅과 바다와 육지를 진동시키시고 하나님의 영광을 그 전에 충만하게 하실 것이기 때문입니다.

그 때 이스라엘 백성들은 이전의 솔로몬 성전에 있었던 영광보다 더 큰 영광을 보게 될 것입니다. 장차 나타날 하나님의 영광을 소망 중에 바라보며 신앙생활하시길 소원합니다.

♤ **기도**
하나님, 이전에 있었던 것보다 더 큰 하나님의 영광이 나타날 것을 소망하며 믿음 가운데 세상을 살게 하소서. 예수님의 이름으로 기도합니다. 아멘

♤ **중보기도**
우리 민족의 복음화를 위해.

♤ **묵상**
장차 나타날 더 큰 하나님의 영광이 어떤 것인지 생각해 봅시다.

너희는 내게로 돌아오라

♣ 성경 스가랴 1:1~6(외울요절 3절) 찬송 532(323)장 ♣

하나님께서 "너희는 내게로 돌아오라"(3절)고 이스라엘 백성에게 하소연하십니다. 도대체 이스라엘은 하나님 앞에서 어떠한 존재이길래 하나님께서 이렇게 간절히 돌아오라고 하소연하시는 걸까요?

이스라엘 백성들은 하나님보다 바알이 더 좋아 하나님을 배반하고 떠난 사람들입니다. 그럼에도 불구하고 하나님은 무엇 때문에 이렇게 가슴앓이 사랑을 하는 것일까요? 아무도 그 하나님의 사랑을 설명할 수 없습니다. 그러나 분명한 것은 하나님께서 열방의 뛰어난 다른 민족을 제쳐놓으시고 이스라엘을 택하셨다는 것입니다.

그리고 하나님은 사랑을 그들에게 한없이 쏟으셨습니다. 이처럼 하나님의 큰 사랑을 갚는 길은 오직 하나밖에 없습니다. 조상들의 악한 행위(4절)를 떠나서 하나님께로 돌아가는 것입니다.

♤ 기도
하나님, 주님께서 우리를 사랑하시는 이유를 알 수 없지만 그 사랑에 보답하는 삶을 살게 하옵소서. 예수님의 이름으로 기도합니다. 아멘

♤ 중보기도
미자립교회와 농어촌 교회를 위해.

♤ 묵상
나를 선택하신 하나님의 사랑의 이유가 무엇인지 가슴 깊이 묵상해 봅시다.

모든 육체는 여호와 앞에서 잠잠할지라

♣ 성경 스가랴 2:11~13(외울요절 13절)　찬송 542(340)장 ♣

"여호와의 팔이여 깨소서 깨소서"(사 51:9). 이러한 애절한 호소들은 환난 중에 있는 성도들이 주의 구원을 앙모하면서 부르짖는 애원입니다. 사실 하나님께서는 마치 숨어 계시는 듯 잠잠하여 우리의 안타까움을 신원하여 주시지 않는 것처럼 느껴지는 때도 많이 있습니다. 하나님의 징벌이 더딤으로 악인들은 용기를 얻어 더욱 강퍅해지는 것도 사실입니다(시 73:4~12).

그러나 때가 있습니다. 하나님께서 하늘의 '성소'에서 일어나 성도들을 위하여 오실 것입니다. 그 때는 모든 육체가 주 앞에 잠잠하지 않으면 안 됩니다. 그분께서 자리를 떨치고 일어나 우리 앞에 나타나실 것인데 그 앞에 누가 감히 설 수 있겠습니까? 그 때 하나님의 백성들은 영원한 그의 기쁨이 되고 영광이 될 것입니다(12절).

♤ 기도
하나님, 하나님께서 자리를 떨치고 일어나 오실 때까지 참고 기다리는 인내의 사람이 되게 하소서. 예수님의 이름으로 기도합니다. 아멘

♤ 중보기도
복음 때문에 애매히 고난당하는 주의 백성들을 위해.

♤ 묵상
하나님께서 자리를 떨치고 내게 오실 때 일어날 일들을 묵상해 봅시다.

더러운 옷을 입은 대제사장

♣ 성경 스가랴 3:1~10(외울요절 5절)   찬송 151(138)장 ♣

　대제사장 여호수아가 천사와 사단 앞에서 더러운 예복을 입고 서 있습니다. 사단은 여호수아를 대적했지만 여호와는 사단을 책망하시며 더러운 옷을 대제사장에게서 벗겨내시고 아름다운 옷을 입혀 주셨습니다.
　더러운 옷을 입은 대제사장 여호수아는 당시에 죄와 허물로 가득한 이스라엘을 상징합니다. 이스라엘은 그들의 죄로 전혀 소망이 없는 상태이었습니다. 하지만 하나님은 그들에게 아름다운 옷을 입혀 주셨습니다.
　아름다운 옷은 의의 옷으로 새 사람에게 주시는 은혜를 상징합니다. 우리는 우리의 죄로 전혀 소망이 없는 상태이었습니다. 사단도 우리를 조롱하며 비웃었습니다. 하지만 예수님은 십자가에서 죽으심으로 우리를 구원과 의로 옷 입히셨습니다. 이제 우리는 누구도 정죄할 수 없는 자유한 백성이 되었습니다.

♤ 기도
　하나님, 죄악으로 얼룩진 우리의 영혼과 몸을 깨끗하게 씻어 주심을 감사드립니다. 이 놀라우신 주님의 은총을 감사하며 사는 성도가 되게 하옵소서. 예수님의 이름으로 기도합니다. 아멘

♤ 중보기도
　저 북녘 땅에 하나님의 복음이 전파되기를 위해.

♤ 묵상
　지난날 내가 지었던 죄악을 생각해 봅시다. 내 죄가 씻기지 않고 내 영혼에 그대로 남아 있다면 내 모습은 어떨까요?

오직 나의 영으로만

♣ **성경** 스가랴 4:1~6(외울요절 6절) **찬송** 197(178)장 ♣

"이는 힘으로 되지 아니하며 능력으로 되지 아니하고"(6절). 여기에서 말하는 힘과 능력은 무엇일까요? '힘'이란 군대의 힘, 무거운 짐을 나르는 역군들의 힘, 부유한 재물의 힘, 재덕의 힘 따위를 말합니다.

그리고 '능력'이란 인간의 육체적인 힘을 말합니다. 세속적인 모든 힘을 다 동원한다 해도 하나님의 일은 결코 이루어지지 않습니다. 그런데 오늘날 우리는 우리들의 세속적인 인간의 힘, 즉 단체와 국가의 힘이거나 개인의 힘이거나 또 그것이 정신적인 것이나 물질적인 것이든 간에 너무도 거기에 지나치게 의존하며 살고 있습니다.

그러나 기억하십시오. 하나님의 일은 오직 하나님의 영으로만 가능하다는 사실을! 천지를 창조하신 분도, 해골을 일으키신 분도, 오늘 우리에게 구원을 주시는 분도 하나님의 영이십니다. 그분의 영만이 우리 가운데 하나님의 크신 역사를 이루십니다.

♠ **기도**
하나님, 우리가 가진 어떤 것도 의지하지 않고 오직 주님만 의지하게 하소서. 예수님의 이름으로 기도합니다. 아멘

♠ **중보기도**
우리 교회의 모든 사역이 사람의 힘이 아니라 하나님의 영으로 이루어지기를 위해.

♠ **묵상**
내가 내 힘으로 하나님의 일을 이루려고 했을 때 어떠한 일이 있었는지 생각해 봅시다. 하나님의 은혜로 교회 일들이 진행될 때는 어떠했는지도 생각해 봅시다.

참 목자가 그에게서 나올 때에

♣ 성경 스가랴 10:1~12(외울요절 4절)   찬송 570(453)장 ♣

    양은 방향 감각이 없어서 목자가 없으면 집으로 돌아가지 못하고 숲 속을 방황하다가 들짐승의 밥이 되고 맙니다. 이스라엘 백성들은 목자 없는 양처럼 유리하며 곤고를 당했습니다(2절). 하나님은 거짓 목자에게 노를 발하시고 그들을 벌하신 후(3절) 참 목자를 일으키실 것입니다. 그 분은 모퉁잇돌처럼, 말뚝처럼, 싸우는 활처럼, 그리고 권세 잡은 자처럼 우리에게 나타나실 것입니다(4절). 그분이 오시면 우리와 함께하실 것입니다(5절).
    이제 우리는 전장의 한복판에 던져진다 할지라도 두려워할 필요가 없습니다. 그 분이 우리를 모든 싸움에서 이기게 할 것이기 때문입니다. 그 분이 우리를 모든 환난과 위험과 죄악에서 구원하시고(6~7절) 레바논으로 이끌어가실 것입니다(10절).
    거기서 우리들은 견고하게 될 것입니다(12절).

♤ 기도
하나님, 우리의 참 목자가 되어 주셔서 감사합니다. 양처럼 목자되신 예수님만 따라가게 하시고, 주의 이름을 의지하며 살게 하소서.
예수님의 이름으로 기도합니다. 아멘

♤ 중보기도
목자 없는 양같이 유리 방황하는 청소년들을 위해.

♤ 묵상
그에게서 나오는 목자는 어떤 분이실까요? 생각해 봅시다.

열납되지 않는 제사

♣ **성경** 말라기 1:1~10(외울요절 10절) **찬송** 327(361)장 ♣

하나님께서 말라기 시대에 유대인들의 제사를 열납하시지 않은 이유는 다음과 같습니다.

첫째, 하나님께 형식적인 제사를 드렸기 때문입니다. 하나님을 공경해야 할 이스라엘 백성들이 하나님을 공경하기는커녕 오히려 멸시했습니다(6절).

둘째, 하나님께 마음이 전혀 없는 제물을 드렸습니다. "더러운 떡"(7절)을 드려 하나님의 제단을 더럽혔습니다.

셋째, 하나님께 외식하는 기도를 했습니다. 하나님께 병든 것, 불구 된 제물, 더러운 떡을 드리고 이렇게 기도했습니다. "우리를 불쌍히 여기소서"(9절). 참으로 가증스러운 것이 아닐 수 없습니다.

오늘날에도 하나님 앞에 습관적으로 은혜를 구하는 것을 흔히 볼 수 있습니다. 미가 선지자는 하나님이 우리에게 구하시는 것은 공의를 행하고 인자를 사랑하고 겸손히 하나님과 동행하는 것이라고 했습니다(미 6:8). 겸손하게 하나님께 나아가시길 소망합니다.

♤ **기도**
하나님, 하나님께서 싫어하시는 형식적인 예배가 아니라 우리 마음과 정성을 다하는 영과 진리의 예배를 드리게 하소서.
예수님의 이름으로 기도합니다. 아멘

♤ **중보기도**
이 땅에 진정한 예배가 회복되기를 위해.

♤ **묵상**
나는 지금 어떤 예배로 주님께 나아가고 있는지 생각해 봅시다.

만군의 여호와가 이르노라

♣ 성경 말라기 4:1~6(외울요절 2절) 찬송 202(241)장 ♣

말라기는 구약의 마지막 책입니다. 글의 맨 마지막은 결론입니다. 이런 의미에서 본 장을 본다면 구약 성경 전체의 맺음말과 같습니다. 하나님께서 구약 성경에서 마지막으로 우리에게 들려주시는 말씀이 무엇인지 들어봅시다.

첫째, 하나님의 말씀에 대한 중요성이 있습니다.

본문은 "만군의 여호와가 이르노라"(1절)는 말씀으로 시작합니다. 말라기서에는 하나님께서 성경이 자신의 말씀임을 강조하신 부분이 스물한 번이나 나타나 있습니다.

둘째, 심판의 날을 선언합니다(1절). '용광로 불 같은 날'은 하나님 심판의 날을 의미합니다.

셋째, 모세에게 명한 율례와 법도를 기억하라고 하십니다(4절).

넷째, 회개에 대한 촉구입니다(6절). 만일 우리가 하나님께로 돌아와 계명의 말씀을 지키지 못한다면 결국 저주를 받게 됩니다.

♤ 기도
하나님, 세상 모든 민족이 죄악에서 떠나 주의 율례와 법도를 기억하고 그 말씀을 따라 살게 하소서. 예수님의 이름으로 기도합니다. 아멘

♤ 중보기도
이 민족의 통일을 위해.

♤ 묵상
구약 성경 전체의 결론 말씀을 마음속에 깊이 간직해 봅시다.

우리의 참주인은 누구인가

♣ 성경 마태복음 6:19~24(외울요절 20절) 찬송 88(88)장 ♣

 돈은 인간과 사회를 움직이는 중요한 동인(動因)입니다. 예수님은 사람의 마음이 물질에서 자유롭지 못하다는 것을 잘 알고 계셨습니다. 그래서 역으로 우리 마음을 담고 있는 물질을 올바른 곳에 두면 마음도 올바른 곳에 둘 수 있음을 가르치십니다.
 "인간은 물질에 사로잡혀 있다. 물질이 있는 곳에 인간의 마음도 있기에 물질을 하늘에 쌓아두라. 그러면 마음이 물질을 따라 하나님께 있게 된다."
 물론 이것은 물질에 사로잡혀 사는 인간을 구해내시기 위한 하나님의 역설입니다. 동서고금을 막론하고 삶 속에서 하나님의 가장 강력한 적은 돈입니다. 우리는 하나님만 섬겨야 합니다. 그래서 돈을 따라가는 인간의 마음을 제자리에 두시기 위해 이런 말씀을 주신 것입니다.
 오직 하나님만이 참 주인이십니다. 하나님의 백성이 가장 먼저 구해야 할 것은 그분의 나라와 의를 구하는 것입니다.

♤ 기도
 우리의 필요를 아시는 하나님, 주님에 대한 믿음으로 삶의 우선순위를 놓치지 않게 하소서. 분주한 삶, 물질을 따라가는 세상 속에서 주만 바라볼 수 있게 하소서. 예수님의 이름으로 기도합니다. 아멘

♤ 중보기도
 그리스도인들이 세상의 맘몬주의에 빠지지 않고 물질을 지혜롭게 활용할 수 있게 되기를 위해.

♤ 묵상
 은과 금은 주께 속한 것입니다.

선한 사람과 악한 사람

♣ **성경** 마태복음 12:33~37 (외울요절 35절)　**찬송** 358(400)장 ♣

　성령을 훼방하는 자는 결코 하나님의 자녀가 아닙니다. 예수님은 자기가 행하는 성령 사역을 보고 그분을 귀신의 왕 바알세불이라고 부른 사람들을 향해 '독사의 자식들'이라고 말씀하십니다. 그들은 하나님을 믿노라 하면서 하나님의 역사는 좋지 않다 하니 이러한 모순은 없습니다. 예수님은 "나무도 좋고 열매도 좋다 하든지 나무도 좋지 않고 열매도 좋지 않다 하든지 하라"(33절)고 말씀하십니다.

　성령이 행하시는 역사를 나쁘게 말하는 것은 성령이 나쁘다고 말하는 것과 같습니다. 그들이 그렇게 말할 수밖에 없는 이유는 그들의 마음에 하나님이 안 계시고 악이 가득 쌓여 있기 때문입니다. 그런 사람에게는 하나님의 용서가 임할 수 없습니다.

　반면 선한 사람은 그 마음 안에 하나님께서 계시기 때문에 선한 말을 합니다. 그의 선한 말로 인해 하나님께 의롭다 하심을 받습니다.

♤ 기도
　하나님, 제 안에 위선적인 신앙은 없는지, 형식적인 신앙생활로 마음이 굳어지지는 않았는지 돌아보게 하시고 정결한 마음으로 행실의 열매를 맺는 자가 되게 하소서. 예수님의 이름으로 기도합니다. 아멘

♤ 중보기도
　교회 안에 성도들이 위선과 형식적인 신앙생활로 마음이 굳어지지 않기를 위해서.

♤ 묵상
　신앙의 중간지대란 없습니다. 그리스도 안에 거하는 것이 우리의 생명입니다.

그 날을 기다리며

♣ 성경 마태복음 13:24~30(외울요절 30절)   찬송 484(533)장 ♣

정의(正義)가 이뤄지지 않음으로 하박국 선지자처럼 "언제까지 부르짖어야 합니까?"라고 외치는 사람들이 있습니다(합 1:1~4). 우리는 가라지를 뽑아내고 싶어했던 종들처럼 지금 당장 정의를 완성하고픈 마음을 가질 수 있습니다. 하지만 이 땅의 삶에서 최종적인 정의의 완성이란 없다는 것도 잊지 말아야 합니다. 그런 의미에서 정의를 위해 최선을 다하고 불의의 문제까지 감내하며 마지막 때를 기다릴 줄 아는 자세가 필요합니다.

지금 우리가 살고 있는 곳에는 '넘어지게 하는 것'과 '불법을 행하는 자들'이 함께하고 있습니다. 그러나 이런 것들이 다 정리되고 하나님의 사람들이 환하게 웃으며 해같이 빛날 날이 올 것입니다. 하지만 지금은 기다림의 때, 마지막 날의 그 은혜를 계속해서 전해야 하는 때입니다. 그 확신을 품고 열심히 오늘을 살아갑시다.

♧ 기도
하나님, 외면이 아니라 내면, 상황이 아니라 중심을 보시는 하나님께 집중하게 하소서. 언젠가 하나님께서 칭찬해 주실 그 날을 기대하여 오늘의 삶을 인내하게 하소서. 예수님의 이름으로 기도합니다. 아멘

♧ 중보기도
이 시대 그리스도인들이 어떤 어려움에서도 결국 하나님 뜻은 열매를 맺으리라는 믿음의 확신으로 승리하기를 위해.

♧ 묵상
하나님의 자리를 하나님께 드릴 때 누릴 수 있는 기쁨은 너무나 놀라운 것입니다.

예수님을 바라보자

♣ 성경 마태복음 14:28~36 (외울요절 33절)   찬송 373(503)장 ♣

　예수님께서 물 위를 걸으시는 행위를 보여 주신 것은 제자들에게 교훈하기 위함이었습니다.
　자연이 순종하는 대상은 하나님밖에 없으며 예수님이야말로 자연을 순종하게 하는 하나님의 신성을 가진 분이심을 나타내신 것입니다. 베드로는 그 주님을 바라보고 명령을 좇아 물 위를 걸었습니다. 그러나 예수님을 바라보던 눈이 풍랑을 향하게 되면서 물속으로 빠지게 됩니다.
　중요한 것은 문제보다 크신 하나님을 바라보는 믿음입니다. 이것이 살아있는 믿음이요, 역사하는 믿음입니다. 우리 삶의 현장에도 큰 물결이 일곤 합니다. 바로 그 때 주님을 바라보고 주님의 뜻 가운데 순종하며 행할 수 있어야 합니다. 그러기 위해서 일상 속에서 경건의 시간을 놓치지 않고 그 속에서 주님을 깊이 경험해야 합니다. 그것이 믿음으로 승리하는 길입니다.

♤ 기도
　하나님, 분주한 일상 속에서 경건의 시간을 놓치지 않게 하시고, 그 속에서 주님을 깊이 있게 경험함으로 믿음이 더욱 성장하게 하소서. 예수님의 이름으로 기도합니다. 아멘

♤ 중보기도
　그리스도인들이 시선을 빼앗기지 않고 오직 주만 바라볼 수 있는 믿음과 결단을 갖게 해주시기를 위해.

♤ 묵상
　내 삶에서 문제를 만났을 때 가장 먼저 바라보는 것이 무엇입니까?

먼저 영혼에 관심을 두라

♣ 성경 마태복음 15:15~20 (외울요절 18절) 찬송 563(411)장 ♣

예수님은 씻지 않은 손으로 음식을 먹음으로 정결함을 잃었다고 생각하는 사람들에게 식사와 배설의 관계를 풀이하며 일침을 놓으십니다. 입에 들어간 음식은 어차피 배설물로 나오는 반면에, 인간의 전통을 가지고 하나님의 뜻을 거역하는 말을 하는 율법주의자들 입에서는 오히려 악한 생각과 거짓 증언, 살인과 비방들로 가득차 있다는 것입니다.

즉, 생리적인 배설은 오히려 몸속을 깨끗하게 만들지만 입의 배설은 영혼 전체를 더럽힐 수 있다는 말입니다. 그렇기 때문에 우리가 관심을 가져야 할 본질은 우리의 영혼이어야 합니다.

우리는 영혼의 깨끗함에 관심을 두고 우리의 영혼을 맑고 정결하게 하는데 관심을 기울여야 합니다.

이 시간 우리의 소위를 살펴보길 바랍니다.

♤ 기도
하나님, 외모에 신경 쓰는 만큼 내면에 집중하지 못했던 시간을 회개합니다. 주님의 관심이 어디에 있는지 기억하며 내면을 정결케 하고 아름답게 가꿀 줄 아는 사람이 되게 하소서. 예수님의 이름으로 기도합니다. 아멘

♤ 중보기도
한국 교회가 세상의 조류에 휩쓸리지 않고 정직하고 진실하게 세워질 수 있기를 위해.

♤ 묵상
내 말과 행실이 아름다운 열매로 드러나도록 내 영혼은 맑고 깨끗합니까?

누룩을 조심하라

♣ 성경 마태복음 16:5~12 (외울요절 6절)   찬송 419(478)장 ♣

　반죽 전체에 번져서 반죽의 속성 자체를 변화시키는 누룩의 힘이 강력함을 말씀하십니다. 예수님은 이처럼 강력한 누룩의 부정적인 효과를 경계하십니다. 단단한 결속력과 율법의 해박함을 갖추고 있던 당시 바리새파나 사두개인들은 일반 대중들의 마음을 오염시키기에 충분한 힘을 가지고 있었습니다. 실제로 당대 역사가였던 요세푸스는 모든 백성과 귀족 및 왕족들까지도 바리새 사람들의 가르침을 따르지 않을 수 없었다고 합니다.
　예수님은 이와 같은 영향력을 가졌던 그들의 가르침에 부착된 율법주의와 위선을 통한 종교적인 형식주의가 제자들에게 옮겨가서는 안 된다는 점을 말씀하고 계십니다.
　우리가 붙잡아야 할 분은 오직 예수님 한 분뿐입니다. 그것을 변질시키는 누룩은 제거해야 합니다.

♤ 기도
　하나님, 우리 안에 좋지 않은 변화를 감지할 때, 그냥 지나가지 않고 어디로부터 비롯된 것인지 살피고 돌이킬 수 있는 영적인 통찰력과 하늘의 지혜를 허락하소서. 예수님의 이름으로 기도합니다. 아멘

♤ 중보기도
　정보화시대 속에서 그리스도인들이 영적분별력을 갖고 악영향을 받지 않기를 위해.

♤ 묵상
　내게 영향을 미치고 있는 누룩이 있습니까? 똑같은 창살로 어떤 이는 진흙을 어떤 이는 별을 봅니다.

참된 복음은 십자가 예수입니다

♣ 성경 마태복음 16:21~28(외울요절 24절) 찬송 458(513)장 ♣

　베드로의 고백을 들으신 예수님은 그분 자신이 그리스도이신 사실을 다른 사람에게 알리지 말라고 하십니다. 그것은 사람들의 오해 때문이었습니다. 당시 유대인들은 정치, 군사적 메시아를 기대하고 있었습니다. 그러나 예수님은 우리 죄를 위해 고난받으시고 속죄의 죽음을 맞으실 대속의 메시아로 오셨습니다. 결국 예수님을 향해 항변하는 베드로를 향하여 '사단'이라고 부르시며 강하게 책망하십니다.
　정복자 메시아인가 아니면 고난의 메시아인가? 복음의 핵심은 '십자가에 달린 그리스도'입니다.
　예수님에 대한 나의 고백은 무엇입니까? 분명한 것은 예수님이 그리스도이심을 알고 그 고백이 머리가 아닌 가슴으로 나올 수 있어야 합니다. 그것이 예수님의 제자 된 우리들의 올바른 태도인 줄 압니다.

♤ 기도
　하나님, 예수님을 알 수 있는 은혜 주심을 감사드립니다. 그 고난당하심과 죽음의 사랑을 보며 또 한 번 감사를 드립니다. 더욱 뜨겁게 예수님을 삶의 주인으로 모시게 하소서. 예수님의 이름으로 기도합니다. 아멘

♤ 중보기도
　그리스인들이 육적인 힘을 빼고 예수 그리스도가 삶의 주인이심을 중심으로부터 믿고 고백하기를 위해.

♤ 묵상
　예수님에 대한 나의 고백을 드립시다. 영원한 분을 만날 수 있는 시간은 바로 지금입니다.

전능하신 하나님을 신뢰하라

♣ 성경 마태복음 17:14~21 (외울요절 20절)   찬송 289(208)장 ♣

영광스러운 변화산 위와는 대조적으로 산 아래에 있던 제자들은 귀신 들린 아이를 해결하지 못해 혼란스러워하고 있었습니다. 오늘을 살아가는 우리 삶의 현장은 영광스러운 산 위가 아니라 문제와 갈등으로 혼란한 산 아래와 같습니다. 우리는 이 현장을 감당하기 위해 믿음이 필요합니다. 제자들이 귀신을 쫓아내지 못한 이유도 믿음이 부족했기 때문입니다.

물론 귀신을 쫓아내는 것은 하나님의 능력입니다. 그러나 그 능력을 체험하기 위하여 우리의 믿음이 요구됩니다. 우리는 산을 옮기지 못하지만 산을 옮기는 것은 하나님의 능력입니다. 예수님이 우리에게 원하시는 것은 바로 그 하나님을 신뢰하고 진실하게 대하는 것입니다. 지금 나의 믿음을 약하게 하는 것들이 있다면 모두 주 앞에 내어 놓고 간절히 간구합시다. '하나님만을 깊이 신뢰하게 하소서.'

♧ 기도
하나님, 주님만을 온전히 신뢰하지 못한 우리의 연약함을 용서하시고 이젠 그 한계를 넘어서 그리스도의 십자가만을 붙잡고 나아가도록 인도하여 주소서. 예수님의 이름으로 기도합니다. 아멘

♧ 중보기도
하나님 말씀을 붙잡고 마음과 뜻을 다해 순종함으로 생명력 있는 참 믿음의 그리스도인들이 되기를 위해.

♧ 묵상
나의 마음을 약하게 하는 것은 무엇입니까? 그리스도의 십자가는 영원히 변하지 않습니다.

한 영혼을 귀히 여기시는 하나님

♣ **성경** 마태복음 18:5~14(외울요절 5절)   **찬송** 499(277)장 ♣

"나를 믿는 이 작은 자"(6절)는 하나님나라의 백성이 된 예수님의 제자들을 의미합니다. 그들은 세상에서 대접받지 못하지만 누구보다 존귀한 존재들입니다. 예수님께서 자신을 그들과 하나로 여기시기 때문입니다. 예수님은 그들을 실족하게 하는, 곧 죄를 짓도록 만드는 세상에 화가 있다고 하십니다.

그리고 제자 한 사람을 실족하게 하는 사람은 죽는 것이 낫고, 스스로 죄를 끊지 못하고 범죄를 지속하면 영원한 지옥 불에 던져질 것입니다. 죄의 형벌이 이 정도라면 하나님께서 한 영혼을 얼마나 깊이 사랑하시는지 알 수 있습니다. 제자들은 절대로 다른 영혼을 업신여기지 말아야 합니다. 죄를 지어 무리에서 떨어진 영혼이 있다면 하나라도 잃지 않도록 책임을 지고 그들을 돌이키게 해야 합니다.

우리가 하나님의 소중한 제자들임을 믿으신다면 우리도 한 영혼을 소중히 여길 수 있어야 합니다.

♤ 기도
하나님, 한 영혼을 귀하게 여기시는 하나님의 마음을 품게 하소서. 그래서 이 땅의 잃어버린 영혼들에게 생명의 복음과 그리스도의 사랑을 전하는 믿음의 종이 되게 하소서. 예수님의 이름으로 기도합니다. 아멘

♤ 중보기도
지금도 음지에서 병과 가난으로 죽어가는 영혼, 소외된 영혼들이 하나님의 사랑을 경험하기를 위해.

♤ 묵상
다른 영혼을 업신여긴 적은 없습니까? 주님 말씀처럼 한 영혼을 소중히 여겨야 합니다.

한없는 용서

♣ **성경** 마태복음 18:21~35(외울요절 35절)　**찬송** 539(483)장 ♣

　베드로는 죄를 범한 형제를 몇 번이나 용서해야 하는지, 일곱 번까지 용서해야 하는지 예수님께 여쭈었습니다. 베드로는 일곱 번이면 매우 관대한 것이라고 생각했지만 예수님께서는 일흔 번씩 일곱 번이라도 용서하라고 하십니다.

　예수님은 한 가지 비유를 들어 설명하십니다. 일만 달란트 빚진 것과 백 데나리온 빚진 것은 하늘과 땅 차이입니다. 일만 달란트 빚은 영원한 죽음을 불러오는 죄와 같습니다.

　하나님은 우리 죄를 용서해 주셨습니다. 하나님의 용서를 받은 우리가 우리에게 잘못한 형제를 몰아세워 철저한 보상을 요구하는 것은 악한 일입니다. 하나님의 용서에 비할 때 내가 형제를 용서하는 일은 대단하지 않습니다. 용서에 있어서 어떤 제한을 두지 말고, 말씀에 순종하는 삶을 소망합시다.

♠ 기도
　무한한 용서와 사랑을 베푸시는 하나님, 우리의 삶 속에서 용서와 사랑을 베푸는 삶을 살도록 인도하소서. 오늘 하루의 삶을 통해 하나님 은혜와 교훈이 드러나게 하소서. 예수님의 이름으로 기도합니다. 아멘

♠ 중보기도
　교회 안에서 먼저 용서하고 포용하며 사랑하는 아름다운 역사들이 풍성하게 일어날 수 있기를 위해.

♠ 묵상
　형제를 용서하는 것이 나에게는 자연스러운 일입니까? 하나님의 용서보다 위대한 용서는 없습니다.

예수님의 초대를 거절한 청년
♣ 성경 마태복음 19:16~22(외울요절 21절)   찬송 536(326)장 ♣

관원이었고 부자였으며 율법에 비춰 볼 때 도덕적으로 흠이 없는 한 청년이 예수님께 영생을 얻는 방법에 대해 여쭈었습니다. 예수님은 그가 기대한 선행에 대해 말씀하지 않으시고 선하신 이는 오직 한 분뿐이시며, 생명에 들어가려면 계명을 지키라고 말씀하십니다.

그 청년은 예수님께서 열거하신 계명들을 다 지켰다고 말하자 예수님께서는 소유를 다 팔아 가난한 자들에게 나눠 주고 "나를 따르라"고 하셨습니다. 그러나 그 부르심에 거절했습니다. 그 청년은 재물을 포기할 수 없었기 때문입니다.

결국 그는 하나님의 말씀을 자기 선을 이루는 데만 적용했고, 지금껏 누려온 풍족한 삶을 희생해 이웃을 섬기는 데까지 나아가지 못하고 돌아갑니다. 과연 나는 부자 청년과 다른 삶, 즉 예수님을 따르기 위해 모든 것을 내려놓고 주 앞에 나아가는 삶을 살고 있는지 살펴 봅시다.

♤ 기도
우리의 중심을 보시는 하나님, 부자 청년처럼 율법을 지키고 행하는 것으로 온전한 그리스도인이라고 여기는 형식적인 신앙인이 되지 않게 하소서. 믿음과 순종으로 주를 따르게 하소서. 예수님의 이름으로 기도합니다. 아멘

♤ 중보기도
한국 교회가 예수님께서 원하시는 나누는 삶, 믿음으로 따르는 삶을 생명처럼 여기는 교회가 되어지기를 위해.

♤ 묵상
믿음은 주님의 약속을 받아들이는 것입니다. 하지만 쉽게 거절하고 쉽게 잊고 살진 않습니까?

나중 된 자, 먼저 된 자

♣ 성경 마태복음 19:27~30(외울요절 30절)   찬송 200(235)장 ♣

   부자 청년과 달리 제자들은 예수님을 따르기 위해 모든 것을 포기했습니다. 이런 제자들을 대표해 베드로가 예수님께 "우리가 선생님을 따랐으니 무엇을 얻을 수 있겠습니까?"라고 여쭈었습니다. 땅에서 누릴 영화를 상상하던 제자들은 예수님께서 약속하신 권세와 보상을 이해하기 어려웠습니다. 지금까지 예수님의 가르침은 유대주의에 바탕을 둔 사람들의 전통적 가치관과 생각을 계속해서 뒤집어왔지만, 제자들은 예수님의 새로운 가치관을 수용할 준비가 되지 못했습니다.

   그러나 분명한 것은 하나님나라에서는 세상 가치관들이 모두 뒤집어질 것이며, 이 일이 하나님의 주권으로 이뤄질 것이라는 사실입니다. 이 땅에서 이루어질 보상을 바라보며 예수님을 따르고 있지는 않습니까? 예수님의 십자가를 붙잡고 세상과 육신, 사단의 교활함에 맞서서 굳게 서길 바랍니다.

♤ 기도
   하나님, 새 하늘과 새 땅이 이뤄질 때 약속하신 상급을 바라보게 하소서. 이 땅의 영광을 추구하는 삶이 아니라 저 하늘에 예비된 상급을 바라보는 자가 되게 하소서. 예수님의 이름으로 기도합니다. 아멘

♤ 중보기도
   생명을 걸고 한 영혼에게 하나님의 사랑과 약속을 증거하는 선교사들을 위해.

♤ 묵상
   갈림길에 설 때마다 기억합시다. 하나님나라에 이르는 길은 좁고 협착하여 찾는 이가 적습니다.

저주받은 무화과나무

♣ **성경** 마태복음 21:18~22(외울요절 22절)   **찬송** 93(93)장 ♣

예수님은 한 무화과나무에서 필요를 채우려고 하셨는데 잎사귀밖에 얻지 못하셨습니다. 사실 그 때는 무화과의 때가 아니었습니다(막 11:13). 그런데도 예수님은 그 나무를 저주하셨고 나무는 말라버렸습니다.

무화과의 때는 '자연의 시간' 이요, 예수님의 시간은 '하나님의 때' 요, 그분의 권리입니다. 자연을 지으신 분은 자연의 시간에 끌려다니지 않습니다. 모든 역사는 하나님의 요구를 따라야 합니다. 그러하기에 예수님은 무엇이든지 믿고 구하는 것은 다 받을 것이라고 약속하십니다.

이스라엘은 하나님의 백성으로 선택되었지만 아무 열매도 맺지 못했습니다. 이 사건은 예수님의 요구를 채우지 못한 이스라엘이 심판으로 무너질 것을 암시합니다. 그렇다면 과연 내 삶 속에는 하나님의 기뻐하시는 열매가 있습니까?

♤ 기도
하나님, 하나님이 기뻐하지 않으시는 생각과 가치관으로 더러워진 우리의 마음을 정결하게 하소서. 무엇보다 정직한 마음을 허락하시어 주님께 기쁨되는 삶을 살게 하소서. 예수님의 이름으로 기도합니다. 아멘

♤ 중보기도
한국 교회 안에 영적 순결을 위한 뜨거운 기도운동이 일어나기를 위해.

♤ 묵상
경건한 삶의 첫걸음은 영혼을 정결케 하는 것입니다.

아버지의 뜻대로 사는 삶

♣ 성경 마태복음 21:28~32(외울요절 31절)   찬송 214(349)장 ♣

　예수님은 두 아들의 비유로 종교지도자들을 가르치십니다. 맏 아들은 종교지도자들을 가리키고, 둘째 아들은 그들이 경멸하는 사람들을 가리킵니다. 대제사장과 장로들은 누구보다 솔선해 하나님의 뜻을 행한다고 나섰지만 오히려 하나님의 뜻을 어겼습니다. 그들은 하나님과 바른 관계를 맺으라고 외친 세례 요한의 메시지를 무시했습니다.
　반면 세리들과 창녀들은 요한이 천국을 전파하고 회개를 촉구했을 때 뉘우치고 하나님의 뜻대로 살고자 했습니다. 그들은 비유 속에서는 누가 아버지의 뜻대로 행했는지 금방 답을 가려냈습니다. 예수님은 그 비유가 그들의 것임을 밝히셨습니다. 주님은 그들이 업신여기는 자들이 먼저 천국에 들어갈 것이며, 하나님나라 참 백성의 표지는 과거에 있지 않고 현재 하나님의 뜻대로 사는 삶에 있다고 말씀하십니다.

♤ 기도
　하나님, 오랜 신앙생활 가운데 어느 덧 몸에 배어버린 권위주의와 위선을 회개합니다. 주님을 향한 순수한 사랑과 순종의 자세를 다시금 회복하게 하소서. 예수님의 이름으로 기도합니다. 아멘

♤ 중보기도
　권위주의와 위선을 버리고 진실하게 하나님 아버지의 뜻에 순종하며 살아가는 그리스도인들이 되기를 위해.

♤ 묵상
　하나님은 모든 것을 다하실 수 있습니다. 하나님께 순종하는 삶은 결국 나 자신을 위한 삶입니다.

말씀대로 사는 자

♣ 성경 마태복음 22:41~46(외울요절 45~46절)   찬송 410(468)장 ♣

예수님은 바리새인들에게 그리스도가 누구냐고 물으십니다. 메시아의 호칭은 전통적으로 "다윗의 자손"이었기 때문에 그들은 너무도 간단히 다윗의 자손이라고 답합니다. 율법을 연구한다는 그들이 성경을 하나님의 말씀으로 보지 않고 물려받은 전통을 사수하는 데만 열심을 냈기에 다윗의 자손을 이해할 때 사람으로밖에 볼 수 없었습니다.

그러나 예수님은 시편을 인용하셔서(시 110편) 다윗이 그리스도를 주라 칭하였은즉 어찌 그의 자손이 되겠냐고 물으심으로 그들이 한 번도 생각하지 못했던 점을 지적하셨습니다. 바리새인들은 이러한 사건을 통해서 확인된 예수님의 율법 지식과 통찰력에 압도되어 더 이상 예수님께 묻지 못했습니다. 우리도 형식적인 말씀공부가 아니라 살아계신 하나님의 말씀으로 보고 듣고 배울 수 있기를 바랍니다.

♤ 기도
하나님, 주님을 더 알기 원합니다. 주님을 아는 지식이 얕은 곳에 머물지 않게 하시고, 날마다 성령의 은혜로 주님을 더 깊이 알아가게 하소서. 예수님의 이름으로 기도합니다. 아멘

♤ 중보기도
그리스도인들이 하나님의 말씀을 읽고 쓰고 배우는 일에 더욱 충실해질 수 있기를 위해.

♤ 묵상
하나님의 영광은 내가 하나님을 가장 많이 알고, 하나님을 사랑할 때 나타납니다.

충성되고 지혜 있는 종

♣ 성경 마태복음 24:42~51 (외울요절 45절)   찬송 453(506)장 ♣

세상 사람과 택한 백성이 처한 삶의 상황은 똑같습니다. 차이는 인자의 임하심을 예비하느냐 그렇지 않느냐에 있습니다. 예비하는 자는 깨어 있습니다. 깨어 있다는 것은 온종일 자지 않고 주의한다는 의미가 아닙니다.

깨어 있다의 참 의미는, 어느 날에 주님이 임하실지 알지 못하기에, 생각지 않은 때에 오실 수도 있기에 주인이 언제 오시든 상관없이 그날을 기다리며, 주인이 맡기신 권세를 가지고 충성되고 지혜 있는 종으로 살아가는 것입니다. 그 종은 인자가 임하는 그 순간에도 충성스럽게 사명을 감당합니다.

반면 주인이 언제 오실지 계산해 최대한 자기 식으로 권세를 부리는 자는 악한 종입니다. 그 때에 주인은 악한 종에게 벌을 내리고, 그 종은 슬피 울며 이를 갈게 될 것입니다.

♤ 기도

하나님, 모든 삶의 영역에서 성실함을 회복하게 하소서. 게으른 자로 남지 않게 하시고 부지런히 준비하여 헌신하는 일꾼으로 살게 하소서. 무엇보다 덮어 두었던 하나님 말씀을 다시금 펼쳐 읽게 하소서.

예수님의 이름으로 기도합니다. 아멘

♤ 중보기도

모든 성도들이 하나님과 인격적인 관계를 맺고 살며 영적인 지경이 넓어지는 기쁨을 맛볼 수 있기를 위해.

♤ 묵상

내 삶에서 충성을 회복해야 할 부분은 어디입니까? 준비할 시기가 영원히 기다려 주지 않습니다.

사람을 낚는 어부

♣ 성경 마가복음 1:12~20(외울요절 17절) 찬송 510(276)장 ♣

갈릴리에서 만난 제자들은 어부였습니다. 그들에게 그물은 가장 중요한 것입니다. 왜냐하면 지금까지 그들은 물고기를 잡는 어부의 삶을 살아왔기 때문입니다. 그런데 예수님께서 "나를 따라오라"고 하십니다. 그리고 물고기가 아닌 "사람을 낚는 어부가 되게 하겠다."고 말씀하십니다. 제자들의 반응은 놀랍습니다. 자신의 소중한 인생임을 주장하며 거부할 수도 있었고 소중한 그물을 포기하지 않을 수도 있었지만, 제자들은 '곧' 그물을 버려두고 예수님을 따랐습니다. 예수님을 따르는 일이 그 무엇보다 소중함을 알았기 때문입니다.

지금 이 순간에도 우리를 제자로 부르십니다. 지금까지 돈과 명예를 좇아 그물을 던졌다면 이제 그 그물을 내려놓고 예수님의 부르심 가운데 응답해야 합니다. 힘든 길이 될 수 있겠지만 예수님도 광야에서 시험을 당하셨습니다. 우리의 아픔을 누구보다 잘 알고 계시기에 우리의 힘과 도움이 되어 주십니다.

♤ 기도
하나님, 지금까지 돈과 명예를 낚는 어부였다면 이제는 한 영혼을 소중하게 여기며 그 영혼을 낚는 어부가 되게 하옵소서.
예수님의 이름으로 기도합니다. 아멘

♤ 중보기도
한국 교회가 고아와 과부와 병든 자들과 죽어가는 영혼을 위해 더욱 앞장설 수 있기를 위해.

♤ 묵상
사람을 살리는 그물과 죽이는 그물이 있습니다. 우리가 던진 그물은 어떤 그물입니까?

죄사함의 권세

♣ 성경 마가복음 2:1~12(외울요절 5절)   찬송 287(205)장 ♣

　우리와 함께하시는 주님의 권세를 알고 있다면 포기하지 않고 주님을 만나기 위해 마음과 정성을 다할 수 있어야 합니다. 중풍병자와 함께 온 사람들이 그러했습니다. 서기관들은 오직 죄사함의 권세가 하나님께만 있다고 생각했고 이는 분명 사실이었습니다.
　그런데 예수님께서는 '인자' 에게도 죄사함의 권세가 있음을 알게 하시려고 그들 앞에서 중풍병자를 고치셨습니다. 조금 전까지 꼼짝할 수 없었던 중풍병자가 벌떡 일어나 걸어나가는 일을 통해 우회적으로 예수님께서 온 세상의 죄를 사하실 분이라는 놀라운 진리가 증명되었습니다.
　왜냐하면 중풍병은 죄 때문이라는 것이 유대 사회의 통념이었기 때문입니다. 하지만 이 놀라운 권세는 서기관들같이 자신의 얄팍한 지식을 의지하는 사람이 아닌, 지붕을 뜯어서라도 주님 앞에 나아가려는 믿음을 가진 자들에 의해 발휘됩니다. 따라서 우리는 주님을 만나기 위해 포기하지 않고 정성을 다해야 합니다.

♤ 기도
　하나님, 우리를 죄의 구덩이에서 건져 주시고 더러워진 영혼을 깨끗이 씻어 주신 주님께 마음과 뜻과 정성을 다해 감사하는 영혼이 되게 하소서. 예수님의 이름으로 기도합니다. 아멘

♤ 중보기도
　주의 복음 사역이 교회마다 불일 듯 타오르고, 구원에 대한 감사의 고백들이 넘쳐날 수 있기를 위해.

♤ 묵상
　하나님을 뜨겁게 사랑하고 계십니까? 하나님은 우리를 뜨겁게 사랑하고 계십니다.

주무시는 예수님처럼

♣ 성경 마가복음 4:35~41 (외울요절 40절) 찬송 371(419)장 ♣

제자들이 폭풍을 만났습니다. 그런데 제자들과 예수님의 반응은 완전히 달랐습니다. 제자들은 죽게 되었음을 두려워하며 주무시는 예수님을 깨우려 합니다.

반면 예수님은 베개를 베고 주무시고 계십니다. 우리도 예수님과 동행하며, 예수님의 말씀에 순종하며 살지라도 풍랑을 만날 수 있습니다. 우리의 반응도 제자들과 크게 다르지 않을 듯합니다.

왜입니까? 그것은 제자들처럼 예수님의 잠이 무엇을 의미하는지 알지 못했기 때문입니다. 예수님은 하나님의 사역이 어떤 경우에도 좌초되지 않는다는 것을 굳게 확신하며 하나님께 자신을 완전히 맡기셨습니다. 그렇기에 주변 환경에 초연하며 편히 주무실 수 있었습니다. 반면 제자들의 행동은 믿음의 결핍이며 불신의 소치임을 알게 됩니다. 그가 누구인지를 서로 묻고 있는 제자들의 모습을 보며 과연 나는 구원자이신 예수님을 전적으로 신뢰하고 있는지 묻지 않을 수 없습니다.

♤ 기도
하나님, 어떤 풍랑이 와도 동요하지 않고, 만물의 주관자 되신 주님을 신뢰하도록 믿음을 더하여 주소서. 예수님의 이름으로 기도합니다. 아멘

♤ 중보기도
인생의 큰 풍랑으로 낙심해 있는 지체들이 속히 주를 믿는 믿음 안에서 회복되기를 위해.

♤ 묵상
우리의 멍에를 지고는 결코 광야를 건널 수 없습니다.

달리다굼

♣ **성경** 마가복음 5:35~43(외울요절 41절) **찬송** 341(367)장 ♣

회당장은 죽게 된 자신의 딸을 위하여 예수님의 발 아래 엎드려 간곡히 부탁합니다. 그러나 예수님께서 함께 회당장 딸에게 가던 도중 혈루증 여인을 만나 지체하게 되었고 결국 딸이 죽었다는 소식을 듣게 됩니다. 하지만 회당장 야이로를 향하여 예수님께서는 두려워 말고 믿기만 하라고 말씀하십니다.

사람들은 통곡하고 슬피 울며 아이가 잔다는 예수님의 말을 비웃었습니다. 아마 사람들은 황당하고 놀랐을 것입니다. 하지만 그들은 비웃음을 그치고 아이가 일어나 걷는 것을 보며 더 크게 놀랍니다.

달리다굼의 역사는 말씀을 의지하고 담대하게 믿는 자에게 일어납니다. "두려워하지 말고 믿기만 하라"(36절)는 예수님 말씀을 내게 하시는 말씀으로 믿고, 희망이 사라진 순간에도 예수님을 굳게 붙잡아 무너져 있는 내 삶이 달리다굼 하는 역사가 이뤄지길 바랍니다.

♠ 기도
하나님, 소망이 완전히 끊어진 순간에도, 두려움 없는 온전한 믿음으로 주님을 의지하여 달리다굼의 은혜를 입게 하옵소서.
예수님의 이름으로 기도드립니다. 아멘

♠ 중보기도
무너진 삶과 말 못할 아픔으로 낙심해 있는 지체들이 두려움을 이기고, 주를 붙잡고 의지함으로 다시금 달리다굼하는 은혜를 입을 수 있기를 위해.

♠ 묵상
내 영혼 깊은 곳에 있는 두려움의 싹은 무엇입니까? 믿음의 첫걸음을 시작합시다.

무엇을 대물림하겠는가

♣ 성경 마가복음 6:21~29(외울요절 29절)   찬송 559장(305)장 ♣

행복한 가정을 이루고 싶다면 중요한 두 가지를 기억해야 합니다. 하나는 부모 스스로가 진실한 믿음과 사랑의 본이 되어야 하고, 다른 하나는 중요한 것들을 대물림해야 한다는 것입니다.

헤롯이 세례 요한을 감옥에 가둬 두고 처형하지 않자 헤로디아는 어떻게든 세례 요한을 죽이려고 구실을 찾습니다. 자신과 헤롯의 잘못된 결혼을 공개적으로 지적한 세례 요한에게 앙심을 품고 있었기 때문입니다.

그래서 헤로디아는 헤롯의 생일에 딸을 이용해 세례 요한의 목을 요구하는 잔인함을 드러냅니다. 이기심을 채우기 위해 패륜과 살인도 서슴지 않는 부부와 거기에 연루된 딸, 이 얼마나 끔찍하고 비극적인 가정입니까! 원한과 미움으로 가득찬 그들의 왕궁생활은 결코 행복할 수 없습니다.

행복한 가정이 되기 위해서는 가족 한사람 한사람이 죄에서 떠나 하나님 앞에 바로서야 하며, 부모로서 자녀들을 향하여 진실한 믿음과 사랑을 대물림할 수 있어야 합니다.

⌂ 기도
하나님, 우리 가정이 서로 사랑하고 존중하며 믿음 안에서 화목하게 하여 주시고, 오늘이 가기 전에 참다운 용서를 맛보게 하옵소서. 예수님의 이름으로 기도합니다. 아멘

⌂ 중보기도
한국 교회 안에 아름다운 믿음의 계승이 이뤄지고, 가정이 회복되기를 위해.

⌂ 묵상
가정에서 믿음의 계승이 구체적으로 이뤄지고 있습니까?

외식하는 자

♣ 성경 마가복음 7:1~8(외울요절 6절)   찬송 544(343)장 ♣

    성경에서 말씀하는 외식하는 사람이란 마치 배우가 연극을 하듯이, 실제 속마음은 그렇지 않으면서 겉으로는 아주 열심히 하나님을 공경하는 것처럼 살아가는 사람을 말합니다. 이런 사람은 사람들에게 보이기 위해 경건한 척 가식을 행합니다. 하지만 중심에는 하나님을 경외하거나 참으로 사랑하는 마음이 없기에 전통이나 형식을 굉장히 중요하게 여깁니다.
    바리새인들과 서기관들도 그들의 전통을 중요하게 여겼습니다. 그러나 예수님께서는 그들을 향하여 입술로만 하나님을 공경하며 마음은 멀다고 말씀합니다. 또한 사람의 계명으로 교훈 삼아 하나님을 헛되이 경배한다고 말씀합니다. 하나님을 속일 수는 없습니다. 외모가 아닌 중심을 보시는 분이시기 때문입니다. 참된 하나님의 백성은 정직하고 진실하며 하나님의 말씀을 생명처럼 여기는 사람입니다.

♤ 기도
    하나님, 사람의 말과 환경 때문에, 그리고 전통 때문에 하나님의 계명을 부끄러워하며 외식하는 우리의 모습을 회개합니다. 이제 중심으로부터 하나님을 사랑하고 경외함으로 섬기게 하소서. 예수님의 이름으로 기도합니다. 아멘

♤ 중보기도
    교회 안에서 이뤄지는 열심과 봉사가 모두 하나님을 뜨겁게 사랑하는 중심에서 이뤄지기를 위해.

♤ 묵상
    아무도 없을 때에도 그리스도인다운 삶을 살고 계십니까? 두 주인을 겸하여 섬길 수 없습니다.

끝없는 신뢰

♣ 성경 마가복음 8:1~10(외울요절 6절) 찬송 543(342)장 ♣

　많은 사람들은 자기 삶의 필요를 채우고 공급하는 일로 매우 고민합니다. 그리고 그 고민을 해결해보려고 노력하지만 오히려 더 깊은 절망 속에 빠지기도 합니다. 제자들도 똑같은 고민을 했습니다. 그런데 아쉬운 점은 제자들은 이미 오병이어의 기적을 체험한 후라는 사실입니다. 제자들은 이 놀라운 기적의 근원이 예수님인 것을 보고 체험했지만 여전히 같은 고민을 하였습니다.

　하나님은 살아계십니다. 우리는 살아계신 하나님의 은혜 가운데 살아가는 백성들입니다. 그렇다면 어떤 문제로 고민하든 나의 필요를 넉넉히 채우실 수 있는 하나님께 정직하게 내어 놓아야 합니다. 먹을 것이 없었던 무리들을 불쌍히 여기셨던 것처럼 믿음의 백성들의 아픔과 삶의 필요를 불쌍히 여겨 주실 것입니다. 이제 우리에게 필요한 것은 하나님을 향한 끝없는 신뢰입니다.

♤ 기도
　하나님, 하나님께서 우리의 크고 작은 필요를 능히 공급해 주실 수 있는 분임을 믿고 염려하지 않게 하옵소서. 예수님의 이름으로 기도합니다. 아멘

♤ 중보기도
　한국 교회가 하나님나라와 그 의를 구하는 삶을 생명처럼 여길 수 있게 해주시기를 위해.

♤ 묵상
　벼랑 끝에서도 포기하지 말아야 할 것이 있다면 그것은 신뢰입니다.

너희 속에 소금을 두라

♣ 성경 마가복음 9:38~50 (외울요절 50절)   찬송 436(493)장 ♣

부패를 막아 주고 심심한 것을 맛나게 만들어 주는 것이 소금의 역할입니다. 하지만 그 소금이 맛을 잃어버리면 소금의 역할을 감당할 수 없습니다. 예수님은 "너희 속에 소금을 두고 서로 화목하라"(50절)고 말씀하십니다. 그것은 제자들이 편협하고 배타적이고 독선적인 신앙에 빠지지 않도록 조심하게 하기 위함이셨습니다. 타인들을 배격하지 말고 포용할 것을 가르치시는 한 편, 자신의 구원을 방해하는 죄악에 대하여는 매우 단호하고 엄격하게 다뤄야 한다는 것입니다.

왜입니까? 소금은 불과 같은 연단 속에서 정결함을 유지하게 하며, 세상의 부패를 막는 역할을 하기 때문입니다. 그리스도인이 마땅히 가져야 할 소금의 사명을 기억합시다. 그리고 우리가 있는 그곳에 자신을 죽이고 녹아들어가는 화목이 있고, 우리가 있는 그곳이 살맛나는 곳이 되어지길 기대합시다.

♤ 기도
하나님, 참된 소금이 되게 하옵소서. 그래서 우리가 있는 그곳에는 부패가 사라지고 살맛나는 곳이 되게 하옵소서. 예수님의 이름으로 기도합니다. 아멘

♤ 중보기도
한국 교회가 소금의 역할을 온전히 감당할 수 있게 되기를 위해.

♤ 묵상
불의와 부패를 향한 나의 태도를 살펴봅시다. 소금이 녹아진 곳에 부패는 없습니다.

어리석은 발걸음

♣ 성경 마가복음 10:17~22 (외울요절 17절)   찬송 94(102)장 ♣

한 사람이 영생이란 목적지에 대해 예수님께 급하게 달려와 질문하였습니다. "내가 무엇을 하여야 영생을 얻으리이까?" 이 사람은 젊고 부유한 관리였던 것으로 보입니다. 뿐만 아니라 예수님과의 대화 속에서 어린시절부터 열심히 율법을 따랐다는 것을 알 수 있습니다. 예수님도 이 부자 청년의 마음을 아셨는지 사랑하는 마음으로 제자가 되길 청하십니다. "네게 있는 것을 가난한 자들에게 나눠 주고 나를 따르라." 놀랍고 감격스러운 초청의 자리였지만 청년의 반응은 엉뚱하게도 슬픈 기색을 하며 고민합니다.

왜냐하면 그에게는 많은 재산이 있었기 때문입니다. 율법의 완성은 사랑인데 부자 청년은 하나님보다, 이웃보다 자신의 재물을 더 사랑했던 것입니다. 결국 영생의 주인이신 예수님을 만났지만 어리석게도 발길을 돌리는 결정적인 실수를 범하게 됩니다.

주님을 소유하는 것만큼 중요한 것은 없습니다.

♤ 기도
하나님, 주님을 사랑하는 마음이 세상의 그 어떤 것을 향한 마음보다 크고 진실하며 뜨겁게 하소서. 특별히 주님을 소유하는 것에 우리의 모든 것을 드릴 수 있는 믿음을 주소서. 예수님의 이름으로 기도합니다. 아멘

♤ 중보기도
이 땅의 저소득층을 향해 교회가 진지한 관심을 갖고 구체적인 도움을 줄 수 있게 되기를 위해.

♤ 묵상
좁고 협착하여 찾는 이가 없지만 꼭 가야 할 길이 있습니다.

기도응답의 열쇠

♣ 성경 마가복음 11:20~26(외울요절 24절)   찬송 365(484)장 ♣

기도응답에도 열쇠가 있습니다. "내 말이 너희 안에 거하면 무엇이든지 이루리라"는 예수님의 말씀처럼 하나님을 믿고 기도하며 구하는 것은 받은 줄로 확신할 때 산과 바다도 옮겨지는 기적을 이룰 수 있습니다.

그렇다면 왜 기도응답이 없습니까?

첫째는 의심하기 때문입니다. 이 말은 모든 상황과 시간적 한계를 극복해야 한다는 말이기도 합니다. 하나님은 즉각적으로 응답하시기도 하고 시기를 늦추시기도 하며 때론 거절로 응답하시기도 합니다. 어떤 응답이든 의심하지 않고 감사히 받는다면 우리 삶에 놀라운 일이 일어날 것입니다.

둘째는 다른 사람의 허물을 용서해야 합니다. 그래야 하나님도 우리를 용서하시고 우리 기도에 응답하시기 때문입니다. 하나님의 뜻대로 구한 기도는 반드시 응답됩니다. 믿음으로 하나님을 기쁘시게 하는 삶이 되길 바랍니다.

♤ 기도
하나님, 어떤 응답이든 믿음으로 감사히 받고 하나님의 살아계심을 깊이 깨닫는 삶이 되게 하옵소서. 예수님의 이름으로 기도합니다. 아멘

♤ 중보기도
기독교 매체들이 복음전파의 사명을 잘 감당하게 하여 의심과 거짓과 음란이 가득한 시대에 진리가 드러나게 되기를 위해.

♤ 묵상
의인의 간구는 역사하는 힘이 큽니다.

하나님의 크신 사랑

♣ 성경 마가복음 12:1~12(외울요절 10절) 찬송 304(404)장 ♣

하나님은 포도원의 주인처럼 구약시대에 수많은 선지자들을 보내셔서 이스라엘 백성을 권면하셨습니다. 하지만 그들은 하나님의 사랑을 거부하고 선지자들을 죽이고 가두었습니다. 그러자 하나님은 최후 수단으로 소중한 외아들 예수 그리스도를 보내셔서 자신의 사랑을 전달하기로 결정하셨습니다. 그들을 포기할 수 없었기 때문입니다. 이스라엘 백성을 외아들만큼, 어쩌면 외아들보다 더 사랑하신 까닭입니다.

오늘 이 시대에도 우리를 향한 하나님의 마음은 변함없으십니다. 세상과 나를 사랑하심으로 독생자를 주셨습니다. 이렇게 놀라운 사랑을 받았지만 혹시 악한 농부들처럼 예수님을 박대하고 버린 적은 없습니까? 악한 농부와 같은 사람들에게도 여전히 사랑의 손을 내미시는 하나님께 감사합시다. 그리고 동일한 마음을 품고 이 놀라운 사랑을 나눕시다.

♤ 기도
하나님, 우리도 어떤 희생의 대가를 치르더라도 한 영혼을 살리겠다는 하나님의 뜨거운 심장을 갖게 하옵소서. 예수님의 이름으로 기도합니다. 아멘

♤ 중보기도
지금도 이 놀라운 하나님의 사랑을 모르고 죽어가는 북한 동포들에게 속히 복음이 들어가게 되기를 위해.

♤ 묵상
하나님의 사랑을 생각하면 가슴이 뜨거워집니까? 사랑은 가슴을 뛰게 만듭니다.

유일한 소망 되신 예수

♣ **성경** 마가복음 13:14~27 (외울요절 27절)　**찬송** 180(168)장 ♣

"멸망의 가증한 것이 선다"(14절)는 말씀은 주후 70년 예루살렘이 멸망하기 전에 성전이 가증한 우상으로 더럽혀질 것이라는 예언입니다. 이것은 종말의 심판을 의미하기도 합니다. 큰 환난이 임한 이때에 사단은 이적과 기사를 보이면서까지 그리스도인을 미혹하려고 애씁니다.

예수님께서 말씀하십니다. "너희는 삼가라"(23절). 그리스도인이면서 경건훈련을 통해 영적 성장을 이루려 하기보다 신기한 이적과 체험 등에 관심을 기울이는 사람들이 많습니다. 하지만 말씀을 보지 않고 기적만 보려 할 경우 사단의 미혹에 빠질 위험이 크다는 사실을 알아야 합니다.

우리는 종말의 엄청난 환난 속에서도 그 택하신 백성들을 불러모으시고 보호하실 주님께만 소망을 두어야 합니다. 예수님만이 우리의 유일한 소망이 되시기 때문입니다.

♤ 기도
하나님, 거짓 그리스도들과 거짓 선지자가 일어나는 이 시대에서 멸망의 길로 빠지지 않게 항상 지켜 주시고, 늘 주님만 의뢰하는 믿음을 주옵소서. 예수님의 이름으로 기도합니다. 아멘

♤ 중보기도
수많은 이단들이 일어나는 이 때에 한국 교회가 그리스도 안에서 순결하게 세워질 수 있기를 위해.

♤ 묵상
지금 어디에 소망을 두고 계십니까? 말씀보다 더 중요한 삶의 푯대는 없습니다.

스승을 버리고 도망가는 제자들

♣ 성경 마가복음 14:22~31 (외울요절 24절)   찬송 290(412)장 ♣

　마지막 유월절 만찬 때 예수님은 제자들에게 떡과 포도주를 나누어 주시면서 자신의 죽음을 예고하시고 기념하셨습니다. 우리는 성찬에 참여할 때마다 우리에게 영원한 생명을 주기 위해 찢기신 예수님의 몸, 우리 죄를 씻기 위해 흘리신 예수님의 피를 묵상하며 감사할 수 있어야 합니다.
　만찬 후에 예수님은 감람산으로 올라가시면서 제자들이 예수님을 모두 버리게 될 것이라고 예언하셨습니다. 그러자 베드로는 자신이 죽을지언정 예수님을 부인하지 않을 것이라고 충성을 맹세합니다. 모든 제자도 마찬가지입니다. 그러나 목자가 쓰러지자 흩어지는 양들처럼(슥 13:7) 제자들은 결국 십자가 고난 앞에서 예수님을 모두 버리고 맙니다.
　우리는 연약하기 그지없는 존재들임을 겸손히 인정하며, 믿음을 지키기 위해 하루하루 성령의 도우심을 구합시다.

♤ 기도
　하나님, 너무나 쉽게 변하는 우리의 의지와 감정으로 주를 배반하는 어리석음을 범하지 않게 하옵소서. 날마다 성령을 의지하며 살아가는 은혜를 입게 하옵소서. 예수님의 이름으로 기도합니다. 아멘

♤ 중보기도
　한국 교회 안에 자신의 감정을 의지하지 않고 주를 의지하는 이들이 날마다 넘쳐날 수 있기를 위해.

♤ 묵상
　주님만을 의지하고 계십니까? 광야에 흩어진 어린 양들에게 목자는 생명입니다.

하늘의 것을 소망하는 자

♣ 성경 마가복음 15:42~47(외울요절 43절) 찬송 354(394)장 ♣

　예수님께서 운명하신 뒤로 날이 저물어갔습니다. 사람이 죽은 당일에 장사를 지내야 하는 것이 유대법이었고, 곧 안식일이 되기 때문에 예수님의 장례가 급해졌습니다. 하지만 어느 누가 사형수를 장사지내려 선뜻 나서겠습니까? 이때 존경받는 공회원 아리마대 요셉이 온갖 위험을 무릅쓰고 빌라도에게 예수님의 시신을 요청했습니다. 예수님께서 로마에 반역한 정치범으로 몰려 사형을 당했기 때문에 예수님에게 관심을 보이면 여러 가지 해를 당할 수도 있었습니다.
　그럼에도 아리마대 요셉은 자신의 앞길보다 예수님을 더 소중히 여겼기 때문에 당당히 자신의 무덤에 장사를 지냈습니다. 이전까지는 유대인이 두려워 자기가 예수님의 제자임을 숨겼으나, 십자가 사건을 통해 확실한 믿음을 갖고 적극적으로 헌신하게 된 것입니다. 우리도 사람을 두려워하지 말고 하늘의 것을 소망하는 담대한 믿음의 헌신을 이룹시다.

♤ 기도
　하나님, 주님을 향한 열정적인 믿음과 사랑으로 모든 두려움을 압도하고 담대히 헌신하게 하옵소서. 예수님의 이름으로 기도합니다. 아멘

♤ 중보기도
　그리스도인들이 사는 곳은 이 세상이지만 하나님나라를 소망하며 담대하게 살아갈 수 있기를 위해.

♤ 묵상
　우리의 보물을 어디에 쌓아 두고 있습니까? 보물을 쌓아 둔 곳에 우리의 마음이 있습니다.

만민에게 복음을 전파하라

♣ 성경 마가복음 16:12~20 (외울요절 15절)   찬송 320(350)장 ♣

마리아를 비롯한 여인들의 증언과 엠마오로 내려가는 제자들의 증언을 듣고도 여전히 제자들은 불신 가운데 있었습니다. 이에 예수님은 그들을 직접 찾아오셔서 깊은 슬픔과 의심의 늪에서 건져 주셨습니다. 믿음 없고 완악한 제자들을 끝까지 포기하지 않으셨습니다. 그리고 사망권세를 이기고 생명의 주로 부활하신 그 능력으로 제자들을 견고하게 세워 주심으로, 척박한 땅에 커다란 역사를 일으키기 원하셨던 것입니다.

우리가 사명을 수행하기 위해 불신앙을 몰아내는 것은 반드시 선행되어야 할 과제입니다. 제자들에게 찾아오셔서 복음전파의 사명을 맡기셨듯이, 이 시간 나를 향한 하나님의 계획과 비전이 무엇이며 나를 통해 하기 원하시는 것이 무엇인지 발견할 수 있도록 간구합시다. 그리고 이 은혜를 되새기며 내게 넘겨 주신 복음의 배턴을 들고 열심히 달리기로 결단합시다.

♤ 기도
하나님, 주의 뜻을 이루시기 위해 부족한 자들을 불러 주시니 감사합니다. 이 놀라운 기쁨을 알게 하시고, 이 땅 곳곳에 주의 복음을 전하는 삶을 살게 하소서. 예수님의 이름으로 기도합니다. 아멘

♤ 중보기도
그리스도의 백성들이 한 영혼을 소중히 여기며 이 놀라운 복음을 증거하기에 정성을 다할 수 있게 되기를 위해.

♤ 묵상
복음 때문에 감사하고 도전을 받습니까? 지금도 복음의 불모지에서 죽어가는 영혼들이 있습니다.

비천한 자를 돌보시는 하나님

♣ 성경 누가복음 1:46~55(외울요절 52절) 찬송 384(434)장 ♣

성령으로 말미암아 잉태함을 받은 마리아는 친족 엘리사벳의 집을 방문했을 때 태중에 있는 아이로 인해 하나님께 감사의 찬양을 드립니다. 그는 하나님께서 비천한 자신을 돌보셨음을 감사하고 있습니다. 현실적으로 그녀가 처한 상황은 2000여 년 전 팔레스타인 지역에 사는 처녀가 처할 수 있는 최악의 상황이었습니다. 처녀가 임신을 하였으니 말입니다.

그러나 마리아는 도리어 자신이 겪고 있는 상황을 감사와 찬양으로 표현하고 있습니다. 마리아가 그렇게 할 수 있었던 이유는 태중의 아이가 성령으로 잉태된 것이며 장차 세상의 구원자가 될 것이라는 하나님 말씀에 대한 믿음 때문이었습니다.

때로 우리 삶의 현장에 우리가 감당하기 힘든 문제들이 닥칠 때가 있습니다. 그럴 때 우리가 그 절망의 자리에서 마리아처럼 감사와 찬양을 고백할 수 있어야 합니다. 우리의 삶에 하나님께서 갖고 계신 계획과 인도하심에 대한 철저한 믿음을 갖고 말입니다.

♠ 기도
사랑의 하나님 아버지, 인생에 많은 시련의 현장에서 마리아처럼 주님의 계획하심을 믿고 순종하여 감사하며 주님을 영화롭게 하는 삶을 살게 하여 주시옵소서. 예수님의 이름으로 기도드립니다. 아멘

♠ 중보기도
고난 중에 있는 자들을 위하여.

♠ 묵상
믿음은 고난의 현장에서 더 선명하게 드러납니다. 그 순간이야말로 하나님을 향한 나의 신뢰와 믿음을 가장 아름답게 하나님 앞에 고백할 기회입니다. 기회를 놓치지 마십시오.

성전을 향한 사랑

♣ **성경** 누가복음 2:41~51 (외울요절 49절)　**찬송** 208(246)장 ♣

예수님이 열두 살 되던 해의 사건이 누가복음에 유일하게 기록되어져 있습니다. 그 때 유월절을 지키려고 예루살렘으로 올라온 예수님의 가족들은 절기를 마치고 돌아가던 길에 예수님을 잃어버렸습니다. 한참을 찾아다니다 가족들은 예수님을 성전에서 찾을 수 있었습니다. 그때 예수님께서 부모들에게 하신 말씀은 놀라웠습니다. "어찌하여 나를 찾으셨나이까 내가 내 아버지 집에 있어야 될 줄을 알지 못하셨나이까"(49절). 예수님은 어려서부터 하나님께서 거하시는 성전을 사랑하는 마음을 갖고 계셨습니다. 오늘 우리에게 또 우리의 자녀들에게 필요한 삶의 자세가 바로 이것입니다. 그리스도의 몸된 교회를 사랑하고 그곳에 마음을 두고 살아가는 자세 말입니다. 교회에 얼마나 오래 있느냐의 문제가 아닙니다. 교회를 얼마나 사랑하느냐의 문제입니다.

예수님의 고백처럼 하나님의 거룩한 교회에서 내가 있어야 할 헌신의 자리, 봉사의 자리, 예배의 자리, 바로 그곳에 내가 있어야 되는 줄 마땅히 알고 기쁨으로 그 자리에 설 수 있어야 하겠습니다.

♤ 기도
하나님, 우리가 입술로만 주님을 사랑한다 하면서 주의 몸된 교회, 하나님의 영광이 임하시는 성전을 소홀히 여기며 살았는지 돌아보게 하소서. 예수님의 이름으로 기도합니다. 아멘

♤ 중보기도
한국 교회의 거룩과 영성 회복을 위해.

♤ 묵상
예수께서 이르시되 어찌하여 나를 찾으셨나이까 내가 내 아버지 집에 있어야 될 줄을 알지 못하셨나이까 하시니(눅 2:49).

빛의 사명을 감당하라

♣ 성경 누가복음 3:18~20(외울요절 18절)   찬송 502(259)장 ♣

　세례 요한은 주의 길을 예비하였던 마지막 선지자로 나라의 주권을 빼앗기고 절망하고 있던 백성들에게 소망의 메시지를 전해 주었습니다. 그는 당시 암울한 시대의 작은 빛과 같은 존재였습니다. 그러나 또 다른 부류의 사람들에게 세례 요한은 눈에 가시 같은 존재이기도 하였습니다. 세례 요한은 당시의 종교적 정치적 지도층에 대하여 실랄한 비판을 가하기로 유명하였기 때문입니다. 특별히 요한은 당시 분봉왕이었던 헤롯이 동생의 아내 헤로디아를 아내 삼은 일에 대해 심히 책망하였습니다. 그 일이 화근이 되어 요한은 옥에 갇히게 되었습니다.

　이 시대 그리스도인들은 세상에 복된 소식만을 전하는 것이 아니라 세상의 어두운 면을 밝히 드러내는 사명도 감당해야 합니다. 복음을 가진 자의 본질은 빛입니다. 우리가 어두운 세상에 존재할 때 우리는 그들에게 기쁨과 더불어 찔림도 줄 수 있는 존재여야 합니다. 잘못된 것이 무엇인지 죄악이 무엇인지 깨닫고 그들이 하나님께로 더욱 빨리 돌아오도록 해야 합니다. 세례 요한의 사명을 감당하는 우리 모두가 되길 소망합니다.

♤ 기도
　하나님, 이 어두운 세상에 우리를 빛으로 부르셨으니 이 세상에서 빛의 사명을 감당하여, 악하고 어두운 세상이 우리 믿는 자들로 인해 더욱 밝아질 수 있도록 하옵소서. 예수님의 이름으로 기도합니다. 아멘

♤ 중보기도
　성적으로 도덕적으로 타락한 한국 사회를 위하여.

♤ 묵상
　가정에서 직장에서 그리고 교회에서 내가 감당해야 할 빛의 사명은 무엇입니까?

마귀를 대적하십시오

♣ **성경** 누가복음 4:31~37(외울요절 32절)　**찬송** 348(388)장 ♣

　예수님께서는 많은 병든 자를 고치셨습니다. 어떤 경우에는 병을 고치시기 위하여 귀신을 내어쫓으시기도 하셨습니다. 오늘 본문에 보면 갈릴리 가버나움에서 귀신들린 사람을 회당에서 만나십니다. 그를 고치실 때 예수님께서는 귀신을 향하여 꾸짖으시며 "잠잠하고 그 사람에게서 나오라"(35절)고 명하셨습니다. 예수님께서는 귀신들이 예수님을 하나님의 아들이라 말하는 것을 용납하지 않으셨습니다. 그 명령 앞에 귀신은 순종하여 쫓겨났습니다.

　오늘 이 시대에 보이게 보이지 않게 수많은 사람들이 악한 영들에게 사로잡혀 있음을 봅니다. 세상 온갖 죄악의 수렁에 사람들을 끌어들이기 위하여 마귀는 오늘도 우리의 귓가에 끊임없이 속삭입니다. 예수 믿는 사람들에게는 예수님과 같이 악한 영들을 내어쫓을 수 있는 권세가 있습니다. 오늘 우리의 주변을 돌아보십시오. 그리고 우리가 적극적으로 대적해야 할 악한 영들의 역사가 없는지 확인하시기 바랍니다.

♤ **기도**
　하나님, 영적으로 혼탁한 이 시대에 우리 모두가 예수님처럼 영적 분별력을 갖고 악한 영들을 대적하여 영적전쟁에서 승리할 뿐만 아니라, 연약한 사람들을 도울 수 있도록 은혜 주시옵소서. 예수님의 이름으로 기도합니다. 아멘

♤ **중보기도**
　미움과 분열의 영, 세속적인 욕망에 사로잡힌 주변의 사람들을 위하여.

♤ **묵상**
　예수께서 꾸짖어 이르시되 잠잠하고 그 사람에게서 나오라 하시니 귀신이 그 사람을 무리 중에 넘어뜨리고 나오되 그 사람은 상하지 아니한지라(눅 4:35).

모든 것을 버려두고

♣ **성경** 누가복음 5:1~11 (외울요절 11절)　**찬송** 94(102)장 ♣

　예수님께서 고기 잡는 어부들에게 찾아오셔서 제자들을 뽑으셨다는 사실은 우리에게 많은 것을 시사합니다. 그들은 부요한 자들이 아니었습니다. 권세 있는 자들도 아니었습니다. 하루하루 고기를 잡아 생계를 유지하였던 평범한 사람들이었습니다. 그러한 그들이 예수님을 만나 삶의 새로운 비전을 갖게 되었습니다. 단지 물고기를 잡는 인생이 아니라 사람의 생명을 건지는 일을 하도록 부름받은 것입니다. 그들은 자신들이 가진 모든 소유를 버려 두고 예수님을 따랐습니다(11절). 그들은 왜 자신들의 소유를 버려야 했을까요? 그 모든 것보다 더 크고 귀한 것을 발견했기 때문입니다.
　그리스도인들의 가장 기본적인 신앙 자세는 예수님을 따르는 것보다 더 가치 있고 소중한 것이 없다는 믿음입니다. 그러나 오늘 우리들은 얼마나 많이 세상 것을 사랑하는 맘을 갖고 예수님을 따르려 하는지 모릅니다. 무엇이 진정한 복입니까? 세상에서 가장 귀하신 예수님과 함께 세상에서 가장 위대한 사명을 감당하며 살아가는 것입니다. 오늘 우리가 예수님을 따르기 위해 버려야 할 것은 과연 무엇입니까?

♤ **기도**
　하나님, 우리가 말로만 주님을 사랑한다 하고 세상에 취해 사는 어리석음을 범치 않게 하시며, 더욱 순수한 맘으로 주님을 사랑하고 따르도록 도와주옵소서. 예수님의 이름으로 기도합니다. 아멘

♤ **중보기도**
　세계 각 처에서 복음을 전하고 있는 선교사님들을 위하여.

♤ **묵상**
　그들이 배들을 육지에 대고 모든 것을 버려 두고 예수를 따르니라(눅 5:11).

원수를 사랑하라

♣ 성경 누가복음 6:27~38 (외울요절 35절)   찬송 497(274)장 ♣

예수님의 가르침 중에서 우리가 가장 받아들이기 쉽지 않다고 생각되는 것이 아마도 "원수를 사랑하라"는 말씀일 것입니다. 그러나 이 명령은 단순히 원수도 사랑하자는 말이 아닙니다. 예수님께서는 사랑하는 자를 사랑하는 일, 내게 선대하는 자를 선대하는 일은 누구나 하는 것이라고 말씀하셨습니다. 내가 주는 만큼 상대방에게 받을 것을 계산하고 선행을 베푸는 일은 칭찬받을 것이 없다고 말씀하셨습니다. 그것은 믿지 않는 사람들도 하는 것입니다.

하나님께 칭찬받는 삶을 살려면 사랑할 수 없는 사람에게 사랑을 베풀고, 용서할 수 없는 사람에게 용서를 베풀고, 줄 수 없는 사람에게 도움을 베풀어야 합니다. 그런 의미에서 원수를 사랑하라는 말은 마음의 감정적 상태 이전에 의지적인 행동을 강조하고 있습니다. 여전히 원수 같지만 의지적으로 사랑의 행동을 선택하는 것입니다. 그것이 그리스도인의 차원 높은 라이프 스타일입니다. 세상과 다른 삶의 방식입니다. 우리가 그렇게 살 때 이 세상은 사랑을 보고 느끼게 될 것입니다.

♧ 기도
하나님, 우리가 그 완전한 사랑을 본받아 세상에 그 사랑을 보여 줄 수 있는 삶을 살도록 은혜를 베풀어 주시옵소서. 예수님의 이름으로 기도합니다. 아멘

♧ 중보기도
지금 마음에 사랑할 수 없는 사람들이 있다면 그들을 위하여.

♧ 묵상
지금 내가 이 말씀을 실천하기 위하여 해야 할 일은 무엇입니까? 지금 나에게 원수 된 자들은 누구입니까? 주님은 우리가 무엇을 하기 원하십니까?

믿기만 하라

♣ **성경** 누가복음 8:40~56(외울요절 50절)   **찬송** 357(397)장 ♣

예수님께서는 많은 기적과 기사를 행하셨습니다. 특별히 병든 자들을 고치시는 현장에서 우리가 자주 접하는 주제는 믿음입니다. 예수님께서는 기적을 일으키실 때 필수적으로 믿음이 요청됨을 언급하십니다.

오늘 본문에서도 회당장 야이로의 딸이 병들어 죽게 되었을 때 예수님께서는 야이로가 해야 할 일을 가르쳐 주셨습니다. 그것은 "두려워하지 말고 믿기만 하라"(50절)는 말씀이셨습니다.

우리가 문제를 만났을 때 그 문제를 해결하기 위하여 할 일은 하나님을 믿는 것입니다. 우리를 도우실 하나님의 능력을 전적으로 믿는 일이 바로 우리가 할 일입니다. 우리의 문제를 해결할 실마리는 우리에게 없습니다. 하나님께 있습니다. 그분에게 우리의 모든 초점을 맞추고 우리는 우리가 할 수 있는 최선의 일 한 가지를 해야 합니다. 믿는 것입니다.

♤ 기도
하나님 아버지시여, 우리에게 믿음을 주셔서 이 악한 세상에서라도 하나님의 살아계심을 세상에 증거하며 하나님의 영광을 나타내며 살게 하여 주소서. 예수님의 이름으로 기도합니다. 아멘

♤ 중보기도
믿음을 잃고 낙심해 있는 자들을 위하여.

♤ 묵상
믿음이 없이는 하나님을 기쁘시게 하지 못하나니 하나님께 나아가는 자는 반드시 그가 계신 것과 또한 그가 자기를 찾는 자들에게 상 주시는 이심을 믿어야 할지니라(히 11:6).

너희는 나를 누구라 하느냐

♣ **성경** 누가복음 9:18~27 (외울요절 22절)　**찬송** 461(519)장 ♣

　예수님께서 제자들에게 "무리가 나를 누구라고 하느냐"고 물어 보셨습니다. 백성들 중에는 예수님에 대해 여러 가지 견해를 가지고 있었습니다. 그러나 예수님은 거기서 멈추지 않으시고 제자들에게 "너희는 나를 누구라 하느냐"(20절)고 물으십니다. 이 질문은 아주 중요합니다.
　이 질문에 베드로가 "하나님의 그리스도시니이다"라고 고백할 때 비로소 예수님은 자신이 감당하실 고난에 대해 언급하시면서 이렇게 말씀하십니다. "아무든지 나를 따라 오려거든 자기를 부인하고 날마다 제 십자가를 지고 나를 따를 것이니라." 예수님을 어떤 분이라고 생각하는지는 별로 중요하지 않습니다. 예수님을 어떤 분이라고 믿는 것이 중요합니다. 예수님이 이런 분일 수도, 저런 분일 수도 있다고 생각하는 사람은 절대 예수님을 따르기 위해 십자가를 지지 않을 것입니다. 예수님을 하나님의 아들 그리스도시라고 믿을 때 우린 십자가를 지고 기꺼이 주님을 따를 수 있을 것입니다. 우리에게 그 믿음이 있는지 확인해 보시기 바랍니다.

♤ 기도
　하나님 아버지, 우리가 주님을 믿고 기꺼이 자기 십자가를 지고 예수님을 따를 수 있는 믿음을 갖도록 도와주시옵소서. 예수님의 이름으로 기도합니다. 아멘

♤ 중보기도
　주님을 위해 고난받고 있는 선교사들을 위하여.

♤ 묵상
　주님은 정말 모든 것을 걸고 내가 믿고 따를 분이란 사실을 나는 확신하고 있습니까?

하나님나라의 일꾼

♣ 성경 누가복음 10:1~20(외울요절 2절)　찬송 495(271)장 ♣

　예수님께서는 70인의 전도대를 파송하셨습니다. 그들은 곳곳에 나아가서 복음을 전하고 귀신들이 예수님 이름 앞에 굴복하는 장면을 목격하였습니다. 예수님께서 그들을 보내시면서 추수할 것은 많되 일꾼이 적으므로 추수하는 주인에게 일꾼들을 보내 주시기를 요청하라고 말씀하셨습니다. 오늘 이 시대는 일꾼보다는 구경꾼이 더 많은 것 같습니다.

　그러나 지금은 추수의 때입니다. 이 세상에 나아가서 예수님의 이름으로 세상을 정복하는 참된 하나님나라의 일꾼이 필요합니다. 귀신들의 항복을 놀라워하며 예수님 앞에 보고하는 제자들을 보시면서, 주님께서는 귀신들이 항복하는 것보다 너희 이름이 하늘에 기록된 것으로 기뻐하라고 하셨습니다(20절).

　우리가 이 세상에서 추구하는 것이 잠시 있다 결국 썩어져버릴 것이 아니길 소망합니다. 하나님나라에 길이 기록될 가치 있는 일에 우리의 삶을 드리시기 바랍니다. 이 세상에 복음을 전해 주십시오. 그것이 가장 가치 있는 일입니다.

♤ 기도
　하나님 아버지, 우리 모두가 하나님나라의 일꾼이 되어 주님 오실 때까지 복음의 증인으로 살도록 하여 주시옵소서. 예수님의 이름으로 기도합니다. 아멘

♤ 중보기도
　우리 교회가 복음의 사명을 잘 감당하기를 위해.

♤ 묵상
　복음을 전하는 것이 어려운 이유가 무엇입니까? 그 문제를 해결하기 위해 우리가 해야 할 일은 무엇입니까? 당장 감당할 수 있는 복음전파의 삶은 무엇입니까?

외식하지 말라

♣ **성경** 누가복음 12:1~12(외울요절 1절)   **찬송** 327(361)장 ♣

예수님께서는 바래새인들에 대해 책망의 말씀을 많이 하셨습니다. 그들이 그토록 책망받는 이유는 그들의 외식적인 모습 때문입니다. 그들은 예수님이 보시기에 한마디로 겉과 속이 다른 사람들이었습니다. 예수님께서는 어두운 데서 말하고 은밀한 중에 말한 모든 것이 결국 다 드러나게 될 것이라고 하셨습니다. 하나님께서는 우리의 머리털조차 세고 계시는 분이십니다. 그 분 앞에 감출 것이 없습니다.

결국 우리의 믿음은 행위로 결정되는 것이 아닙니다. 우리의 속마음과 우리의 행동이 한결같아야 합니다. 바리새인들은 겉으로는 거룩한 체 하나, 속으로는 온갖 모략과 중상으로 의로우신 주님을 대적하였습니다.

우리가 참으로 주님을 믿는다면 우리는 행함과 진실함으로 우리의 신앙을 고백하며 살아야 합니다. 우리 속에 담겨진 믿음은 반드시 언행과 삶으로 드러나야 합니다.

♤ **기도**
하나님 아버지, 우리가 때로는 믿는 대로, 아는 대로 살지 못할 때가 너무 많습니다. 행함과 진실함으로 하나님을 사랑하고 이웃을 사랑하며 삶 속에서 우리의 믿음을 세상에 보이게 하옵소서. 예수님의 이름으로 기도합니다. 아멘

♤ **중보기도**
한국 교회 안의 외식적인 모습이 행함과 진실함으로 회복되기를 위해.

♤ **묵상**
그리스도인으로 교회에서 만나는 사람들에게 보여지는 나의 모습과 가정에서 가족들에게 비춰지는 나의 모습은 어떻게 다릅니까?

좁은 문

♣ **성경** 누가복음 13:22~30(외울요절 24절)　**찬송** 521(253)장 ♣

　한 사람이 예수님께 찾아와 물었습니다. "주여 구원을 받는 자가 적으니이까"(23절). 이 질문에 대한 예수님의 대답은 "좁은 문으로 들어가기를 힘쓰라"는 것이었습니다. 예수님께서는 이 좁은 문은 언젠가는 닫혀 버릴 것이고 들어가려고 해도 들어갈 수 없을 것이라고 말씀하셨습니다. 사람들이 와서 "주님 문을 열어 주십시오. 우리는 주님의 가르침을 받았던 사람들입니다. 우리는 주님과 함께 먹고 마셨습니다."라고 말하였습니다.
　그때 주님의 대답은 "나는 너희를 모른다. 행악하는 모든 자들아, 나를 떠나가라"는 것이었습니다.
　구원이란 특권만을 의미하는 것이 아닙니다. 구원이란 구원받은 자다운 삶의 의무를 수반하는 것입니다. 그것이 구원의 양면성입니다. 특권과 의무를 함께 갖고 들어가는 구원의 문이 바로 좁은 문입니다. 좁은 문으로 들어가십시오. 구원받은 자답게 살려고 애쓰고 힘쓰는 삶의 문으로 들어가십시오.

♠ 기도
　거룩하신 하나님, 구원의 감격을 주신 하나님께 감사드립니다. 이제 그 감격으로 구원받은 자의 삶을 세상에 나타낼 수 있도록 우리에게 힘을 주시옵소서. 예수님의 이름으로 기도합니다. 아멘

♠ 중보기도
　세상을 변화시키기보다는 세상에 끌려가는 이 시대 그리스도인들을 위하여.

♠ 묵상
　그리스도인들이 편한 삶을 기대할 때 세상과 타협점을 찾게 됩니다. 복음을 위하여 좁은 길로 들어서는 것을 부담스러워하는 것입니다. 나에게 혹시 그러한 유혹이 있지는 않습니까?

잃은 양

♣ 성경 누가복음 15:1~10 (외울요절 7절)   찬송 499(277)장 ♣

　예수님께서 공생애 사역 기간 동안 가장 많이 만났던 부류의 사람들은 아마도 당시 사회에서 소외되어진 가난한 자들과 죄인들이었을 것입니다. 예수님께서는 잃은 양의 비유를 통해 예수님께서 이 땅에 오신 목적을 분명히 말씀해 주셨습니다.

　한 목자가 양 아흔아홉 마리를 두고 잃어버린 한 마리의 양을 찾아 나섰다는 말은 예수님께서 그만큼 잃어버린 영혼들, 소외된 영혼들을 사랑하신다는 사실을 보여 줍니다. 오늘 우리 교회에서 정말 관심과 사랑의 대상이 되어야 할 사람들은 우리 안에 들지 못한 양들입니다. 어쩌면 다루기가 쉽지 않은 까다로운 사람들입니다. 얌전히 교회 안에 머물지 않고 세상에서 방황하는 사람들입니다.

　주님은 죄인 한 사람이 회개하면 하늘에서는 회개할 것 없는 의인 아흔아홉보다 더 큰 기쁨이 있다고 말씀하십니다. 오늘 우리가 관심을 가져야 할 잃은 양은 어디에 있습니까? 주님을 대신하여 그들을 향해 나아가시기 바랍니다.

♠ 기도
　사랑의 하나님, 한때 우리도 길 잃은 양이었음을 기억하고, 오늘도 주님이 찾고 또 찾기를 갈망하는 영혼들을 향해 나아가게 하옵소서. 예수님의 이름으로 기도합니다. 아멘

♠ 중보기도
　우리 이웃에 복음을 모르는 소외된 영혼들을 위하여.

♠ 묵상
　한 사람이 죽어갈 때 우리가 할 수 있는 일은 한 가지뿐입니다. 최선을 다하는 것, 그것입니다. 한 영혼을 위해서도 마찬가지입니다.

참된 변화를 원한다면
♣ 성경 누가복음 19:1~10 (외울요절 10절)   찬송 453(506)장 ♣

여리고의 세리장인 삭개오는 예수님을 만나 놀라운 변화를 경험하게 되었습니다. 그가 민족을 배신하고 로마의 앞잡이가 되었던 이유는 분명 그렇게까지 해서라도 권력과 물질을 얻으려 했음을 쉽게 추측해 볼 수 있습니다. 그런 그가 예수님을 만나서 재산의 절반을 가난한 자에게 나누어 주고 억울하게 빼앗은 것이 있다면 네 배로 갚겠다고 고백합니다.

무슨 일이 일어난 것입니까? 그의 인생관이 바뀐 것입니다. 삶의 가치관이 바뀐 것입니다. 그는 돈보다 권력보다 더 소중한 것을 얻게 되었던 것입니다.

예수님께서는 삭개오와 같은 자도 변화시키실 수 있는 분이십니다. 우리 주변을 돌아보십시오. 삭개오처럼 돈에 생명 걸고, 권력과 성공에 생명 걸며 사는 사람들이 얼마나 많습니까? 그들은 모두 예수님을 필요로 합니다. 우리 자신도 마찬가지입니다. 예수님과 동행할 때 우리의 삶도 진정한 변화를 경험할 수 있습니다. 변화를 원하십니까? 예수님을 만나십시오.

♤ 기도
하나님, 세상에 헛된 것을 소유하고자 몸부림치며 살아가는 우리를 변화시켜 주소서. 참된 변화와 회복은 예수님을 만나야 가능함을 믿고 변화가 필요한 사람들을 도울 수 있도록 역사해 주소서. 예수님의 이름으로 기도합니다. 아멘

♤ 중보기도
주위에 진정한 삶의 변화를 필요로 하는 사람들이 있다면 그들을 위하여.

♤ 묵상
변화와 성숙은 그리스도인이 이 땅에 살면서 평생 이뤄야 할 살아있는 신앙의 증거입니다. 어제보다, 지난 달보다, 작년보다 더 나아지고 있는 오늘을 살아갈 때 우리는 건강한 그리스도인임을 확인할 수 있습니다.

오늘이 마지막인 것처럼

♣ 성경 누가복음 21:10~38 (외울말씀 36절)   찬송 180(168)장 ♣

　인류 종말은 예수님 말씀 속에서 더욱 자명하게 드러납니다. 예수님께서는 분명코 이 세상의 끝이 올 것임을 말씀하고 계십니다. 세상 종말과 주님의 재림은 너무나 크고 놀라운 사건이기에 우리가 현실감 있게 받아들이지 못하는 면이 분명 있습니다. 그러나 그것을 말씀하시는 분이 예수님이시기에 우리는 이 사실을 엄연한 사실로 믿고 종말을 준비하는 삶을 살아야 합니다.

　예수님께서는 무화과나무에 싹이 나면 여름이 가까운 줄 아는 것처럼 심판의 날이 임박할 때도 이를 알아차릴 수 있는 징조들이 있다고 하십니다. 그러한 종말에 임박한 시대를 사는 성도들에게 주님은 말씀하십니다. "너희는 스스로 조심하라…… 항상 기도하며 깨어 있으라"(34~36절). 오늘 이 하루가 종말을 준비할 마지막 날이 될 수 있다는 사실을 염두에 두고, 오늘도 깨어 기도하며 주님 오심을 예비하시기 바랍니다.

♧ 기도
　거룩하신 하나님, 마지막 때가 가까울수록 더욱 주님 오심을 준비하며 우리의 짧은 삶을 충성되게 살아가도록 도와주소서. 예수님의 이름으로 기도드립니다. 아멘

♧ 중보기도
　한국 교회가 타락한 사회의 빛이 될 수 있기를 위해서.

♧ 묵상
　이 하루가 마지막인 것처럼 살 때, 하나님께서 내게 주신 소중한 삶과 생명에 대해 성실한 청지기로 살아갈 수 있습니다. 우리의 주인은 언제 우리를 부르시며 오실지 모르기 때문입니다.

길동무

♣ 성경 누가복음 24:13~35(외울요절 15절)   찬송 379(429)장 ♣

예수님께서 십자가에 달려 죽으신 후 제자들은 뿔뿔이 흩어졌습니다. 그들은 부활에 대한 예수님의 약속을 잊어버린 채, 각자 자신들의 살 길을 찾아 떠났습니다. 본문을 보면 엠마오를 향해 가는 길 여정에 있던 두 제자에게 예수님께서 찾아오신 사건이 기록되어 있습니다. 예수님께서는 어리석게도 자기 갈 길로 떠나는 두 제자를 만나 책망하지 않으시고 그들의 길동무가 되어 주셨습니다. 그리고 그들에게 진리를 가르치시며 깨우쳐 주셨습니다.

때로 우리가 믿음의 길을 가다가 잘못된 길을 가게 될 때가 있습니다. 그 때마다 주님은 다양한 방법을 통해 우리의 발걸음을 돌이키도록 도우시고 역사하십니다. 지금 이 시간에도 주님은 우리가 올바른 길로 갈 수 있도록 우리에게 말씀하고 계십니다. 그분은 우리에게 언제나 신실하신 분이십니다.

♤ 기도
하나님 아버지, 우리가 미련하여 때로 하나님께서 기뻐하지 않는 길로 갈 때가 있습니다. 우리를 바른 길로 인도하시고 어두운 우리의 마음을 늘 깨우쳐 주시옵소서. 예수님의 이름으로 기도합니다. 아멘

♤ 중보기도
주님을 멀리 떠나 방황하는 사람들을 위하여.

♤ 묵상
주님께서는 오늘날 성경 말씀을 통해 우리를 깨우치시고 인도하십니다. 말씀을 가까이하십시오. 말씀을 사랑하십시오. 주님의 음성이 우리에게 들려지도록 말입니다.

진리의 빛

♣ 성경 요한복음 1:1~14(외울요절 1절)   찬송 95(82)장 ♣

요한복음은 영적세계의 창세기와 같은 말씀입니다. 요한복음은 하나님께서 이 세상을 창조하실 때 눈에 보이는 빛과 더불어 영원한 진리의 빛을 두셨음을 말씀하고 있습니다.

그 빛은 온 세상을 환히 비추는 말씀 곧 진리요, 만물에 생기를 부여하는 생명의 근원이었습니다. 그 빛이 예수님이십니다. 예수님께서 이 세상에서 혼돈을 벗기셨습니다. 삶의 의미를 명확하게 드러내시고 인생 문제에 답을 주셨습니다. 우리에게서 죽음의 그림자를 내어쫓으셨습니다.

아직도 우리 주위에는 여전히 어둠 속에서 혼돈의 삶을 살아가는 사람들이 수없이 많습니다. 그들에게 빛 되신 예수 그리스도가 필요합니다. 먼저 우리 자신부터 그 진리의 빛을 따라 살아가도록 해야 합니다. 그럴 수 있다면 우리는 이 생명의 길을 더 자신 있게 걸어갈 수 있습니다.

♤ 기도
사랑의 하나님, 인생의 많은 문제 속에서 길을 잃고 헤매지 않도록 우리에게 분명한 빛으로 함께하여 주시옵소서. 나아가 우리가 길 잃은 자들을 도울 수 있도록 은혜 베풀어 주시옵소서. 예수님의 이름으로 기도합니다. 아멘

♤ 중보기도
많은 문제와 역경 속에서 방황하는 형제자매들을 위하여.

♤ 묵상
숲속에서 길을 잃었다고 생각할 때, 사람들은 하늘의 별을 바라보면서 가야할 방향을 찾습니다. 별조차 보이지 않는 칠흑 같은 인생의 밤길에서도 주님은 우리의 빛이 되십니다.

내가 망해도 좋은 이유

♣ 성경 요한복음 3:22~30(외울요절 30절)   찬송 315(512)장 ♣

　구원받은 자의 삶은 예수님께서 이제 주인이 되심으로 내 삶의 중심이 되신 것을 전제로 합니다. 그러나 우리는 이 사실을 망각한 채 자기중심적인 삶을 살 때가 많습니다.
　그래서 내가 손해 보고 내가 불편하면 견디지 못하는 것입니다. 심지어 그것이 하나님을 위한 일이라도 말입니다.
　세례 요한은 예수님의 등장으로 역사의 무대에서 잊혀져가는 인물이 되었습니다.
　사람들은 이제 세례 요한이 아닌 예수님을 찾아가기 시작했습니다. 그때 세례 요한은 그 사실을 기쁘게 받아들였습니다. "그는 흥하여야 하겠고 나는 쇠하여야 하리라"(30절). 그것이 세례 요한의 고백이었습니다.
　오늘 우리 삶의 현장에서도 예수님이 흥하여야 합니다. 그것이 나에게도 기쁨이 되어야 합니다. 그럴 수 있다면 우리는 비로소 참된 신앙의 자유와 기쁨을 맛볼 수 있습니다.

♤ 기도
　우리의 주인이신 하나님 아버지, 우리가 입술로만 예수님을 주라 시인할 것이 아니라 우리의 삶을 통해 예수님을 섬기고 예수님을 위하여 살아갈 수 있도록 도와주시옵소서. 예수님의 이름으로 기도합니다. 아멘

♤ 중보기도
　한국 교회 목회자들을 위하여.

♤ 묵상
　교만은 자신의 힘을 의지하는 것이며 하나님이 아닌 자기 자신에게 집중하는 상태입니다. 주님을 높이기 위해 낮아질 수 있는 마음을 갖는 것이 중요합니다.

영원한 샘물

♣ 성경 요한복음 4:1~42(외울요절 14절) 찬송 309(409)장 ♣

사마리아 성읍에 살고 있던 한 여인을 예수님께서 만나십니다. 그녀는 여러 남자를 의지하여 살아보았지만 삶의 위로와 만족을 느끼지 못했습니다. 그러던 그녀가 예수님을 만나 놀라운 변화를 경험합니다. 예수님은 그 여인의 문제를 정확히 이해하셨습니다.

그녀는 한마디로 목마른 인생이었습니다. 어디에서 자신의 영혼의 갈증을 해갈할 수 있는지 알지 못했습니다. 예수님께서는 그녀에게 영생하도록 솟아나는 샘물을 소개해 주셨습니다. 바로 예수님 자신이셨습니다. 가장 목이 마를 때가 샘물을 찾을 수 있는 기회가 될 수 있습니다.

세상에 부요한 사람들, 걱정도 염려도 없는 사람들은 예수님께 나아오기가 더 어렵습니다. 문제가 있다면, 갈증을 느낀다면 지금이 바로 예수님을 만날 때입니다. 예수님께 나아오십시오. 그 분이 여러분을 시원케 할 샘물이 되어 주실 것입니다.

♤ 기도
하나님 아버지, 세상의 그 무엇으로도 우리의 마음을 만족시킬 수 없음을 알고 오직 주님 앞에 우리의 갈급한 마음을 드립니다. 우리를 채우시고 또 세상에 뛰어나가 저들에게 영생의 샘이 되시는 주님을 전하게 하여 주시옵소서. 예수님의 이름으로 기도합니다. 아멘

♤ 중보기도
우리 주위에 영혼의 갈급함으로 곤고해 있는 사람들을 위하여.

♤ 묵상
세상에 목마르고 갈급한 그리스도인들이 있습니다. 우리의 목마름은 세상의 것으로 해갈되지 않습니다. 우리는 그것을 세상에 보여 주어야 하는 사람들입니다. 주님은 나에게 영생하시는 샘물이 되십니까?

예수님을 따르는 이유

♣ 성경 요한복음 6:22~27(외울요절 27절)   찬송 317(353)장 ♣

예수님이 가시는 곳에는 항상 수많은 사람들이 모여들었습니다. 백성들은 예수님이 계시는 곳을 찾아 다녔습니다. 그러한 그들에게 예수님께서는 뜻밖에도 놀라운 말씀을 하셨습니다. 그것은 그들이 예수님을 따르는 동기에 관한 것이었습니다. 예수님께서는 그 무리들이 자신을 따르는 이유가 떡을 먹고 배부른 까닭이라고 하셨습니다. 즉 먹을 양식을 바라고 예수님을 따르고 있다는 것입니다. 예수님은 연이어 그들에게 "썩을 양식을 위하여 일하지 말고 영생하도록 있는 양식을 위하여 하라"(27절)고 하셨습니다.

우리도 때론 예수님을 의지하여 세상에서 우리가 얻을 많은 것들을 기대할 때가 있습니다. 예수님의 이름으로 기도하면서 나의 욕심을 채우고자 할 때가 있습니다. 물론 우리가 필요한 것을 구하여 얻는 것도 중요하지만 그보다 더 중요한 것은 우리가 영생하도록 있는 양식, 즉 우리가 얻은 구원으로 인해 감사하고 하나님나라와 영광을 위하여 일하는 것임을 잊어서는 안 됩니다. 지금 우리는 무엇 때문에 예수님을 따릅니까?

♤ 기도
거룩하신 하나님, 우리가 주님을 따름으로써 받을 축복뿐만 아니라 짊어질 자기 십자가조차 마다하지 아니하고 기쁨으로 감당하게 하셔서, 하나님나라를 위하여 살게 하소서. 예수님의 이름으로 기도합니다. 아멘

♤ 중보기도
믿음이 연약한 성도들을 위하여.

♤ 묵상
우리는 우리에게 선물을 주시는 하나님보다 선물에 더 많은 관심을 갖을 때가 있습니다. 혹시 나의 삶 속에서 잘못된 동기로 주님을 따라가지는 않습니까?

용서의 확신

♣ **성경** 요한복음 8:1~11(외울요절 11절) **찬송** 298(35)장 ♣

어느 날 바리새인과 사두개인들이 간음하다 잡힌 여인을 예수님 앞에 끌고 나와 예수님을 시험하고자 어떻게 할 것인지를 물었습니다. 율법에 의하면 간음한 여인은 즉시 돌로 쳐죽이도록 되어 있었습니다.

예수님께서는 그들에게 "너희 중에 죄 없는 자가 먼저 돌로 치라"(7절)고 말씀하셨습니다. 그 말씀에 찔림을 받아 무리들이 돌아가자 예수님은 그 여인에게 말씀하셨습니다. "나도 너를 정죄하지 아니하노니 가서 다시는 죄를 범하지 말라"(11절).

주님은 우리가 죄악에 빠져 사는 것을 원하지 않으시지만 죄를 짓고 죄책감에 사로잡혀 살아가는 것도 원하지 않으십니다. 도리어 용서의 손길로 위로하시면서 다시 올바른 길을 걸어가도록 격려하십니다.

우리는 죄를 짓지 않도록 노력함과 동시에 설령 죄악에 걸려 넘어지더라도 주님의 용서와 사랑을 의지하여 다시 일어서서 믿음의 길을 걸어가야 합니다. 그것이 우리를 향한 주님의 바람이십니다.

♤ 기도
하나님 아버지, 때론 우리가 연약하여 범죄하기 쉬우나 죄에 눌려 무력하게 살지 않게 하시고, 주님의 용서를 의지하여 다시 힘차게 일어나 주님 위해 살도록 하여 주시옵소서. 예수님의 이름으로 기도합니다. 아멘

♤ 중보기도
죄책감에 눌려 힘들어 하는 사람들을 위하여.

♤ 묵상
만일 우리가 우리 죄를 자백하면 그는 미쁘시고 의로우사 우리 죄를 사하시며 우리를 모든 불의에서 깨끗하게 하실 것이요(요일 1:9).

나는 주님의 양

♣ 성경 요한복음 10:1~6(외울요절 3절)   찬송 570(453)장 ♣

예수님께서는 당신을 목자로 우리를 양으로 비유하시기를 즐겨하셨습니다. 양과 목자의 관계가 성립되기 위해서는 먼저 그 양이 목자의 음성을 귀기울여 들어야 합니다.

예수님께서는 "양은 그의 음성을 듣나니 그가 자기 양의 이름을 각각 불러 인도하여 내느니라"(3절)고 말씀하셨습니다. 많은 양들이 섞여 있어도 양들은 자기 목자의 음성을 알기 때문에 그들의 이름을 부를 때 목자를 따라갈 수 있습니다. 우리가 목자 되신 주님을 항상 따르려면 목자의 음성을 주시하여 듣지 않으면 안 됩니다.

신앙생활은 주님의 음성을 듣는 훈련을 잘하는 것입니다. 말씀과 기도를 통하여 하나님의 음성에 귀기울여야 우리는 길을 잃지 않고 바른 길로 갈 수 있습니다. 오늘 우리를 향해 들려주시는 주님의 음성은 무엇입니까? 조용히 귀기울여 보십시오.

♤ 기도

우리의 목자 되신 주님, 감사와 찬양을 드립니다. 우리를 푸른 초장 쉴만한 물가로 인도하시도록 우리가 먼저 주님의 말씀을 청종할 수 있게 하여 주시옵소서. 예수님의 이름으로 기도합니다. 아멘

♤ 중보기도

기도의 응답을 절실히 기다리고 있는 성도들을 위하여.

♤ 묵상

하나님 음성은 믿음의 자리에서 조용히 기다릴 때 들립니다. 기다림의 시간이 하나님을 향한 신뢰로 채워질 때 응답의 열매가 나타납니다.

선한 목자

♣ 성경 요한복음 10:7~18(외울요절 11절)   찬송 569(442)장 ♣

예수님께서는 우리 인간을 양으로 비유하시기를 좋아하셨습니다. 어쩌면 인간은 목자가 반드시 필요한 양 같은 존재인 듯합니다. 세상 사람들은 저마다 자기의 삶을 행복의 길로 이끌어 줄 만한 어떤 목자를 기대하며 살아갑니다. 그것이 사람일 수도, 돈이나 권력일 수도 있을 것입니다.

그러나 결국 인간은 그 모든 것이 자신을 저 죽음의 강 너머까지 안전하게 인도해 줄 수 없다는 사실을 알게 됩니다. 그런데 놀랍게도 예수님께서는 자신을 목자라고 소개하고 계십니다.

양같이 길을 잃고 방황하는 우리에게 가장 안전하고 완전한 구원의 길을 보여 주시고 인도하실 분은 오직 예수 그리스도뿐이십니다. 그 분이 우리의 유일한 목자이십니다. 오늘 우리는 목자 되신 주님의 뒤를 잘 따라가고 있습니까?

♤ 기도

오 귀하신 주님, 우리의 목자가 되어 주셔서 우리를 가장 선한 길로 인도하여 주시옵소서. 때론 우리가 세상에 한눈 팔고 엉뚱한 길로 들어설지라도 우리를 가르치시고 인도하여 주시옵소서. 예수님의 이름으로 기도합니다. 아멘

♤ 중보기도

삶의 여러 기로에 서서 고민하고 있는 자들을 위하여.

♤ 묵상

지금 당신이 서있는 곳은 목자를 따라가는 길입니까? 혹 우리는 목자를 떠나 너무 멀리 와버린 것은 아닌가요? 돌아갈 방법은 무엇일까요?

나사로야 나오라

♣ **성경** 요한복음 11:1~44(외울요절 25절) **찬송** 150(135)장 ♣

사랑하는 오라버니가 죽은 지 나흘이 되어서야 예수님이 도착하셨습니다. 마리아와 마르다는 낙심 중에 예수님을 맞이하였습니다. 그러나 예수님께서는 놀라우신 말씀을 하십니다. "네 오라비가 다시 살아나리라"(23절). 모든 사람들이 절망 중에 죽은 자의 무덤에 둘러서 있는 자리에서 예수님은 나사로를 향하여 나오라고 명하셨습니다.

그 순간 죽었던 나사로가 무덤에서 나왔습니다. 나사로 사건은 예수님께서 생명의 주관자이신 하나님이심을 보여 주는 중요한 사건입니다. 인간이 직면해야 하는 필연적인 죽음의 문제를 예수님께서 해결하실 수 있다는 것입니다. 그 분은 죽음 가운데 멸망하는 인간을 구원하실 유일한 구세주가 되십니다.

이 놀라운 축복을 누리며 살아가는 우리들에게 부활에 대한 기대와 소망 그리고 기쁨이 있어야 합니다. 우리는 예수 그리스도로 말미암아 죽음을 뛰어넘을 수 있는 사람들입니다.

♤ 기도
하나님, 우리에게 주신 이 놀라운 영생의 복이 얼마나 귀한 것인지 이해하게 하시고, 죽음을 넘어 영원한 생명을 누리는 사람들답게 천국에 소망을 두고 이 세상을 살아가게 하소서. 예수님의 이름으로 기도합니다. 아멘

♤ 중보기도
환우 중에 있는 말기 암환자들을 위하여.

♤ 묵상
그리스도인에게 죽음은 끝이 아니라 새로운 시작입니다. 죽음을 묵상할 때 우리는 천국의 소망을 더욱 분명히 할 수 있고, 이 땅에서의 짧은 삶을 보다 가치 있게 살아갈 수 있습니다.

서로 섬기라

♣ 성경 요한복음 13:1~17(외울요절 15절) 찬송 220(278)장 ♣

유월절 저녁, 식사 중에 예수님께서는 제자들의 발을 씻기시기 시작하셨습니다. 제자들은 예수님의 행동에 대하여 매우 놀라고 당황하였을 것입니다. 베드로의 반응을 보면 그 일이 스승이신 예수님이 하실 수 없는 일이었다는 사실을 보여 줍니다.

예수님께서는 제자들의 발을 다 씻은 후에 제자들에게 말씀하십니다. "내가 너희에게 행한 것같이 너희도 행하게 하려 하여 본을 보였노라"(15절). 주님은 이제 곧 원수들 손에 붙들려 십자가를 지시게 될 것입니다. 그러한 상황 속에서 주님은 제자들에게 가르치시고자 하는 소중한 진리를 몸소 실천해 보이셨습니다.

믿는 형제자매가 먼저 서로 섬길 때 우리는 비로소 진정한 주님의 제자가 될 수 있습니다. 우리가 섬겨야 할 사람은 어디 있습니까? 기꺼이 그들을 섬기기 위하여 무릎을 꿇을 수 있다면 이 세상은 우리들로 인해 더욱 아름다워질 것입니다.

♧ 기도
귀하신 하나님, 낮고 천한 우리를 위해 이 땅에 오셨을 뿐 아니라 자신의 몸을 죽기까지 내어 주신 그 사랑을 생각할 때 우리가 어찌 형제자매들에게 그 사랑을 실천하지 않을 수 있겠습니까? 우리를 긍휼히 여기셔서 예수님을 본받아 서로 섬기게 하소서. 예수님의 이름으로 기도합니다. 아멘

♧ 중보기도
우리가 섬겨야 할 교회의 성도들을 위하여.

♧ 묵상
건강한 신앙생활은 하나님과의 관계, 이웃과의 관계가 바로 세워졌을 때 가능합니다. 나는 건강한 그리스도인입니까?

영생에 이르는 길

♣ 성경 요한복음 14:1~6(외울요절 6절)   찬송 449(377)장 ♣

우리의 인생을 길로 비유하는 노래, 시들이 있습니다. 인생은 길을 가는 것과 같습니다. 시작이 있고 끝이 있기 때문입니다. 문제는 다른 길과 달리 인생길은 그 끝을 잘 모르고 간다는 것입니다. 언제 끝날지도 모릅니다. 그리고 그 끝이 어디인지도 잘 모릅니다.

인생은 그렇게 미지의 길을 걸어가는 여행입니다. 그런데 오늘 본문을 보면 그 길의 끝이 어디인지 정확히 알려 주시는 분이 계십니다. 예수님이십니다. 주님은 자신이 길이요, 진리요, 생명이라고 말씀하십니다.

그 말씀은 우리 인간들이 걸어갈 수 있는 가장 안전한 길, 영생에 이르는 길이라는 뜻입니다. 우리 인생 여정의 종착역은 어디입니까? "아버지 집"(2절)입니다. 오늘도 도마처럼 "그 길을 어찌 알겠사옵나이까?"(5절) 묻는 이들에게 우리는 참된 생명의 길이 되신 예수님을 알려 주어야 하겠습니다.

♤ 기도
사랑의 주 하나님 감사합니다. 갈길 몰라 방황하다 죽어갈 인생들을 사랑하여 주셔서 이렇게 생명 길을 걷게 하심을 감사합니다. 아직도 우리 주위에 이 길을 찾지 못해 방황하는 사람들이 많이 있습니다. 그들에게 이 길을 알게 하여 주시옵소서. 예수님의 이름으로 기도합니다. 아멘

♤ 중보기도
주님을 온전히 따라가지 못하는 그리스도인들을 위하여, 그 길을 전혀 모르는 불신자들을 위하여.

♤ 묵상
예수님께서 우리의 길이 되신다면 우리는 지금 예수님이 가신 길을 잘 따라가고 있습니까? 온전히 주님을 따르는 길이 무엇인지 생각해 봅시다.

평안을 너희에게

♣ 성경 요한복음 14:25~31(외울요절 27절) 찬송 410(468)장 ♣

예수님께서 제자들에게 참된 평안을 주시기 바라셨습니다. 제자들뿐만 아니라 인류 모두에게 이 평안을 전해 주시기 원하셨습니다. 그러나 인간은 범죄함으로 하나님이 주시는 평안을 잃어버렸습니다.

그 공허한 영혼의 빈자리를 채우려고 세상에서 만족할 만한 것들을 찾아보지만 돈으로도, 명예로도, 세상 그 어떤 쾌락으로도 그 마음의 공허함을 채울 수 없었습니다.

그 공허함은 주님만이 채울 수 있습니다. 하나님으로부터 떨어져 나간 인간의 마음에 다시 진정한 하늘의 평안을 돌려주시기 위해 주님께서 우리에게 오셨습니다. 예수님을 믿고 신앙생활하면서 우리가 누리는 가장 큰 축복 중 하나는 평안입니다. 환경을 뛰어넘는 평안, 세상이 줄 수도 또 빼앗을 수도 없는 영원한 평안이 우리 안에 있는 것입니다.

♧ 기도

하나님 아버지, 우리에게 이 놀라운 평안을 허락하시니 감사합니다. 때론 우리가 세상에 마음을 두고 살다 주님의 평안을 잊고 살 수 있지만, 여전히 그 평안이 우리 안에 있음을 믿습니다. 항상 그 평안 안에 거하며 살게 하옵소서. 예수님의 이름으로 기도합니다. 아멘

♧ 중보기도

주님의 평안이 필요한 사람들을 위하여.

♧ 묵상

하나님의 자녀이면서도 이 평안을 누리지 못하는 사람들은 불행한 사람입니다. 무엇이 주님이 주신 평안을 누리지 못하게 하는 것일까요? 그 문제를 하나님께 고백하십시오.

열매 맺는 가지가 되라

♣ **성경** 요한복음 15:1~8(외울요절 8절)　**찬송** 370(455)장 ♣

포도나무에 열매를 잘 맺지 못하는 가지들은 그 나무로부터 영양분을 제대로 공급받지 못하고 있는 것입니다. 예수님은 우리도 그와 같이 주님 안에 거하지 않으면 제대로 열매 맺는 삶을 살지 못함을 가르치십니다.

그리스도인으로 삶에서 맺어야 할 많은 아름다운 열매들은 우리가 주님 안에 거하기를 힘씀으로 가능해집니다. 포도나무가 열매를 맺는 것이 정상이듯이 그리스도인은 그리스도인다운 삶을 열매로 맺는 것이 정상입니다.

하나님께서는 열매 맺지 않는 가지는 가지치기를 하신다고 합니다. 그만큼 열매 맺는 삶을 강조하고 계십니다. 우리가 열매를 맺을 때 하나님께 영광을 돌리게 되며 진정한 주님의 제자가 됩니다(8절). 주님 안에 거하기를 힘쓰시기 바랍니다.

♠ **기도**
하나님 아버지, 우리가 이 세상을 살아가면서 맺어야 할 삶의 열매가 무엇인지 늘 생각하며 주님을 기쁘시게 해 드리고, 세상에서 진정한 주님의 백성으로 본이 되는 삶을 살도록 도와주십시오. 예수님의 이름으로 기도드립니다. 아멘

♠ **중보기도**
열매가 없어 세상에 부끄러움을 당하는 그리스도인들을 위하여.

♠ **묵상**
무릇 내게 붙어 있어 열매를 맺지 아니하는 가지는 아버지께서 그것을 제거해 버리시고 무릇 열매를 맺는 가지는 더 열매를 맺게 하려 하여 그것을 깨끗하게 하시느니라 (2절).

우리의 영원한 동반자

♣ 성경 요한복음 16:1~13 (외울요절 4절)   찬송 191(427)장 ♣

이제 제자들은 그들의 곁을 떠나실 것이라는 주님의 말씀을 듣고 두려워하였을 것입니다. 그러나 주님은 그들을 격려하시면서 주님이 떠나셔도 제자들이 두려워하지 않을 이유를 말씀하십니다. 성령님이 오실 것이기 때문입니다. 성령께서 제자들을 진리 가운데로 인도하실 것입니다.

신앙생활이란 어찌 보면 쉬울 수 있습니다. 주님은 이 믿음의 길을 어찌 가야할지 가르쳐 주시고 인도하시는 성령님을 우리에게 보내 주셨습니다. 그가 우리를 인도하실 것입니다. 우리를 깨우쳐 주실 것입니다. 하나님 말씀을 이해하게 하실 것이고 더 나아가 우리가 그리스도인답게 살 수 있도록 힘과 능력을 주실 것입니다.

우리가 더욱 강건한 그리스도인으로 살 수 있는 비결은 바로 성령님과 친밀한 교제를 나누는 데 있습니다. 주의 영이 함께하시기에 오늘 이 하루의 삶도 우린 자신있게 살아갈 수 있습니다.

♤ 기도
거룩하신 하나님, 우리에게 성령을 보내 주셔서 우리를 인도케 하시니 감사합니다. 더욱 성령충만한 사람이 되어 주님께서 우리를 통해 이 땅에서 이루실 많은 일들을 감당하게 하옵소서. 예수님의 이름으로 기도드립니다. 아멘

♤ 중보기도
한국 교회가 성령충만하도록.

♤ 묵상
우리와 함께하시는 성령님께서는 참으로 인격적이신 분입니다. 우리가 그 분을 초청하고 순종할 때 그 분은 우리를 온전히 다스리십니다. 성령을 근심케 하는 일을 피하십시오. 그 분과 행복한 교제를 누리십시오.

세상을 이기신 주님

♣ 성경 요한복음 16:25~33(외울요절 33절)   찬송 585(384)장 ♣

예수님께서는 십자가를 지시기 전 제자들을 향하여 이제 아버지께로 돌아갈 것임을 말씀하셨습니다. 자신이 십자가를 짊어지고 가실 때 제자들조차도 다 주님을 떠나갈 것이라고 말씀하셨습니다.

그 날에 제자들은 두려울 것이고 절망을 경험하게 될 것입니다. 그러나 주님은 그러한 제자들에게 평안을 주시기 위하여 격려하십니다. 장차 주님을 따르는 제자들에게 환난이 올 수 있지만 두려워할 필요는 없다고 하십니다. 왜 그렇습니까? "세상에서는 너희가 환난을 당하나 담대하라 내가 세상을 이기었노라"(33절). 그렇습니다. 주님께서 세상을 이기셨습니다.

그분이 우리의 보호자가 되십니다. 어떠한 억울한 일을 당하든지, 고난과 시련의 현장에서 우리는 이 사실을 잊지 말아야 합니다. 세상을 이기신 주님과 함께 우리도 결국 승리의 자리에 서게 될 것입니다.

♤ 기도
세상을 이기신 주님을 찬양합니다. 하나님, 우리에게 세상을 이길 담대함을 주시고 어떤 시련 속에서도 굴하지 않고 승리하신 하나님을 의지하여 이기게 하옵소서. 예수님의 이름으로 기도합니다. 아멘

♤ 중보기도
주님을 따르다가 고난당하는 성도들을 위하여.

♤ 묵상
세상을 이기신 주님께서 성도들의 고난을 용납하시는 이유는 사명 때문입니다. 우리가 세상에서 싸우는 싸움은 이미 승리를 예정한 싸움입니다. 지금은 인내로 승리를 기대해야 합니다.

네가 날 사랑한다면

♣ 성경 요한복음 21:1~17 (외울요절 17절)　찬송 317(353)장 ♣

　제자들은 주님이 부활하셔서 그들 앞에 나타나셨음에도 차마 주님을 뵐 면목이 없었습니다. 그들은 고기잡이배에 몸을 싣고 주님을 만나기 전의 삶으로 돌아가버렸습니다. 그러나 주님은 그러한 제자들을 찾아오셨습니다. 그들을 위하여 식사를 차려 놓으시고 그들을 해변에서 맞이하여 주셨습니다. 그리고 베드로에게 말씀하십니다. "네가 날 사랑하느냐"고 세 번 물으십니다. 그리고 "네가 날 사랑한다면 내 양을 먹이라"고 하십니다. 그 말씀은 베드로를 격려하시고 회복시키시는 말씀이셨습니다.

　우리가 낙심될 때, 주님 앞에 고개를 들 수 없을 만큼 연약해져 있을 때, 주님은 우리에게 찾아오셔서 우리에게 말씀하십니다. "나는 아직도 네가 날 사랑한다는 사실을 안다. 내가 네게 맡긴 일을 잘 감당해 다오." 우리는 그 사랑의 음성 앞에 다시 일어설 힘과 용기를 얻는 것입니다.

♤ 기도
　사랑의 하나님, 우리가 연약하여 얼마나 수없이 넘어지는지 주님은 잘 아십니다. 우리가 낙심할 때도 주님은 여전히 우리를 사랑하신다는 사실을 믿습니다. 또 저희 안에 여전히 주님을 향한 사랑이 있음을 고백합니다. 다시 일어서 주님 위해 살게 하소서. 예수님의 이름으로 기도드립니다. 아멘

♤ 중보기도
　주님의 위로와 격려가 필요한 사람들을 위하여.

♤ 묵상
　주님께서는 우리가 얼마나 연약한 존재인지 잘 아십니다. 주님을 사랑한다고 하면서도 너무 쉽게 주님의 가슴을 아프게 하는 우리의 약함을 말입니다. 그분은 그렇게 큰 사랑이십니다.

아버지께서 약속하신 것을 기다리라

♣ **성경** 사도행전 1:1~5(외울요절 4절)　**찬송** 546(399)장 ♣

　사도행전은 예수님이 부활하신 후 제자들과 함께 한곳에 모여 있는 장면으로 시작합니다(4절). 사실 제자들은 예수님이 잡히셨을 때 한 사람도 남김없이 예수님을 버리고 도망쳤던 사람들이었습니다. 그런데 이제 부활하신 예수님을 중심으로 제자들이 다시 모였습니다. 그리고 실패를 경험했던 제자들에게 예수님은 친히 나타나셔서 사십 일 동안 함께하시며 하나님나라의 일을 말씀하셨습니다(3절).

　그리고 예수님은 제자들을 향하여 다음과 같이 약속하셨습니다. "예루살렘을 떠나지 말고 내게서 들은 바 아버지께서 약속하신 것을 기다리라 요한은 물로 세례를 베풀었으나 너희는 몇 날이 못 되어 성령으로 세례를 받으리라"(4~5절). 즉, 성령을 주시겠다는 말입니다.

　우리가 하나님의 약속의 말씀을 기억하며 기다린다면 하나님께서는 반드시 약속의 때에 응답하실 것입니다. 그러므로 약속된 은혜를 바라는 사람들은 믿음으로 그때가 올 때까지 참고 기다려야만 합니다.

♤ 기도
　하나님, 주님의 일을 감당하기 위해 성령을 사모합니다. 우리에게 성령을 주시겠다고 약속하신 주님을 신뢰하며 기다릴 수 있도록 도와주시고, 우리에게 믿음을 더하여 주소서. 예수님의 이름으로 기도합니다. 아멘

♤ 중보기도
　성령의 내주하심을 간절히 바라며 기도하는 자들을 위해.

♤ 묵상
　우리가 하나님을 믿고 믿음의 말을 하는 순간부터 상황은 바뀌기 시작한다.
　　　　　　　　　　　　　　　　　　　　　　　－조엘 오스틴－

때와 시기는 아버지께

♣ **성경** 사도행전 1:6~11(외울요절 7절) **찬송** 325(359)장 ♣

　예수님과 제자들이 한자리에 모였을 때에 제자들이 예수님께 질문합니다. "예수님, 이스라엘 나라를 회복하심이 이 때니이까?"(6절). 제자들의 이 질문은 예수님께서 이스라엘 나라를 회복시켜 주시기를 바랐기 때문입니다. 그러나 예수님이 이 땅에 오신 것은 지상의 왕국인 이스라엘을 세우러 오신 것이 아니라 하늘의 왕국을 세우기 위해서입니다.
　이러한 제자들의 질문에 예수님은 "때와 시기는 아버지께서 자기의 권한에 두셨으니 너희가 알 바 아니요"(7절)라고 대답하셨습니다. 그리고 제자들에게 다음과 같은 명령이 주어집니다. "오직 성령이 너희에게 임하시면 너희가 권능을 받고 예루살렘과 온 유대와 사마리아와 땅 끝까지 이르러 내 증인이 되리라"(8절).
　우리는 미래 사건의 상세한 내용이나 정확한 시간을 알려고 합니다. 그러나 우리의 능력으로는 그것을 알 수 없습니다. 단지 그것에 대비하여 최선을 다할 뿐입니다. 그러나 주님께서 우리를 위해 준비해 두신 성령의 도우심을 통하여 땅 끝까지 복음을 증거하며 증인된 삶을 살면, 예수님이 말씀하셨던 그때를 보게 될 것입니다.

♤ 기도
　하나님, 우리는 한 치 앞도 알 수 없는 연약한 존재입니다. 그러나 하나님의 사랑을 믿고, 우리를 지키시고 인도하실 것을 믿기에 오늘도 최선을 다하며 주님을 위해 살겠습니다. 예수님의 이름으로 기도합니다. 아멘

♤ 중보기도
　성령을 의지하지 않고, 자기 자신을 내려놓지 못하는 자들을 위해.

♤ 묵상
　하나님의 때에, 하나님의 방법으로, 하나님의 사람을 통하여 응답됩니다.

제비뽑기

♣ 성경 사도행전 1:12~26(외울요절 26절)   찬송 383(433)장 ♣

제자들은 예수님의 말씀대로 마음을 같이하여 성령을 기다리며 기도에 힘썼습니다. 120명이나 되는 수가 함께 모였을 때 베드로가 자리에서 일어서나 그들을 향해 이야기하기 시작합니다. 그리고 다음과 같이 제안합니다. 한때 예수님의 제자였으나 은 삼십에 예수님을 팔아넘기고 자살한 가룟 유다를 대신해 사람을 새로 뽑아서 열두 사도의 수를 채우자고 말입니다.

그래서 두 명의 후보자 즉 요셉(히브리어로는 바사바, 라틴어로는 유스도)과 맛디아가 추천되었습니다. 그리고 주님의 도우심을 바라며 기도하였습니다. 그리고 제비를 뽑았습니다. 이것은 예수님이 선택하신 사람이 누구인지 제비뽑기를 통하여 알게 해주시리라고 믿었기 때문입니다. 그리하여 맛디아가 유다를 이어 새로운 열두 사도의 수에 포함되었습니다.

우리가 하나님의 뜻이 무엇인지 알기 위해서는 먼저 하나님의 도우심을 구해야 합니다. 그러면 하나님은 우리에게 알게 하시며 깨닫게 하십니다.

♤ 기도
하나님, 우리는 하나님이 우리의 필요를 채워 주시고, 우리가 기대하는 것 이상으로 주시는 분임을 압니다. 우리가 하나님의 뜻을 분별할 수 있게 하시고, 이를 위해 먼저 하나님의 도우심을 구하는 삶을 살게 하옵소서. 예수님의 이름으로 기도합니다. 아멘

♤ 중보기도
자신의 상황에서 하나님의 뜻이 무엇인지 알기를 원하는 자들을 위해.

♤ 묵상
하나님은 우리가 부르심을 받아들이기 훨씬 전부터 우리를 준비시키신다. 우리가 예수님이 누군지 알기도 전부터 말이다.   – 브라더 앤드류 –

성령이 이끄시는 대로

♣ 성경 사도행전 2:1~13(외울요절 4절)   찬송 368(486)장 ♣

오순절 날이 이미 이른 때에 제자들과 복음을 듣고자 모인 사람들이 함께한 곳에서 성령 강림의 역사가 일어났습니다. 성령이 그들에게 임하신 방법은 첫째, 급하고 강한 바람 같은 소리(2절)로 둘째, 불의 혀같이 갈라지는 것을 보여 주심(3절)으로 나타나셨습니다. 그리고 그곳에 모인 모든 사람들이 성령충만함을 받아, 성령이 이끄시는 대로 말하기 시작하였습니다.

성령으로 충만한 사람을 어떻게 알아 볼 수 있습니까? 그것은 그 사람의 생활방식을 보면 알 수 있습니다. 자기중심적인 사람인지, 아니면 다른 사람을 먼저 생각하고 배려하는 사람인지 말입니다. 성령충만은 우리가 성령을 소유하여 원하는 바를 이루는 것이 아닙니다. 진정한 성령충만은 우리가 성령의 지배를 받아서 성령의 인도하심을 따라 행하는 것입니다.

♤ 기도
하나님, 하나님께서 우리의 주인 되시기를 원합니다. 우리가 하나님을 소유하려고 하지 않게 하시고, 온전히 하나님께서 우리를 소유하실 수 있도록 성령의 인도를 받게 하옵소서. 예수님의 이름으로 기도합니다. 아멘

♤ 중보기도
하나님을 소유하려는 자기중심적인 사람들이 하나님의 지배를 받을 수 있기를 위해.

♤ 묵상
내 생각이 나를 지배하지 않도록 하라.

베드로의 설교

♣ **성경** 사도행전 2:14~41 (외울요절 38절)　**찬송** 288(204)장 ♣

　베드로는 유대인들과 예루살렘에 사는 모든 사람들에게 설교하기 시작합니다. 베드로의 설교 내용은 성령충만함을 받아 방언으로 말하는 자들을 향하여 취한 것이 아니냐고 이야기했던 사람들을 향해 선지자 요엘의 말씀을 인용하며 복음의 때에 대하여 언급합니다. 그리고 1~13절에 나타난 현상에 대해서 이것은 요엘의 예언이 성취된 것이라고 말합니다. 이어서 예수님에 대해 증거하는데, 예수님의 생애와 사역(22절), 죽음(23절), 부활(24~32절), 그리고 부활 이후 하나님 우편으로 올리우심을 받은 것(33~36절)에 대해 말합니다.

　베드로의 설교에 그 자리에 있던 사람들이 죄를 깨닫고 양심이 찔림을 받고 무엇을 해야 하는지 묻는 질문에 "회개하여 각각 예수 그리스도의 이름으로 세례를 받고 죄사함을 받으라 그리하면 성령의 선물을 받으리니"(38절)라고 대답합니다.

　그럼 베드로는 어떤 사람이었습니까? 전에는 겁에 질려 그리스도를 부인했던 자였으나 이제는 용감하게 그리스도를 고백하는 사람으로 바뀌게 되었습니다. 어떻게 이런 일이 가능합니까? 그것은 그가 성령의 충만함을 받았기 때문입니다.

♤ 기도
　하나님, 우리에게도 하나님을 증거할 수 있는 능력과 믿음을 주소서. 예수님의 이름으로 기도합니다. 아멘

♤ 중보기도
　복음을 부끄러워하는 자를 위해.

♤ 묵상
　나는 예수님을 전하는 자입니까?

성령이 함께하는 교회의 모습

♣ **성경** 사도행전 2:42~47(외울요절 42절) **찬송** 208(246)장 ♣

우리는 오늘 교회 안에 성령이 임재하실 때 나타나는 현상들을 본문을 통해 살펴볼 수 있습니다.

그 모습은 다음과 같습니다.

첫째, 사도들의 가르침을 받았습니다. 둘째, 서로 교제하였습니다. 이것은 교회의 공동생활을 증거하는 것으로 그들의 소유를 나누는 방식은 "모든 물건을 서로 통용하고 또 재산과 소유를 팔아 각 사람의 필요를 따라 나눠 주었다"(44~45절)고 성경은 말합니다. 셋째, 떡을 떼며 기도하기를 전혀 힘썼습니다. 이것은 이들이 드리는 모습으로 46~47절에서도 언급한 대로 기쁨과 순전한 마음으로 하나님을 찬미하였다고 기록하고 있습니다. 마지막으로 구원받는 사람을 날마다 더하게 하셨습니다.

그렇다면 우리의 삶에도, 교회 안에도 이러한 모습이 존재하고 있습니까? 가르침과 사랑의 교제와 살아 있는 예배와 밖으로 향하는 지속적인 복음 전도가 있는지 돌아보고, 예수님의 가르침대로 살기를 결단해야 하겠습니다.

♤ 기도

사랑의 하나님, 우리 안에 배움의 열정이 있게 하시고, 사랑의 교제와 살아있는 예배가 풍성하게 하소서. 그리하여 세상으로 나아가 복음을 전하며 주님의 구원사역에 동참하게 하소서. 예수님의 이름으로 기도합니다. 아멘

♤ 중보기도

형식적인 교회생활과 예배를 드리는 자들을 위해.

♤ 묵상

예수님이 원하시는 교회는 어떤 모습일까요?

나는 무엇을 줄 수 있는가

♣ **성경** 사도행전 3:1~10(외울요절 6절)　**찬송** 211(346)장 ♣

　베드로와 요한이 예루살렘 성전으로 올라간 것은 기도하기 위해서였습니다. 그런데 그들은 나면서부터 앉은뱅이 된 자를 만나게 됩니다. 앉은뱅이는 사람들의 도움으로 미문이라는 성전 문에서 구걸하는 사람이었습니다. 여느 때와 마찬가지로 앉은뱅이는 성전에 들어가려고 하는 베드로와 요한을 보고 구걸합니다. 이 때 베드로가 그에게 말합니다. "우리를 보라"(4절). 무엇인가를 바라며 베드로를 바라보는 앉은뱅이에게 다음과 같이 선포합니다. "은과 금은 내게 없거니와 내게 있는 이것을 네게 주노니 곧 나사렛 예수 그리스도의 이름으로 일어나 걸으라"(6절). 그리고는 그의 손을 잡아 일으키자 나면서부터 앉은뱅이였던 자가 걷기도 하고 뛰기도 하며 하나님을 찬미하였습니다.
　우리는 종종 내가 무엇을 가졌는지에 초점을 맞춥니다. 그러나 베드로와 요한처럼 내가 무엇을 줄 수 있는가에 초점을 맞추면, 예수 그리스도 안에 있을 때 우리가 가진 모든 것이 소중해지며 능력을 갖게 됩니다.

♤ 기도
　하나님, 우리는 자신이 무엇을 가졌는지만 바라보고 우리에게 없는 것을 불평하며 살았습니다. 그러나 이제부터는 하나님이 주신 것을 바라보며 누군가를 위해 나누어 줄 수 있는 삶을 살게 하소서.
　예수님의 이름으로 기도합니다. 아멘

♤ 중보기도
　가진 것이 없다고 불평하는 자들을 위해.

♤ 묵상
　그 권능은 그리스도의 권능이었으나 그 손은 베드로의 손이었다. -토마스 워커-

왜 우리를 주목하느냐

♣ 성경 사도행전 3:11~16(외울요절 16절) 찬송 216(356)장 ♣

성전 미문 앞에서 구걸하던 앉은뱅이가 고침을 받아 걷고 뛴다는 소문이 퍼지자 많은 사람들이 솔로몬의 행각으로 모여듭니다. 그리고 이러한 큰 능력을 행한 베드로를 놀라운 눈으로 바라봅니다. 이때 베드로는 이 모든 능력이 자신에게서 비롯된 것이 아니라 그들이 십자가에 못 박아 죽였던 예수님께로 나왔음을 증거합니다.

베드로는 사람들의 시선이 고침받은 앉은뱅이와 자신을 향해 있을 때, 그들의 시선이 오직 예수 그리스도께만 향하도록 전력을 다하여, 예수님에 대한 설교를 시작합니다. 베드로는 이스라엘 사람들이 예수님을 죽였음을 말하고, 하나님께서 그를 다시 살리셨고 영화롭게 하셨음을 말합니다. 그리고 사도인 자신들이 그리스도 부활의 증인임을 말합니다(15절).

우리는 나 자신을 나타내려고 하고 드러내려고 합니다. 그래서 때로는 하나님의 영광을 가로채는 죄를 범하기도 합니다. 하지만 베드로를 통해 우리가 높여 드려야 할 분은 예수님 한분밖에 없음을 다시 한 번 생각하게 합니다.

♤ 기도
하나님, 우리는 많은 사람들이 나 자신을 바라보며 나에게 주목하기를 원하는 마음이 있습니다. 그러나 이러한 마음 때문에 하나님의 영광을 가로채는 죄를 범하게 될까 두렵사오니 온전히 하나님만 높이게 하소서. 예수님의 이름으로 기도합니다. 아멘

♤ 중보기도
자신을 드러내려고 하는 자들을 위해.

♤ 묵상
나의 시선은 어디를 향하고 있습니까?

회개하고 돌이켜 죄 사함을 받으라

♣ 성경 사도행전 3:17~26 (외울요절 19절)   찬송 215(354)장 ♣

　베드로는 구약의 선지자들을 통해 이미 예언되었던 예수님에게 일어난 일들에 대해 말하며 예수님께서 그리스도 되심을 선포하였습니다. 그리고 사람들을 향하여 다음과 같이 도전하였습니다. "너희가 회개하고 돌이켜 너희 죄 없이함을 받으라" (19절).

　그리고 세 가지 회개의 복이 따를 것이라고 덧붙여 말합니다. 첫째는 회개하면 죄 없이함을 받는다는 것이요, 둘째는 유쾌하게 되는 날이 주 앞으로부터 이를 것이고, 셋째는 너희를 위하여 예정하신 그리스도 곧 예수를 보내실 것이라는 내용입니다.

　하나님은 우리가 회개하고 돌이키면 죄를 사하시고 평안 가운데 살게 하실 것입니다. 그러므로 예수를 통해 주시려는 복을 누리기 위해서는 악함에서 벗어나야 하며, 예수께서 흘리신 보혈의 피로 정결케 되어야 합니다. 그러면 주님이 보호하시는 날개 아래에서 영원한 안식을 얻을 수 있습니다.

♤ **기도**
　하나님, 우리가 악함을 고집할 때 돌아올 것은 멸망뿐임을 기억하게 하소서. 그래서 우리가 죄를 돌이켜 회개하고 주님 안에 거하는 삶을 살게 하소서. 예수님의 이름으로 기도합니다. 아멘

♤ **중보기도**
　악한 죄로부터 벗어나기를 갈망하는 자들을 위해.

♤ **묵상**
　사람의 변화는 언제나 진리와 더불어 시작한다.　　　－ 칩 잉그램 －

기쁨으로 감당할 수 있는 이유

♣ 성경 사도행전 4:1~4(외울요절 4절)   찬송 342(395)장 ♣

　사도들은 아직 믿지 않는 사람들로 하여금 죄를 깨닫고 돌이키도록 하기 위해, 믿는 이에게는 위로와 확신을 주기 위해서 백성들에게 "예수를 들어 죽은 자 가운데서 부활하는 도"를 가르쳤습니다. 그런데 이것을 싫어한 제사장들과 성전 맡은 자와 사두개인들은 사도들을 잡아 가두었습니다. 이에 제자들은 자신들이 예수를 대신하여 감옥에 갇힌 것이라고 생각했습니다. 그랬기 때문에 예수를 전하지 말라는 협박에도 오히려 기쁨으로 감당할 수 있었던 것입니다.
　그러나 놀라운 일은 이러한 상황에서도 말씀을 듣고 믿은 남자의 수가 오천 명이나 되었다는 것입니다. 이것은 우리가 예수님 때문에 고난을 당하게 될 때 실망하거나 낙심하기보다는 오히려 기뻐할 수 있는 이유가 됩니다. 왜냐하면 복음을 전하는 사람은 맬 수 있어도 복음 자체는 매이지 않는다는 사실을 알기 때문입니다.

♤ 기도
　하나님, 우리가 그리스도인이라는 이유로 특별한 이유 없이 미움을 받을 때가 있습니다. 이런 상황에서도 우리가 세상 속에 그리스도인으로 비춰짐에 감사하게 하시고, 당하는 어려움을 기쁨으로 감당하게 하소서. 예수님의 이름으로 기도합니다. 아멘

♤ 중보기도
　그리스도인이라는 이유만으로 핍박당하는 자들을 위해.

♤ 묵상
　복음을 전하는 사람은 맬 수 있어도 복음은 매이지 않습니다.

유일한 길

♣ **성경** 사도행전 4:5~12(외울요절 12절)　　**찬송** 449(377)장 ♣

　베드로와 요한이 유대교 법정의 재판관들 앞에서 심문을 받게 되었습니다. "너희가 무슨 권세와 누구의 이름으로 이 일을 행하였느냐?"(7절). 즉 누가 너희에게 이 같은 교리를 가르치라고 명하였으며 누가 너희에게 이와 같은 기적을 행하도록 권능을 주었느냐는 것이 심문의 내용이었습니다. 이에 사도들은 성령의 지시를 받아 "우리는 오직 예수 그리스도의 이름으로 행하였다"(10절)고 항변합니다. 이것은 자신들의 안전을 도모하고 결백을 주장하기 위함이 아니라 주님의 영광과 그 이름을 높이기 위함이었습니다.

　우리는 다른 이름으로 병든 육체를 치료할 수 없습니다. 다른 이름으로는 죄 많은 영혼을 구원할 수 없습니다. 왜냐하면 다른 이로서는 구원을 얻을 수 없기 때문입니다. 하나님께서는 우리가 구원받을 수 있는 유일한 길을 만들어 주셨는데 그것은 바로 예수 그리스도이십니다. 우리는 오직 예수 그리스도에 의해서만 구원받을 수 있습니다.

♤ 기도
　하나님, 우리에게 예수의 이름을 주셔서 감사합니다. 앞으로도 우리가 예수님의 이름으로 복음을 선포하게 하소서. 예수님의 이름으로 기도합니다. 아멘

♤ 중보기도
　예수의 이름을 부끄러워하는 자들을 위해.

♤ 묵상
　나의 삶에서 예수의 이름이 능력이 됩니까 아니면 그 반대입니까?

누구의 말을 듣는 것이 옳은가

♣ **성경** 사도행전 4:13~22(외울요절 19절)　**찬송** 549(431)장

　법정에 있던 사람들은 베드로와 요한이 담대하게 말하는 것을 보고 놀랐습니다. 특히 그들이 배운 것이 없는 범인이라는 것과 예수와 함께 있던 자들임을 알았고, 앉은뱅이가 고침받은 틀림없는 증거를 자신들 눈앞에서 볼 수 있었기 때문입니다. 당황한 그들은 사도들을 법정 밖으로 나가라고 명령한 후 은밀히 의논하기 시작했습니다. 그들의 최대 관심사는 그리스도의 말씀이 민간에 더 퍼지지 못하게 하는 것이었습니다. 그래서 더 이상 사도들이 예수의 이름으로 말하지도, 가르치지도 말라고 경계하였습니다(18절).

　그러나 사도들은 "하나님 앞에서 너희 말을 듣는 것이 하나님의 말씀 듣는 것보다 옳은가 판단하라 우리는 보고 들은 것을 말하지 아니할 수 없다"(19~20절)고 선언합니다. 이렇듯 사도들은 생명의 위협을 받는 상황에서도 하나님의 편에 서기로 결정합니다. 이에 재판관들은 그들에게 주의를 더 준 후에 놓아 줍니다. 백성들이 모두 그 일어난 일로 하나님께 영광을 돌리고 있었기 때문에 사도들을 징벌할 수 없었습니다.

♤ 기도
　하나님, 우리가 때로는 '내가 옳은가, 하나님이 옳은가?' 라는 어리석은 질문을 할 때가 있습니다. 우리가 진리이신 하나님 편에 서게 하소서. 예수님의 이름으로 기도합니다. 아멘

♤ 중보기도
　세상과 하나님 편에서 갈등하는 자들을 위해서.

♤ 묵상
　"하나님, 내 편이 되어 주세요!"라고 기도하지 말고 내가 하나님 편에 서게 해 달라고 기도해야 합니다.

하나님이 응답하시는 기도

♣ 성경 사도행전 4:23~31 (외울요절 24절)　찬송 366(485)장 ♣

풀려난 사도들은 성도들을 찾아가 그동안 있었던 일들을 말합니다. 그러자 사도들의 보고를 들은 성도들은 일심으로 하나님께 소리를 높여 기도하기 시작했습니다. 하나님에 대한 고백으로 시작되는 이 기도는 자신들의 마음속에 하나님의 주권에 대한 생각으로 가득 채우는 것을 보게 됩니다. 그리고 난 후 하나님께 간구합니다. 첫째, 저희의 위협함을 하감하옵시고, 단지 하나님께서 그것을 살펴달라는 것과 둘째, 담대히 하나님의 말씀을 전하게 해 달라는 것입니다. 셋째, 하나님께서 기적을 행할 수 있는 힘을 주실 것을 기도했습니다(29~30절). 하나님께서는 이들의 연합됨과 간절한 기도에 응답하셨습니다(31절).

이들의 기도는 눈앞에 닥친 문제 해결이나 상황 개선만을 위한 피상적인 기도가 아니었습니다. 문제의 본질을 두고 기도했을 때 하나님은 응답하셨습니다. 그렇다면 우리의 기도는 하나님이 응답하시는 기도입니까?

♤ 기도
하나님, 우리의 기도가 때로는 눈앞에 직면한 환난이나 위기를 피하기 위한 기도일 때가 많았습니다. 이제 우리가 드리는 기도 내용이 바뀌기를 원합니다. 창조주 되시는 주님을 바라보게 하소서. 예수님의 이름으로 기도합니다. 아멘

♤ 중보기도
하나님을 바라보지 못하고 눈앞에 직면한 환난이나 위기만을 바라보는 자들을 위해서.

♤ 묵상
하나님께서는 우리에게 말씀하기를 원하십니다. 나는 들을 준비가 되어 있습니까?

성령충만의 결과

♣ 성경 사도행전 4:32~37 (외울요절 32절) 찬송 213(348)장 ♣

본문에는 성령이 충만한 사람들에게서 나타나는 특징이 있습니다. 첫째는 한마음과 한뜻이 되어 믿는 자들이 모든 물건을 서로 통용하며 자신의 재물을 자신의 것으로 여기지 않고 공동으로 소유했습니다. 둘째는 사도들이 큰 권능으로 그리스도의 부활을 증거했습니다. 셋째는 무리가 큰 은혜를 입었습니다. 이처럼 은혜 입은 자들은 자신이 가지고 있는 밭과 집을 팔아 그 값을 사도들에게 가져왔고, 사도들은 각 사람의 필요에 따라 나누어 주었습니다.

이처럼 은혜 입은 자의 희생은 다른 연약한 지체들에 대한 관심과 그들을 돌아보는 사랑으로 실천되었습니다. 이것은 성령충만이라는 것이 단순히 뜨거운 가슴이나 눈물, 감동으로 끝나는 것이 아니라 다른 지체를 위한 헌신의 모습으로 나타나는 구체적인 삶이 뒤따른다는 것을 보여 줍니다.

♤ 기도
하나님, 우리가 성령충만을 사모하는 이유가 다른 지체를 위한 헌신과 사랑 때문이기를 원합니다. 예수님의 이름으로 기도합니다. 아멘

♤ 중보기도
성령충만을 사모하는 자들의 삶에 헌신과 사랑이 넘치기를 위하여.

♤ 묵상
당신은 성령충만합니까? 그렇다면 무엇을 헌신하고 있습니까?

성령을 속인 아나니아와 삽비라

♣ **성경** 사도행전 5:1~11 (외울요절 3절)　**찬송** 259(193)장 ♣

　아나니아와 삽비라 부부는 자신의 소유를 팔아 그 값에서 일부를 감추어 두고 그 나머지를 마치 그것이 전부인 양 사도들에게 가져갔습니다. 이러한 사실을 안 베드로는 아나니아를 향하여 "어찌하여 사탄이 네 마음에 가득하여 네가 성령을 속이고 땅 값 얼마를 감추었느냐 …… 사람에게 거짓말한 것이 아니요 하나님께로다"(3~4절)라고 외칩니다.
　아나니아는 그 자리에서 죽고 맙니다. 세 시간쯤 지나 그 아내 삽비라가 이 사실을 알지 못하고 사도들을 찾아옵니다. 베드로는 동일하게 묻습니다. "그 땅 판 값이 이것뿐이냐?"(8절). 이 질문에, 전부라고 대답한 삽비라도 그 자리에서 죽고 맙니다.
　이들의 죽음은 아나니아와 삽비라가 마치 자신들이 성령을 속일 수 있다고 생각하고 성령을 모욕한 결과였습니다. 혹시 우리 안에도 죄를 짓고도 방심하여 벌을 받지 않으리라고 생각하는 사람이 있다면 이것이 바로 성령을 시험하는 것입니다.

♧ 기도
　하나님, 우리가 하나님께 죄를 범하고도 아직 회개하지 않은 죄가 있다면 이 시간 그 죄가 드러나게 하시고 생각나게 하사 회개하게 하소서. 예수님의 이름으로 기도합니다. 아멘

♧ 중보기도
　자신들이 성령을 속일 수 있다고 생각하는 위선자들과 정직하지 못한 자들을 위해서.

♧ 묵상
　우리는 언제나 진실을 말하는 사람이 되어야 합니다.

믿음으로 이끌린 자가 되라

♣ 성경 사도행전 5:12~16(외울요절 14절)   찬송 354(394)장 ♣

사도들이 행한 표적과 기사는 하나님의 임재와 능력을 드러내는 징표입니다. 이로 인해 아나니아와 삽비라의 심판 결과를 보고 모두 크게 두려워하였습니다. 이러한 사도들의 기적으로 인해 믿는 사람들이 더 많이 모인 반면에, 한편으로는 그들의 무리에 감히 끼어들지 못한 사람들도 있었습니다. 이처럼 하나님의 임재는 어떤 사람에게는 불안하고, 어떤 사람에게는 흥미를 끌게 합니다. 즉, 어떤 사람들은 놀라서 뒤로 물러서는 반면 또 어떤 사람들은 믿음으로 이끌린다는 것입니다.

이렇게 믿음으로 이끌린 사람들은 병든 사람들을 메고 거리에 나가 침대와 요 위에 누이고, 베드로가 지날 때에 혹 그 그림자라도 덮일까 바라며 하나님의 임재와 능력을 기대하였습니다. 뿐만 아니라 예루살렘 부근 허다한 사람들도 모여 병든 사람뿐만 아니라 더러운 귀신에게 괴로움을 받고 있는 사람들을 데리고 와서 다 나음을 얻었습니다. 바로 믿음으로 이끌린 자들이 하나님의 임재와 능력을 사모했기 때문에 가능했던 것입니다.

♤ 기도
하나님, 우리가 하나님의 임재를 경험하고 놀라서 뒤로 물러서는 사람이 아니라 믿음으로 이끌린 자들이 되게 하소서. 예수님의 이름으로 기도합니다. 아멘

♤ 중보기도
하나님의 임재를 불안하게 생각하고 뒤로 물러서려는 자들을 위해서.

♤ 묵상
하나님이 그 분의 능력으로 지금부터 영원까지 당신을 지키실 것을 믿고 하나님을 신뢰하십시오.

-찰스 스윈돌-

우리에게 주신 기회

♣ 성경 사도행전 5:17~32(외울요절 20절) 찬송 336(383)장 ♣

대제사장들과 사두개인들은 사도들을 잡아 감옥에 가두게 합니다. 이들이 사도들을 옥에 가둔 것은 사도들이 그리스도의 가르침을 전하며 병을 치료하고, 또한 사람들이 사도들에게 귀를 기울이고 병자를 데리고 와서 치료받는 것을 보고는 그 마음에 시기가 가득하였기 때문입니다.

그러나 하나님은 주의 사자를 보내어 감옥에서 사도들을 풀어 주십니다. 그리고 그들에게 "가서 성전에 서서 이 생명의 말씀을 다 백성에게 말하라"(20절)고 명령합니다. 사도들은 주저함 없이 새벽에 성전에 들어가서 하나님나라의 복음을 가르쳤습니다.

우리도 이처럼 분명한 하나님의 명령 앞에 놓일 때가 있습니다. 그러나 두려움 때문에 침묵한다면 복음의 샘은 막혀 버릴 것입니다. 만약 하나님께서 우리에게 지금 사도들과 동일한 기회를 주시고 계시다면 위험을 무릅쓰고 나아가시기 바랍니다.

♤ 기도

하나님, 우리가 이 땅에 존재하는 이유가 복음 때문임을 기억하게 하시고, 두려움 때문에 침묵하지 않도록 도와주소서. 예수님의 이름으로 기도합니다. 아멘

♤ 중보기도

하나님 명령에도 불구하고 두려움 때문에 침묵하는 자들을 위해서.

♤ 묵상

당신의 소망이 약해질 때, 어려움이나 고난이나 불행이나 박해의 이유를 이해하거나 설명하려 하지 마십시오. 그저 받아들이십시오. —찰스 스윈돌—

예수의 이름을 기쁘게 여기라

♣ **성경** 사도행전 5:33~42(외울요절 41절)　**찬송** 341(367)장 ♣

　베드로가 선포한 복음을 들은 제사장들과 사두개인들은 분노가 가득하여 사도들을 없애고자 합니다. 이에 백성들에게 존경을 받는 가말리엘이 중재자로 나섭니다. 그는 무리를 지어 선동하다가 결국 실패한 사람(드다, 유다)들의 경우를 두 가지 제시하면서 "이 사람들을 상관하지 말고 버려두라 이 사상과 이 소행이 사람으로부터 났으면 무너질 것이요 만일 하나님께로부터 났으면 너희가 그들을 무너뜨릴 수 없겠고 도리어 하나님을 대적하는 자가 될까 하노라"(38~39절)고 충고합니다. 충고를 받아들여 사도들을 죽이려고 하는 계획은 취소되고 대신 사도들을 채찍질하여 예수의 이름으로 말하는 것을 금하고 놓아주었습니다.

　그러나 놀라운 것은 이러한 일을 겪은 사도들의 태도였습니다. 사도들은 예수의 이름으로 능욕받은 일을 기쁨으로 여깁니다. 그리고 굴하지 않고 날마다 성전에 있든지, 집에 있든지 예수는 그리스도라는 사실을 가르치는 일과 전도하기를 쉬지 않았습니다. 이처럼 고난은 복음의 증인들을 담대하게 하며, 교회를 더욱 견고하게 만들어 줍니다.

♤ 기도
　하나님, 우리가 예수 그리스도 때문에 받는 고난을 기뻐하게 하시고, 더욱 담대하게 복음의 증인된 삶을 살게 하소서. 예수님의 이름으로 기도합니다. 아멘

♤ 중보기도
　예수 그리스도 때문에 고난받는 자들을 위해서.

♤ 묵상
　전도는 내 마음에 체험한 하나님의 구원을 세상에 발표하는 일이다.

－우찌무라 간조－

하나님의 부르심에 따라

♣ **성경** 사도행전 6:1~7(외울요절 4절)　**찬송** 330(370)장 ♣

　사도들은 사회 구제 사업이 그들의 시간을 모두 차지하여 그리스도께서 특별히 맡기신 말씀 전파와 가르침의 일을 하지 못할 우려가 있음을 깨닫고 이 문제를 나누기 위해 제자들을 불러모았습니다. 그리고 한 가지 제의를 합니다. "형제들아 너희 가운데서 성령과 지혜가 충만하여 칭찬 받는 사람 일곱을 택하라 우리가 이 일을 그들에게 맡기고 우리는 오로지 기도하는 일과 말씀 사역에 힘쓰리라"(3~4절).
　사도들의 제안에 온 무리가 기뻐하여 마땅한 사람들을 고르기 시작합니다. 이에 믿음과 성령이 충만한 사람 일곱을 택하여 사도들 앞에 세우고, 사도들은 기도하고 그들에게 안수함으로 사역을 위임하고 그것을 행할 권리를 주었습니다. 이로써 교회의 문제가 질서 있게 처리되었고, 신앙이 뿌리를 내리게 되었습니다.
　하나님은 사람들을 부르실 때, 서로 다른 사람들을 서로 다른 사역들로 부르십니다. '기도하는 일과 말씀을 섬기는 일'로 부르신 사람, 구제하는 일로 부르신 사람 등등. 그러므로 자신에게 맡겨진 사역이 무엇인지 분명히 알고 그 일에 충실할 수 있어야 합니다.

♤ 기도
　하나님, 우리를 불러 주셔서 감사합니다. 하나님이 우리를 부르신 목적대로 살게 하소서. 그 일이 무엇이든지 충실할 수 있게 하소서. 예수님의 이름으로 기도합니다. 아멘

♤ 중보기도
　하나님의 부르심을 깨닫지 못한 자들을 위해서.

♤ 묵상
　하나님께서 나를 부르신 목적이 무엇입니까? 그 목적에 맞게 살고 있습니까?

스데반의 사역

♣ 성경 사도행전 6:8~15 (외울요절 15절)   찬송 327(361)장 ♣

일곱 집사로 선출된 사람 가운데 한 명인 스데반은 사도처럼 큰 기사와 표적을 행했습니다. 그 이유는 그에게 하나님의 은혜와 권능이 임했기 때문입니다. 그리고 스데반이 리버디노 구레네인, 알렉산드리아인, 길리기아와 아시아에서 온 사람들의 회당이라는 각 회당에서 사람들과 변론할 때 그 말하는 것이 지혜와 성령으로 말함으로 저희가 능히 감당치 못하였다고 기록하고 있습니다(9~10절). 논쟁에서 이길 수 없었던 그들은 스데반을 재판소에 세웠습니다. 그러나 스데반은 모함과 살해의 위협 속에서도 성령이 충만하여 그의 얼굴은 마치 천사의 얼굴과 같았습니다.

우리는 스데반의 사역에 나타난 은혜와 권능, 성령으로 말하는 지혜 그리고 천사와 같은 얼굴에서 하나님의 은총이 그에게 머물러 있음을 알 수 있습니다. 우리도 하나님이 함께하시면 스데반과 동일한 하나님의 은총이 나타날 수 있으며 주님이 주시는 화평을 누리며 영원토록 살 수 있게 됩니다.

♤ 기도
하나님, 우리에게도 스데반과 같이 하나님의 은총이 우리 삶에 머물기를 원합니다. 예수님의 이름으로 기도합니다. 아멘

♤ 중보기도
복음을 전해야 할 사역을 앞두고 있는 자들을 위해.

♤ 묵상
여호와께서 너의 출입을 지금부터 영원까지 지키시리로다(시 121:8).

스데반의 변론

♣ **성경** 사도행전 7:1~53 (외울요절 51절)   **찬송** 497(274)장 ♣

　스데반은 '거룩한 곳과 율법을 거슬러 말한다.' 는 죄목으로 재판소에 세워졌습니다. 대제사장은 이것이 사실이냐고 묻습니다. 이에 스데반은 이스라엘 역사에 네 번의 중요한 시대 즉 첫째, 아브라함과 족장 시대(2~8절), 둘째, 요셉과 애굽에 추방되었던 시대(9~19절), 셋째, 모세와 출애굽과 광야에서의 방랑(20~44절), 넷째, 다윗과 솔로몬과 군주국의 설립(45~50절)을 말하며, 이 시기 중 어느 때에도 하나님의 임재가 어떤 특정한 장소에 제한된 적이 없음을 말했습니다.

　그리고 스데반은 율법을 무시한 것은 자신이 아니라 바로 그들이라고 주장합니다. 또한 "목이 곧고 마음과 귀에 할례를 받지 못한 사람들아 너희도 너희 조상과 같이 항상 성령을 거스르는도다"(51절), "너희는 천사가 전한 율법을 받고도 지키지 아니하였도다"(53절)라고 말하며, 그들이 성령과 메시아와 율법을 거스르는 죄를 지었다고 선언합니다. 스데반의 연설은 자기 변호라기보다는 그리스도에 대한 증거에 가깝습니다. 즉 메시아이신 예수님이 성전을 대신하고 율법을 완성하러 오셨다는 것입니다.

♠ 기도
　하나님, 우리가 목이 곧고 마음과 귀에 할례 받지 못한 사람들처럼 성령을 거스르며 살지는 않는지 우리의 삶을 돌아봅니다. 저희에게 영적 분별력을 주시옵소서. 예수님의 이름으로 기도합니다. 아멘

♠ 중보기도
　하나님의 말씀을 듣고도 깨닫지 못하는 자들을 위해서.

♠ 묵상
　나에게 있는 어떤 고정관념이 복음 전하는 일을 주저하게 만듭니까?

스데반의 죽음

♣ **성경** 사도행전 7:54~60(외울요절 60절)   **찬송** 236(223)장 ♣

이스라엘 종교지도자들은 진정 목이 곧고 마음이 완악한 자들이었습니다. 그들은 스데반의 말을 듣고 마음에 찔렸으나 회개하지 않고 오히려 스데반을 향하여 이를 갈았습니다. 스데반이 성령이 충만하여 예수께서 하나님 우편에 서신 것을 보고 말하자, 그들은 스데반의 말을 듣지 않으려고 큰소리를 지르며 귀를 막고 그에게 달려들어 성 밖에 내치고 돌로 칩니다.

스데반은 죽음 앞에서도 담대하였고, 두 가지의 기도를 드립니다. 하나는 자신의 영혼을 주 예수님께 맡긴 것(59절)이었고, 다른 하나는 무릎을 꿇고 크게 부르며 기도하기를, 자신을 죽음으로 몰고 간 사람들의 죄를 용서해 달라(60절)는 기도이었습니다.

스데반의 죽음을 바라보며 과연 하나님 뜻이 무엇인지 생각하게 됩니다. 과연 스데반의 죄목은 무엇이며, 어떤 잘못을 저질렀습니까? 우리 예수님은 또한 어떠했습니까?

♤ 기도
하나님, 우리가 죽음 앞에서도 담대하게 하시고, 나의 삶을 통하여 하나님 뜻이 이루어지게 하소서. 예수님의 이름으로 기도합니다. 아멘

♤ 중보기도
하나님의 뜻이 무엇인지 알기 원하는 자들을 위해서.

♤ 묵상
스데반처럼 다른 사람들의 기억 속에 영원히 남을 수 있는 신앙을 소유합시다.

사마리아에 전해진 복음

♣ 성경 사도행전 8:1~8(외울요절 4절)　찬송 503(373)장 ♣

　스데반의 순교 이후 예루살렘교회는 큰 핍박을 받았습니다. 그래서 사도 외에는 다 유다와 사마리아 모든 땅으로 흩어졌습니다. 그러나 놀라운 것은 흩어진 사람들을 통하여 복음의 말씀이 전해졌다는 사실입니다.
　여기서 우리는 예루살렘교회가 받은 핍박이 하나님의 섭리 안에서 이루어진 것임을 깨닫습니다. 왜냐하면 핍박을 계기로 많은 사람들이 사방으로 흩어졌고, 흩어진 사람들을 통하여 복음이 전해졌기 때문입니다.

　특별히 일곱 집사로 택함받은 빌립은 모두가 부정하다고 생각했던 사마리아인들에게 그리스도를 전파하였습니다. 빌립이 사마리아인들에게도 복음을 전할 수 있었던 이유는 하나님께서 사마리아도 사랑하신다고 믿었기 때문입니다. 그렇습니다. 복음 앞에서는 빈부의 격차도, 지위의 높고 낮음도, 그 어떤 것도 장애가 될 수 없습니다.

♤ 기도
하나님, 우리가 하나님의 복음을 들고 나갈 때, 한 영혼도 사랑하시는 주님의 마음을 품고 나아가게 하소서. 예수님의 이름으로 기도합니다. 아멘

♤ 중보기도
마음속에 편견이라는 장벽을 갖고 있는 사람들을 위해서.

♤ 묵상
내가 하나님의 것이듯, 모든 사람들도 하나님의 것입니다.

성령의 도우심을 구하라

♣ 성경 사도행전 8:9~25(외울요절 22절) 찬송 350(393)장 ♣

사마리아 성에 시몬이라는 마술을 행하는 자가 빌립이 하나님나라와 및 예수 그리스도의 이름에 관하여 전도함을 믿고 세례를 받은 후 빌립을 좇았습니다. 예루살렘에 있는 사도들은 사마리아에 하나님 말씀이 전하여졌다는 소식을 듣고, 베드로와 요한을 보내어 아직 성령을 받지 못한 저희를 위하여 성령받기를 기도함으로 하나님의 능력이 나타납니다.

그런데 이것을 지켜본 시몬이 돈으로 이러한 능력을 사려고 합니다. 아직 그의 마음이 자신이 높아지고 싶은 마음, 돈을 벌고 싶은 마음으로 가득했기 때문입니다. 시몬은 빌립의 전도를 받아 세례까지 받았지만, 여전히 사단에게서 해방되지 못한 것입니다. 이에 베드로는 시몬을 책망하며 악함을 회개하고 주님께 죄사함을 얻기 위해서 기도하라고 말합니다.

우리가 매일, 매순간 성령의 충만함을 받아야 하는 이유가 여기에 있습니다. 우리는 시몬과 같이 악한 영에 사로잡혀 불의에 매인 자가 되지 않도록 늘 성령의 도우심을 구해야 합니다.

♤ 기도
하나님, 우리 안에서 꿈틀대고 있는 악한 생각들, 불의한 마음이 더 이상 활보하지 못하도록 성령의 불로 태워 주소서. 예수님의 이름으로 기도합니다. 아멘

♤ 중보기도
악한 영에 사로잡힌 자들을 위해서.

♤ 묵상
성령이 우리를 주관하시면 우리는 감정을 다스릴 수 있습니다. —이동원—

성령님의 인도

♣ **성경** 사도행전 8:26~40 (외울요절 26절) **찬송** 440(497)장 ♣

하나님은 빌립을 사막으로 인도하셨습니다. 그것은 예루살렘으로 예배하러 온 에디오피아 여왕 간다게의 모든 국고를 맡은 큰 권세가 있는 내시를 만나게 하기 위해서였습니다. 내시는 성경을 알고 싶으나 풀이해 주는 사람이 없어 속만 태우고 있었습니다. 성령의 인도하심으로 빌립은 병거에 올라 내시에게 이사야의 말씀을 풀어 예수님을 가르쳐 줍니다. 내시는 빌립을 통해 복음을 받아들이고, 세례까지 받습니다.

성령은 빌립에게 "남쪽으로 향하여 예루살렘에서 가사로 내려가는 길까지 가라"(26절)고 지시합니다. 그리고 빌립을 예루살렘에서 예배하고 돌아가는 내시의 병거로 이끄시며 "이 수레로 가까이 나아가라"(29절)고 지시합니다. 그리고 빌립은 내시에게 세례를 베푼 후에 성령에 이끌려 또다시 다른 곳으로 복음을 전하러 갑니다. 빌립이 이처럼 에디오피아 내시를 만나 복음을 전하고 열매를 맺게 된 것은 성령의 지시에 순종했기 때문입니다.

♤ 기도
하나님, 우리의 삶도 성령님이 인도하시기를 원합니다. 우리가 무엇을 결정하거나 선택할 때에 성령님의 인도에 따라 움직일 수 있게 하소서. 예수님의 이름으로 기도합니다. 아멘

♤ 중보기도
성령님의 인도하심을 간절히 소원하는 자들을 위해서.

♤ 묵상
하나님께서는 우리가 섬겨야 할 한 영혼에게 우리를 이끄실 것입니다.

예수를 만난 사울

♣ **성경** 사도행전 9:1~9 (외울요절 5절) **찬송** 295(417)장 ♣

사울은 그리스도인들을 잡아오기 위해 다메섹으로 향합니다. 그러나 다메섹으로 가는 길에 예기치 않은 만남을 갖게 됩니다. 그것은 바로 예수님께서 사울을 찾아오신 것입니다. 예수님은 사울을 향하여 이렇게 말씀하셨습니다. "사울아, 사울아 네가 어찌하여 나를 박해하느냐"(4절). 이에 당황한 사울은 들려오는 소리를 향하여 누구냐고 묻게 되고, 사울의 물음에 예수님은 "나는 네가 박해하는 예수라 너는 일어나 시내로 들어가라 네가 행할 것을 네게 이를 자가 있느니라"(5~6절)고 대답하셨습니다.

사울은 스데반의 죽임당함을 마땅히 여겼고(행 8:1), 그리스도를 믿는 사람들을 잡아다가 옥에 넘기는(행 8:3) 등 그리스도인들을 향하여 위협과 살기가 가득한 핍박 자였습니다. 예수님은 그런 사울을 만나셨고, 그에게 새로운 삶을 허락해 주셨습니다. 이런 의미에서 사울의 회심은 전적인 하나님의 은혜였습니다.

♤ 기도
하나님, 죄와 허물 많은 저희에게 은혜를 주사 하나님의 자녀 삼아 주시니 감사합니다. 한 순간도 하나님이 베푸신 은혜를 잊지 않고 살게 하소서. 예수님의 이름으로 기도합니다. 아멘

♤ 중보기도
전적으로 하나님의 은혜가 필요한 자들을 위해서.

♤ 묵상
나는 주님의 주권적인 선택에 순종하고 있습니까?

예수님이 택하신 사울

♣ **성경** 사도행전 9:10~18(외울요절 15절)　**찬송** 455(507)장 ♣

다메섹에 아나니아라 하는 제자가 있었습니다. 예수님께서는 환상 중에 아나니아를 불러 말씀하시길, 기도하고 있는 사울에게 찾아가라고 하십니다. 아나니아는 예수님 말씀에 자신이 들어서 알고 있는 사울에 대해 이야기합니다.

그러나 예수님께서는 "가라 이 사람은 내 이름을 이방인과 임금들과 이스라엘 자손들에게 전하기 위하여 택한 나의 그릇이라 그가 내 이름을 위하여 얼마나 고난을 받아야 할 것을 내가 그에게 보이리라"(15~16절)고 말씀하십니다. 이에 아나니아는 순종하며 사울을 찾아가 안수하고, 예수님이 보내셨음을 전합니다.

아나니아가 생각할 때 사울은 그리스도를 믿는 사람들을 핍박하는 잔학무도한 사람이었습니다. 그래서 그런 사울을 찾아가라는 예수님의 명령을 완곡히 거절합니다. 그러나 사울의 과거 모습을 보고 판단하는 아나니아를 향해 예수님은 사울을 통하여 복음이 이방인에게까지 전해질 것이라고 말씀하셨습니다. 그의 미래를 보신 것입니다.

♤ 기도
하나님, 우리가 겉모습만 보고 사람들을 판단하지 않게 하소서. 마음의 중심을 보시는 주님을 우리도 본받게 하소서. 예수님의 이름으로 기도합니다. 아멘

♤ 중보기도
환경과 상황을 보고 쉽게 판단하는 자들을 위해서.

♤ 묵상
나는 사람들을 볼 때 제일 먼저 무엇을 보는가?

사울이 전하는 그리스도

♣ **성경** 사도행전 9:19~22(외울요절 20절) **찬송** 445(502)장 ♣

앞을 보지 못하였던 사울은 아나니아에게 안수를 받은 후 다시 보게 되었습니다. 그리고 세례를 받았습니다. 변화된 사울은 먼저 3일간 금식으로 허약해진 몸을 회복하였습니다. 그리고 사울은 다메섹에 있는 제자들과 함께 연합하였습니다. 즉시로 각 회당에서 예수님이 하나님의 아들이심을 전파하기 시작합니다. 그러자 이를 듣는 사람들이 놀라며 "이 사람이 예루살렘에서 이 이름을 부르는 사람을 멸하려던 자가 아니냐 여기 온 것도 그들을 결박하여 대제사장들에게 끌어 가고자 함이 아니냐"(21절)고 말합니다. 사울이 예전에는 예수 믿는 사람들을 해하던 자였으나 이제는 예수님을 전하는 자로 변했기 때문입니다.

사울은 자신을 향해 말하는 사람들에게 신경 쓰지 않았습니다. 오히려 더 힘을 얻어 예수를 그리스도라 증명합니다. 그리하여 사울은 그리스도의 이름으로 다메섹에 사는 유대인들을 굴복시켰습니다. 사울의 이러한 변화는 그 안에 그리스도로 충만하였기 때문에 가능한 것입니다.

♤ **기도**
하나님, 내가 만난 하나님을 전할 수 있는 건강도 주시고, 동역자도 만나게 하시고, 믿음도 주시옵소서. 우리 안에 그리스도를 전하고자 하는 마음이 충만하게 하소서. 예수님의 이름으로 기도합니다. 아멘

♤ **중보기도**
자신의 변화된 삶을 통해 그리스도를 전하는 자들을 위해서.

♤ **묵상**
예수 그리스도 때문에 나타난 나의 삶의 변화는 무엇인가?

사울을 인도하시는 주님

♣ 성경 사도행전 9:23~31(외울요절 30절)   찬송 430(456)장 ♣

사울은 유대인들이 자신을 죽이고자 한다는 사실을 알고 제자들의 도움으로 밤에 성을 빠져 나와 예루살렘으로 피신합니다. 그리고 열심히 예수님의 이름을 전합니다. 그러나 예루살렘에서도 죽음의 위협을 받았으며, 이 사실을 안 제자들의 도움으로 다소로 보내집니다.

사울은 예수님을 만나고 나서부터 생명의 위협을 느끼는 긴박한 상황에 처하게 되었지만 자신을 부르신 그 주님을 전하는 일에 열심을 다하였고, 그런 사울을 주님은 위기의 순간마다 안전한 길로 인도하여 주셨습니다.

사울이 죽음의 위협을 피해 예루살렘에 왔을 때, 제자들은 그를 믿지 못하고 두려워하였습니다. 그러나 이때에도 주님은 바나바를 보내셔서 그를 통해 사울이 예루살렘교회 성도들과 교제할 수 있게 하셨습니다.

주님은 사울과 같이 자신이 선택하셔서 부르신 자들을 버려 두지 않으시고, 동역자를 통하여 위로하기도 하시며, 안전한 길로 인도하기도 하십니다.

♤ 기도
하나님, 우리가 어디서 무엇을 하든지, 누구를 만나든지 안전한 길로 인도하시고 위로하시는 주님을 신뢰합니다. 항상 우리가 하나님의 사람임을 기억하며 살게 하소서. 예수님의 이름으로 기도합니다. 아멘

♤ 중보기도
하나님의 위로와 인도하심이 필요한 자들을 위해서.

♤ 묵상
나를 위기에서 구해 주시고, 외로울 때 위로해 주신 분이 누구입니까?

예수의 이름으로

♣ 성경 사도행전 9:32~43 (외울요절 34절) 찬송 93(93)장 ♣

예수님의 수제자요, 예루살렘교회를 대표하는 사도인 베드로는 여러 곳을 두루다니며 복음을 전했습니다. 그는 예수님의 권세를 의지하여 치유의 역사를 행한 능력 있는 전도자였습니다.

먼저 룻다에서 중풍병으로 8년 동안 앓고 있는 '애니아'라고 하는 사람을 만납니다. 베드로가 애니아를 향해 "예수 그리스도께서 너를 낫게 하시니 일어나 네 자리를 정돈하라"(34절)고 하자 바로 일어나는 기적을 행합니다. 욥바에도 '다비다'라 하는 여 제자가 있었는데, 이 여인은 선행과 구제를 심히 많이 하여 과부들의 사랑을 받았던 사람입니다. 그런데 이 여인이 병들어 죽게 되자, 이에 베드로가 룻다에 있다는 소식을 접한 제자들이 사람들을 보내어 베드로를 욥바로 데리고 왔습니다. 욥바로 온 베드로는 죽은 다비다를 향하여 "다비다야 일어나라"(40절)고 하자 다시 살아난 것입니다.

이러한 놀라운 역사를 보고 들은 많은 룻다와 사론에 사는 사람들, 그리고 욥바의 사람들이 주님을 믿게 되었습니다. 베드로가 예수의 이름으로 선포했기 때문에 이러한 능력이 나타날 수 있었고, 많은 사람들을 믿음의 길로 인도할 수 있었습니다.

♤ 기도

하나님, 우리가 예수의 이름으로 복음을 선포하고, 하나님의 능력을 구할 때 우리를 통하여 역사하소서. 우리는 주님이 사용하시는 도구가 되기를 원합니다. 예수님의 이름으로 기도합니다. 아멘

♤ 중보기도

하나님께 쓰임받는 도구가 되기를 원하는 사람들을 위해서.

♤ 묵상

내 주변에서 나를 통해 일어나는 성령의 역사가 있습니까?

제한이 없는 하나님의 사랑

♣ 성경 사도행전 10:1~8(외울요절 3절) 찬송 291(413)장 ♣

가이사랴에 고넬료라고 하는 사람이 있는데, 그는 이달리야대라 하는 군대의 백부장이었고, 하나님을 경외하는 자였습니다. 이방인이었지만 이스라엘의 하나님을 믿고 경건한 삶을 사는 사람이었습니다. 하나님은 이러한 고넬료의 기도와 구제를 기억하셨고, 그에 대한 응답으로 구원의 길을 열어 주셨습니다.

하나님은 고넬료에게 환상 중에 천사를 보내셔서 "지금 사람들을 욥바에 보내어 베드로라 하는 시몬을 청하라"(5절)고 말씀합니다. 이 일을 위하여 하나님은 베드로를 보내시기로 이미 정하신 것입니다.

하나님 사랑은 이처럼 제한이 없습니다. 누구에게나 그 기회를 열어 두셨습니다. 그런데 문제는 항상 우리에게 있는 것 같습니다. 무제한적인 하나님의 사랑을 의심의 눈으로 바라보고, 과연 내가 그러한 사랑을 받을 자격이 있느냐고 반문하면서 오히려 하나님께서 내미신 손을 뿌리치거나 무시할 때가 있습니다. 우리는 고넬료에게 나타나신 하나님을 바라보며 우리의 경건하지 못한 삶과 하나님을 경외하는 일에 우선을 두지 않았던 삶을 돌아보며 도전이 되었으면 합니다.

♤ 기도
하나님, 하나님과 우리의 관계를 다시 점검하고, 하나님께 다가가지 못했던 연약함을 내려놓습니다. 끝까지 사랑하시고, 책임지시는 하나님의 마음을 기억하게 하소서. 예수님의 이름으로 기도합니다. 아멘

♤ 중보기도
자신의 연약함 때문에 하나님께 나아오기를 주저하는 사람들을 위해서.

♤ 묵상
하나님이 나에게 베풀어 주신 은혜는 무엇입니까?

하나님의 뜻을 온전히 받아들이라

♣ 성경 사도행전 10:9~16 (외울요절 15절) 찬송 289(208)장 ♣

백부장 고넬료는 베드로를 청하라는 명령을 받고 사람들을 욥바로 보냈습니다. 고넬료가 보낸 사람들이 성에 가까이 갔을 때 베드로는 그들이 오는 것도 몰랐고, 고넬료의 기도에 대해서도 몰랐습니다.

그러나 하나님께서 이 모든 만남을 미리 계획해 놓으셨고, 준비해 주셨습니다. 하나님의 계획하심이 드러난 때는 베드로가 평상시와 같이 기도하려고 지붕에 올라 간 때였습니다. 베드로는 하늘이 열리며 한 그릇이 내려오는 것을 보았는데 그것은 큰 보자기 같았고 네 귀를 매어 땅에 드리워졌습니다. 그 안에는 땅에 있는 각색 네 발 가진 짐승과 기는 것과 공중에 나는 것들이었는데, 하늘에서 음성이 들리기를 "베드로야 잡아먹으라" 는 것이었습니다. 그러나 베드로는 부정한 음식은 먹을 수 없다고 단호하게 말합니다. 이에 "하나님께서 깨끗케 하신 것을 네가 속되다 하지 말라" 는 음성이 들립니다. 베드로는 성령충만을 받아 하나님의 역사를 많이 이루었지만 여전히 음식 정결법에 관한 율법에서는 자유하지 못했습니다.

우리도 성령 안에서 온전히 자유하지 못하고 율법을 고집하는 완고함을 보일 때가 있습니다. 그러나 이제는 내 생각을 내려놓고 하나님의 뜻을 온전히 받아들이는 신앙이 필요합니다.

♤ 기도
하나님, 아직도 내 생각, 주관 때문에 하나님 뜻을 받아들이지 못하고 오히려 하나님을 설득하려는 우리의 모습을 발견합니다. 전능자이신 하나님을 우리가 온전히 경외하는 마음을 갖게 하소서. 예수님의 이름으로 기도합니다. 아멘

♤ 중보기도
하나님의 뜻을 온전히 받아들이지 못하고 자신의 판단만을 믿는 이들을 위해.

♤ 묵상
나에게도 율법에 얽매어 아직 자유하지 못한 부분이 있습니까?

베드로와 고넬료의 만남

♣ 성경 사도행전 10:17~33(외울요절 33절) 찬송 312(341)장 ♣

　베드로는 자신이 본 환상이 무슨 뜻인지, 어떤 의미가 있는 것인지 생각합니다. 하나님은 자신의 백성들에게 이처럼 자신의 뜻을 계시하시면서 우리가 생각할 수 있는 시간을 주십니다. 그리고 그 뜻을 밝히시기 전에 그 문제로 우리가 갈등을 겪게도 하십니다. 그러나 하나님은 베드로에게 즉시 그 환상의 뜻이 무엇인지 보여 주셨는데 고넬료가 보낸 사람들을 따라가라고 지시하십니다.
　베드로가 성령의 인도에 순종했을 때 고넬료와 만나게 되었고, 두 사람 대화 중에서 하나님의 인도하심을 발견하게 되었습니다. 베드로는 하나님께서 자신에게 이방인에게 가라고 지시하셨음을 밝혔고, 고넬료도 하나님께서 그에게 베드로를 청하라고 지시하셨음을 밝혔습니다.
　하나님 일은 우리가 생각하는 범위를 벗어날 때가 많습니다. 그럼에도 불구하고 우리가 순종하는 이유는 하나님께서 뜻하신 일은 반드시 이루시기 때문입니다.

♠ 기도
　하나님, 우리는 하나님의 뜻을 알기 전까지는 의심도 하고, 갈등을 겪기도 하고, 그 문제를 회피하려고도 합니다. 그러나 하나님이 어떤 분이신지 기억하며 순종하게 하소서. 예수님의 이름으로 기도합니다. 아멘

♠ 중보기도
　하나님의 뜻을 분별하지 못하여 갈등을 겪는 자들을 위해서.

♠ 묵상
　하나님의 말씀을 대하는 나의 자세는 어떠합니까?

이방인을 향한 베드로의 설교

♣ 성경 사도행전 10:34~48 (외울요절 35절) 찬송 299(418)장 ♣

고넬료를 만나러 간 베드로는 그곳에서 여러 사람이 모인 것을 보았습니다. 그리고 그들 앞에서 복음을 증거합니다. 베드로는 먼저 이 사람들이 유대인과 동등한 위치에서 복음의 유익을 얻어야 할 자들임을 이야기합니다. 왜냐하면 하나님은 사람의 외모를 취하지 않으시고 고넬료와 같이 하나님을 경외하며 의를 행하는 자들은 누구든지 받으시기 때문입니다.

이스라엘 땅이라고 하는 한정된 지역의 한 곳에서 거주하는 이방인들이라 예수에 관해 확실히 알 수 없었기 때문에 베드로는 예수가 죽음에서 부활하셨다는 것과 그 증거를 밝힙니다. 그리고 그들 모두가 예수를 믿어야 한다고 결론을 맺습니다.

하나님께서는 베드로의 설교를 들은 사람들에게 성령을 부어 주셨고, 베드로는 성령받은 자들에게 세례를 주었습니다. 그들 모두가 그리스도에게로 인도되었습니다. 하나님이 고넬료에게 약속하신 구원의 문이 고넬료 자신뿐 아니라 이방인에게 전해지게 되었습니다.

♤ 기도
하나님, 이방인에게 복음을 전하는 베드로와 하나님을 경외함으로 구원을 받은 고넬료의 삶을 통해, 우리에게도 주님과 같이 영혼을 사랑하는 마음을 갖게 하소서. 예수님의 이름으로 기도합니다. 아멘

♤ 중보기도
영혼을 긍휼히 여기는 마음, 사랑하는 마음을 갖기를 원하는 자들을 위해서.

♤ 묵상
나는 어떤 열매를 바라며, 어떤 씨를 뿌리고 있습니까?

하나님의 뜻

♣ 성경 사도행전 11:1~18(외울요절 18절)   찬송 302(408)장 ♣

　유대에 있는 사도들과 형제들은 이방인 고넬료와 그의 집안이 하나님의 말씀을 받았다는 소식을 듣고 하나님께 감사하기보다는 오히려 베드로를 힐난했습니다. 그 이유는 아직 이방인 선교가 하나님의 뜻임을 깨닫지 못하고, 베드로가 처음에 생각했던 것처럼 그들도 이방인과 접촉해서는 안 된다는 율법에 매여 있었기 때문입니다.
　베드로는 자기를 비판하는 성도들에게 그간의 일들을 설명해 주며, 자신과 고넬료에게 일어난 일들이 성령의 인도로 이루어진 것이라고 말합니다. 그리고 성도들은 베드로의 설명을 듣고서야 하나님의 뜻을 이해하게 됩니다.
　말씀이 선포되고 성령이 임재하면 회개의 역사가 일어나게 됩니다. 그리고 구원을 얻을 수 있습니다. 하나님은 유대인뿐만 아니라 이방인에게도 구원의 은혜를 베풀어 주기 원하십니다. 그리고 이 뜻은 누구도 막을 수 없습니다.

♤ 기도
　하나님, 우리가 하나님 뜻을 깨닫지 못하여 저지르는 실수가 있습니다. 앞으로는 하나님의 뜻을 깨닫고, 우리의 삶에서 드러나는 하나님의 역사를 인정하며 영광 돌리게 하소서. 예수님의 이름으로 기도합니다. 아멘

♤ 중보기도
　하나님의 뜻을 이해하지 못하여 잘못된 판단을 하는 자들을 위해서.

♤ 묵상
　하나님이 하시고자 하는 일을 혹시 내가 방해하고 있지는 않습니까?

협력하는 사역

♣ 성경 사도행전 11:19~30(외울요절 26절) 찬송 320(350)장 ♣

스데반의 죽음 이후 환난을 인하여 흩어진 성도들이 베니게와 구브로와 안디옥까지 이르러 복음을 전하게 됩니다. 하나님의 도우심이 예수님을 전파하는 사람들과 함께하면서 복음을 믿고 따르는 사람들 수가 점점 증가하기 시작하였습니다. 그러자 예루살렘교회는 사역을 위해 안디옥에 바나바를 보냅니다. 바나바는 착한 사람이요, 성령과 믿음이 충만한 자였습니다. 그로 인해 더 많은 복음이 전하여졌습니다.

바나바는 다소에 있던 사울을 직접 찾아가 그를 안디옥으로 데리고 왔는데, 이것은 바나바가 사울과 함께 협력하는 것이 하나님의 뜻이요, 협력을 통하여 더 큰 하나님의 일을 도모하기 위함이었습니다.

하나님은 이처럼 주님의 뜻을 깨닫고 실천하는 자들과 함께하시며, 그들이 사역을 감당하도록 도와주십니다. 그리고 비록 그 수가 적다할지라도 주님 마음을 알고 행하는 자들이 모인 곳에서는 반드시 하나님 역사가 나타납니다.

♤ 기도
하나님, 하나님께서 나에게 원하는 일이 무엇인지 알게 하시고, 함께 동역할 수 있는 믿음의 사람들을 만나게 하소서. 예수님의 이름으로 기도합니다. 아멘

♤ 중보기도
함께 동역하는 사람들을 믿지 못하고 시기하는 사람들을 위해서.

♤ 묵상
나에게는 하나님께서 붙여 주신 동역자가 있습니까?

각자에게 주신 서로 다른 사명

♣ 성경 사도행전 12:1~4 (외울요절 3절) 찬송 323(355)장 ♣

예루살렘이 또다시 큰 시련을 맞습니다. 헤롯왕이 예루살렘교회의 지도자들을 핍박하기 시작한 것입니다. 그는 요한의 형제 야고보를 죽이고, 베드로도 잡으려고 하였습니다. 그 이유는 헤롯왕이 유대인들의 환심을 사서 정치적 입지를 강화하기 위해서였습니다.

그러나 베드로는 헤롯이 야고보처럼 죽이려 했음에도 불구하고 야고보와 같은 운명을 모면하였습니다. 왜냐하면 베드로가 잡힌 때가 무교절 기간 즉 유월절 직후에 오는 절기로 이 기간에는 재판을 하거나 처형하는 일을 유대법에서 금하고 있었기 때문입니다. 그래서 베드로를 잡기는 하였으나 감옥에 가두어 두고 군사들에게 맡겨 지키게 했던 것입니다.

헤롯의 박해로 사도 야고보는 순교를 당했습니다. 그러나 베드로는 감옥에 갇혔다가 성령의 역사로 풀려나 복음을 전합니다. 여기서 우리는 하나님이 우리 각자에게 주신 사명이 다르다는 것을 깨닫게 됩니다.

♤ 기도
하나님, 저에게 주신 사명이 무엇인지 깨닫게 하소서. 내가 당하는 고난이 하나님의 섭리 가운데서 하나님 뜻을 이루는 도구로 사용되기 원합니다. 예수님의 이름으로 기도합니다. 아멘

♤ 중보기도
하나님이 주신 사명대로 살기를 원하는 자들을 위해서.

♤ 묵상
하나님께서 나에게 주신 사명은 무엇입니까?

베드로를 감옥에서 인도해 내신 하나님

♣ 성경 사도행전 12:5~19(외울요절 17절) 찬송 361(480)장 ♣

헤롯은 베드로를 잡아 옥에 가두고 네 사람씩으로 된 네 패의 군사에게 맡겨 지키게 합니다. 이러한 상황은 너무나 절망적이었습니다. 무력감에 빠질 수밖에 없는 이러한 상황에서 교회는 옥에 갇힌 베드로를 위해 간절히 하나님께 기도합니다. 그리고 하나님은 이들의 기도에 응답하셨습니다. 기적적으로 베드로를 탈출시키셨고, 헤롯과 유대인들의 기대를 무너뜨렸습니다.

옥에서 탈출한 베드로는 마가라 하는 요한의 어머니 마리아의 집으로 갔습니다. 그곳에서 모여 기도하던 사람들을 만나게 되었고, 그들에게 '주께서 자기를 감옥에서 인도해 내신 일'을 말하고는 다른 곳으로 떠납니다.

하나님께서는 우리의 생각과 판단으로 불가능하다고 여기는 상황을 넘어서는 분이십니다. 그리고 우리가 하나님을 신뢰하며 드리는 기도는, 불가능한 것처럼 보이는 일을 가능케 하는 능력이 있습니다.

♤ 기도
하나님, 우리가 불가능하다고 생각되는 상황에서도 하나님의 역사를 기대하며 기도하게 하시고, 우리의 기도에 응답해 주시옵소서. 예수님의 이름으로 기도합니다. 아멘

♤ 중보기도
불가능한 상황이지만 하나님의 역사를 기대하며 기도하는 자들을 위해서.

♤ 묵상
회복시키시는 기도의 힘을 믿으십니까?

하나님의 승리

♣ 성경 사도행전 12:20~25(외울요절 24절)   찬송 425(217)장 ♣

　베니게 연안에 있는 두로와 시돈 사람들은 헤롯의 노여움을 사고 있었습니다. 그래서 그들은 왕궁을 찾아와 왕을 만나기 위해 시종인 블라스도를 설득시켜 헤롯에게 화목하기를 청했습니다. 이들이 헤롯과의 관계를 긴급히 회복해야 했던 이유는 그 지방이 왕의 영토에서 식량을 공급받고 있었기 때문입니다.
　이제 헤롯이 날을 택하여 왕복을 입고 위에 앉아 백성들을 타이릅니다. 군중들은 헤롯의 연설에 대해 격찬하며 이것은 "신의 소리요, 사람의 소리가 아니다"라며 외쳤고, 이를 들은 헤롯왕은 하나님이 마땅히 받으셔야 할 영예를 하나님께 돌리지 않았습니다. 이와 같은 교만함 때문에 곧 주의 사자가 헤롯을 내리쳤으며, 그는 충에게 먹혀 죽게 됩니다.
　누가는 덧붙이기를 하나님의 말씀은 흥왕하여 더하여졌다고 기록합니다. 야고보가 죽고 베드로가 감옥에 갇히고 헤롯이 승리하는 것처럼 보였습니다. 그러나 헤롯은 죽고 베드로는 자유롭게 되었으며, 끝내 하나님의 말씀은 승리하였습니다. 이처럼 완벽해 보였던 인간의 계획은 완전히 무너졌고, 하나님은 자신의 계획을 완성해나가셨습니다.

　♤ 기도
　하나님, 우리가 하나님께 순종하지 못하는 이유는 우리 안에 있는 교만함 때문임을 고백합니다. 하나님 앞에서 철저히 낮아지게 하시고, 나를 드러내고자 하는 마음을 절제하며 모든 영광을 하나님께 돌려 드리는 삶을 살게 하소서. 예수님의 이름으로 기도합니다. 아멘

　♤ 중보기도
　교만함으로 가득하여 하나님께 순종하지 못하는 자들을 위해서.

　♤ 묵상
　나의 삶을 하나님 앞에 온전히 드리고 있습니까?

순종함으로 하나 됨

♣ 성경 사도행전 13:1~3(외울요절 2절)   찬송 370(455)장 ♣

　안디옥교회는 다양한 지도자들로 구성되어 있었습니다. 다섯 명의 선지자들과 교사들을 보면 바나바는 구브로 태생으로 레위 사람이었고, 시므온과 루기오는 북아프리카 출신이었습니다. 그리고 마나엔은 귀족 출신이었고, 사울은 교회를 핍박한 전력이 있는 길리기아 다소 출신이었습니다. 이 다섯 사람은 안디옥의 인종적, 문화적 다양성을 상징하고 있으며, 이들은 교회를 통해 이루실 주님의 비전에 순종함으로 하나가 되었습니다.
　어느 날 이들이 주님을 예배하며 금식할 때 성령의 말씀 즉, "내가 불러 시키는 일을 위하여 바나바와 사울을 따로 세우라"는 말씀이 임했습니다. 그리고 곧 그들은 금식하며 기도하고 두 사람을 안수하여 성령의 말씀대로 보내게 됩니다.
　안디옥교회 지도자로 세우신 바나바와 사울을 보내는 것은 쉽지 않았습니다. 그러나 안디옥교회를 부흥케 하셨던 성령을 믿으며, 온전히 맡겼을 때 순종할 수 있었고, 이들의 순종은 전 세계를 향한 주님의 비전을 이루는 첫걸음이 될 수 있었습니다.

♤ 기도
　하나님, 우리도 예배할 때, 기도 중에, 일상 속에서 성령의 임재를 경험하기 원합니다. 우리에게 성령의 임재를 경험하지 못하게 하는 방해 요소가 있다면 제하여 주소서. 예수님의 이름으로 기도합니다. 아멘

♤ 중보기도
　성령의 임재를 경험하지 못하는 자들을 위해서.

♤ 묵상
　최근 내가 들은 성령의 음성은 무엇입니까?

구브로에서의 바나바와 사울

♣ **성경** 사도행전 13:4~12(외울요절 9절)　**찬송** 374(423)장 ♣

　바나바와 사울은 성령의 보내심을 받아 구브로에 가서 살라미에 이르러 하나님의 말씀을 유대인들의 여러 회당에서 전합니다. 그리고 바보에 이르게 되는데, 이곳에서 총독 서기오 바울을 만나게 됩니다. 총독은 지혜 있는 사람으로 바나바와 사울을 불러 하나님의 말씀을 듣고자 합니다.

　그러나 바예수라 하는 유대인 거짓 선지자 박수 엘루마가 바나바와 사울을 대적하여 총독으로 믿지 못하게 방해합니다. 이때 바울(사울)은 성령으로 충만하여 대적을 피하지 않고 오히려 주목하며 "모든 거짓과 악행이 가득한 자요 마귀의 자식이요 모든 의의 원수여 주의 바른 길을 굽게 하기를 그치지 아니하겠느냐 보라 이제 주의 손이 네 위에 있으니 네가 맹인이 되어 얼마 동안 해를 보지 못하리라"(10~11절)고 말했습니다. 총독은 바울(사울)이 마술사를 이긴 것을 보고 복음을 믿게 되었고, 바울(사울)의 가르침을 기이히 여깁니다. 바나바와 바울 앞에 장애물이 있었을 때, 그들은 성령으로 충만하여 그 대적을 피하지 않고 정면 돌파합니다. 그리고 이러한 영적 전쟁의 승리로 한 영혼을 구원할 수 있었습니다.

♤ 기도
　하나님, 우리는 문제 앞에서 두려워하고, 포기하려고 합니다. 그러나 우리가 성령충만할 때 이길 힘이 생기고, 승리할 수 있음을 믿습니다. 성령충만하여 주의 일을 감당할 수 있게 하소서. 예수님의 이름으로 기도합니다. 아멘

♤ 중보기도
　문제 앞에서 두려워하고, 포기하려고 하는 자들을 위해서.

♤ 묵상
　대부분의 사람들은 목표에 이르기 전에 포기합니다. 그러나 성공하는 사람들은 포기하지 않습니다.

비시디아 안디옥에서의 선교

♣ 성경 사도행전 13:13~41(외울요절 38절) 찬송 438(495)장 ♣

　바울은 비시디아 안디옥 회당에서 그곳에 모인 이스라엘 사람들과 하나님을 경외하는 이방인들에게 복음을 전합니다. 바울이 전한 복음의 내용은 첫째, 하나님께서 당신의 백성을 어떻게 인도해 주셨는지에 대해 즉, 이스라엘의 역사를 언급합니다. 둘째, 예수님의 십자가와 부활을 증거합니다. 바울은 특히 예수님의 부활을 강조하였습니다. 바울이 복음을 증거한 것에는 분명한 목적이 있었습니다. 그것은 예수님을 믿는 자마다 죄를 용서받는다는 것, 의롭게 된다는 것을 전하기 위해서였습니다.

　우리는 바울의 설교를 통해 부활을 약속하시고 이루시는 하나님의 역사하심을 바라보며, 진정한 의는 예수님을 구주로 믿을 때 주어진다는 사실을 발견합니다.

　죽음을 이기시고 부활하신 예수님만이 우리의 구주가 되십니다. 그렇다면 우리에게도 예수님을 따라 부활할 것이라는 확신과 소망이 있어야 하지 않겠습니까?

♤ 기도
　하나님, 예수님만이 우리의 구원자가 되신다는 복음의 메시지를 분명하게 전할 수 있게 하시고, 예수님을 따라 부활할 것이라는 확신과 소망을 주소서. 예수님의 이름으로 기도합니다. 아멘

♤ 중보기도
　예수님의 십자가와 부활을 믿지 못하는 자들을 위해서.

♤ 묵상
　나에게 부활신앙은 어떤 의미입니까?

복음을 받아들이는 태도

♣ 성경 사도행전 13:42~52(외울요절 48절) 찬송 267(201)장 ♣

비시디아 안디옥에서 바울이 전한 복음을 듣고 많은 사람들이 예수님을 믿었고, 말씀을 더욱 사모하게 되었지만, 일부 유대인들은 바울을 비방하며 복음을 거절했습니다. 유대인들은 자신의 마음속에 있는 시기심 때문에 복음이 전해지는 것을 방해했을 뿐 아니라, 자신들도 구원의 기회를 놓쳐 버리고 맙니다.

하나님의 말씀을 먼저 들을 수 있다는 것은 큰 복입니다. 그러나 유대인들은 하나님께서 그들에게 먼저 복음이 전해지도록 하셨음에도 불구하고 그 하나님의 은혜를 거부했습니다. 반면에 이방인들은 복음을 듣고 기뻐하며 하나님의 말씀을 찬송하였고, 복음을 받아들였습니다.

우리가 언제나 하나님의 말씀을 기쁨으로 받아들이기 위해서는 우리 안에 존재하는 시기심과 고집이 없어야 하고, 회개하는 심령이어야 합니다. 그래야 복음이 온전히 나의 것이 됩니다.

♤ 기도
하나님, 언제나 하나님의 말씀을 기쁨으로 받아들이기 위해 우리 안에 존재하는 시기심과 고집을 없애 주시고, 회개하는 심령을 부어 주소서. 예수님의 이름으로 기도합니다. 아멘

♤ 중보기도
하나님의 말씀을 기쁨으로 받기 원하는 자들을 위해서.

♤ 묵상
복음에 대해 확신할 때, 어떤 상황에서도 끝까지 안내할 수 있다.
복음이 진리라는 사실을 확신할 때 기뻐할 수 있다.   - 아지스 페르난도 -

이고니온에서의 바울과 바나바

♣ **성경** 사도행전 14:1~7(외울요절 4절)   **찬송** 252(184)장 ♣

바울과 바나바가 이고니온에서 복음을 전할 때 유대와 헬라의 많은 사람들이 예수님을 믿었습니다. 그러나 이곳에서도 복음을 대적하는 유대인들이 있었는데, 자기들만 말씀에 불순종한 것이 아니라, 이방인들을 선동하여 그리스도에 대해 나쁜 감정을 갖게 했습니다. 이러한 상황에서 바울과 바나바는 포기하지 않고, 오히려 그곳에 오래 머물며 주를 힘입어 담대하게 그릇된 증거를 바로잡아 참된 증거를 전하였습니다. 그리고 하나님께서는 담대하게 복음을 전하는 바울과 바나바의 손으로 표적과 기사를 행하게 하셨습니다. 이러한 이적은 두 사도가 전한 복음이 진실하다는 것을 확증해 주었습니다.

이고니온에서는 복음이 선포되고 난 후 사람들이 나뉘어졌는데, 어떤 이들은 유대인들의 악한 중상모략을 믿어 유대 사람 편이 되었고, 어떤 이들은 사도들의 말과 표적의 진실성을 확신하고 사도들의 편이 되었습니다. 왜냐하면 복음은 연합시키기도 하고, 나누기도 하기 때문입니다.

♤ 기도
하나님, 사람보다 하나님을 의지하겠노라고 결단하면서도 눈앞에 보이는 사람들의 태도에 더욱 민감하게 반응하는 우리의 모습을 발견합니다. 언제나 하나님 앞에 서 있다는 마음을 갖게 하소서. 예수님의 이름으로 기도합니다. 아멘

♤ 중보기도
하나님 편에 설 것인가, 사람 편에 설 것인가에 대해 고민하는 자들을 위해.

♤ 묵상
너희가 내 말에 거하면 참으로 내 제자가 되고 진리를 알지니 진리가 너희를 자유롭게 하리라(요 8:31~32).

접촉점

♣ 성경 사도행전 14:8~18(외울요절 15절)   찬송 268(202)장 ♣

 루스드라에 발을 쓰지 못하는 한 사람이 있는데, 그 사람은 나면서 앉은뱅이 된 자로 걸어본 적이 없는 사람이었습니다. 바울과 바나바가 복음을 전할 때 이 사람을 주목하여 보니 구원받을 만한 믿음이 있음을 발견합니다. 바울은 큰 소리로 말합니다. "네 발로 바로 일어서라"(10절). 그러자 나면서 앉은뱅이였던 이 사람이 걷기도 하고, 뛰기도 합니다.

 그러자 바울이 행한 일을 보고 사람들이 그들을 신으로 모시려고 합니다. 그러나 두 사도는 하나님의 영광을 가로채지 않기 위해서 옷을 찢으며 그들을 제지합니다. 그리고 그들을 향하여 말합니다. 여기서 바울이 전한 말씀은 안디옥에서 유대인들에게 말씀을 전파할 때와는 달랐습니다. 유대인들에게는 구약성경, 곧 역사와 예언서와 율법이 말씀의 배경이었다면, 루스드라의 이교도들에게는 그들이 알지 못하는 성경에 초점을 맞춘 것이 아니라 그들이 알고 있으며 볼 수 있는 주위의 자연에 초점을 맞추어 하늘과 땅과 바다와 그 안에 있는 모든 것을 만드신 살아계신 하나님에 대해 말했습니다. 그리고 헛된 우상 숭배를 버리고 참되신 하나님께 돌아오라고 권합니다. 마찬가지로 우리도 복음을 전할 때에 사람들과의 접촉점을 찾기 위해 그들이 있는 곳에서부터 시작해야 합니다.

♤ **기도**
 하나님, 우리는 복음을 전할 때, 우리의 생각과 입장에서 시작했습니다. 그래서 자꾸 벽에 부딪히는 실수를 경험했습니다. 바울처럼 우리가 복음을 전하는 대상을 잘 이해할 수 있게 하소서. 예수님의 이름으로 기도합니다. 아멘

♤ **중보기도**
 복음을 전하는 대상을 잘 이해하고 받아들이기 원하는 사람들을 위해서.

♤ **묵상**
 예수 그리스도가 복음의 핵심입니다.

하나님이 행하셨습니다

♣ **성경** 사도행전 14:19~28(외울요절 27절)　**찬송** 284(206)장 ♣

　1차 선교여행을 마감하고 안디옥으로 귀환하는 길에 바울은 각 성읍들을 재차 방문하여 위로와 격려로 교회를 굳게 세웁니다. 제자들에게 권면하기를 "우리가 하나님의 나라에 들어가려면 많은 환난을 겪어야 할 것이라"(22절)고 말합니다. 그리고 각 교회에서 장로들을 택하여 세웁니다.

　또한 사역을 마치고 돌아오자마자 교우들을 불러 모아 안디옥교회에 보고하면서 모든 행적을 하나님께서 행하셨음을 고백했습니다. 특별히 어떻게 하나님께서 이방인들에게 믿음의 문을 열어 주셨는지에 대해서 보고를 했습니다.

　우리는 자주 자신에게 질문을 합니다. "무엇을 했는가?" 그러나 사도들의 사역과 그들의 보고를 통해 우리는 '무엇을 했느냐' 보다는 '누구와 했느냐'가 중요하다는 것을 깨닫습니다. 왜냐하면 하나님의 일은 하나님과 함께할 때 성취되기 때문입니다.

♤ 기도
　하나님, 우리가 하나님과 함께하기 위해, 그리고 주 안에서 경건하게 살기 위해 받는 핍박을 감사하게 여기게 하소서. 하나님이 우리의 삶을 반드시 선한 길로, 하나님의 길로 인도하실 것을 믿습니다.
　예수님의 이름으로 기도합니다. 아멘

♤ 중보기도
　하나님과 동행하는 삶, 하나님이 함께하는 삶을 원하는 자들을 위해서.

♤ 묵상
　우리의 삶에 헬퍼는 누구입니까?

하나님의 은혜로 된 것입니다

♣ **성경** 사도행전 15:1~11(외울요절 11절)　**찬송** 304(404)장 ♣

"모세의 법대로 할례를 받지 아니하면 능히 구원을 받지 못하리라"(1절)고 가르치는 무리가 있었습니다. 이로 인해 바울과 바나바는 그들과 다툼과 변론을 하게 되었고, 이 문제를 해결하기 위해 몇 사람을 예루살렘에 있는 사도와 장로들에게 보내기로 작정합니다.

예루살렘에 도착한 바리새파 출신의 일부 성도가 이방인도 할례를 받고 모세의 율법을 지켜야 한다고 주장합니다. 많은 변론이 있은 후에 베드로가 회의에 모인 사람들에게 고넬료 사건을 상기시키며 이방인들이 복음을 듣고 예수를 믿었으며, 성령을 받았고, 믿음으로 깨끗하게 되었다면, 하나님은 이방인이나 유대인이나 분간치 않으신다고 말합니다. 그러면서 결론 맺기를 우리가 하나님의 은혜로 구원을 얻은 것이라면, 이방인들도 하나님의 은혜로 구원을 얻은 것이라고 말합니다.

이처럼 은혜와 믿음은 우리를 평등하게 만들어 줍니다. 그래서 형제간의 교제가 가능합니다.

♤ 기도
하나님, 내가 하나님의 은혜를 입어 죄 용서함 받았고, 구원받았음에도 불구하고, 나보다 못한 사람에게 하나님의 은혜가 임하면 용납하지 못합니다. 우리 안에 하나님의 은혜는 동일함을 알게 하소서.
예수님의 이름으로 기도합니다. 아멘

♤ 중보기도
하나님의 은혜에 차등이 있다고 생각하는 사람들을 위해서.

♤ 묵상
우리의 편견이 복음의 걸림돌이 되지 않도록 하라!

구원의 조건

♣ 성경 사도행전 15:12~21(외울요절 17절) 찬송 544(343)장 ♣

야고보는 예루살렘 회의에 참석한 사람들을 향하여 이방선교가 지닌 의미를 설명합니다. 먼저 베드로가 고넬료를 전도한 사건은 하나님께서 이방인들을 자신의 백성으로 취하려고 권고하신 사건이었다고 말합니다. 그리고 자신의 주장을 입증하기 위해 아모스 9:11~12를 인용합니다.

인용문은 '하나님은 먼저 다윗의 무너진 집을 회복하고 그 허물어진 곳을 다시 고칠 것이며 그래서 남은 이방인들이 주를 찾을 것이라고 약속하신다.' 는 내용입니다. 다윗의 후손인 그리스도를 통해 이방인들이 그의 새로운 공동체에 포함된다는 것입니다. 그러므로 이방인 중에서 하나님께로 돌아오는 자들을 괴롭게 말고, 다만 우상의 더러운 것과 음행과 목매어 죽인 것과 피를 멀리하라고 편지하는 것이 좋겠다고 말합니다. 즉, 이방인 신자들을 그리스도 안에서 한 형제, 자매로 인정하고 받아들여야 하며, 예수님에 대한 그들의 믿음에 할례나 유대 풍습 전부를 덧붙이도록 요구해서는 안 된다는 것입니다. 예수를 믿는 믿음 외에는 어떤 것도 구원의 조건이 될 수 없습니다.

♤ 기도
하나님, 예수를 믿는 믿음 외에는 어떤 것도 구원 조건이 될 수 없음을 알았습니다. 복음 안에서 함께 부르심을 받은 형제, 자매들과 연합하게 하시고, 서로의 믿음이 자라날 수 있도록 격려하게 하소서. 예수님의 이름으로 기도합니다. 아멘

♤ 중보기도
믿음의 성장을 원하는 자들을 위해서.

♤ 묵상
"나처럼 될 수는 없을까?" 라고 생각하기보다는 "너처럼 될 수는 없을까?"를 고민하라.

갈등을 이기라

♣ 성경 사도행전 15:22~35(외울요절 31절)   찬송 524(313)장 ♣

　예루살렘교회는 예수님을 믿으면 이방인들도 동일하게 구원받는다는 것을 알았습니다. 그리고 유대인이나 이방인이나 차별 없이 예수님을 믿음으로 구원을 얻을 수 있다는 데 의견을 모았습니다.
　그러나 이방 문화의 어떤 면들은 여전히 유대인들에게 거슬렸습니다. 그래서 유대 전통을 이방 개종자들에게 강요하지 않는 만큼, 이방 개종자들에게도 몇 가지(우상에게 바쳐졌던 제물, 피, 음행, 목매어 죽인 것) 금해 줄 것을 요구했습니다. 그리고 이 내용이 담긴 편지를 바울과 바나바, 유다와 실라 편에 안디옥교회로 보냈습니다. 안디옥교회 신자들은 자신들을 위로하는 편지의 내용을 읽고 기뻐하였습니다.
　우리 주변에는 갈등을 조장하는 악의 세력들이 있습니다. 그러나 갈등이 있더라도 모두가 하나님의 뜻을 구하고 하나 되기를 도모한다면 그곳에는 하나님이 주시는 위로와 기쁨이 충만할 것입니다.

♠ 기도
　하나님, 우리의 삶에서 갈등을 좁혀가는 훈련이 절실히 필요합니다. 우리가 하나 되기 위하여 하나님의 뜻을 구하게 하시고, 그 안에서 하나님이 주시는 위로와 기쁨을 얻게 하소서. 예수님의 이름으로 기도합니다. 아멘

♠ 중보기도
　사람들과의 갈등으로 힘들어 하는 사람들을 위하여.

♠ 묵상
　자신과 타인을 용서하는 법을 배우라.

바울과 바나바가 갈라서다

♣ **성경** 사도행전 15:36~41 (외울요절 40절)　**찬송** 516(265)장 ♣

　바울은 바나바에게 말씀을 전했던 각 성을 다시 방문하자고 제안했습니다. 그리고 바나바는 이에 동의합니다. 그리고 그의 사촌 마가 요한을 함께 데리고 가고 싶어 했습니다. 요한에게 기회를 주고 싶었기 때문입니다. 그러나 바울은 마가가 밤빌리아에서 그들을 떠난 사실(행 13:13) 때문에 반대합니다. 이러한 의견 차이로 두 사람은 서로 갈라서게 됩니다. 그래서 바나바는 마가를 데리고 그의 고향인 구브로로 가고, 바울은 실라를 택해서 수리아와 길리기아로 다녀가며 교회를 굳게 하였습니다.

　하나님께서는 이 모든 일을 통하여 선을 이루시는 분입니다. 바울과 바나바가 의견 차이로 심하게 다투었고, 결국에는 헤어지게 되었지만, 벵겔이 말한 것처럼 그 결과 하나님의 사역자들이 '한 쌍에서 두 쌍이 만들어지게 되었기' 때문입니다. 그러나 이러한 사실을 그리스도인들 간의 다툼을 정당화하는 구실로 삼거나 다툼을 조장하는 등으로 악용하지 말아야 합니다.

♤ 기도
　하나님, 바울과 바나바의 다툼을 보고 현재 우리가 다투는 이유로 합리화하지 않기를 원합니다. 모든 일을 통하여 선을 이루시는 하나님을 바라보게 하소서. 예수님의 이름으로 기도합니다. 아멘

♤ 중보기도
　다툼의 원인을 자신에게서 찾지 않고 다른 구실을 찾으려고 하는 사람들을 위해서.

♤ 묵상
　할 수 있는 일과 할 수 없는 일이 있음을 인정하라.

한 발 뒤로 물러나라

♣ 성경 사도행전 16:1~10(외울요절 10절)   찬송 510(276)장 ♣

　바울은 2차 선교여행을 떠나기에 앞서 루스드라 출신인 디모데를 동역자로 선택하여 세웁니다. 그리고 팀을 정비한 바울 일행은 소아시아에서 말씀을 전하고자 했습니다. 그러나 성령께서 이를 제지하셨고, 바울에게 환상을 통하여 하나님의 뜻이 마케도니아로 가는 것임을 나타내 보여 주셨습니다. 바울은 환상을 본 후에 하나님의 뜻이 무엇인지 알게 되었으므로, 자신의 뜻을 꺾고 하나님의 부르심에 순종합니다.
　우리는 하나님의 때가 언제인지 분명하게 알아야 합니다. 그리고 하나님의 뜻을 알았다면 바울처럼 즉각적으로 순종할 수 있게 준비된 자가 되어야 합니다. 때로는 우리가 처한 상황 속에서 우물 안의 개구리처럼, 혹은 숲을 보지 못하는 사람처럼 하나님의 인도하심을 분별하지 못하여 하나님의 때를 벗어나거나 하나님의 뜻을 거스르기도 합니다. 하지만 하나님은 그것을 통해 우리를 훈련시키고, 한 발 뒤로 물러나 하나님의 일하심을 보게 하십니다.

♤ 기도
　하나님, 우리의 삶에 향하신 하나님의 뜻이 무엇인지 알기를 간절히 원합니다. 지금도 하나님께서는 우리가 하나님께서 원하는 길로 가도록 훈련시키고, 일하고 계심을 믿습니다. 우리가 하나님의 부르심에 즉각적으로 순종할 수 있게 하소서. 예수님의 이름으로 기도합니다. 아멘

♤ 중보기도
　하나님의 부르심에 즉각적으로 순종하기를 원하는 사람들을 위해서.

♤ 묵상
　하나님이 한쪽 문을 닫으실 때는 어딘가 다른 데 효과적인 사역의 문을 여시기 위한 준비일 수 있다.　　　　　　－ 헨리 & 리처드 블랙커비-

하나님을 공경하는 루디아가 받은 복

♣ 성경 사도행전 16:11~15(외울요절 14절)   찬송 508(270)장 ♣

마케도니아 지경의 첫 성인 빌립보에 도착한 바울 일행은 이곳에서 여러 날을 머물렀습니다. 안식일이 되어 기도처를 찾기 위해 문 밖 강가에 이르게 되었는데 그곳에는 여인들이 모여 있었습니다. 바울과 그의 일행은 여인들에게 복음을 전하였습니다.

모인 여인들 중에 하나님을 공경하는 두아디라 성에 사는 자주 장사 루디아라 하는 여인이 있었는데, 하나님은 그 여인을 축복하사 복음을 듣고 자신과 그의 집이 다 세례를 받게 하셨습니다. 그리고 루디아는 감사하는 마음으로 바울 일행을 자신의 집으로 초대하였고, 강권하여 머물도록 합니다. 그리고 후에 루디아의 집에서 시작된 가정교회는 빌립보교회로 성장하게 됩니다.

하나님은 특별히 하나님을 공경하는 루디아의 마음을 열어 바울의 말을 청종하게 하셨고, 복음을 받아들이게 하셨습니다. 우리는 여기서 비록 메시지는 바울이 전하는 것이지만, 구원의 주도권은 하나님이 쥐고 계심을 발견하게 됩니다.

♤ 기도
하나님, 하나님을 공경하는 루디아에게 하나님의 말씀을 들을 수 있도록 마음을 열어 복음을 받아들이게 하신 것처럼, 우리의 삶에도 동일한 은혜를 부어 주소서. 예수님의 이름으로 기도합니다. 아멘

♤ 중보기도
하나님을 공경하는 삶을 살고자 하는 자들을 위해서.

♤ 묵상
너무 늦어서 어떤 일을 할 수 없다고 생각하지 말라!

고난을 사용하시는 하나님

♣ **성경** 사도행전 16:16~34(외울요절 32절)　**찬송** 337(363)장 ♣

　바울 일행은 기도처로 가는 길에 점하는 귀신들린 여종을 만나게 됩니다. 이 여종은 점으로 그 주인들에게 이익을 주는 사람이었습니다. 그런데 이 여종이 바울과 그 일행을 좇아와서 말하기를 "이 사람들은 지극히 높은 하나님의 종으로서 구원의 길을 너희에게 전하는 자라"(17절)고 여러 날을 외칩니다. 이에 바울은 여종의 상태를 가련하게 보았고, 슬퍼하였습니다. 그리고 '예수의 이름'으로 치유해 주었습니다.
　이 일로 바울과 실라가 옥에 갇히게 됩니다. 심한 매질로 고통 가운데 있었지만, 이들의 입에서는 기도와 하나님을 찬미하는 소리가 울려나옵니다. 그리고 그들의 고난을 통하여 하나님은 빌립보 감옥의 간수와 그 집안이 예수님을 영접할 수 있게 인도하셨습니다.
　바울과 실라가 감옥에 갇힌 것은 귀신들린 여종을 치유해 주었기 때문입니다. 감옥에 갇힐 이유가 없음에도 불구하고, 매를 맞고 옥에 갇히는 고난을 겪었습니다. 그러나 하나님은 그 고난까지도 선하신 뜻을 위하여 사용하시는 분입니다.

♤ 기도
　하나님, 우리는 귀신들린 여종을 통하여 이익을 얻으려고 했던 주인들처럼 세상 이익을 얻기 위해 살고 있지는 않습니까? 억울함을 이기지 못하고, 분노하며 화를 내지는 않습니까? 우리의 고난까지도 선하신 뜻으로 사용하시는 하나님을 보게 하소서. 예수님의 이름으로 기도합니다. 아멘

♤ 중보기도
　하나님의 선하신 뜻을 보기 원하는 자들을 위해서.

♤ 묵상
　과거를 부인하거나 버리지 말고 있는 그대로를 받아들여라.

하나님의 만족과 유익을 위한 삶

♣ 성경 사도행전 16:35~40 (외울요절 38절)   찬송 341(367)장 ♣

　바울과 실라가 옥에 갇힌 다음 날 상관들이 아전을 보내어 그들을 놓아 주려고 합니다. 이때 바울은 자신이 로마 시민임을 밝힙니다. 그리고 상관들이 직접 와서 데리고 나가야 한다고 전합니다. 상관들은, 바울이 로마 시민이라는 사실에 두려워합니다. 로마 시민은 어떤 상황에서도 치안관이나 다른 어떤 사람이 매로 때리거나 구속할 수 없었습니다. 로마 시민권을 지닌 사람들의 특권을 침해하는 사람들에 대해서는 중한 벌을 내리도록 규정되어 있었기 때문입니다.
　상관들은 감옥으로 직접 바울을 찾아와서 사과하였고, 바울과 실라를 옥에서 데리고 나갔습니다. 그리고 상관들은 바울과 실라에게 이 성에서 떠나기를 청합니다. 그래서 그들은 먼저 루디아의 집에 가서 교인들을 만나서 위로하고 떠났습니다.
　바울은 자신에게 있는 로마 시민권이라는 권리를 복음을 위해 사용했으며, 하나님의 뜻을 위해서라면 마땅히 행사할 수 있는 이 권리를 포기하는 사람이었습니다.

♤ 기도
　하나님, 나의 만족과 유익을 위해 사는 삶이 아니라, 하나님의 뜻을 위해서라면 나의 만족과 유익도 과감히 포기할 수 있는 사람이 되게 하소서. 예수님의 이름으로 기도합니다. 아멘

♤ 중보기도
　하나님의 만족과 유익을 위해 자신의 만족과 유익을 포기하기 원하는 사람들을 위해서.

♤ 묵상
　나는 그리스도인으로서 어떤 권리를 기꺼이 포기할 수 있습니까?

세상을 소란케 하는 사람

♣ 성경 사도행전 17:1~15 (외울요절 2절)   찬송 505(268)장 ♣

바울과 형제들은 데살로니가에 이르러 성경을 강론하며 뜻을 풀어 그리스도를 증명하고 예수가 그리스도이심을 전합니다. 바울을 통하여 전파된 복음은 경건한 헬라인들과 귀부인에게 영향을 주었습니다. 그러나 시기하는 유대인들에게 '세상을 소란케 하는 사람'이라고 죄목을 얻게 되어, 핍박을 피하여 베뢰아로 가게 됩니다.

바울은 베뢰아에서도 하나님 말씀 증거하는 일을 멈추지 않습니다. 바울을 통하여 전파된 복음은 베뢰아에서도 많은 헬라의 귀부인과 남자들에게 영향을 주었습니다. 그러나 베뢰아에서도 복음을 전한다는 소식을 들은 데살로니가의 유대인들이 무리를 움직여 소동을 일으키게 되었고, 또다시 바울은 아덴으로 보내집니다.

복음 전하는 일에 열심을 다하였던 바울에게 방해하는 움직임들은 끊이지 않고 계속되었지만, 그는 포기하지 않았고, 자신에게 맡겨진 일에 최선을 다하였습니다. 그로 인해 많은 영혼이 하나님을 알게 되었고, 예수 그리스도를 믿어 구원의 열매를 맺을 수 있었습니다.

♤ 기도
하나님, 때로는 육신적인 피로와 불편함, 침체된 마음, 인간관계의 어려움 등으로 하나님의 뜻을 따르는 일에 주저함이 있었고, 올바른 결정을 내리지 못할 때가 있습니다. 하나님, 우리에게 확신과 위로를 주소서. 예수님의 이름으로 기도합니다. 아멘

♤ 중보기도
하나님의 확신과 위로가 필요한 자들을 위해서.

♤ 묵상
당신의 마음 깊은 곳에 들려주시는 하나님의 고요한 음성에 귀기울여라.

― 벤 캠벨 존슨 ―

거룩한 분노

♣ 성경 사도행전 17:16~34(외울요절 16절) 찬송 499(277)장 ♣

아덴은 소크라테스와 플라톤과 아리스토텔레스에게서 이어받은 풍부한 철학적 전통과 문학과 예술 그리고 인간의 자유를 위해 세워진 도시로 자랑할 만한 업적이 많은 곳이었습니다. 바울은 유대인들의 핍박을 피해 아덴을 처음으로 방문하였습니다. 동역자 실라와 디모데를 기다리며 세계의 문화적 수도 아덴의 모습을 보게 됩니다. 그가 바라본 아덴은 비기독교적 이데올로기 또는 종교가 지배하고 있는 도시였으며, 미학적으로나 문화적으로는 멋지고 세련되어 있을지 모르지만, 도덕적으로는 퇴폐적이고 영적으로는 죽은 도시였습니다.

바울은 하나님의 영광이 가려지고, 진리가 왜곡된 그 땅을 바라보며 거룩한 분노를 느낍니다. 그리고 복음에 대한 열정을 가지고 아레오바고에서 아덴 사람들을 향하여 예수님께서 그리스도 되심과 그의 부활을 증거하였습니다. 그러나 부활 소식을 들은 사람들은 복음을 멸시하는 자들, 결정을 뒤로 미루는 자들 그리고 복음을 믿는 자들로 나뉘어집니다. 우리는 어떤 사람입니까?

♤ 기도
하나님, 우리 안에 거룩한 분노가 있게 해주옵소서. 하나님의 영광이 가려지고, 진리가 왜곡된 것을 보고 안타까움과 수치심을 느낄 수 있게 해주옵소서. 한 영혼도 귀하게 여기신 예수님의 마음을 본받게 하시고, 죽어가는 영혼들과 그 민족과 그 땅을 위하여 기도하게 하소서. 예수님의 이름으로 기도합니다. 아멘

♤ 중보기도
잘못된 신앙을 갖고 있는 사람들을 위해서.

♤ 묵상
영적이고 타인 중심적인 사람은 질문을 던지고 관계 속으로 들어간다.
―레너드 스윗―

두려워하지 말고 말하라

♣ 성경 사도행전 18:1~11 (외울요절 9절)   찬송 542(340)장 ♣

바울이 고린도에서 아굴라 부부를 만납니다. 동역자들과 떨어져 낯선 곳에 온 바울은 신실한 이 부부를 만나게 되자 곧 의기투합하여 공동생활을 합니다. 더구나 직업이 같았기 때문에 늘 함께 노동을 했습니다. 바울은 일을 하면서 안식일마다 회당에서 말씀을 강론하고 하나님 안에 있는 여러 유대인들과 헬라인들을 권면하였습니다.

바울이 기다리던 실라와 디모데가 마케도니아로 오자 바울은 이에 힘을 얻어 하나님 말씀에 붙잡혀 유대인들에게 복음을 전했습니다. 여전히 훼방꾼들의 위협 속에서도 하나님을 공경하는 디도 유스도의 집에 머물며 계속 복음을 전합니다. 이에 회당장 그리스보와 그 가족이 회심을 합니다. 하나님께서도 환상 중에 나타나 바울에게 두려워 말고 계속 복음을 전하라고 권하십니다.

하나님께서 바울을 자신의 사람으로 선택하시고, 일하시는 과정 속에서 우리는 구원의 열매를 발견합니다. 하나님이 주시는 능력으로 말씀을 선포할 때 두려움은 사라지고, 오직 주님의 말씀만이 살아 역사하심을 느끼게 됩니다.

♤ 기도
하나님, 항상 우리 앞서 행하시며 우리의 인생을 인도하시고 주장하시니 감사합니다. 우리가 하나님께 붙들린 사람이 되게 하시고, 우리가 속한 공동체 안에서 선한 영향력을 끼치며 살게 하소서. 예수님의 이름으로 기도합니다. 아멘

♤ 중보기도
하나님의 말씀을 가지고 생명을 전하는 자들을 위해서.

♤ 묵상
선한 일을 하다가 낙심하지 맙시다. 포기하지 않는다면 반드시 거둘 때가 올 것입니다.

―필립 얀시―

불법을 묵인하는 갈리오

♣ **성경** 사도행전 18:12~17(외울요절 17절)   **찬송** 515(256)장 ♣

고린도의 유대인들이 바울을 고소했습니다. 그들은 바울을 향하여 "이 사람이 율법을 어기어 하나님을 공경하라고 사람들을 권한다."며 로마법에 위배되는 행동을 했다고 억지 주장을 펼쳤습니다. 그러나 당시 로마 총독들은 인종 내의 문화적, 종교적 문제들이 로마법에 위배되지 않는 한 간섭하고 싶지 않았으므로, 바울에게서 로마법 위반의 사안을 찾지 못한 아가야 총독 갈리오는 이 일에서 손을 떼려고 했습니다. 그뿐 아니라 갈리오는 이들이 회당장 소스데네를 잡아 법정 앞에서 때렸음에도 불구하고, 이 일을 묵인합니다.

세속의 권력 앞에서 정의를 구현하지 못하는 갈리오의 모습을 보면서 우리도 하나님 편에 서기보다는 세상 편에 서 있었던 적이 많았음을 돌아보게 됩니다. 또한 하나님이 바울에게 "내가 너와 함께 있으매 어떤 사람도 너를 대적하여 해롭게 할 자가 없을 것이니 이는 이 성 중에 내 백성이 많음이라"(행 18:10)고 약속하신 말씀대로, 바울이 아무 해도 받지 않고 풀려났음도 보게 됩니다.

♧ 기도
하나님, 옳고 그름보다는 얽혀 있는 수많은 이해관계 때문에 불의가 묵인되고, 자행되는 일들을 바라보며, 하나님을 섬기는 우리가 진리 편에 서지 않으면 안 되는 현실을 바라봅니다. 하나님의 사람들을 지키시는 그 주님을 의지하며 진리를 외칠 수 있게 하소서. 예수님의 이름으로 기도합니다. 아멘

♧ 중보기도
하나님 편에 서서 진리를 외치는 자들을 위해서.

♧ 묵상
두려움은 원수가 우리로 하여금 사랑의 치료제를 가지고 서로에게 다가가지 못하도록 만들기 위해 사용하는 도구이다.   － 카멘 메인스 －

유대인으로서 의무를 다한 바울

♣ 성경 사도행전 18:18~23 (외울요절 18절)   찬송 521(253)장 ♣

　바울은 브리스길라와 아굴라와 함께 그를 파송했던 수리아 안디옥교회로 떠났습니다. 그리고 겐그레아에서 머리를 깎았는데 이는 율법의 서원을 지키기 위한 것이었습니다. 바울은 이방인의 사도였기 때문에 이방 그리스도인들에게 할례와 율법 준수의 의무가 없다는 점을 강하게 주장하여 치열한 논쟁을 벌이기도 했습니다. 그러나 자신은 본래 유대인으로서의 율법 준수 의무를 소홀히 하지 않으므로 말씀을 가르치는 자가 범하기 쉬운 자기 합리화를 잘 극복했습니다. 바울이 이처럼 유대인으로서 의무를 지킬 수 있었던 것은 하나님께서 부르신 자로서의, 책임을 다하기 위해서였습니다.
　그리고 바울은 2차 전도여행을 마무리하고 얼마 후 3차 전도여행을 떠납니다. 그것은 두번째 선교여행 동안 견고히 했던 비시디아 안디옥, 이고니온, 루스드라와 더베교회들을 다시 방문하여 모든 제자들을 격려하고 믿음을 굳게 하기 위함이었습니다.

♤ 기도
　하나님, 이방인에게 율법에서 자유할 것을 말하면서도 자신은 유대인으로서의 율법준수 의무에 충실했던 바울을 본받아, 자기 합리화에 빠지지 않도록 인도하소서. 예수님의 이름으로 기도합니다. 아멘

♤ 중보기도
　자신의 열심을 앞세워 남을 판단하고 정죄하는 자들을 위해서.

♤ 묵상
　어려운 상황에 처했을 때 축복으로 받아들여라. 왜냐하면 어떤 조건이 충족되면 만족스런 결과가 뒤따를 것이기 때문이다.

양육자로서의 브리스길라와 아굴라

♣ 성경 사도행전 18:24~28(외울요절 26절)   찬송 205(236)장 ♣

　알렉산드리아에서 난 아볼로라 하는 유대인이 에베소에 이르러 사람들에게 예수에 관한 진리를 가르쳤습니다. 아볼로는 학문이 많고 성경에 능한 자로 평가받는 자였으나 '요한의 세례'만 알았던 사람이었습니다. 이런 사실을 안 브리스길라와 아굴라 부부는 아볼로를 데려다가 '하나님의 도'를 더 자세히 풀어 주었습니다. 그 후 아볼로는 아가야로 건너가 성경을 풀어서 예수가 그리스도라는 복음의 핵심을 설득력 있게 전했습니다.
　아볼로가 이처럼 훌륭한 설교가로 성장할 수 있었던 것은 바로 브리스길라와 아굴라라는 좋은 양육자를 만났기 때문입니다.
　우리도 좋은 양육자를 만나 겸손한 마음으로 자신의 부족을 인정하고 배운다면 지속적으로 복음 안에서 성장할 수 있습니다. 그리고 우리도 좋은 양육자가 되어 누군가의 부족함을 채워 주고 도와주는 사람이 되어야 하겠습니다.

♤ 기도
　하나님, 겸손한 마음으로 나의 부족함을 발견하고 열심히 배워 좋은 양육자가 되게 하시고, 누군가에게 도움을 주면서 함께 성장할 수 있게 하소서. 예수님의 이름으로 기도합니다. 아멘

♤ 중보기도
　믿음 안에서 좋은 양육자를 만나기 원하는 사람들을 위해서.

♤ 묵상
　하루를 살아도 사명대로 사는 삶을 살라!　　　　　　-벤 캠벨 존슨-

예수의 세례

♣ 성경 사도행전 19:1~7(외울요절 5절) 찬송 183(172)장 ♣

바울은 "하나님의 뜻이면 너희에게 돌아오리라"(행 18:21)는 약속을 지키기 위해 에베소에 왔습니다. 에베소에 이른 바울은 어떤 제자들을 만났습니다. 이들의 대화를 잠깐 살펴보면, 바울이 질문합니다. "너희가 믿을 때에 성령을 받았느냐?" 제자들의 대답입니다. "우리는 성령이 있음도 듣지 못하였습니다." 바울이 다시 묻습니다. "그러면 너희가 무슨 세례를 받았느냐?" 제자들이 대답합니다. "요한의 세례입니다."

바울은 세례 요한의 제자들로 보이는 이들에게 예수의 세례를 가르치고 안수를 베풀어 줍니다. 그러자 그들에게 성령이 임하고, 방언과 예언을 하게 됩니다. 세례 요한은 자신의 세례와 예수의 세례의 차이를 다음과 같이 설명했습니다. "나는 물로 너희에게 세례를 베풀거니와 …… 그는 성령과 불로 너희에게 세례를 베푸실 것이요"(눅 3:16).

그렇습니다. 예수님의 세례는 성령과 연결되어 있기 때문에 우리는 예수님을 믿는 것과 성령의 역사를 분리해서 생각할 수 없습니다. 그러므로 예수를 믿는 일은 성령의 역동적 능력 안에서 사는 것입니다.

♤ 기도

하나님, 우리의 삶이 너무나도 무미건조하고, 어떠한 의미도 발견할 수 없습니다. 우리의 간절한 바람과 기도를 들으시고 매일의 삶 속에서 살아계신 성령님의 역사가 나타나게 하옵소서. 예수님의 이름으로 기도합니다. 아멘

♤ 중보기도

매일 살아계신 성령님의 역사를 경험하기 원하는 자들을 위해서.

♤ 묵상

영적 싸움에서 매일 승리하도록 당신의 마음을 훈련하라! -조이스 마이어-

말씀의 능력

♣ **성경** 사도행전 19:8~20 (외울요절 20절)   **찬송** 204(379)장 ♣

바울의 말씀 사역은 계속됩니다. 처음에는 유대인의 회당에서 가르쳤으나 저항이 커지자 두란노 서원으로 장소를 옮겨 매일 가르쳤습니다. 이 가르침은 2년 동안 계속되었고, 아시아에 사는 모든 사람들이 말씀을 들을 수 있는 기회가 주어졌습니다. 그리고 사람들이 말씀으로 변화되자, 병 고침과 귀신이 떠나가는 역사가 나타났습니다.

그런데 이러한 능력을 흉내내는 주술자들이 생겨났습니다. 그러나 바울을 통하여 나타나는 하나님의 역사는 이들과는 근본적으로 다른 것이었습니다. 그래서 이를 흉내내던 주술자들이 오히려 악귀들에게 망신을 당합니다. 이 모습을 본 주술자들은 자신들이 의지했던 마술책을 불살랐습니다.

에베소에 거하는 유대인과 헬라인들이 다 이 일에 대하여 알고 두려워하였으며, 주 예수의 이름을 높이고, 믿는 사람들이 자복하여 행한 일을 고하였습니다. 이렇듯 주님의 말씀은 힘이 있습니다.

♤ **기도**
하나님, 우리에게 주신 하나님의 말씀을 읽고 들으며, 생활 가운데 실천하게 하소서. 삶 곳곳에서 역사하시는 하나님의 능력을 바라보며, 온전히 주 예수님의 이름을 높이게 하소서. 예수님의 이름으로 기도합니다. 아멘

♤ **중보기도**
말씀을 통하여 변화된 삶을 살기로 결단한 자들을 위하여.

♤ **묵상**
우리를 변화시킬 수 있는 능력이 하나님께 있음을 믿고 주님을 의지하라.

에베소에서 일어난 소동

♣ 성경 사도행전 19:21~41 (외울요절 26절)   찬송 523(262)장 ♣

　복음이 확장되어 에베소의 주요 산업인 우상 제조업이 타격을 받았습니다. 그러자 에베소의 여신인 아데미의 은감실을 만들어 이익을 얻었던 은장색의 한 사람인 데메드리오가 직공들을 선동합니다. 선동의 내용은 에베소의 종교적 자존심을 명목으로 하고 있지만 실상은 자신들의 이익을 위함이었습니다. 그런데 모인 대다수의 사람들은 자신이 왜 모였는지도 정확히 모른 채 그저 목소리만 높이고 있습니다(32절).
　이때 서기장이 무리를 진정시키고, 소란을 잠재우는 역할을 합니다. 그는 에베소 사람들의 애향심과 종교적 자존심을 내세워 그들을 설득합니다. 그러면서 근거도 불확실한 일에 이처럼 쉽게 흥분해서는 안 된다고 말합니다. 이 서기장의 몇 마디 말에 흥분한 에베소 사람들은 흩어졌습니다.
　복음은 종종 세상 이익 집단의 저항에 직면하게 됩니다. 경제적, 정치적 목적으로 교회를 인정하기도 하고, 무시하기도 합니다. 하지만 우리는 이러한 이해 관계에 얽매이지 않고 바르게 복음의 길을 가야 합니다.

♤ 기도
　하나님, 무리에 선동되어 모인 대다수의 사람들은 자신이 왜 모였는지도 정확히 모르고, 그저 목소리만 높이고 있었습니다. 우리도 대중심리에 휩싸여 판단력을 상실하지 않게 도와주소서. 예수님의 이름으로 기도합니다. 아멘

♤ 중보기도
　세상에서 일어나는 현실적 문제에 대한 참여로 고민하는 사람들을 위해서.

♤ 묵상
　사람은 무엇에 집중하느냐에 따라 달라지는 존재이다.

그리스도의 사람들

♣ **성경** 사도행전 20:1~6(외울요절 4절) **찬송** 520(257)장 ♣

바울은 에베소에서 소요가 그치자 신앙의 삶을 권한 뒤 그곳을 떠나 마케도니아를 거쳐 헬라에 이르러 석 달을 있었습니다. 다시 배를 타고 수리아로 가고자 하였으나 유대인들이 바울을 죽이려고 한다는 사실을 알고는 마케도니아의 빌립보로 갑니다. 이때 바울은 자신이 선교한 지역 출신의 여러 사람들과 동행합니다. 베뢰아 사람 부로의 아들 소바더와 데살로니가 사람 아리스다고와 세군도와 더베 사람 가이오와 디모데와 아시아 사람 두기고와 드로비모가 그들입니다.

우리는 바울과 함께 동행한 사람들을 보면서 첫째, 교회의 성장과 연합, 둘째로 바울이 선교 여행 기간에 맺은 많은 열매들, 셋째로 그들의 교회 지도자 중 훌륭한 사람 일부를 내주었음을 볼 때, 새로 생겨난 기독교 공동체가 선교사적 마음을 지니고 있음을 알 수 있습니다. 그리고 가는 곳마다 그리스도의 사람들을 만들어내는 바울의 모습은 참으로 대단합니다.

♧ **기도**
하나님, 바울은 가는 곳마다 하나님의 사람들을 만들어내어 키우고, 성장시켰습니다. 우리도 주님이 붙여 주신 사람들을 그리스도의 사람으로 키우게 하시고, 생명의 열매가 넘쳐나는 삶이 되게 하소서. 예수님의 이름으로 기도합니다. 아멘

♧ **중보기도**
주님이 붙여 주신 사람들을 그리스도의 사람으로 키워야 할 사명이 있는 자들을 위해서.

♧ **묵상**
하나님은 그리스도를 따르는 사람들을 불러서 교회와 세상에서 특별한 사역을 감당하게 하신다.
― 벤 캠벨 존슨 ―

깨어 있으라!

♣ **성경** 사도행전 20:7~12(외울요절 11절)　**찬송** 401(457)장 ♣

바울 일행과 드로아의 교인들은 안식 후 첫날에 드로아에서 성찬과 예배를 위해 모였습니다. 그리고 바울의 설교를 밤늦게까지 듣고 있었습니다. 그런데 창에 걸터앉아 있던 유두고라는 젊은이가 길어진 설교를 참지 못하고 졸다가 그만 삼 층 아래로 떨어졌습니다. 사람들이 일으켜 보니 숨을 쉬지 않자 죽었다고 생각합니다. 하지만 바울은 그 위에 엎드려 그 몸을 안고 말하기를 "떠들지 말라 생명이 그에게 있다"(10절)고 말합니다. 이러한 소란 후에 바울은 다시 위로 올라와 성찬을 나누고 새벽까지 그들과 많은 이야기를 나눕니다. 그리고 드로아의 교인들은 다시 살아난 청년으로 인해 큰 위로를 받았습니다.

유두고의 사건을 통해서 우리는 나 자신이 영적으로 깨어 있어 말씀을 사모하며 기도하는 일에 힘쓰고 있는지를 돌아보게 합니다. 비록 유두고는 다시 살아났지만, 우리가 영적으로 깨어 있지 않는다면 우리의 목숨은 죽은 것이나 다름없음을 기억해야 하겠습니다.

♤ 기도
하나님, 우리가 영적으로 깨어 있어 말씀을 사모하며 기도하는 일에 힘쓰는 자가 되기를 원합니다. 우리를 방해하는 영적인 세력들을 말씀으로 물리쳐 이기게 하시고, 승리의 기쁨을 맛보게 하소서. 예수님의 이름으로 기도합니다. 아멘

♤ 중보기도
영적으로 깨어 있어 말씀을 사모하며 기도하는 일에 힘쓰는 자들을 위해서.

♤ 묵상
하나님과 함께 시간을 낭비하라.　　　　　　　　　　-토머스 머튼-

목숨을 걸 만한 소명

♣ 성경 사도행전 20:13~38 (외울요절 24절)   찬송 407(465)장 ♣

　바울은 예루살렘에서 오순절을 지키기 위해 에베소를 거치지 않고 밀레도로 갑니다. 그리고 에베소 장로들을 청하여 밀레도에 오도록 하여 그간 자신의 삶과 사역을 말하였습니다. 첫째로 겸손과 눈물로 당한 시험을 참고 주를 섬긴 것, 둘째로 예수 그리스도의 복음을 여건과 상황에 좌우하지 않고 전한 것, 셋째로 생명보다 하나님이 주신 소명을 더 중요하게 여긴 것, 넷째로 깨끗하게 꺼릴 것 없이 살았다는 것입니다.
　바울은 후회하지 않을 만큼 최선을 다해서 살았습니다. 그 열매를 보면 충분히 알 수 있습니다. 그리고 자신의 생명까지 아끼지 않을 만큼 하나님의 소명을 소중히 여겼기에 어떤 환난도 죽음도 두려워하지 않고 순종할 수 있었습니다. 그리스도의 본을 보이며 살았던 바울의 삶과 사역을 모델 삼아 우리도 주를 섬길 수 있어야겠습니다.

♤ **기도**
　하나님, 우리를 세상에서 하나님의 거룩한 일을 감당하도록 부르셨음을 압니다. 우리에게 특별하게 주신 사명을 찾을 수 있게 하시고, 바울과 같이 목숨보다 하나님이 주신 소명을 위해 사는 사람이 되게 하소서. 예수님의 이름으로 기도합니다. 아멘

♤ **중보기도**
　목숨 걸 사명을 발견하기 원하는 자들을 위해서.

♤ **묵상**
　목숨이 아깝지 않은 사명을 발견하라!　　　　　　　－벤 캠벨 존슨－

바울이 선택한 길

♣ 성경 사도행전 21:1~6(외울요절 4절)   찬송 461(519)장 ♣

바울은 예수님처럼 핍박과 고난이 기다리는 예루살렘을 피하지 않고 가고자 합니다. 두로의 제자들이 성령의 감동으로 바울에게 닥칠 환난을 알고 그의 예루살렘 행을 막으려고 하였지만, 바울은 자신이 정한 뜻을 돌이키지 않습니다. 바울이 여러 날을 제자들과 함께 지낸 후 떠날 때에 그들의 처자들까지도 성문 밖까지 전송하였으며, 배에 오르기 전 함께 바닷가에서 무릎을 꿇어 기도하고, 작별합니다. 여기서 무릎을 꿇었다는 것은 믿음의 표현이고 경외의 표현입니다. 우리의 마음은 행동을 통해서 드러나게 마련입니다.

바울은 자신이 가야할 길이 어떤 길인지 알면서도 피하지 않습니다. 그리고 바울을 위해 기도해 주는 동역자들이 그의 곁에 있었습니다.

하나님은 우리가 작은 일에도 충성할 때 기뻐하십니다. 이름도 없이 빛도 없이 주님의 일에 충성할 때 하나님은 그 일이 아무리 작다하더라도 순종하는 우리로 인하여 기뻐하십니다.

♤ 기도

하나님, 우리 앞에 환난이 있다 할지라도 피하거나 돌아가지 않고, 주님의 뜻을 바라보며 나아가게 하소서. 우리가 주님이 가신 그 길을 선택할 수 있게 도우소서. 예수님의 이름으로 기도합니다. 아멘

♤ 중보기도

문제를 뒤로 하고 주님이 원하시는 길을 가고자 하는 자들을 위해서.

♤ 묵상

하나님께서 주신 비전이라면 하나님께서 이루실 것이다.

주님 뜻을 구하는 기도

♣ 성경 사도행전 21:7~16 (외울요절 14절)   찬송 452(505)장 ♣

바울은 두로에서 항해를 계속하여 돌레마이에 이르러 형제들에게 안부를 묻고 그들과 함께 하루를 지냈습니다. 이튿날 그곳을 떠나 가이사랴에 이르러 일곱 집사 중 한 사람인 빌립의 집에서 머물렀습니다.

여러 날이 지나 유대에서 내려온 선지자 아가보가 바울의 띠를 가져다가 자기 수족을 잡아매고 성령의 말씀을 전합니다. "예루살렘에서 유대인들이 이같이 이 띠 임자를 결박하여 이방인의 손에 넘겨 주리라"(11절).

이 말을 들은 주위의 사람들은 바울에게 예루살렘으로 올라가지 말라고 권합니다. 그러나 바울의 확고한 의지를 알고 난 후에는 "우리가 주의 뜻대로 이루어지이다"(14절)라고 말합니다. 이것은 유약한 체념에서 나온 말이 아니라 적극적인 그들의 기도였습니다.

우리는 때때로 욕심 때문에 어리석게도 자신의 뜻에 하나님이 맞추라는 식의 기도를 합니다. 그러나 하나님이 원하시는 기도는 "주님의 뜻이 이루어지기를 원합니다."라는 기도임을 기억하기 바랍니다.

♤ 기도
하나님이 뜻하신 곳에 내가 있기를 원합니다. 지금 내 뜻을 주장함으로 인해 어려움 가운데 있다면 신실하신 주님을 바라보며, 나의 삶에서 주님 뜻이 이루어지기를 기도하게 하소서. 예수님의 이름으로 기도합니다. 아멘

♤ 중보기도
자신에게 처한 어려운 상황 때문에 하나님의 뜻과 갈등하는 자들을 위해서.

♤ 묵상
우리의 약함 속에 오직 그리스도의 능력만이 나타나게 하라. 어려울 때에 그리스도로 말미암아 힘을 얻어라.

바울이 보여 준 태도

♣ 성경 사도행전 21:17~26 (외울요절 26절)   찬송 454(508)장 ♣

　예루살렘에 도착한 바울은 야고보를 방문하여 그동안 하나님께서 이방인들 가운데 역사하신 일들을 자세히 보고합니다. 그러나 예루살렘의 지도자들은 바울의 사역을 두고 하나님을 찬양하면서도 바울이 받고 있는 오해 때문에 염려하였습니다.

　그러나 이러한 바울에 대한 소문은 사실이 아니었습니다. 바울이 주장한 것은 이방인 신자들이 굳이 할례를 받고 율법에 얽매일 필요가 없다는 것이지, 유대인들에게 할례와 율법을 금했던 것은 아닙니다. 그리고 바울은 유대인을 구원하기 위해 기꺼이 율법을 준수한 사람이었고, 아버지가 헬라인이고 어머니가 유대인인 디모데에게 오히려 할례를 받게 했으며(행 16:3), 자신도 서원을 지키기 위해 머리를 깎은 바 있었습니다(행 18:18). 그래서 바울은 유대인 신자들이 자신에게 갖고 있었던 오해를 풀게 하고, 이로 인한 갈등을 막기 위해 야고보의 제안을 받아들여 율법의 예를 행합니다. 복음의 본질에 속하지 않는 사소한 전통이나 이론 때문에 지나치게 고집을 피워 교회의 평화를 막는 자들은 바울이 보여 준 융통성을 배워야 하겠습니다.

♤ 기도
　하나님, 복음의 본질에서 벗어나는 문제 때문에 같은 그리스도인이지만 각자의 견해 차이로 연합하지 못하거나, 고집 때문에 공동체에 평화를 깨는 일이 없게 하소서. 예수님의 이름으로 기도합니다. 아멘

♤ 중보기도
　자신의 고집을 꺾지 못하여 평화를 깨는 사람들을 위해서.

♤ 묵상
　인간의 삶은 거울과 같다. 우리가 하는 말과 행동은 자신의 생각을 반영하는 것이다.
―강준민―

억울한 오해를 받은 바울

♣ 성경 사도행전 21:27~40(외울요절 29절) 찬송 365(484)장 ♣

　바울은 자신이 받고 있던 오해를 풀고자 노력했음에도 불구하고 아시아에서 온 유대인들은 바울에게 두 가지 죄명을 들어 모함하며 유대인들을 격분하게 만들었습니다. 그러나 그것은 오해에서 비롯되었습니다. 바울의 첫째 죄명은 각처에서 "우리 백성과 율법과 이곳을 훼방하여" 가르쳤다는 것입니다. 둘째는 바울이 헬라 사람들을 성전으로 데리고 들어가 그곳을 더럽혔다는 것입니다. 그러나 사실이 아니었습니다.
　그럼에도 불구하고 사실을 확인도 하지 않고 흥분한 백성들은 바울을 잡아 성전 밖으로 끌고 나가 죽이려고 했습니다. 그때 마침 그 소식을 들은 천부장이 바울을 잡아 누구이며, 무슨 일을 하였느냐고 묻습니다. 이 질문에 바울은 자신이 다소 출신인 유대인임을 밝혔습니다. 그리고 군중 앞에서 전도할 수 있는 기회를 얻게 되었습니다.
　우리도 오해 때문에 사람들을 미워하기도 하고, 사람들로부터 억울한 일을 당하기도 합니다. 그렇다면 우리가 이런 상황에서 어떤 태도를 보이는 것이 하나님을 기쁘시게 하는 일인지 먼저 생각하고 행동해야 하겠습니다.

♤ 기도
　하나님, 우리도 때로는 바울과 같이 사실이 아닌 일에 억울한 오해를 받을 때가 있습니다. 반대로 우리가 다른 사람을 오해하여 그들을 힘들게 했던 적도 있습니다. 우리가 이러한 상황에서 하나님의 지혜를 구하게 하소서. 예수님의 이름으로 기도합니다. 아멘

♤ 중보기도
　오해로 인해 상처를 받은 자들을 위해서.

♤ 묵상
　과거를 회상할 때 하나님의 부르심의 음성을 들을 수 있는 자리로 한 걸음 더 다가서게 된다.
　　　　　　　　　　　　　　　　　　　　　　 － 벤 캠벨 존슨 －

바울의 고백

♣ 성경 사도행전 22:1~21 (외울요절 21절)   찬송 379(429)장 ♣

바울은 폭도가 된 유대인들을 설득합니다. 먼저 자신은 로마 제국의 영향력 있는 도시 출신으로 정통 유대인이고, 후대 랍비 유대교의 시조인 힐렐의 손자이자 당대 유대인 최고의 율법 스승으로 손꼽혔던 큰 랍비 가말리엘 1세의 문하생이었음도 이야기합니다. 그리고 과거의 자신은 지금 자신을 핍박하는 유대인들과 똑같이 먼저 믿은 유대인 신자들을 핍박했음을 고백합니다.

그러나 다메섹 도상에서 예수님을 만난 후 삶이 변하였고, 아나니아를 만나 하나님의 참뜻을 깨닫게 되었다고 말합니다. 그리고 바울이 이방인에게로 간 것은 예수님의 계시 때문이었음을 밝힙니다.

우리는 바울의 삶을 통해 하나님이 일하고 계심을 발견하게 됩니다. 우리의 어느 것 하나도 놓치지 않고 사용하시는 하나님의 섭리를 보면서, 우리가 머물고 있는 이 자리도 분명 하나님의 계획 안에 예비된 것임을 깨닫고 감사할 수 있어야 하겠습니다.

♤ 기도
하나님, 왜 이런 일이 나에게 일어납니까?라고 질문하면서 하나님을 원망하기도 하였고, 하나님의 뜻을 알고자 매달려 기도하기도 했습니다. 하지만 분명한 것은 이 모든 게 하나님의 계획 안에 예비된 것임을 깨닫고 감사드립니다. 예수님의 이름으로 기도합니다. 아멘

♤ 중보기도
지금까지 자신의 삶을 주님께서 인도하셨음을 믿는 자들을 위해서.

♤ 묵상
고난은 감사를 낳는다.

유대인들은 왜 분노하고 있습니까

♣ 성경 사도행전 22:22~30 (외울요절 30절)   찬송 421(210)장 ♣

바울에 대한 유대인들의 분노가 폭발합니다. 바울에게 하나님의 뜻을 듣고도 그들은 귀 담아 듣지 않고 흘려버립니다. 그리고 바울이 유대인의 순수성을 훼손하면서 이방인 편이 된 행위에만 집착하며 바울을 죽이고자 합니다.

천부장은 바울을 잡아 고문하고 신문하여 실상을 파악하려고 합니다. 고문하려고 결박할 때 바울은 자신이 로마 시민임을 밝힘으로써 위기에서 모면합니다. 여기서도 바울을 도우시는 하나님의 손길이 매 순간 함께하고 계심을 우리는 깨닫게 됩니다.

이튿날 천부장은 무슨 일로 유대인들이 바울을 송사하는지 실상을 알기 위해 제사장들과 온 공회를 모으고 바울을 그들 앞에 세웁니다.

여기서 우리는, 유대인들이 하나님의 말씀을 듣고도 잘못된 길로 행하는 것을 봅니다. 우리는 문제를 놓고 기도하고 하나님의 말씀을 듣습니다. 그러나 말씀대로 순종하지 않습니다. 왜입니까? 혹시 분노한 유대인들처럼 자신들의 고정관념에서 벗어나지 못하기 때문은 아닙니까?

♤ 기도
하나님, 우리가 가진 고정관념 때문에 하나님의 뜻을 바로 깨닫지 못할 때가 있습니다. 사단이 주는 왜곡된 생각을 분별하게 하시고, 부정적인 사고방식을 버리고, 하나님의 평안을 소유하게 하소서. 예수님의 이름으로 기도합니다. 아멘

♤ 중보기도
부정적인 사고방식, 왜곡된 생각을 갖고 있는 자들을 위해서.

♤ 묵상
하나님의 사랑은 지속적이고 항상 현재형이며 변함이 없다.

-제임스 브라이언 스미스-

대제사장 아나니아

♣ 성경 사도행전 23:1~5 (외울요절 3절)   찬송 426(215)장 ♣

　공회 앞에 서게 된 바울은 자기 변호를 시작하기 전에 먼저 하나님 앞에서 양심에 거리낌이 없이 살아왔다는 결백 선언을 합니다. 그런데 이를 듣고 있던 대제사장 아나니아가 그 발언을 참지 못하고 "입을 치라"는 명령을 내립니다. 그가 대제사장인 것을 알지 못했던 바울은 오히려 그의 위선과 무례를 강하게 지적하며 되받아칩니다. 그러나 아나니아가 대제사장인 것을 알고 난 뒤 바울은 자신의 발언에 대해 해명을 합니다.
　유대 역사가 요세푸스는 아나니아를 '대단한 독의 축재자'라고 묘사하였고, '성직자들의 소유인 십일조를 폭력을 행사하여 빼앗기까지' 한 포악하고 욕심이 많은 자로 기록하였습니다.
　그렇다면 우리는 종교적 지위와 업적에 만족한 채 아나니아처럼 무례하고 교만한 행동을 하지는 않았습니까?

♤ 기도
　하나님, 우리가 아나니아처럼 무례하고 교만한 자의 모습으로 신앙생활을 하고 있다면 용서하여 주옵소서. 하나님께서 우리에게 주신 은혜를 기억하게 하시고, 충실한 제자의 삶을 살 수 있게 인도하소서.
　예수님의 이름으로 기도합니다. 아멘

♤ 중보기도
　다른 사람을 생각하지 못할 정도로 포악하고 욕심이 많은 자들을 위해서.

♤ 묵상
　마음의 생각이 사람을 만든다.

하나님의 격려

♣ **성경** 사도행전 23:6~11(외울요절 11절)　**찬송** 419(478)장 ♣

　하나님의 인도하심은 바울의 삶을 둘러싸고 있었습니다. 그리고 하나님께서 원하는 길로 바울을 인도하시기 위해 격려하시고 힘을 주십니다. 우리가 불안을 느낄 때가 언제입니까? '지금 내가 서 있는 이 자리가 정말 하나님이 원하시는 자리인가?' 라는 질문의 대답에 확신이 없을 때가 아닙니까? 그러면서 우리는 과거에 하나님이 나를 어떻게 인도하셨는지 보게 됩니다. 그리고 그 순간에는 알 수 없었지만, 지금은 이해할 수 있는 하나님의 섭리를 발견하고는 감사하게 됩니다.

　하나님은 죽음의 위기에 놓인 바울을 찾아오셔서 말씀하십니다. "담대하라 네가 예루살렘에서 나의 일을 증언한 것같이 로마에서도 증언하여야 하리라"(11절).

　자신의 길이 하나님이 원하는 길이라는 것과 그 길을 맞게 가고 있음을 아는 순간 그 기쁨은 말로 표현할 수 없을 것입니다. 그리고 하나님이 함께하신다는 확신이 있을 때 용기를 얻게 되고, 두려움이 사라지게 됩니다. 그렇다면 우리도 바울처럼 확신 있게 말할 수 있는, 하나님이 원하시는 자리에 서 있습니까?

♤ 기도
　하나님, 우리가 확신 없는 신앙 때문에 방황하지 않게 하소서. 하나님께서 보내시는 사인을 놓치지 않고 받아서 아직 채워지지 않은 삶의 퍼즐을 잘 맞출 수 있게 하소서. 예수님의 이름으로 기도합니다. 아멘

♤ 중보기도
　확신 없는 신앙 때문에 방황하는 자들을 위해서.

♤ 묵상
　하나님께서 하시는 일이 이해되지 않아도 무조건 맡겨라.

하나님이 막으시면

♣ 성경 사도행전 23:12~22 (외울요절 16절)　찬송 393(447)장 ♣

유대인들은 바울에게 사형을 가하려다 좌절당하고, 의회에서는 바울에게서 아무런 죄도 찾을 수 없었습니다. 상황이 이렇게 되자, 바울을 죽이려는 움직임이 이제는 조직적으로 준비되어 사십여 명으로 구성된 사람들이 죽기를 맹세하면서까지 음모를 꾸밉니다. 그들은 대제사장들과 장로들에게 바울에 대해 좀더 조사하려는 것처럼 하여 바울을 의회에 다시 데려와 줄 것을 천부장에게 청해달라고 부탁합니다. 그들의 계략은 다시 법정으로 데려오는 바울을 매복하였다가 붙잡아 죽이는 것이었습니다. 이제 모든 사람이 한 패가 되어 공모함으로 바울은 극도의 위험에 빠질 수밖에 없는 상황입니다.

그러나 이러한 음모 가운데도 우리가 예측할 수 없는 방법으로 하나님은 바울을 구하기 위해 부지런히 움직이십니다. 이 음모를 들은 바울의 생질이 바울에게 알립니다. 그리고 이 음모는 천부장에게 전달됩니다.

이처럼 가장 주의 깊고 교활한 인간의 계획이라 할지라도 하나님이 그것을 막으시면 성공할 수 없습니다. 하나님께서 도우시는 방법은 우리가 생각하는 것 그 이상이기 때문입니다.

♤ 기도
하나님, 우리가 주인삼은 모든 것들을 주 앞에 내려놓게 하시고, 주님만 섬기게 하소서. 우리가 예측할 수 없는 방법으로 일하시는 주님을 기대하면서, 어떠한 어려움에서도 희망을 잃지 않고 승리하게 하소서. 예수님의 이름으로 기도합니다. 아멘

♤ 중보기도
자신이 모든 것을 할 수 있다는 자만심에 사로잡혀 있는 자들을 위해서.

♤ 묵상
내려놓을 짐과 져야 할 짐을 분별하라!

하나님의 계획

♣ 성경 사도행전 23:23~35(외울요절 35절)   찬송 390(444)장 ♣

천부장은 바울을 죽이려는 음모의 심각성을 알고, 스스로 처리할 수 없다고 판단하여 바울을 가이사랴로 보내기로 결정합니다. 그는 바울을 호송하기 위해 대규모의 병력을 투입했습니다. 천부장은 유대 총독 벨릭스에게 보낸 공문에 바울에 대한 불평이 유대인들 사이의 율법 문제에 지나지 않으며, 사형이나 구속에 해당될 만큼 로마의 법을 어긴 일이 없다는 소견을 담은 편지와 함께 보냅니다. 그리고 총독 벨릭스는 바울이 길리기아 다소 출신의 로마 시민임을 확인한 후, 바울을 기소하던 사람들이 예루살렘에서 가이사랴로 내려올 때까지 헤롯궁에서 바울을 지키라고 명령합니다.

우리는 하나님께서 계획하시고 그 계획을 실행하시도록 순종하는 대신에, 우리 자신이 계획을 만들어 내어 그 계획에 하나님이 축복하시도록 만들려고 합니다. 그리고는 바라던대로 되지 않으면 하나님께 화를 냅니다. 우리는 육을 버리고 성령님을 의지하는 법을 배워야 합니다. 그러면 바울을 인도하신 하나님께서 우리의 삶도 인도하실 것입니다.

♤ 기도
하나님, 우리의 제한적인 생각에 하나님을 가두지 않게 하소서. 세상은 정치적, 사회적 역학에 움직이지만 그 뒤에는 보이지 않는 하나님의 섭리가 있음을 기억하고, 하나님의 섭리를 신뢰하게 하소서. 예수님의 이름으로 기도합니다. 아멘

♤ 중보기도
스스로 해결할 수 없는 문제로 씨름하는 자들을 위해서.

♤ 묵상
하나님께서 우리의 삶에 개입하고 계심을 알고 싶다면 우리의 삶을 깊이 살펴보라.

진실하라

♣ 성경 사도행전 24:1~9(외울요절 8절)   찬송 263(197)장 ♣

벨릭스는 글라우디오 루시아가 보낸 편지를 읽고 나서 바울을 고소한 사람들을 찾으러 예루살렘에 사람을 보냈으며 그 동안 바울을 감금해 두었습니다. 닷새 후에 대제사장 아나니아가 총독의 소환에 응하여 어떤 장로들과 한 변사 더둘로와 함께 내려왔습니다. 그들은 법정이 열리자마자 총독 앞에서 바울을 고소했습니다. 더둘로는 먼저 재판장인 벨릭스를 치켜세웁니다. 그리고 정확한 사실도 확인하지 않은 채 바울에게 세 가지 죄목(유대인을 소요케 하는 자, 나사렛 이단의 괴수, 성전을 더럽게 하려 한 죄)을 덮어씌웁니다.

더둘로와 같이 사람을 설득하는 일을 전문으로 하는 직업을 가진 이들에게 가장 필요한 것은 '진실성'입니다. 그러나 더둘로는 사실을 확인하지도 않고, 잘못된 정보를 가지고 이야기합니다.

우리는 자신이 하는 말에 책임을 질 수 있어야 합니다. 그 말에 책임을 지기 위해서는 먼저 진실 여부를 확인해야 합니다. 그렇지 않으면 우리의 말이 비수가 되어 생명을 앗아갈 수도 있음을 기억해야 하겠습니다.

♤ 기도
하나님, 우리가 하는 모든 말에 거짓이 없게 하소서. 진실만을 말하게 하시고, 어떠한 가식과 편견도 없게 하소서. 그리고 우리가 하는 모든 말에 책임을 질 수 있게 하소서. 예수님의 이름으로 기도합니다. 아멘

♤ 중보기도
진실을 말해야 하는 자들을 위해서.

♤ 묵상
나는 얼마나 주변의 시선을 의식하며 행동합니까?

바울의 변론

♣ **성경** 사도행전 24:10~21(외울요절 21절) 찬송 200(235)장 ♣

바울은 더둘로가 말한 세 가지 죄목에 대해 자신의 결백을 주장합니다. 첫째, 자신은 예루살렘에 예배하러 올라간 지 열이틀밖에 못 되었고, 자신이 성전에서 아무와 변론하는 것이나 회당과 성중에서 무리를 소동케 하는 것을 보지 못하였으며, 자신을 송사하는 모든 일에 대하여 어떠한 증거도 없다고 말합니다. 둘째, 자신은 그들과 같은 신앙의 도를 좇고 동일한 하나님을 섬기며 같은 성경을 믿을 뿐 아니라 부활을 통해 의인이 상을 받고 악인이 벌을 받게 되는 종말론적 소망을 똑같이 지니고 있다는 점을 분명하게 밝혔습니다. 셋째, 자신이 예루살렘을 방문한 목적은 구제금과 하나님께 바칠 제물을 드리기 위해서라는 것과 성전에 들어가기 위해 결례를 행하였다고 말했습니다.

바울의 이러한 주장은 사실과 진리에 근거한 것이었습니다. 그렇기 때문에 바울을 송사하려는 자들은 어떠한 증거도 찾을 수 없었습니다.

우리가 세상에서 흔들리지 않고 중심을 잡고 서 있으려면 진리의 말씀을 의지하며 나아가야 합니다.

♤ 기도
하나님, 바울은 늘 주어진 환경 속에서 최선을 다하며 살았습니다. 그랬기 때문에 어떠한 부끄러움도 없이 자신의 결백을 주장할 수 있었습니다. 우리도 주님 앞에서나 사람들 앞에서 정직한 자의 삶을 살게 하소서. 예수님의 이름으로 기도합니다. 아멘

♤ 중보기도
불평하는 마음을 가진 채 하나님을 믿고 신뢰하려는 자들을 위해서.

♤ 묵상
우리 마음이 성령의 조명을 받아 변화되면 우리의 행동도 달라질 것입니다.

벨릭스의 욕심

♣ **성경** 사도행전 24:22~27(외울요절 25절)　**찬송** 218(369)장 ♣

　벨릭스는 재판을 휴정시켰습니다. 그는 바울을 놓아 주고 싶지 않았습니다. 그 이유는 바울에게서 뇌물을 바라고 있었으며(26절), 유대인들의 환심을 사려고 했기 때문입니다(27절). 그래서 천부장의 조언이 필요하다는 구실로 판결을 미루고, 바울에게는 자유로운 생활과 인간관계에 그다지 어려움이 없는 연금을 명했습니다.
　며칠 후 벨릭스는 아내 드루실라와 함께 바울을 방문하여 복음을 듣게 되었습니다. 바울은 드루실라가 유대 여자이기에 예수님의 생애와 죽으심과 부활 사실을 알고 있을 거라고 염두에 두고, 심판과 그리스도를 통한 의, 그리스도인의 경건생활 등에 대해 말합니다. 벨릭스는 바울의 말을 들으면서 자신의 경건치 못한 삶으로 인해 두려움을 느낍니다. 그는 바울을 자주 불러내어 이야기를 주고받았는데, 바울의 현실적 약점을 이용해 뇌물을 받을까 하는 탐욕과 정치적 기회주의로 인해 구류 기간만 막연히 연장시켰습니다. 하지만 이러한 욕심이 복음을 받아들이지 못하게 하는 장애 요인이 되었다는 사실을 벨릭스는 깨닫지 못했습니다.

♠ 기도
　하나님, 우리의 욕심 때문에 우리에게 주신 것보다는 우리가 갖지 못한 것을 보게 됩니다. 그래서 불평하고, 빼앗고 싶은 나쁜 생각이 우리를 혼란스럽게 합니다. 우리 마음을 다스려 주소서. 예수님의 이름으로 기도합니다. 아멘

♠ 중보기도
　세상적 욕심으로 복음을 받아들이지 못하는 자들을 위해서.

♠ 묵상
　육에 속한 사람은 하나님의 성령의 일들을 받지 아니하나니 이는 그것들이 그에게는 어리석게 보임이요, 또 그는 그것들을 알 수도 없나니 그러한 일은 영적으로 분별되기 때문이라(고전 2:14).

가이사의 직접 판결을 요구하는 바울

♣ 성경 사도행전 25:1~12(외울요절 12절)   찬송 486(474)장 ♣

새로 부임한 총독 베스도는 바울에 대한 소송을 포함해서 유대인들에 대한 업무를 자세히 파악했습니다. 베스도는 바울을 예루살렘으로 옮겨와 거기에서 재판을 하게 해 달라는 유대 지도자들의 간청에도 불구하고 그것을 거절했습니다. 대신 그들이 다시 한 번 가이사랴로 오면 그들의 고소를 심의하겠다고 약속했습니다.

베스도는 유대 지도자들과 8~10일 동안 예루살렘에 머문 후 가이사랴로 내려와 재판을 엽니다. 그러나 예루살렘에서 내려온 유대인들은 바울의 죄를 증명하지 못하였으며, 바울은 또다시 자신이 유대인의 율법이나 성전이나 가이사에게 죄를 범하지 않았다고 변호합니다.

바울이 죄가 없음을 알았지만, 유대인들의 마음을 얻고자 한 베스도는 재판 장소를 예루살렘으로 옮기자고 제안하고, 바울은 가이사의 직접 판결을 요구합니다. 우리는 사면초가에 처하면 당황하고, 두려워하여 아무것도 할 수 없는 무능력 상태에 빠지게 됩니다. 하지만 그런 상황에서 우리가 무엇을 하려고 하기보다 불가능이 없으신 하나님께 모든 것을 맡긴다면 막힌 길을 여실 것입니다.

♤ 기도
하나님, 우리에게는 문제를 해결할 능력이 없습니다. 두려움을 피할 수 없습니다. 그러나 하나님께 맡길 수는 있습니다. 이제는 하나님이 역사하시도록 맡기게 하시고 기다리게 하소서. 예수님의 이름으로 기도합니다. 아멘

♤ 중보기도
자신의 불행과 고통의 근본적인 원인이 다른 사람들이나 환경에 있다고 생각하는 자들을 위해서.

♤ 묵상
걱정하고 있을 때 우리는 하나님을 신뢰하지 못하게 됩니다.

아그립바왕에게 조언을 구하다

♣ 성경 사도행전 25:13~22(외울요절 14절) 찬송 292(415)장 ♣

아그립바왕과 버니게가 새로 총독으로 부임한 베스도에게 문안하기 위해 가이사랴에 왔습니다. 그들이 여러 날을 머물게 되었는데 이때 베스도가 바울의 일을 말합니다. 유대 전통과 법에 능통한 아그립바왕에게 조언을 구하기 위해서였습니다. 그리고 베스도는 왕에게 바울의 사건을 다음과 같이 이야기합니다.

첫째, 베스도가 예루살렘을 방문했을 때 유대 지도자들이 바울을 고소하고 유죄 판결을 내려 달라고 청하였지만, 로마 관례에 따라 피고는 직접 원고를 만나보고 그들에게 자신을 변론하기 전에는 허용할 수 없다고 했다는 것입니다. 둘째, 유대 지도자들이 가이사랴에 왔을 때 즉시 재판을 열었지만, 바울이 국가에 대한 범죄로 인해 고소를 당한 것이 아니라 종교적 범죄로 인해 고소당했다는 것을 발견했을 뿐이라고 말합니다. 셋째, 자신이 이와 같은 종교적 문제를 잘 이해하지 못한다고 생각했기 때문에 바울에게 예루살렘에 가서 재판을 받겠느냐고 물었으나, 바울은 그 대신 가이사에게 상소했으며 그의 상소를 승인해 주었다고 말합니다.

♤ 기도
하나님, 우리가 삶의 어려운 문제를 만났을 때 혼자 고민하기보다는 도움을 요청할 수 있는 마음을 주소서. 그리고 우리를 누구보다 더 잘 알고 계시는 창조주 하나님께 우리의 문제를 상의할 수 있게 하소서.
예수님의 이름으로 기도합니다. 아멘

♤ 중보기도
누군가의 도움이나 기도가 절실히 필요한 자들을 위해서.

♤ 묵상
참된 분별력을 얻기 원한다면 하나님의 뜻을 나의 이성으로 판단해서는 안 된다.

아그립바왕 앞에 서게 된 바울

♣ 성경 사도행전 25:23~27 (외울요절 23절)   찬송 315(512)장 ♣

베스도는 바울의 일로 아그립바왕에게 조언을 구하게 되었고, 이 일로 바울은 아그립바왕 앞에 서게 되었습니다. 먼저 베스도는 아그립바왕에게 사건을 설명합니다. 자신은 바울이 아무 죄가 없다는 것을 알았고 석방하기를 원했지만, 바울이 황제에게 호소를 했기 때문에 어쩔 수 없이 계속 구류하고 있다는 이야기였습니다. 그리고 바울이 황제에게 호소했으므로 황제에게 올릴 죄목이 있어야 하는데, 자신으로서는 정할 죄목이 없으니 아그립바왕에게 상황을 듣고 상소할 명목을 찾아 달라고 덧붙여 말합니다.

아그립바왕과 그의 누이동생 버니게가 위엄 있게 차려입고 재판정으로 들어오고, 총독인 베스도도 그곳에 와 있었습니다. 또한 그곳에는 바울을 고소하기 위한 유대 지도자들이 살기등등하게 바울을 직시하고 있는 상황입니다. 세상적인 권력 앞에 서 있는 바울의 모습을 상상해 보십시오. 바울은 이러한 상황에서도 담대함을 잃지 않았을 뿐 아니라, 이것이 바로 복음을 전할 수 있는 하나님께서 주신 기회라고 생각합니다.

♤ 기도
하나님, 우리가 처한 환경과 문제를 믿음의 눈으로 바라볼 수 있게 하소서. 어려움 가운데서도 하나님이 주신 기회를 발견할 수 있게 하시고, 그 기회를 마음껏 주를 위해 사용하게 하소서. 예수님의 이름으로 기도합니다. 아멘

♤ 중보기도
어려운 환경 가운데서 하나님이 주신 기회를 발견하기 원하는 자들을 위해서.

♤ 묵상
'왜?'라고 묻기보다 나를 향한 하나님의 놀라운 사랑에 집중하라.

바울의 간증

♣ 성경 사도행전 26:1~23 (외울요절 23절)   찬송 321(351)장 ♣

　바울은 유대인으로 유대 전통에 익숙한 아그립바왕 앞에서 자신에 대한 유대인의 송사가 하나님께서 조상들에게 약속한 부활에 대한 것임을 밝히면서 자신의 정당함을 변호합니다. 자신도 전에는 예수의 이름을 대적하는 사람 중에 하나였으나 다메섹 도상에서 그 예수님을 만나 회심하게 되었다고 간증합니다. 또한 유대인들 앞에서 증거한 것은 성경에 예언된 것으로, '그리스도가 고난을 받고 죽은 자 가운데서 다시 살아났는데, 나사렛 예수가 바로 그리스도'라고 주장합니다. 자신은 성경에 예언되고 하나님께서 보이신 일만을 증거했다고 말합니다.
　당신은 바울처럼 누구 앞에서건 담대하게 밝힐 수 있는 자기만의 간증이 있습니까? 예수님을 믿기 전, 믿게 된 계기, 그리고 믿고 나서 삶의 변화 등을 말할 수 있습니까? 당신의 입으로 고백하지 않으면 그것은 진짜 자신의 믿음이 아닙니다. 그리고 누군가 당신에게 예수에 대해 물을 때 아무것도 대답해 줄 수 없습니다. 그러므로 복음을 부끄러워하지 말고, 바울처럼 담대하게 외치십시오.

♤ 기도
　하나님, 우리가 예수님을 믿기 전에는 어떤 사람이었는지, 어떻게 믿게 되었는지, 그리고 믿고 나서 삶이 어떻게 변화되었는지 간증할 수 있게 하소서. 우리의 변화된 삶과 간증을 통해 복음이 전해질 줄 믿습니다. 예수님의 이름으로 기도합니다. 아멘

♤ 중보기도
　자신의 삶을 드러내기 두려워하는 자들을 위해서.

♤ 묵상
　믿음은 하나님의 선물이지만, 의심은 우리의 선택이다.   - 조이스 마이어 -

예수에 미치다

♣ 성경 사도행전 26:24~29(외울요절 24절)   찬송 94(102)장 ♣

"죽은 자가 다시 살아났다"는 바울의 말을 듣고 있던 베스도 총독은 "미쳤다"고 반응하였고, 아그립바왕은 "나를 권하여 그리스도인이 되게 하려 하는도다"(28절)라고 호통을 쳤습니다. 하지만 오히려 바울은 "미친 것이 아니라 참된 진리의 말이요, 이렇게 결박된 것 말고는 나와 같이 예수님을 그리스도로 믿게 되길 원한다"고 담대히 주장합니다.

바울의 변론은 자신의 무죄에 대한 변호라기보다 진리와 복음에 대한 변호였습니다. 그는 권력자들 앞에서 자신을 위한 변론의 순간을 그들을 위한 전도의 기회로 사용하였던 것입니다.

예수에 미쳐 있었던 바울의 눈에 보이는 것은 예수밖에 없었습니다. 예수가 인생의 전부였고, 사는 이유임과 동시에 이 세상에 존재하는 이유였습니다. "그런즉 너희가 먹든지 마시든지 무엇을 하든지 다 하나님의 영광을 위하여 하라"(고전 10:31)고 고백했고, 그렇게 살려고 노력했습니다. 우리도 이런 바울의 삶을 본받아 내가 가진 그 무엇보다 복음을 중요하게 생각할 수 있어야 하겠습니다.

♤ 기도

하나님, 바울의 믿음을 보면서 그러한 믿음을 갖지 못하고 사는 나 자신이 한없이 부끄러워집니다. 하나님의 능력을 믿는 믿음을 주옵소서. 하나님의 영광을 위해 일하게 하옵소서. 예수님의 이름으로 기도합니다. 아멘

♤ 중보기도

세상을 살아가는 분명한 목적을 발견하지 못한 사람들을 위해서.

♤ 묵상

그런즉 너희가 먹든지 마시든지 무엇을 하든지 다 하나님의 영광을 위하여 하라(고전 10:31).

죄가 없음이 밝혀진 바울

♣ **성경** 사도행전 26:30~32(외울요절 31절)　**찬송** 85(85)장 ♣

　결국 아그립바왕도 베스도처럼 혐의점을 찾지 못하고 무죄의 소견을 밝히게 됩니다. 자신만 원하면 당장에라도 풀려날 수 있었지만, 로마 시민권자였던 바울은 가이사에게 호소한 상소를 끝까지 고집하며 결박된 몸으로 로마를 향해 갑니다. 거대 제국 로마의 최고 권력자 앞에서 자신을 위한 변호가 아니라, 예수님을 변호하며 복음을 증거하고 로마 사람들을 전도하는 기회로 삼고자 말입니다.
　아그립바왕이 베스도에게 말한 것처럼 죄 없음이 밝혀져 놓임을 받을 수 있는 상황에서 바울은 하나님께서 자신을 부르신 목적을 생각하며 그 길을 갑니다. 우리는 여기서 바울보다 앞서 십자가의 길을 가셨던 예수님을 떠올리며 그의 죽음으로 우리의 죄가 사하여지고 영원한 생명을 얻게 되었음을 다시 한 번 생각합니다. 그리고 하나님의 사랑과 은혜로 예수님처럼 십자가의 길을 가고자 하는 바울을 보면서 우리가 가야 할 길이 어디이며 무엇인지 생각하게 됩니다.

♤ 기도
　하나님, 예수님이 가셨던 십자가의 길, 그리고 복음을 위하여 로마로 향하는 바울의 삶이 있었기에 우리가 존재함을 압니다. 이제는 우리가 어떤 모습으로 살아야 하는지 다시 한 번 생각하게 하시고, 하나님의 인도하심을 구하게 하소서. 예수님의 이름으로 기도합니다. 아멘

♤ 중보기도
　아직 한 번도 복음을 들어 보지도 접해 보지도 못한 사람들을 위해서.

♤ 묵상
　과거를 돌아보고 하나님께서 언제나 우리와 함께해주셨다는 것을 기억하라.

로마로의 항해가 시작되다

♣ 성경 사도행전 27:1~8(외울요절 6절) 찬송 495(271)장 ♣

베스도와 아그립바왕은 바울에게 죄가 없다고 생각합니다. 하지만 바울이 로마 황제에게 상소했기 때문에, 그의 로마로의 항해가 시작됩니다. 바울은 다른 죄수 몇 사람들과 함께 아구사도 대의 백부장 율리오의 책임 아래 놓이게 되었습니다. 비록 피의자의 몸이지만 시돈에서는 율리오의 배려로 그리스도인 동지들을 만나 친교를 갖기도 했습니다.

항해는 구브로 해안을 따라 행선하다가 길리기아와 밤빌리아 바다를 건너 루기아의 무라성에 이르러 알렉산드리아를 출발해서 로마로 가는 큰 배에 옮겨 탔습니다. 그러나 바람이 허락지 않아 살모네 앞을 지나 그레데 해안을 따라 행선하여 간신히 그 연안을 지나 미항이라는 곳에 머물게 됩니다.

이 여정은 바울이 주도한 것이 아니었습니다. 그러나 바울이 오랫동안 원했던 로마 방문길이었습니다. 이처럼 우리가 소원하던 일이 내가 생각했던 것과는 다르게 이루어지기도 합니다. 그러나 반드시 그 안에는 우리가 알지 못하는 하나님의 섭리하심이 있습니다.

♤ 기도
하나님, 하나님은 우리 마음의 소원을 이루어 주시는 분임을 믿습니다. 때로는 우리가 원하는 방식, 생각했던 것과는 다른 방법으로라도 반드시 이루어 주시는 분임을 믿습니다. 하나님의 방법을 기대하게 하소서. 예수님의 이름으로 기도합니다. 아멘

♤ 중보기도
마음의 소원을 가지고 간절히 기도하는 자들을 위해서.

♤ 묵상
네 길을 여호와께 맡기라 그를 의지하면 그가 이루시고(시 37:5).

바울아 두려워 말라

♣ 성경 사도행전 27:9~26(외울요절 24절) 찬송 432(462)장 ♣

　바울을 태운 배는 여러 곳을 거쳐 그레데 섬에 있는 '미항'이라는 곳에 도착합니다. 유대인의 달력으로 7월 10일이었고, 지금 달력으로 9월에서 10월입니다. 이 시기는 가을 폭풍이 다가오는 시기로 항해가 매우 위험한 때입니다. 그래서 바울은 미항에서 겨울을 지내고 항해를 계속하자고 권하지만, 백부장은 선장과 선주의 말을 믿고 항해를 계속합니다. 그런데 출발한 지 얼마 안 되어 '유라굴로'라는 광풍, 태풍을 만납니다.
　사도 바울은 복음을 전하려는 선한 의도를 가졌지만 편안한 길을 가지 못했습니다. 우리의 삶도 마찬가지입니다. 때로는 연단과 고난의 길(유라굴로)이 있을 수 있습니다. 하지만 중요한 것은, 상황이 좋든 어렵든 하나님의 인도하심은 그치지 않는다는 것입니다.
　여러 날 계속되는 풍랑 속에서 사람들은 희망을 잃어가고 있었습니다. 그때, 바울은 "모두 무사할 것"이라고 그들을 격려합니다. 사도 바울은 '책망'의 말을 해야 할 순간에 '위로와 격려'의 말을 했습니다. 그래서 배에 탄 모든 사람들이 희망을 품고 생명의 길로 갈 수 있었습니다.

♤ 기도
　하나님, 우리가 자신의 판단과 경험을 의지하지 말고, 하나님을 의지할 수 있게 하소서. 그리고 어려움에 빠진 사람들에게 희망과 축복의 통로가 되게 하시고, 믿지 않는 자들에게 주의 은혜를 드러내게 하소서. 예수님의 이름으로 기도합니다. 아멘

♤ 중보기도
　오판으로 인해 사면초가의 어려움을 겪고 있는 사람들을 위해서.

♤ 묵상
　위기는 하나님께서 살아계심을 입증하는 좋은 기회입니다.

믿음의 결과

♣ 성경 사도행전 27:27~44(외울요절 44절) 찬송 429(489)장 ♣

14일째 되는 날, 배는 육지로 향하였고, 로마 군병들은 죄수들이 탈주할 것을 염려하여 그들을 죽이려 했지만, 바울을 구하려고 한 백부장에 의해서 모든 사람이 살아나게 됩니다.

하나님은 바울에게 "두려워하지 말라 네가 가이사 앞에 서야 하겠고 또 하나님께서 너와 함께 항해하는 자를 다 네게 주셨다"(행 27:24)고 약속하셨고, 바울은 "나는 내게 말씀하신 그대로 되리라고 하나님을 믿노라"(행27:25)고 고백했습니다. 그래서 본문 마지막절에서 "마침내 사람들이 다 상륙하여 구조되니라"(44절)고 증거한 것입니다.

바울은 하나님의 약속을 신뢰했습니다. 그리고 바울의 믿음으로 모든 사람들이 생명을 보존할 수 있었습니다. 마찬가지로 우리도 하나님께서 약속하신 말씀을 신뢰할 때 그 약속을 지키기 위해 하나님은 일하실 것이며, 나 한 사람이 복의 통로가 되어 많은 영혼이 구원을 받게 될 것입니다.

♢ **기도**
하나님, 우리는 이미 결과가 승리임을 알고 싸움터에 나온 자들입니다. 우리가 믿음으로 하나님의 약속을 신뢰하고 나아갈 때, 우리에게 주어지는 것은 승리밖에 없음을 알게 하시고, 끝까지 지키시며 보호하시는 하나님을 바라보게 하소서. 예수님의 이름으로 기도합니다. 아멘

♢ **중보기도**
하나님의 약속의 말씀을 받고, 하나님의 일하심을 기다리며 준비하는 자들을 위해서.

♢ **묵상**
사고방식을 바꾸지 않으면 행동의 변화는 일어날 수 없습니다.

멜리데 사람들의 섬김과 구원의 은혜

♣ 성경 사도행전 28:1~10(외울요절 2절) 찬송 293(414)장 ♣

구원을 얻은 사람들이 머물게 된 곳은 멜리데라는 섬이었습니다. 그런데 멜리데 사람들은 조난당한 외부인들에게 적대감을 보이지 않고 특별한 동정을 보이며 맞아 줍니다. 그리고 바울이 독사에 물렸음에도 강건한 것을 보고는 경외심을 갖기 시작했으며, 섬에서 제일 높은 사람 보블리오가 바울 일행을 영접하며 숙소를 제공해 주었습니다. 마침 보블리오에게는 열병과 이질에 걸려 누워 있는 부친이 있었는데, 바울이 그 부친에게 기도하고 안수하여 낫게 합니다. 이러한 소문이 퍼지면서 섬의 병자들이 바울에게 몰려오게 되었고, 모두 다 고침을 받았습니다.

조난당한 바울 일행에게 따뜻하게 대해 준 멜리데 사람들에게 하나님은 병든 자들을 치유하셨을 뿐 아니라, 바울을 통하여 복음이 전해지게 하셔서 그 섬사람들이 구원받을 수 있게 인도하셨습니다. 하나님은 이와 같이 서로를 섬기는 아름다운 관계를 기뻐하십니다.

♤ 기도
하나님, 우리의 섬김과 헌신이 어느 특정한 사람들로 제한되지 않기를 원합니다. 어려움 가운데 있는 사람들, 우리의 도움이 필요한 사람은 그 누구라도 마음으로 섬길 수 있게 하소서. 예수님의 이름으로 기도합니다. 아멘

♤ 중보기도
영혼을 사랑하고 긍휼이 여기는 마음으로 섬기기를 원하는 자들을 위해서.

♤ 묵상
하나님은 순전한 사랑의 눈으로 우리 각 사람을 바라보십니다.

순조로운 여정

♣ 성경 사도행전 28:11~15(외울요절 14절) 찬송 413(470)장 ♣

멜리데 섬에서 3개월을 보낸 후 바울 일행은 디오스구로를 타고 수라구사에서 사흘을 머물다가 레기온에서 하루를 더 머문 후 남쪽에서 불어오는 순풍에 힘입어 보디올에 이르렀습니다. 바울은 그곳의 형제를 만나 일주일 동안 친교를 나눈 후 로마로 갑니다. 로마의 그리스도인들은 바울이 온다는 소식을 미리 전해 듣고 압비오 저자와 삼관까지 마중을 나왔습니다. 바울은 자신을 마중 나온 사람들을 보며 하나님께 감사하였으며 힘을 얻었습니다.

바울 일행은 멜리데를 떠나 로마에 도달하기까지 순조로운 여정이 이어졌습니다. 이것은 하나님의 인도하심이 있었기 때문입니다. 선한 길로 인도하신 하나님을 바라보며 영광과 찬송을 올린 바울은 이처럼 순탄한 길을 갈 때 뿐 아니라, 자신의 삶에서 무슨 일이 벌어지든지, 어떤 어려움과 문제가 있더라도 항상 하나님을 찬양하였습니다. 그 마음 안에 늘 소망이 있음으로 인해 즐거워할 수 있었습니다. 그러나 이렇게 되기까지는 마음의 훈련이 필요합니다.

♤ 기도

하나님, 우리가 평탄한 삶을 살 때나 어려움 가운데 있을 때나 하나님을 찬양할 수 있게 하소서. 모든 괴로움에서 건져 주신 하나님의 신실하심으로 인해 기뻐하게 하시고, 지금도 동일하게 역사해 주실 것을 믿게 하소서. 예수님의 이름으로 기도합니다. 아멘

♤ 중보기도

어려움을 당할 때나 평탄한 삶을 살 때나 감사하는 삶을 사는 자들의 형통함을 위해서.

♤ 묵상

범사에 감사하라 이것이 그리스도 예수 안에서 너희를 향하신 하나님의 뜻이니라(살전 5:18).

로마에서 유대인 지도자들과의 만남

♣ 성경 사도행전 28:16~22 (외울요절 17절) 찬송 420(212)장 ♣

　로마에 도착한 바울은 로마에 있는 유대 지도자들을 만나기를 원했습니다. 그것은 자신의 입장이 어떠한지를 밝히기 위해서였습니다. 바울은 그들에게 유대인들에 대해서나 그들 조상들의 풍속을 배척한 일이 전혀 없는데 죄인으로 체포되어 로마 사람에게 넘겨졌다고 말합니다. 그러나 조사받은 후에 죽일 죄목이 없으므로 놓아 주려고 했지만, 유대인들이 놓아 주는 것을 반대했기 때문에 가이사에게 호소하였다고 말합니다.
　그러나 유대 지도자들은 바울에 대해 어떠한 편지도 받은 것이 없고, 단지 그리스도인들이 많은 지역에서 유대인의 반대를 받고 있다는 점만 알고 있었다고 대답합니다.
　바울이 로마에 도착하여 제일 먼저 한 일은 유대 지도자들을 만나는 것이었습니다. 서로에 대해 갖고 있었던 오해를 풀 수 있는 기회를 만들기 위해서였습니다. 이처럼 오해를 풀기 위해 먼저 손을 내미는 일은 쉽지 않습니다. 그러나 더 깊은 골이 만들어지지 않고 문제를 해결하기 위해서는 서로가 원하지 않더라도 진실함으로 다가가는 이러한 노력들이 필요합니다.

♤ 기도
　하나님, 오해로 인해서든 어떤 문제 때문이든 그것을 해결하려는 노력을 하지 않고 미루는 잘못된 습관을 버리게 하소서. 하나님이 함께하심을 믿고 진실함으로 다가가게 하소서. 예수님의 이름으로 기도합니다. 아멘

♤ 중보기도
　문제를 해결할 수 있는 방법을 알면서도 주저하는 자들을 위해서.

♤ 묵상
　밤을 새우는 한이 있더라도 화난 채 잠들지 말라.　　　-토미 테니-

믿는 자와 믿지 않는 자

♣ 성경 사도행전 28:23~31 (외울요절 24절)   찬송 528(318)장 ♣

유대인들은 날을 정하여 바울의 집에 모였습니다. 그리고 바울은 하루 종일 구약을 통해 예수가 그리스도임을 증거하며 하나님나라를 전하고 믿도록 권했습니다. 그 때 바울의 말을 듣고 믿는 사람도 있었지만 믿지 않는 사람이 있어 논란이 많았습니다. 바울은 이러한 유대인들의 닫힌 마음을 안타까워하였습니다.

오늘날에도 유대인들처럼 듣기는 들어도 깨닫지 못하고, 보기는 보아도 알지 못하는 사람들이 많이 있습니다. 그것은 복음을 듣는 자들의 마음이 닫혀져 있기 때문입니다. 그렇다면 진실하게 복음을 전했음에도 불구하고 받아들이지 않는 사람들을 어떻게 해야 하겠습니까? 복음이 거절당했을 때 우리는 어떠한 자세를 취해야 하겠습니까?

권해서 믿지 않는 사람이 있다고 해서 하나님나라의 복음이 비진리가 되는 것은 아닙니다. 바울은 그것을 알았기 때문에 로마에서 담대히 하나님나라를 전파하며 주 예수 그리스도에 대해 가르치는 일을 멈추지 않았습니다.

♤ 기도

하나님, 우리가 복음을 전할 때 부딪히는 가장 큰 난관은 복음을 받아들이지 않는 사람들을 만날 때입니다. 그러나 포기하거나 복음을 부정하지 않게 하소서. 주님이 오시는 그 날까지 복음을 증거하는 자가 되게 하소서. 예수님의 이름으로 기도합니다. 아멘

♤ 중보기도

마음이 닫혀서 복음을 받아들이지 못하는 사람들을 위해서.

♤ 묵상

우리 자신의 한계와 끝에 도달했다는 것을 깨달을 때가 있다. 그때 맡김의 능력이 우리 삶 속에 역사할 수 있다.   -토미 테니-

행복공감 가정예배서

●

2008년 1월 5일 1판 1쇄 발행
2011년 6월 30일 1판 3쇄 발행

저자·옥성석 이진우 김병삼 목사
펴낸이·김기찬
펴낸곳 **한국문서선교회**
등록·1981.11.12 NO. 제 14-37호
주소·서울시 중구 신당 6동 49-20호
E-mail:mission3496@naver.com
☎ 2253-3496·2253-3497
FAX. 2253-3498
정가 13,000원

●

잘못된 책은 바꾸어 드립니다.
* 판권 본사 소유 *
ISBN 978-89-8356-220-3-13230